Gestochen in Augsburg

Forschungen und Beiträge zur Geschichte der Augsburger Druckgrafik

Hommage à Wolfgang Seitz zum 90. Geburtstag 2011 und Festgabe zum 40. Jahrestag des von ihm gegründeten Augsburger Forscherkreises 1973–2013

Mit Beiträgen von Dieter Beaujean, Josef H. Biller, Dagmar Dietrich, Alois Epple, Walter Grasser, Gode Krämer, John Roger Paas, Peter Prange, Michael Ritter und Anja Schmidt

Herausgegeben von John Roger Paas, Josef H. Biller und Maria-Luise Hopp-Gantner

**Band 29 der Schriftenreihe „Schwäbische Geschichtsquellen und Forschungen",
Historischer Verein für Schwaben**

Die Herausgabe dieser Festschrift wurde dankenswerterweise von folgenden Institutionen gefördert:
Arno Buchegger-Stiftung, Augsburg
Augusta-Bank
Bischöfliches Ordinariat Augsburg
Dr. Eugen Liedl-Stiftung, Neusäß
Kurt und Felicitas Viermetz-Stiftung, Augsburg

Auf dem Einband:

Vorderseite: Gestaltet unter Verwendung eines gestochenen Titelblatts von Benedikt Winkler nach Jacques de la Joue aus der bei Johann Georg Merz in Augsburg erschienenen sechsteiligen Folge *Neu Inventirte Schilde, Erster Theil – Premier Livre de Cartouches*, Augsburg 1740. (Format Platte 21,0 x 7,5 cm; nummeriert oben Mitte: 1; signiert unten links: „de la Ioue inven.", Mitte unten: Benedikt Winckler scul. A.V.", unten rechts: Ioh. Georg Merz: excud. Aug. Vind." *Staatliche Museen zu Berlin – Preußischer Kulturbesitz, Kunstbibliothek, Ornamentstichsammlung, Signatur: OS 407 a mtl).*

Rückseite: Das rückwärtige Einbandmotiv stammt aus dem Besitz des Architekturmuseums Schwaben in Augsburg und gibt das Plakat zur gleichzeitig mit dem Erscheinen der vorliegenden Festschrift vom 5. Dezember 2013 bis Februar 2014 veranstalteten gleichnamigen Ausstellung „Gestochen in Augsburg" wieder. Es zeigt einen Stich von Johann Andreas Pfeffel (1674–1748) nach einem Entwurf von Giuseppe Galli da Bibiena (1696–1757) aus dessen Tafelwerk ARCHITETTURE E PROSPETTIVE || DEDICATE || ALLA MAESTÀ || DI || CARLO SESTO, || IMPERADOR DE´ ROMANI || DA GIUSEPPE GALLI BIBIENA, || SUO PRIMO INGEGNER TEATRALE, ED ARCHITETTO, || INVENTORE DELLE MEDESIME. AUGUSTA || SOTTO LA DIREZIONE DI ANDREA PFEFFEL / MDCCXL. Augsburg (Pfeffel) 1740–1744.
Das Gundacker Graf Althan gewidmete Tafelwerk ist in zehn Serien zu je vier Stichen gegliedert, von denen vier gleichartige und thematisch zusammenhängende, aber unsystematisch eingeordnete Stiche Passionsdarstellungen in weiträumigen, von kühnen Perspektiven bestimmten Palastarchitekturen zeigen. Der hier reproduzierte Stich erscheint als Tafel IV der fünften Folge und gibt die bei Joh. 19, Vers 16 beschriebene Szene wieder, wie Pilatus Christus den Juden zur Kreuzigung überantwortet. Es ist in der Kartusche oben beschriftet: *Susceperunt || autem Jesum || et || adduxerunt. || Joann. Cap. 19. v.16.* Das Blatt ist signiert unten links: „J. G. Bibiena Sac. Caes. M. Architectect9 Theat. Prim. Inv. et del.", unten rechts: „J. A. Pfeffel S.C.M. Chalcogr. sculpt. direx. A.V" und weist ganz unten rechts die Seriennummer „5" auf, während oben rechts die Tafelnummer „P. IV" erscheint. Das Format beträgt 50,2 x 33,4 cm (Bild), 52,9 x 36,2 cm (Platte) 57,4 x 37,2 cm (Blatt), gemessen am Exemplar 2 A. civ. 18 I der Bayerischen Staatsbibliothek.
Die zugehörigen drei anderen Stiche der Folge erscheinen im genannten Tafelwerk als Tafel II der vierten Folge und illustrieren die Bibelstelle bei Joh. XVIII, v. 24: *Misit eum Annas || ligatum ad Caipham || Pontificem;* dann als Tafel II der fünften Folge mit der Dornenkrönung bei Joh. 19, Vers 2: *Et Milites || plectentes Coronam || imposuerunt || Capiti eius,* und schließlich als Tafel IV der achten Serie: *Et adduxerunt Jesum || ad || Summum Sacerdotem. || Marc. Cap. 14. v.53.* Die Blätter zeigen angeblich von Galli Bibiena entworfene Dekorationen, mit denen an der Wiener Hofburg alljährlich das Heilige Grab inszeniert wurde.

ISBN 978-3-89639-941-0
© Wißner-Verlag, Augsburg 2013
Druck: AZ Druck und Datentechnik, Kempten

Bibliografische Information der Deutschen Nationalbibliothek
Die Deutsche Nationalbibliothek verzeichnet diese Publikation in der Deutschen Nationalbibliografie; detaillierte bibliografische Daten sind im Internet über http://dnb.d-nb.de abrufbar.

Das Werk und seine Teile sind urheberrechtlich geschützt. Jede Verwertung in anderen als den gesetzlich zulässigen Fällen bedarf deshalb der vorherigen schriftlichen Einwilligung des Verlags.

Inhalt

5	Dedikation
6	Vorwort der Herausgeber
7	In Memoriam Dr. Angelika Marsch 13.4.1932 – 4.10.2011
15	Der Augsburger Forscherkreis um Wolfgang Seitz 1973 – 2013 Anfänge, Entwicklung, Teilnehmer, Aktivitäten *Josef H. Biller*
33	Der flämische Anatom Andreas Vesalius (1514 – 1564), seine Verbindungen nach Augsburg und das Epitaph des Medicus Cyriacus Weber in Landsberg am Lech *Dagmar Dietrich*
61	Paris versus Augsburg Anmerkungen zu Johann Ulrich Stapf und dessen Reproduktion französischer Druckgraphik für den Augsburger Kunstmarkt *Dieter Beaujean*
67	Zwei unbekannte Miniaturen von Johann König und Joseph Werner sowie eine Zeichnung von Johann Rudolf Huber *Gode Krämer*
79	Die Flugblattproduktion des Augsburger Druckers und Verlegers Jacob Koppmayer (1640 – 1701) Mit einem Verzeichnis der Flugblätter *John Roger Paas*
101	Der große Ratskalender der Freien Reichsstadt Augsburg 1643 – 1802 Genese und Geschichte – Typen und Überlieferung *Josef H. Biller*
132	Ein Bildnis des Augsburger Kunstverlegers Jeremias Wolff *Peter Prange*
139	Stichserien von Bergmüllerfresken in Augsburger Kirchen *Alois Epple*
157	Joseph Carmine (1749 – nach 1822) – vom italienischen Bilderhändler zum Augsburger Kunstverleger *Michael Ritter*
177	Die Guckkastenblätter des Augsburger Kunstverlegers Joseph Carmine Beschreibung und Gesamtverzeichnis *Michael Ritter, Sixt von Kapff, Joachim von Prittwitz und Wolfgang Seitz*

207   Zwischen Moderne und Romantik
           Ansichten von Augsburg um 1800
           Anja Schmidt

MISCELLANEA

223   Eine seltene Silbermedaille auf den Nürnberger Andreas Beham (1530–1612)
           von dem Augsburger Medailleur Balduin Drentwett (1545–1627)
           Walter Grasser

227   Ein „Genievorrat" Augsburger und italienischer Druckgraphik
           Alois Epple

237   Ergänzungen zum Werkverzeichnis Johann Stridbeck Vater und Sohn
           Josef H. Biller

243   Zwei unbekannte Vorzeichnungen von Carl Remshard (1678–1735) für die Folge von 24 Blättern
           „Augsburger Straßen und Plätze"
           Gode Krämer

ANHANG

251   Personenregister

254   Ortsregister

255   Verzeichnis der Autoren

256   Bildnachweis

Die Mitglieder und Sympathisanten des vor vierzig Jahren, am 20. Januar 1973, konstituierten
ARBEITSKREISES AUGSBURGER DRUCKGRAPHIK
widmen diese Festschrift dem Gründer und Doyen

WOLFGANG SEITZ

*zum 90. Geburtstag am 14. April 2011
und im Gedenken seiner 2004 verstorbenen Gemahlin*

HEDWIG SEITZ

der guten Seele des Kreises

Dr. Sibylle Appuhn-Radtke ~ Prof. Dr. Wolfgang Augustyn ~ Dr. Dieter Beaujean ~ Josef H. Biller ~ Dr. Cordula Böhm ~ Dr. Dagmar Dietrich ~ Dr. Gabriele Dischinger ~ Dr. Alois Epple ~ Dr. Tilman Falk ~ Dr. Karin Friedlmeier ~ Dr. Benno Gantner und Gemahlin Maria Luise Hopp-Gantner ~ Dr. Helmut Gier ~ Dr. Walter Grasser ~ Dr. Eckhard Jäger ~ Dr. Sixt von Kapff ~ Anton H. Konrad mit Gattin ~ Dr. Gode Krämer ~ Dr. Barbara Krafft ~ Dr. Anette Michels ~ Prof. Dr. John Roger Paas ~ Dr. Wolfgang Pfeifer ~ Dr. Jürgen Rapp ~ Michael Ritter ~ Dr. Anja Schmidt ~ Thomas Schwarz ~ Dr. Marianne Stößl ~ Dr. Andrea Teuscher ~ Alfred Ziegler

Ein Bild aus glücklichen Tagen:
Hedwig Seitz (2.11.1922-2.4.2004) und Wolfgang Seitz (*14.4.1921)

Vorwort der Herausgeber

Im Jahre 2001 erschien unter dem Titel *Augsburg, die Bilderfabrik Europas. Druckgraphik der frühen Neuzeit* die inzwischen längst vergriffene Festschrift zum 80. Geburtstag von Wolfgang Seitz, zu der zahlreiche Forscherkollegen und Sammlerfreunde des Jubilars Aufsätze beitrugen, die dem sowohl in der Öffentlichkeit wie in der Wissenschaft wenig beachteten Fachgebiet der Augsburger Druckgraphik des Barocks und Rokokos gewidmet waren. Dieser Thematik hat sich Wolfgang Seitz nicht nur als Buchhändler und Antiquar, sondern auch als Sammler und Forscher zeitlebens verbunden gefühlt. Und in gewisser Weise ist er das unter eingeschränkten Verhältnissen auch heute noch: Seit 2008 lebt Wolfgang Seitz im Altenheim „Casa Reha" in Augsburg und nimmt in erstaunlicher geistiger Präsenz an der Entwicklung dieses seines Lieblingsgebietes interessierten Anteil. Anlass genug, auch seinen 90. Geburtstag mit einer Festschrift zu bedenken, zumal sich für das Jahr 2013 ein weiteres Jubiläum ankündigte. Das vierzigjährige Gründungsfest des von Wolfgang Seitz am 20. Januar 1973 ins Leben gerufenen ARBEISKREISES AUGSBURGER DRUCKGRAPHIK, der sich aus kleinen Anfängen zu einem heute an die vierzig Mitglieder umfassenden Forscherkreis entwickelt hat, wie an anderer Stelle dieses Buches ausführlich berichtet wird.

Der Bitte um Mitarbeit mussten sich wegen anderweitiger Verpflichtungen nur wenige Kolleginnen und Kollegen versagen, so dass bis Juli 2012 ein sehr ansehnlicher Querschnitt durch das weite Gebiet der Augsburger Druckgraphik des 16. bis 18. Jahrhunderts beigebracht werden konnte. Nach Rücksprache mit Herrn Prof. Dr. Wolfgang Wüst, Vorsitzender des Historischen Vereins für Schwaben, sollte auch dieser Band, wie bereits die 2001 erschienene Festschrift, wieder in der Schriftenreihe *Schwäbische Geschichtsquellen und Forschungen* des Vereins erscheinen. Anhand der eingegangenen Manuskripte konnte mit dem Verlag Wißner in Augsburg, der schon den ersten Band ediert hatte, die Absprache getroffen werden, auch den neuen Band nach Sicherung der Finanzierung in Verlag und Vertrieb zu nehmen. Für ihr besonderes Engagement bei Planung und Realisierung der Drucklegung sowie Übernahme in den Verlag sei Frau Gabriele Wißner bestens gedankt. Und als besonderen Anschub für die mediale Aufmerksamkeit und den Start des Vertriebs konnte noch mit dem *Architekturmuseum Schwaben* die Absprache getroffen werden, Ende des Jahres 2013 unter dem gleichen Titel wie das Buch *Gestochen in Augsburg* eine Ausstellung zu veranstalten, in welcher die Fülle der Augsburger Druckgraphik über Themen der Architektur in exemplarischen Blättern vorgeführt werden kann. Für die spontane Bereitschaft der Museumsleitung, eine solche Ausstellung durchzuführen, gilt Herrn Prof. Dr. Andres Lepik unser besonderer Dank wie auch der Kuratorin Dr. Barbara Wolf, auf deren Schultern die mühevolle Organisation und Durchführung lag. Auch allen Sponsoren sei an dieser Stelle ganz herzlich gedankt: der Arno-Buchegger-Stiftung; Augusta-Bank; dem Bischöflichen Ordinariat, vertreten durch H. H. Generalvikar Heinrich; der Kurt und Felicitas Viermetz Stiftung, Augsburg, und insbesondere dem Vorstand der Dr. Eugen-Liedl-Stiftung in Neusäß, vertreten durch Prof. Dr. Rolf Kießling, die aus Anlaß des eigenen zehnjährigen Bestehens unserem Arbeitskreis in Anerkennung seiner langjährigen Verdienste um die Erforschung der Augsburger Druckgraphik den diesjährigen Wissenschaftspreis PRO SUEBIA zuerkannt hat. Ohne diese großzügige finanzielle Unterstützung wäre so ein Unterfangen nicht zustande gekommen. Nicht zuletzt gebührt auch allen Autorinnen und Autoren verbindlicher Dank, die mit den Berichten aus ihrer Forscherwerkstatt wieder zur Mehrung des Wissens um die Augsburger Druckgraphik beigetragen haben.

Im August 2013
Prof. Dr. John Roger Paas, Northfield, Minnesota
Josef H. Biller, München
Maria-Luise Hopp-Gantner, Starnberg

In Memoriam Dr. Angelika Marsch

13.4.1932 – 4.10.2011

Josef H. Biller

Zum unerwarteten Tode von Angelika Marsch sind zahlreiche Nachrufe in der einschlägigen Fachpresse erschienen, deren offizieller Tenor nun nicht durch einen weiteren Beitrag bereichert werden soll, sondern der in persönlicher Weise der freundschaftlich verbundenen Kollegin gerecht werden möchte. Unsere Bekanntschaft reicht ja zurück bis in den März 1972, als wir uns noch gar nicht persönlich getroffen hatten, sondern nur brieflich austauschten. Angelika Marsch hatte mir damals einen Sammelband des Augsburger Stechers Johann Stridbeck d. J., mit dem ich mich seit 1964 im Hinblick auf eine Veröffentlichung intensiv beschäftigt hatte, im Besitz der Staatsbibliothek Hamburg gemeldet, der mir noch entgangen war. Dabei stellte sie mir weitreichende Fragen, die bewiesen, dass sie in das Gebiet der Topographie schon tief eingedrungen war. Wir trafen uns in dem selben lexikalischen Bestreben, die zahllosen in der Literatur, in Ausstellungs- und Auktionskatalogen auftauchenden und sichtlich in einen serienmäßigen Zusammenhang gehörenden, aber offenbar unbearbeiteten Stadtansichten konsequent zu sammeln und zu ordnen. Sie hatte sich zunächst dem Stahlstich zugewandt, ausgelöst im Jahre 1968 durch den unbeabsichtigten, aber spontanen und günstigen Erwerb einiger Bände von „Meyers Universum" – nicht in einem mitteleuropäischen Antiquariat, nein: bei einem Bouquinisten auf der Galatabrücke zu Istanbul, auf der Grenzscheide zwischen Europa und Asien und damit in übertragenem Sinn eine schicksalhafte Wegweisung in eine neue Welt. Schon hier wurde ihr Perfektionsdrang geweckt, um die weiteren Bände des Sammelwerks sukzessive zu erwerben und daraus das erste umfassende Verzeichnis zu erstellen, das dann 1972 im Nordostdeutschen Kulturwerk in Lüneburg in einer Auflage von 500 Exemplaren erschienen ist. In diesem Erstlingswerk schon wurde ihre – für einen nicht akademisch geschulten Geist – erstaunliche Einfühlungsgabe in wissenschaftliches Arbeiten, unermüdliche Recherche und analytische Begabung erkennbar, die sie in den weiteren Jahren bis zur Vollkommenheit entwickeln sollte.

Durch den Auftrag, ostdeutsche Städteansichten zu sammeln, weitete sich der Horizont vom Stahlstich zur Barockgraphik, die sie noch verführerischer empfand. Und wieder ward ihr systematischer Sammeleifer geweckt: Mit Verve stürzte sie sich in die Arbeit und hatte bereits große Komplexe seriell erfasst, als wir uns kennenlernten: Die dazumal zum überwiegenden Teil noch nicht in ihrem Ausmaß bekannten Vedutenfolgen von Martin Engelbrecht, der Felsecker und Homann, von Paulus Fürst, David Funk, Josef Friedrich und Johann Christian Leopold, Jeremias Wolff, Peter Wolf und Erben, Melchior Haffner, Georg Balthasar Probst, Elias Baeck genannt Heldenmuth, Christoph Riegel – und natürlich Friedrich Bernhard Werner, der ihr Schicksal werden sollte, der sie vierzig Jahre ihres Lebens begleiten sollte und dessen imponierenden Gesamtkatalog, nicht nur ein Opus Magnum sondern Maximum, sie noch ein Jahr vor ihrem Tod, von „ihrem" Verleger Anton H. Konrad in Weißenhorn vorbildlich betreut, in Händen halten konnte.

Mit dieser Erweiterung der Perspektive tat sich natürlich mit den Nürnberger und vor allem Augsburger Stechern eine ganz neue Welt auf, die der aus dem bildarmen Norden in den bildfreudigen Süden kommenden Sammlerin den langwierigen, aber auch höchst befriedigenden Weg zur Forscherin wies. Der erste Kontakt im April 1972 mit dem damaligen Leiter der Staats- und Stadtbibliothek Augsburg, dem unvergessenen Dr. Josef Bellot, führte folgerichtig zum Buchhändler und Augustana-Sammler Wolfgang Seitz: Damit wurde eine Bewegung in Gang gesetzt, die für das Leben aller, die damit in Berührung kamen, bestimmend wurde. Aus dem Quartett, das sich am 25. Januar 1973 in der Wohnung von Wolfgang Seitz in Augsburg zusammenfand, wurde allmählich eine verschworene Gemeinde, deren Werden und Gedeihen an anderer Stelle ausführlich gewürdigt wird.

Vereinigten sich die Interessen und Aktivitäten von Angelika Marsch anfangs mit dem Bemühen von Wolfgang Seitz, um in das verwirrende Werk der – formatmäßig größten – Vedutenserie von Georg Balthasar, Johann Friedrich und Johann Balthasar Probst samt Haeredes Klarheit zu gewinnen, und mit den Aktivitäten Josef H. Billers um Johann Stridbeck Vater und Sohn,

Hans Georg und Gabriel Bodenehr sowie Georg Christoph Kilian, so weitete sich der Horizont alsbald zu den komplexen Plattenwanderung des Visscher-Schut-Typs, der späten Zeitschriften-Veduten von Georg Hisler im „Chursächsischen Postillon" oder den französischen Beaulieu-Serien, deren Ergebnisse in langen Episteln freigebig ausgetauscht wurden, wie ja auch Angelika Marsch keinerlei Scheu zeigte, engagierten Forschern an ihren Erkenntnissen und Funden teilnehmen zu lassen und stets nicht den persönlichen Nutzen im Auge zu haben, sondern den Fortschritt der Wissenschaft. Die berufliche Tätigkeit setzte sie auch in den Stand, die Fotografie in großem Stile zur Dokumentation und Archivierung einzusetzen, großzügige Fotokampagnen zu unternehmen und deren Ertrag freigebig den Interessenten zu verteilen. Auf diese Weise wuchs beispielsweise die komplette Reproduktion des Thesenblattbestandes der Staats- und Stadtbibliothek Augsburg heran, die Jahre später Wolfgang Seitz dazu animierte, sich der wissenschaftlichen Aufarbeitung dieses lange Zeit vernachlässigten Graphiksektors zu widmen.

Freilich gab es auch Momente, in denen der Blick sich erst allmählich schärfte, wie bei dem Linzer Skizzenbuch F. B. Werners, dessen Autorschaft damals noch nicht gesichert war, das der Verfasser aber – durch seine genealogischen Nebenstunden in barocker Paläographie erfahren – durch Schriftvergleich eindeutig als aus der Feder Werners stammend identifizieren konnte. Es brauchte einige Überzeugungskraft, bis sich Angelika Marsch dem fachmännischen Urteil zu folgen bereitfand, mit dem Ende freilich, dass sie sich schließlich die Entdeckung alleine zuschrieb.

Eine ähnliche Situation ergab sich 1991, als Angelika Marsch mit der Entdeckung des Vedutenalbums der Universitätsbibliothek Würzburg ihren größten Coup landete und instinktiv die große Bedeutung dieser einzigartigen Aquarellsammlung der Dürernachfolge erkannte. Und wer weiß, ob es jemals gelungen wäre, das Geheimnis um deren Entstehung zu lüften.

Mit dieser – wieder von Anton H. Konrad der Bedeutung angemessen vorbildlich betreuten – Edition war aber nur der optische Effekt abgedeckt, dem sich die Ambition zugesellte, den meist frühesten Ansichten der dargestellten Städte nicht nur eine herkömmliche Inhaltsbeschreibung angedeihen zu lassen, sondern eine historisch und topographisch quellenmäßig fundierte Analyse beizugeben, wie sie in dieser Stringenz wohl noch nie exekutiert worden ist. Der Verfasser darf mit großer Befriedigung die selbstverständliche Bereitschaft und Begeisterung anerkennen, mit der dieses Konzept von Angelika Marsch akzeptiert und zusammen mit den von ihr auf Grund ihrer Kenntnis der in- und ausländischen Spezialisten, vor allem des slawischen Kulturkreises umgesetzt worden ist. Die Auswahl gerade dieser Fachleute war auch ein Ergebnis jahrelanger Kontakte zum europäischen Osten, wie sie das Nordostdeutsche Kulturwerk in Lüneburg mit seinen Sammler-Privatissima und Veduten-Kolloquien förderte oder das Schlesische Kulturinstitut mit seinen bilateralen Vorträgen und Kulturreisen.

Die Auseinandersetzung mit den Bildinhalten bestand aber nicht allein in trockener Theorie, sondern auch ganz real vor Ort im lebendigen Vergleich von einst und jetzt. Und es gehört gewiss zu meinen schönsten Erlebnissen und Erfahrungen, zusammen mit Angelika Marsch die westböhmischen Orte 1994 auf den Spuren Pfalzgraf Ottheinrichs zu bereisen und in Haid/Bor, Mies/Stříbro, Pilsen/Plzeň, Prag/Praha, Nimburg/Nymburk und Jaroměř mit Neu-Bydžow/Bydžov archäologische Bildkunde zu betreiben, den Standort des Reisezeichners im Jahre 1536 auszukundschaften, noch Bestehendes und Verschwundenes festzustellen sowie Perspektive und Panorama, Szenographie und Stadtmorphologie nachzuvollziehen.

Von der Fron der Berufsarbeit – wenn sie auch mit eigenen Interessen gepaart und mit Liebe vollzogen war – 1992 durch den Eintritt in den sogenannten Ruhestand befreit, konnte sich Angelika Marsch nun ganz den vielen Forschungsaufgaben, Vortragsreisen und publizistischer Tätigkeit widmen: Sie hat dabei nicht nur die Ernte eines langen Lebens eingefahren, sondern voll Optimismus und Tatendrang auch immer wieder neue Ideen entwickelt und ungewöhnliche Projekte angestoßen.

Von unbeirrbarem Idealismus beseelt, von mitreißendem Eifer angespornt, mit nie erlahmender Ausdauer ausgestattet und mit stetigem Fleiß ihre Ziele verfolgend war Angelika Marsch einer der höchst seltenen Glücksfälle für ihre Freunde, Kollegen, Wegbegleiter und die Wissenschaft. Und das alles ohne Stipendien, Sponsoren oder Fördermittel, ohne Institut, Assistenten oder Mitarbeiterstab. Für dieses ihr großes Engagement und vor allem auch ihre völkerverbindenden Verdienste hat Angelika Marsch wiederholt ehrenvolle Auszeichnungen erhalten, so 1978 den Georg-Dehio-Förderpreis der Künstlergilde Esslingen, 2006 den Kulturpreis Schlesien des Landes Niedersachsen und drei Jahre zuvor als Krönung die Ehrendoktorwürde der Universität Hamburg, gemessen an Einsatz, Leistung und Wirkung hätte ihr freilich viel mehr gebührt als so mancher selbstinszenierter Koryphäe aus Politik, Wirtschaft und Kultur, die für Leistungen honoriert wird, die zu ihrem ureigensten Aufgabengebiet und Pflichtpensum gehören und wofür sie vom Steuerzahler großzügig alimentiert wird.

Aber nicht, dass Angelika Marsch nun in ihrem Schaffensdrang zum Workaholic geworden wäre: Ihr Lebensstil als Single ermöglichte es ihr, sich ohne Rücksicht auf

Familie voll und ganz in den Dienst der Sache zu stellen, aber dabei gezielt freundschaftliche Beziehungen zu pflegen, immer zu kollegialer Hilfe bereit zu sein und sich in liebenswürdigem Entgegenkommen allen zu öffnen, bei denen sie Gleichgestimmtheit, Begeisterungsfähigkeit und Interessenharmonie vorfand. Ihre Zuversicht und Heiterkeit verlor sie auch dann nicht, als sie anlässlich eines Vortrags 2002 in den winterlich vereisten Straßen Münchens stürzte, sich einen Knochenbruch zuzog und von da an auf Krücken zu gehen verurteilt war. Zwar beeinträchtigt, aber unerschrocken setzte sie ihre Aktivitäten fort, bis sie am 4. Oktober 2011 viel zu früh und den Kopf voller Pläne in Hamburg von uns ging.

Und doch hatten sich in ihren letzten beiden Jahren leise Töne der Resignation eingeschlichen. Im Februar 2010 mailte sie mir unter anderem:

„Ja, wir sind nun in einem Alter, in dem man nicht weiß, wieviele Jahre man noch erleben kann [...] Doch ich habe immer den Spruch – und dieser trifft auch für Sie zu: ‚Ich beneide mich selber.' Wer hat in diesem Alter noch die Möglichkeit, kreativ tätig zu sein wie wir beide!"

Und sechs Monate später erinnerte sie sich:

„[...] oft denke ich an unsere ‚Spinnertreffen' zurück, wie Frau Seitz sie bezeichnete [...] wenn ich nicht von Ihnen und Herrn Seitz die vielen Anregungen bekommen hätte, [...] so wäre es vermutlich nicht zu meiner ‚Publikationslaufbahn' gekommen. [...] Sie sehen, ich blicke mit Dankbarkeit zurück."

Verleger Anton H. Konrad überreicht Dr. Angelika Marsch das erste Exemplar ihrer Monographie über Friedrich Bernhard Werner bei einer Feier am 19. Juni 2010 im Diözesanbildungshaus Erthalhof in Mainz.

Josef H. Biller

Biografische Daten Dr. Angelika Marsch

Quelle: Ausstellungstafel Museum der Arbeit 2011

1932	Geboren am 13. April als Tochter des Konzertmeisters Walter Marsch und der Buchhändlerin Anneliese Marsch, geb. Kropff, in Berlin
1938–1942	Besuch der Volksschule
1942–1949	Besuch der Gertrauden-Oberschule Berlin mit Unterbrechung durch Evakuierung in Grevesmühlen, Bad Schwartau und Lübeck. Schulabschluss: Mittlere Reife
1947	Konfirmation
1950–1952	Ausbildung zur Metallographin (Technische Assistentin für Materialprüfung) an der Technischen Berufsfachschule des Lette-Vereins in Berlin
1952–1953	*Institut für Härtereitechnik Bremen-Lesum*
1954–1955	*Siemens-Schuckart AG, Mühlheim Ruhr*
1955–1956	*Deutsche Lufthansa, Hamburg*
1956–1966	*Maschinenfabrik Augsburg Nürnberg AG, Hamburg (M.A.N.)*
1967–1992	*Ernst Winter & Sohn*
1972	Erscheinen des Buches „*Meyers Universum, ein Beitrag zum Stahlstich und Verlagswesen im 19. Jahrhundert*"
1978	Erscheinen des Buches „*Die Salzburger Emigration in Bildern*"
1978	Verleihung des Georg Dehio Förderpreises der Künstlergilde Esslingen
1979	Übernahme der Schriftleitung der Firmenzeitschrift: *Der WINTER-Schneemann* am 1. Dezember
1980	Erscheinen des Buches „*Bilder zur Augsburger Konfession und ihren Jubiläen*"
1992	25-jähriges Jubiläum bei *Ernst Winter & Sohn* am 1. Januar 1992
1992	Eintritt in den Ruhestand am 1. Mai und bis Ende des Jahres Bearbeitung des Winter-Archivs
Seit 1992	Zahlreiche kulturwissenschaftliche Bücher, Aufsätze und Vorträge in der Bundesrepublik Deutschland, in Polen und Tschechien
2001	Erscheinen des Buches „*Die Reisebilder des Pfalzgrafen Ottheinrich von seinem Ritt nach Krakau und Berlin 1536/37*"
2003	Verleihung der Ehrendoktorwürde der Universität Hamburg, Fachbereich Philosophie und Geschichtswissenschaft
2006	Verleihung des Kulturpreises Schlesien des Landes Niedersachsen
2009	Erscheinen des Buches „*Bade- und Kurorte Schlesiens einst und jetzt*"
2010	Erscheinen des Werkes *Friedrich Bernhard Werner: 1690–1776; Corpus seiner europäischen Städteansichten, illustrierten Reisemanuskripte und der Topographien von Schlesien und Böhmen-Mähren*
2011	Gestorben am 4. Oktober in Hamburg

Bibliographie Dr. Angelika Marsch

Die Werke und Beiträge sind in chronologischer Reihenfolge geordnet. Nachauflagen sind jedoch jeweils unter der Erstauflage aufgeführt. Hier nicht aufgenommen sind die zahlreichen Beiträge in den von Angelika Marsch 1979 bis 1993 redigierten 28 Heften der Werkzeitung Der WINTER-Schneemann *der Fa. Ernst Winter & Sohn.*

WERKE

Meyers Universum. Ein Beitrag zur Geschichte des Stahlstiches und des Verlagswesens im 19. Jahrhundert (Schriftenreihe Nordost-Archiv 3). 120 S. mit Abbildungen. Lüneburg: Nordostdeutsches Kulturwerk, 1972.

Meyers Universum. Ein Beitrag zur Geschichte des Stahlstiches und des Verlagswesens im 19. Jh. (Schriftenreihe Nordost-Archiv 3). 120 S. mit Abbildungen. 2. Auflage, Lüneburg: Nordostdeutsches Kulturwerk, 1973.

Die Salzburger Emigration in Bildern. Mit Beiträgen von Gerhard Florey und Hans Wagner sowie einem Verzeichnis der zeitgenössischen Kupferstiche. (Schriften des Norddeutschen Kulturwerks e.V. Lüneburg) Weißenhorn: Anton H. Konrad, 1977. 271 S. mit zahlreichen Illustrationen.

Die Salzburger Emigration in Bildern. Mit Beiträgen von Gerhard Florey und Hans Wagner sowie einem Verzeichnis der zeitgenössischen Kupferstiche (Schriften des Norddeutschen Kulturwerks e.V. Lüneburg) 2. Auflage, Weißenhorn: Anton H. Konrad, 1977. 271 S. mit zahlreichen Illustrationen.

Bilder zur Augsburger Konfession und ihren Jubiläen. Mit einem Beitrag von Helmut Baier. 173 S. mit zahlreichen Abb. und 16 Tafeln. Weißenhorn: Anton H. Konrad, 1980.

Die Salzburger Emigration in Bildern. Mit Beiträgen von Gerhard Florey und Hans Wagner sowie einem Verzeichnis der zeitgenössischen Kupferstiche. (Schriften des Norddeutschen Kulturwerks e.V. Lüneburg) 3. Auflage, Weißenhorn: Anton H. Konrad, 1986. 271 S. mit zahlreichen Illustrationen.

Oppeln, Falkenberg, Groß-Strehlitz. Historische Ansichten aus vier Jahrhunderten. (Veröffentlichung der Stiftung Kulturwerk Schlesien). 159 S. mit 136 S. Abbildungen, Tafeln und Plänen. Würzburg: Bergstadtverlag Korn, 1995.

Oppeln, Falkenberg, Groß Strehlitz. Historische Ansichten aus vier Jahrhunderten. (Veröffentlichung der Stiftung Kulturwerk Schlesien). 159 S. mit 136 S. Abbildungen, Tafeln und Plänen. Würzburg: Bergstadtverlag Korn, 2. Aufl. 2007.

Friedrich Bernhard Werner (1690–1776). Ein europäischer Ansichtenzeichner aus Schlesien. 56 S. mit 8 S. Abbildungen und Tafeln. Würzburg: Stiftung Kulturwerk Schlesien, 1995.

Friedrich Bernhard Werner *(1690–1776). Slaski rysownik europejskich widoków.* (Biblioteka Encyklopedii Ziemi Glogowskiej 30). 60 S. mit Illustrationen. Glogów: Towarzystwo Ziemi Glogowskiej, 1998.

Die Reisebilder Pfalzgraf Ottheinrichs aus den Jahren 1536/37 von seinem Ritt von Neuburg a. d. Donau über Prag nach Krakau und zurück über Breslau, Berlin, Wittenberg und Leipzig nach Neuburg. Mit Beiträgen von Jerzy Banach, Josef H. Biller, Vladimir Bystricky, Frank-Dietrich Jacob, Marian Kutzner, Jan Kozák, Angelika Marsch, Jan Pelant, Reinhard H. Seitz, František Spurný und Igor Votroupal hrsg. von Angelika Marsch, Josef H. Biller und Frank-Dietrich Jacob. [1] Faksimileband: 7 S., 50 Tafeln, 1 Falttafel und 1 Karte, quer 4°; [2] Kommentarband, 504 S. mit 107 Abb., 12 Farbtafeln, 1 Karte und 2 farbigen Karten, 4°. Weißenhorn: Anton H. Konrad, 2001.

Die Schmiedeberger Bildverlage Friedrich August Tittel, Carl Theodor Mattis, Carl Julius Rieden und Ernst Wilhelm Knippel. München: Oldenbourg 2005. 107 S. mit Abb.

Angelika Marsch und Rafal Eysymontt: *Breslau–Wrocław 1668. Eine wiederentdeckte Stadtansicht.* Schlesisches Museum Görlitz (u.a.): Oettel 2005. 58 S. mit Abb., Text in deutsch und polnisch.

Ralph Andraschek-Holzer und Angelika Marsch: *Friedrich Bernhard Werner in Niederösterreich. Eine Ausstellung aus den Sammlungen der NÖ Landesbibliothek 31. Mai bis 31. August 2006 im Ausstellungsraum der NÖ Landesbibliothek St. Pölten.* (Sonder- und Wechselausstellungen der Niederösterreichischen Landesbibliothek 28). Sankt Pölten: Amt der NÖ Landesregierung, Abt. NÖ Landesbibliothek, 2006. 116 S. mit Illustrationen.

Klaus W. Müller (Hrsg.) in Zusammenarbeit mit Angelika Marsch und Friedemann Knödler: *Mission als Kommunikation: die christliche Botschaft verstehen.* Festschrift für Ursula Wiesemann zu ihrem 75. Geburtstag. Ein Projekt des Instituts für Evangelikale Mission, Gießen. Klaus W. Müller (Edition AfeM: Mission academics 26). Nürnberg: VTR; Bonn: VKW, 2007. 321 S. mit Illustrationen und graphischen Darstellungen. Beiträge teilweise deutsch, englisch, französisch.

Kotlina Jeleniogórska dawniej i teraz. – Blick auf das Hirschberger Tal einst und jetzt. Lomnica: Fundacja Dominium Lomnica 2007. 136 S. mit zahlreichen Abbildungen.

Zeit-Reisen. Historische Schlesien-Ansichten aus der Graphiksammlung Haselbach. Anläßlich der gleichnamigen Ausstellung im Schlesischen Museum zu Görlitz (31. März bis 3. Juni 2007) und im Universitätsmuseum Marburg (9. März bis 27. April 2008). Wrocław: Wydawnictwo Via Nova, 2007; Marburg: Herder-Institut, 2008. 320 S. mit zahlreichen Abbildungen. Text von Angelika Marsch in deutsch und polnisch.

Kur- und Badeorte Schlesiens – einst und jetzt. Slaskie kurorty i zdroje – dawniej i dzis. (Veröffentlichung der Stiftung Kulturwerk Schlesien). Ins Polnische übersetzt von Wioletta Wysocka. Würzburg: Bergstadtverlag 2009. 167 S. mit zahlreichen Illustrationen.

Friedrich Bernhard Werner 1690–1776. Corpus seiner europäischen Städteansichten, illustrierten Reisemanuskripte und der Topographien von Schlesien und Böhmen-Mähren. XXIV und 674 S. mit 985 Abbildungen und Karten. Weißenhorn: Anton H. Konrad, 2010. [Rezension von Josef H. Biller „Ein in jeder Hinsicht kapitales Werk. Corpus der Veduten Friedrich Bernhard Werners (1690–1776)". In: *Schönere Heimat*, 99. Jg., 2010, Heft 4, Forum Heimatforschung, S. 249–251].

Josef H. Biller

EDITORISCH BETREUTES WERK:

Lüneburger Beiträge zur Vedutenforschung II. Beiträge zum II. Veduten-Colloquium in Lüneburg 7.–9.X.1983, und zum III. Veduten-Colloquium in Regensburg 3.–6.X.1985. 469 S. mit 238 Abb. und 18 Falttafeln sowie 2 Tabellen. Lüneburg: Nordostdeutsches Kulturwerk, 2001.

AUFSÄTZE UND BEITRÄGE

Die Beiträge im Nordost-Archiv basieren auf Vorträgen bei den Sammler-Privatissima des Instituts Nordostdeutsches Kulturwerk Lüneburg

„Für selbstauferlegte ‚Breslauer Verpflichtungen': der Historiker Arno Herzig wird als erster deutscher Gelehrter mit einer Festschrift polnischer Historiker und Germanisten geehrt." In: *Kulturpolitische Korrespondenz: Berichte, Meinungen, Dokumente,* hrsg. von der Stiftung deutsche Kultur im östlichen Europa. Berlin und Bonn: Westkreuz-Verlag, 1955, S. 6–7.

„Hamburg" [Hamburg-Plan von Merian]. In: Maschinenfabrik Augsburg-Nürnberg: *MAN-Werkzeitung* 1968, 7/8, S. 22–24.

„Ein Sammler in Prag." [Bericht von einer eigenen Antiquariatstour durch Prag]. In: *Nordost-Archiv* Heft 6/7, Jahrgang 2/1969, S. 31–36.

„Der Holzstich in den illustrierten Zeitungen des 19. Jahrhunderts." In: *Nordost-Archiv* Heft 8/9, Jahrgang 2/1970, S. 19–30.

„Zur Technik des Holzstiches." In: *Nordost-Archiv* Heft 10, Jahrgang 3/1970, S. 23–27.

Meyer's Universum, ein Ansichtenwerk des 19. Jahrhunderts." In: *Nordost-Archiv* Heft 13/14, Jahrgang 1971, S. 1–8.

Rezension zu Christoph Riegel: *Der Curieuse Passagier.* Faksimile-Neudruck der Ausgabe Frankfurt und Leipzig (Riegel) 1725. Unterschneidheim: Uhl, 1972. In: Heft 26/27, Jahrgang 6/1973, S. 51–53.

„Schraubtaler auf die Salzburger Emigranten." In: *Nordost-Archiv* Heft 36/37, Jahrgang 8/1975, S. 2–12.

„Die Salzburger Emigranten im graphischen Werk von Adolph Menzel." In: *Nordost-Archiv* Heft 40, Jahrgang 9/1976, S. 13–18.

„150 Jahre Bibliographisches Institut." In: *Nordost-Archiv* Heft 42, Jahrgang 9/1976, S. 15–17.

Rezension zu Max Schefold: *Bibliographie der Vedute,* Berlin 1976. In: Nordost-Archiv, Heft 47/48, Jahrg. 10/1977, S. 65–66.

„Stadtansichten in sächsischen Monatsschriften des 18. und 19. Jahrhunderts. Ein Werkstattbericht." In: *Nordost-Archiv* Heft 50/51, Jahrgang 11/1978, S. 67–76.

Rezension zu Irmgard Wirth: *Berlin 1650–1914.* Hamburg (Christian) 1979. In: *Nordost-Archiv* Heft 61, Jahrgang 14/1981, S. 93f.

„Durch Forschung zu neuen Anwendungsgebieten für Diamant- und Bornitridwerkzeuge." In: *Werkstattechnik – wt-Zeitschrift für industrielle Fertigung.* Heft 6, Jahrgang 74/1984, S. 375–376.

„Johann Sebastian Bach und die St. Georgenkirche zu Eisenach." In: *Nordost-Archiv* Heft 79, Jahrgang 18/1985, 79, S. 169–186.

„Friedrich Bernhard Werner und seine Topographie von Oberschlesien". In: Thomas Wünsch (Hrsg.): *Stadtgeschichte Oberschlesiens. Studien zur städtischen Entwicklung und Kultur einer ostmitteleuropäischen Region vom Mittelalter bis zum Vorabend der Industrialisierung.* (Tagungsreihe der Stiftung Haus Oberschlesien 5). Berlin: Gebr. Mann, 1995.

„Berchtesgadener Emigranten in Lüneburg. Gebirgsbauern in einer norddeutschen Stadt im 18. Jahrhundert." In: Hans Jürgen Bömelburg und Beate Eschment (Hrsg.): *Der Fremde im Dorf. Überlegungen zum Eigenen und Fremden in der Geschichte.* Rex Rexheuser zum 65. Geburtstag. Lüneburg: Institut Nordostdeutsches Kulturwerk, 1998, S. 403–425.

„Ein unbekanntes Vedutenmanuskript von Friedrich Bernhard Werner im Oberösterreichischen Landesarchiv [1983]." In: Angelika Marsch und Eckhard Jäger (Hrsg.): *Lüneburger Beiträge zur Vedutenforschung II,* Lüneburg, Nordostdeutsches Kulturwerk, 2001, S. 211–233, mit 6 Abb. und 9 S. Verzeichnissen.

„Die Städtebilder aus dem Verlag von Joseph Friedrich und Johann Christian Leopold." In: John Roger Paas (Hrsg.): Augsburg, die Bilderfabrik Europas. Essays zur Augsburger Druckgraphik der Frühen Neuzeit. [Zugleich Festschrift zum 90. Geburtstag von Wolfgang Seitz]. (Schwäbische Geschichtsquellen und Forschungen 21). Augsburg: Wißner, 2001, S. 131–152.

„Friedrich Bernhard Werner und die Ansichtenserien europäischer Städte aus Augsburg [1985]": In: Angelika Marsch und Eckhard Jäger (Hrsg.): *„Lüneburger Beiträge zur Vedutenforschung II.* Lüneburg, Nordostdeutsches Kulturwerk, 2001, S. 235–248, mit 7 Abb., darunter 1 Abb. nach S. 469.

„Zur Entdeckung der Reisebilder Pfalzgraf Ottheinrichs von seinem Ritt nach Krakau und Berlin 1536/37." In: Barbara Zeitlhack (Konzept und Redaktion): Pfalzgraf Ottheinrich: Politik und Wissenschaft im 16. Jahrhundert. Vorträge einer Tagung in Neuburg 2001, hrsg. von der Stadt Neuburg. Regensburg: Pustet 2002, S. 334–347.

„Zur Bedeutung historischer Ansichten und Pläne für die schlesische Geschichtsforschung: Erfassung – Interpretation – Quellenkundliche Betrachtung." Vortrag anlässlich der Verleihung der Ehrendoktorwürde der Universität Hamburg am 28. Januar 2003. In: *Würzburger medizinhistorische Mitteilungen.* Würzburg: Königshausen & Neumann, 2004.

„Danksagung zur Ehrenpromotion. Gehalten am 26. Januar 2003 vor dem Fachbereichsrat des Fachbereichs Philosophie und Geschichtswissenschaft der Universität Hamburg." In: *Würzburger medizinhistorische Mitteilungen.* Würzburg: Königshausen & Neumann, 2004, S. 580–582.

„Der Ostseeraum in den illustrierten Werken des 17. Jahrhunderts." In: Po obu stronach Baltyku… Wroclaw: Wydawnictwo Via Nova, 2006, S. 49–58.

„Anmerkungen, Korrekturen und Ergänzungen zur Autobiographie von Friedrich Bernhard Werner." In: Jan Harasimowicz und Angelika Marsch (Hrsg.): *Friedrich Bernhard Werner*

(1690–1776). Zycie i twórczosc – Leben und Werk. Protokollband der internationalen Fachtagung veranstaltet am 21.–23. November 2002 im Kupfermuseum zu Liegnitz. (Zródla i materialy do dziejów Legnicy i ksiestwa Lcgnickiego 3). Legnica 2004, S. 39–67, 373–396 (Itinerar). [Rezension in: Jan Harasimowicz und Angelika Marsch: *Barock: Geschichte, Literatur, Kunst. Deutsch-polnische Kulturkontakte im 16.– 18. Jahrhundert.* (Schriftenreihe: Barok. Historia – literatura –sztuka; Sondernummer). Warschau: Neriton, Osnabrück: fibre, 2006, S. 271–277.

„Der europäische Ansichtenzeichner Friedrich Bernhard Werner (1690–1776) und seine Ansichten von der Schweiz und Südwestdeutschland." In: Bernd Roeck (Hrsg.): *Stadtbilder der Neuzeit. Die europäische Stadtansicht von den Anfängen bis zum Photo.* 42. Arbeitstagung des Südwestdeutschen Arbeitskreises für Stadtgeschichtsforschung in Zürich (Stadt in der Geschichte 32). Ostfildern 2006, S. 167–188.

Martina Kessler und Angelika Marsch: „Frauen führen anders: Die Frau als Führungskraft in einer maskulinen Gesellschaft." In: Jörg Knoblauch und Horst Marquardt (Hrsg.): *Mit Werten Zukunft gestalten. Konzepte christlicher Führungskräfte.* (Schriftenreihe: idea-dokumentation 2007/02). Holzgerlingen: Hänssler, 2007, S. 151–164.

„Friedrich August Tittel (1782–1836)." In: *Schlesische Lebensbilder,* Bd. 10, 2010, hrsg. von Karl Borchardt, S. 117–124. Insingen: Degener, 2010.

VORTRÄGE, DIE NICHT IM DRUCK ERSCHIENEN SIND

gehalten meist bei Sammler-Privatissima am Institut Nordostdeutsches Kulturwerk in Lüneburg, nachgewiesen in dem Verzeichnis:

50 Treffen der Sammler und Landeshistoriker am Institut Nordostdeutsches Kulturwerk Lüneburg 1968–1996, herausgegeben und zusammengestellt von Joachim v. Below, Sophia Kemlein und Dieter Osteneck unter Mitwirkung von Sabine Bamberger-Stemmann, Andreas Kutschelis, Angelika Marsch und Hans Stula, Lüneburg 1996.

„Über die Arbeiten an einem Verzeichnis ostdeutscher Stadtansichten des 17. und 18. Jahrhunderts." Vortrag gehalten am 20.3.1971 beim V. Sammler-Privatissimum.

„Die Salzburger Emigranten in der zeitgenössischen Graphik." Vortrag gehalten am 16.3.1974 beim XI. Sammler-Privatissimum.

„Comics des XVIII. Jahrhunderts. Zeitgenössische Bilderzählungen über die Salzburger Emigranten." Vortrag gehalten am 19.10.1974 beim XII. Sammler-Privatissimum.

„Die Salzburger Emigration als Thema bei Adolph Menzel." Vortrag gehalten beim XIV. Sammler-Privatissimum 1975.

„Bilder zur Augsburger Konfession und ihren Jubiläen." Vortrag gehalten am 21.3.1981 beim XXV. Sammler-Privatissimum.

„Anmerkungen zum Thema ‚Salzburger Emigration in Bildern'." Vortrag gehalten am 6.3.1982 beim XXVI. Sammler-Privatissimum.

„Friedrich Bernhard Werner – ein ostdeutscher Vedutenzeichner des 18. Jahrhunderts." Vortrag gehalten am 5.3.1983 beim XXVII. Sammlcr-Privatissimum.

„Ein handgezeichnetes Album des schlesischen Vedutenmalers F. B. Werner." Vortrag gehalten am 24.3.1984 beim VIII. Sammler-Privatissimum.

„Fragen zur Entstehung der Schlesien-Topographie oder was uns der preußische Beamte F. B. Werner verschweigt." Vortrag gehalten am 9.10.1988 beim XXXIV. Sammler-Privatissimum.

„Klosterveduten von Friedrich Bernhard Werner" Vortrag gehalten auf dem V. Veduten-Colloquium in Kloster Ettal 11.–14.10.1990, veranstaltet vom Nordostdeutschen Kulturinstitut Lüneburg in Zusammenarbeit mit dem Adalbert-Stifter-Verein München, unter dem Motto: *Kirchen, Klöster und Ordensburgen in Deutschland und Ostmitteleuropa auf Veduten des 18. und 19. Jahrhunderts.* Bericht darüber in *Nordost-Archiv* Heft 102, Jahrgang 24/1991, S. 59.

„Die Anfänge der Straßenkarten (16./17. Jahrhundert)." Vortrag gehalten am 6.3.1993 beim XLIII. Sammler-Privatissimum.

„Die Sammlung Marsch am Institut Nordostdeutsches Kulturwerk." Vortrag gehalten am 1.10.1993 beim XLIV. Sammler-Privatissimum.

„Oppeln, Falkenberg, Groß Strehlitz in historischen Ansichten aus vier Jahrhunderten." Vortrag gehalten am 9.3.1996 beim 49. Sammler-Privatissimum

Nicht erfasst sind hier die zahllosen Vorträge vor anderen, insbesondere polnischen Institutionen.

LITERATUR ÜBER ANGELIKA MARSCH

Jan Harasimowicz: „Laudatio zur Ehrenpromotion von Angelika Marsch durch die Universität Hamburg." In: *Würzburger medizinhistorische Mitteilungen.* Würzburg: Königshausen & Neumann, 2004, S. 577–579.

Arno Herzig: „Laudatio zur Ehrenpromotion von Angelika Marsch." In: *Würzburger medizinhistorische Mitteilungen.* Würzburg, Königshausen & Neumann, 2004, S. 573–576.

„Dr. h.c. Angelika Marsch. Metallographin und Chronistin des Industriebetriebs." In: *Der Winter-Schneemann* 28, 1993. (Ausführliche Biografie mit 33 Abb.)

Alfred Theisen: „Brillant, lebensfroh und liebenswürdig. Deutsche und Polen trauern um Angelika Marsch." In: *Schlesien heute,* 11/2011, S. 65 mit Abb.

Eckhard Schlemminger: „Aus unseren Landesgruppen" und „In memoriam". In: *Der Salzburger,* Nr. 192, IV/2011, S. 24–26 mit Abb.

Ralph Andraschek-Holzer: „Angelika Marsch 1932–2011. Nachruf auf die Doyenne der Ansichtenforschung." In: *Unsere Heimat.* Zeitschrift für Landeskunde von Niederösterreich. Jahrgang 83. Heft 1–2. 2012. S. 76–78.

Der Augsburger Forscherkreis um Wolfgang Seitz 1973–2013

Anfänge, Entwicklung, Teilnehmer, Aktivitäten

Erinnerungen und Berichte

Josef H. Biller

Präludium

Ausgangssituation für alle folgenden Aktivitäten war die sowohl genetisch angelegte wie auch beruflich bedingte Inklination des Verfassers zu den grafischen Techniken im weitesten Sinne, die auch seine Ausbildung an der Grafischen Akademie 1955 bis 1958 mit vorausgehender Lehre als Schriftsetzer 1953 bis 1955 und nachfolgender Tätigkeit als Buchtypograph in renommierten Verlagen, so der Droemerschen Verlagsanstalt 1958 bis 1961, dem Verlag F. Bruckmann 1962 bis 1967 sowie dem Prestel-Verlag mit Hauptaufgabengebiet Lektorat 1968–1992 bestimmte. Insbesondere waren es dabei die Kupferstiche eines Merian und Wening, die den kunst- und kulturhistorisch interessierten Jünger Gutenbergs, den leidenschaftlichen Büchermacher und angehenden Kenner Münchens und seiner Topographie fesselten. So war es nur folgerichtig, wenn alsbald die Konfrontation mit der einstigen europäischen Kupferstechermetropole Augsburg und ihrem unerschöpflichen Reservoir an Druckgraphik erfolgte und damit schier automatisch der Weg zu Wolfgang Seitz führte, der damals als Buchhändler und Antiquar sowie als Augustana-Sammler und -Kenner Anlaufadresse für alle Adepten war, die sich dem Phänomen des Augsburger Stiches widmen wollten.

Zusammen mit dem bekannten Buchautor Karl Spengler, seines Zeichens Lokalredakteur beim „Münchner Merkur" und Autor der im Bruckmann-Verlag erschienenen erfolgreichen Bücher „Münchner Straßenbummel", „Hinter Münchner Haustüren" und „Es geschah in München", entwickelte der Verfasser 1965 die Idee, die 1691ff entstandene seltene Serie von 17 Münchner Veduten des Augsburger Stecher-Verlegers Johann Stridbeck d. J. in einem kommentierten Faksimile herauszubringen. Die gegenseitige geistige Befruchtung und zielstrebige Projektentwicklung ward dabei aufs beste beflügelt durch den engen Kontakt von Autor und Verleger, der sich durch die Mitgliedschaft im Kenner- und Sammler-„Kreis der Freunde Alt-Münchens" ergab, dem Karl Spengler damals als Präsident vorstand.

Natürlich lag dabei nichts näher, als zur homogenen Abrundung des Publikationsunternehmens auch ein biographisches Kapitel zu Leben und Werk des Schöpfers Johann Stridbeck vorzusehen, für dessen Erstellung sich der engagierte Büchermacher im Überschwang der Gefühle bereit erklärte. Allerdings erhielt der jugendliche Enthusiasmus zunächst einen gewaltigen Dämpfer, als der damalige Leiter der Kartensammlung in der Bayerischen Staatsbibliothek, Dr. Alfons Fauser, dem hoffnungsfrohen Forscher, der auf reichhaltige Spezialliteratur für sein Unternehmen gefaßt war, ernüchternd riet, ja die Finger von solch einer Absicht zu lassen, da das Gebiet der Augsburger Graphik und hier insbesondere das stecherische Werk von Johann Stridbeck ein gänzlich unbearbeitetes Feld sei, auf dem man, noch dazu unter knapper Terminvorgabe, nur scheitern könne.

Mit diesem abschreckenden Urteil erreichte aber der Kenner der Materie, der damals an der Arbeit zu seinem „Topographischen Repertorium der Veduten des 18. Jahrhunderts" saß, genau das Gegenteil, denn der lektorale Bittsteller empfand die geschilderte aussichtslose Forschungslage als direkte Aufforderung, hier allen Widerständen zum Trotz selbst tätig zu werden und sich auf die Unwägbarkeiten aktiver Forschung einzulassen, zumal er durch seine seit 1952 initiierten genealogischen Aktivitäten dazu das notwendige Handwerkszeug samt unerschöpflicher Neugier, kriminalistischem Spürsinn und unbeirrbarer Ausdauer erworben hatte. Und so ergab es sich, dass in einer ebenso zielstrebigen wie anstrengenden Tour de force, an der auch seine junge Frau mit intensiven Recherchen in norddeutschen Archiven und Museen einen wesentlichen Anteil hatte, binnen Jahresfrist durch Befragung zahlloser Bibliotheken und Sammlungen des In- und Auslandes nicht nur ein Werkverzeichnis des Stechers erarbeitet war, sondern darüber hinaus durch Auswertung reichhaltiger Archivalien am

Stadtarchiv Augsburg das bewegte Leben des Stechers und seines nebenbei auf selbem Gebiet tätigen, aber in die Fänge der Justiz geratenen Vaters in allen Einzelheiten dargestellt werden konnte.[1]

Warum ich dies hier erzähle? Weil diese ausführlichen Recherchen natürlich – wie gesagt – auch zu Wolfgang Seitz führten, dem nicht nur bereitwillige Auskünfte, wertvolle Hinweise und stetige Ermunterung zu verdanken waren, sondern zuletzt auch die kritische Durchsicht des Manuskriptes, die dem Neuling auf diesem Gebiet besonders zustatten kam.

Einen weiteren Kontakt erbrachte nicht lange danach das mit seinem publizistisch engagierten Kollegen von der Werbeabteilung, Klaus Stolte, entwickelte Projekt, die an der Albertina zu Wien (Sammelband B 6) in seltener Komplettheit liegende Folge von 94 Städteansichten des Augsburger Verlegers Martin Engelbrecht in Faksimile herauszubringen,[2] was nicht nur eine höchst anregende, kulturell sehr inspirierende gemeinsame Dienstreise nach Wien zeitigte, sondern auch eine ähnliche Exkursion nach Augsburg mit dem designierten Autor der topographisch-biographischen Einführung, Dr. Jacob Reisner, bei der die Equipe nach Studien in Stadtbibliothek und Städtischen Kunstsammlungen wieder bei Wolfgang Seitz landete und sich Ansporn und Aufklärung einholte.

Und ein drittes Mal ergab sich die willkommene Gelegenheit, den wichtigen Rat von Wolfgang Seitz in Anspruch zu nehmen, als es darum ging, in Anlehnung an das erfolgreiche Werk „Schönes altes München" mit Veröffentlichung einer exemplarischen Auswahl von alten Ansichten und Illustrationen aus der berühmten Sammlung von Carlo Proebst, die nachmals in den Besitz des Münchner Stadtmuseums übergegangen ist, einen ähnlichen Band über Augsburg zu konzipieren, wobei der großartige Fundus der Graphischen Sammlung der Städtischen Kunstsammlungen Augsburg eine reiche Ausbeute versprach. In einer Marathonsitzung mit Frau Dr. Inge Müller, Dr. Ekkehard von Knorre und Prof. Dr. Bruno Bushard ward bereits eine repräsentative Auswahl getroffen, die einen hervorragenden Bildband versprach, dessen Realisierung jedoch letzten Endes durch die ablehnende Haltung der Stadt unterbleiben musste, die weder einen Zuschuß zur Drucklegung beisteuern noch eine Abnahmegarantie erteilen mochte.

Intermezzo

Die Tätigkeit im Prestel-Verlag ab 1967 erbrachte ein Ritardando in der Beschäftigung mit Augsburger Graphik. Freilich blieb der Kontakt mit Wolfgang Seitz locker bestehen: Vor allem auf dem Forschungsgebiet der großen Vedutenserie von Wolff-Probst, deren Umfang damals noch unbekannt war, ergaben sich immer wieder Anknüpfungspunkte, um neue Funde und Entdeckungen auszutauschen. Doch der editorische Impetus war erlahmt, da sich bei Prestel keine Initiativen in dieser Hinsicht entwickeln ließen. Gewiß: Die Arbeitsbedingungen waren exzellent, die Betriebsatmosphäre überaus harmonisch und kollegial, ja geradezu familiär. Es gab kein Mobbing, keine Intrigen, keinen falschen Ehrgeiz und keinen Konkurrenzneid. Doch Gustav Stresow, der Mitinhaber des Verlags neben der Grande vieux dame, Georgette Capellmann, der betagten Witwe des Verlagsgründers, war ein Verleger alter Schule, ein Ästhet und Bibliophiler, dessen klare Vorstellung und hoher Anspruch das Verlagsprogramm bestimmten, aber keinen Raum ließen für editorische Ideen der Mitarbeiter, insbesondere des Lektorats. Insofern waren die Lektoren reine Erfüllungsgehilfen, mehr Korrektoren denn Initiatoren. Und so musste auch der tatendurstige Verfasser nach manchen vergeblichen Avancen resigniert konstatieren, dass seine verlegerische Phantasie, seine Spezialkenntnisse in Bavaricis et Monacensibus und seine organisatorische Fähigkeit, neue Projekte zu entwickeln, nicht gefragt waren. So blieb also nur der Rückzug ins Private, wo sich der Tatendrang hin zu Wissenschaft und Forschung bewegte. Ein Dauerthema dabei blieb die Augsburger Graphik und das Bemühen, die frühen Erfolge mit Stridbeck und in dessen Gefolge mit Bodenehr zu vervollkommnen und deren Werkverzeichnisse stetig zu erweitern.

Maestoso

Da schlug es wie eine Bombe ein, als sich Anfang 1972 Angelika Marsch meldete mit einem Hinweis auf einen seltenen Stridbeck-Sammelband in der Staatsbibliothek Hamburg. Sofort waren die im Laufe der Zeit verständlicherweise etwas erlahmten und von anderen Interessen überwucherten Bemühungen um Augsburger Graphik reaktiviert. Und im Nachhinein muss gesagt werden, dass diese Initiative von Frau Marsch eine Sternstunde unserer künftigen gemeinsamen Bestrebungen war, deren Auswirkungen bis heute andauern.

Es war nur folgerichtig, dass sich aus diesem ersten Briefkontakt sogleich eine anregende Korrespondenz entwickelte, aus der als nächste Konsequenz in mir der Wunsch erwuchs, den fachlichen Austausch bei einem persönlichen Treffen zu intensivieren.

Auch für Angelika Marsch war die Beschäftigung mit dem Augsburger Kupferstich ein begeisterndes Parergon neben ihrer Berufstätigkeit als Metallographin. Sie berichtet darüber:

„Nachdem 1972 mein Buch über ‚Meyers Universum'[3] erschienen war, warf ich den Blick auf das 18. Jahrhundert. So kam ich zur Staats- und Stadtbibliothek nach Augsburg, und dessen Leiter, Dr. Josef Bellot, verwies mich an den Buchhändler Wolfgang Seitz. Damit nahm alles seinen Anfang, und es entstand das Forschertreffen. Wenn dieser Kontakt nicht gewesen wäre, so wäre es vermutlich nicht zu meiner Forscher- und Publikationslaufbahn gekommen."

Auch in Angelika Marsch war also mit ihrem Erstling sowohl die „Vedutis" – wie Karl Schefold, der Altmeister der Vedutenkunde, diese Leidenschaft bezeichnete – ausgebrochen wie auch eine lexikalische Ader angeschlagen, welche die bei der Forschung gewonnenen Erkenntnisse in dauerhaft nutzbare Kataloge und Verzeichnisse bündelte. In der weiteren Verfolgung dieser einmal geweckten Interessen stieß Angelika Marsch schon bald auf den schlesischen Zeichner Friedrich Bernhard Werner, dessen vedutistisches Hauptwerk bei Augsburger Verlegern erschienen ist. Die Beschäftigung mit diesem Phänomen sollte sie ihr ganzes weiteres Leben beschäftigen, und es ist im Rückblick gesehen eine glückliche Fügung gewesen, dass die leider viel zu früh Gestorbene das Erscheinen dieses monumentalen Lebenswerkes noch kurz vor ihrem Tod erleben durfte.[4]

Als mir Wolfgang Seitz dann von dem oben angesprochenen Besuch Frau Marschens im April 1972 und von den dabei festgestellten gemeinsamen Interessen und Plänen berichtete, keimte in mir der Wunsch zu einem künftigen Dreiertreffen auf, den ich dann noch im Mai desselben Jahres Wolfgang Seitz kommunizierte. Im weiteren Verlauf unserer Korrespondenz entwickelte ich bereits im Juni einen Plan, alle Augsburger Vedutenserien zu erforschen und zu bearbeiten, wobei Wolfgang Seitz der Part der Guckkastenserien und der Monumentalveduten von Wolff-Probst zugefallen wäre, an deren Recherche er bereits arbeitete und wozu ich Zulieferungen leistete.

Dann ergab sich als weiteres förderndes Element, dass sich der Verleger *Walter Uhl* aus Unterschneidheim bei mir meldete und mich bat, für den von ihm geplanten Reprint des seltenen dritten Teils von Gabriel Bodenehrs Stichwerk *Europens Pracht und Macht*, dessen erste beiden Teile er zusammen mit dem Parallelwerk *Force d'Europe* – allerdings lieblos ediert und ohne jeden Kommentar – bereits herausgebracht hatte, ein Nachwort zu schreiben, was dem geehrten Forscher natürlich sehr gelegen kam, konnte er doch nun all das im Laufe der Zeit erworbene Wissen zum Entstehen dieses Sammelbandes und zum Leben seines Schöpfers ausbreiten. Im September und Oktober 1972 war dieser Text erarbeitet und dazu noch mit einem ausführlichen kritischen Verzeichnis aller Tafeln des Gesamtwerks und ihrer Vorbilder versehen, das einmal mehr erwies, dass Gabriel Bodenehr und sein Vorläufer, Johann Stridbeck, sich als geschickte Plagiatoren erwiesen, die sich ungeniert aus dem großen Fundus europäischer Stichwerke vor allem Deutschlands, Italiens, Frankreichs und der Niederlande bedienten. Leider wurde jedoch das Vorhaben des Verlegers nicht realisiert, und das Manuskript ging im Verlag unter, was um so bedauerlicher war, als das unter hohem Zeitdruck erarbeitete Verzeichnis ohne Anfertigung einer Kopie rasch expediert werden musste.[5]

Aber dieses Projekt hatte doch wieder den Anschluß an die praktische Forschungsarbeit über Augsburger Graphik und – wenn auch in diesem Falle vergebliche – publizistische Ambitionen erbracht.

Rondo affettuoso

Das befriedigende Bewusstsein, nun eine kleine Schar von Graphikfreunden und Forschungsbegeisterten aktivieren zu können, ließ auch in Wolfgang Seitz den Wunsch aufkommen, meiner Anregung zu folgen und diesen Gleichgesinnten ein gemeinsames Forum zu Gedankenaustausch, Anregung und Ansporn zu bieten. Und so lud er am 20. Januar 1973 erstmals zu einem Treffen in seinem Augsburger Hause, damals noch in der Lutzstraße 50, ein: Dr. Josef Bellot, den unvergessenen, allzu früh verstorbenen Leiter der Staats- und Stadtbibliothek Augsburg, mit seiner liebenswürdigen Gemahlin, dann Angelika Marsch und den Berichterstatter. Der Hausherr verstand es, das Interesse seiner Gäste gleich mit einem vedutistischen Problem zu wecken, indem er die verschiedenen Augsburger Ansichten von Pieter Hendricksz. Schut im Verlag von Cornelis Visscher in Amsterdam und seiner Epigonen vorführte und daran die Frage nach Herkunft, Entstehungszeit und Zusammenhang mit Sammelwerken knüpfte. Um es gleich vorwegzunehmen: Diese Frage löste beim Verfasser die Initialzündung aus, sich der Verfolgung der verschlungenen Motivwanderung dieses Sujets zu widmen und in aufwendigen Recherchen zu entschlüsseln. Das Ergebnis

Abb. 1: *Wolfgang Seitz*, Begründer des Forscherkreises 1973, Foto aus dem Jahre 2001

Josef H. Biller

Abb. 2: Dr. Josef Bellot (Neunkirchen/Saar 21.8.1920 – 22.8.1986 Augsburg), 1963 –1985 Direktor der Staats- und Stadtbibliothek Augsburg

dieser ernsthaft und zielstrebig betriebenen Forschung konnte dann, das sei hier vorweggenommen, in einem Vortrag im Rahmen des vom Institut Nordostdeutsches Kulturwerk in Lüneburg veranstalteten 3. Vedutenkollegiums der Fachwelt vorgestellt werden, das vom 3. bis 6. Oktober 1985 in Regensburg unter dem Thema „Ostseeraum und Osteuropa als Gegenstand der Vedutenforschung" stattfand.[6] 1993 konnte die Entstehungsgeschichte dieser Vedutenserie und ihre Primärverwendung auf holländischen Monumental-Wandkarten in erweiterter Form veröffentlicht werden durch einen Aufsatz in der Festschrift Helwig von 1993.[7] So hatte sich also schon beim ersten Treffen jene praktisch-aktive Ausrichtung manifestiert, welche die weiteren Zusammenkünfte wesentlich bestimmen sollte: Nicht ein Stammtisch fachsimpelnder Theoretiker oder Table ronde ästhetisierender Connaisseurs zu sein, sondern eine Ideenschmiede für Forschungsunternehmen, und dies vorab auf dem Gebiet der Augsburger Druckgraphik, die dazumal ein von der Kunstgeschichte wenig beachtetes, um nicht zu sagen: verachtetes Feld war.

Mit diesem ersten erfolgreichen Auftakt etablierte sich dann das Augsburger Forschertreffen im Hause Seitz zu einer ständigen jährlichen Veranstaltung, deren Termin jeweils die Anwesenheit von Angelika Marsch im Süden anläßlich einer Fachtagung in Esslingen bestimmte. Genußreich unterbrochen und überhöht wurden die Fachgespräche durch die Tafelfreuden, welche die liebenswürdige Gastgeberin Hedwig Seitz am Kaffeetisch und an der Abendtafel, unterstützt von den reizenden Töchtern des Hauses, den Teilnehmern in verschwenderischer Weise darbot. Damit wurden die Zusammenkünfte, von der Dame des Hauses verständnisvoll-nachsichtig als „Spinner-Treffen" apostrophiert, bei allen Beteiligten zu einem Höhepunkt des Forscherjahres.

Schon beim ersten Treffen war auch das Problem der Datierung meist unbezeichneter Graphiken erörtert worden, das auf mein besonderes Interesse stieß, da ich mich mit diesem Thema schon seit längerem beschäftigte und dabei zu der Erkenntnis gelangt war, dass jede Graphik, sofern sie nur an irgendeiner Stelle ein Ornament aufwies, anhand der Kriterien der Stilkunde mehr oder weniger genau datiert werden kann. Darüber mehr zu erfahren war der einhellige Wunsch aller Beteiligten, dem der Berichterstatter alsbald Rechnung trug und den soeben gegründeten noch kleinen Forscherkreis, zu dem sich erstmals auch der Kunsthistoriker und Sammler *S.K.H. Alexander Herzog von Württemberg* gesellte, zu sich nach München einlud, um anhand reichen Anschauungsmaterials die Wandlungen der Ornamentik von der Renaissance bis zum Klassizismus und deren Funktion als Datierungshilfe vorzuführen.

Da ja alle „Spinner" noch berufstätig waren, fanden die Kolloquien jeweils an einem Samstag-Nachmittag statt. Doch schon bald konnte der Verfasser und seine Kollegin, *Angelika Marsch,* den Augsburger Ad-limina-Besuch auf die Vormittage ausweiten. Anlass dazu war das großzügige Angebot von *Josef Bellot,* den reichhaltigen Fundus an Augsburger Druckgraphik in seiner Bibliothek zu sichten. Und so verbrachten wir ab Januar 1975 über Jahre hinweg die Vormittage jener Samstage, die dem alljährlichen nachmittägigen Treffen im Hause Seitz gewidmet waren, im Keller der Bibliothek, wo die großen breiten Kästen der Sammlung untergebracht sind. Dem tiefen Vertrauen und der seltenen Großzügigkeit Josef Bellots hatten wir es zu verdanken, dass wir ungestört und in aller Ruhe Kasten für Kasten, Fach um Fach, Schublade um Schublade und Blatt für Blatt systematisch durchsehen und alle uns interessierenden Stücke notieren und fotografieren konnten.

Einmal, es mag die zweite oder dritte Kampagne gewesen sein, visitierten wir einen der größeren Schränke, dessen Tiefe uns großformatige Blätter und damit doppelten Genuß erwarten ließ. Doch wie gingen uns die Augen über, als wir darin die prächtigen Thesenblätter, in tiefsattem Mezzotinto gedruckt, erblickten und die ellenlangen, hinreißend gestochenen Wappenkalender ans Licht zogen. Dieser Fund und die damit verbundene Entdeckerfreude gestaltete sich beim Verfasser zum Damaskuserlebnis, dem auf der Stelle der Entschluß folgte, sich diesem betörend faszinierenden und augenscheinlich wenig oder gar nicht bearbeiteten Spezialgebiet der Augsburger Großgraphik forschend, sichtend, sammelnd und klassifizierend zu widmen. Und nach Jahresfrist wurde die gezielte Aufnahme, Vermaßung und ikonographische Verkartung dieses wundervollen Bestandes durchgeführt, die alsbald vier dicke Dokumentenenmappen füllten. Mit Begeisterung berichteten wir dem Kollegium von unserer Entdeckung und von der spontan gefaßten Absicht, sich mit voller Kraft der Erforschung dieses Genres zu widmen.

Wenn es den Finder zunächst auch befremdete, als Wolfgang Seitz dann zwei Jahre später, genau beim Treffen am 24. Oktober 1977, seinen Entschluss kundtat, sich fürderhin der Bearbeitung der Thesenblätter widmen zu wollen, so war er letzten Endes bei nüchterner Überlegung doch froh, diesen Komplex seinem Forscherkollegen überlassen zu können, da beide Gebiete mit gleicher Intensität zu bearbeiten die Kräfte eines einzelnen, überdies im Berufsleben stehenden Forschers bei Weitem überfordert hätte. Und so hatte es sich gefügt, dass Wolfgang Seitz sich dem Aufspüren, Dokumentieren und Bearbeiten der Thesen mit vollem Einsatz widmete, und der Verfasser seine höchste Befriedigung in der schier europaweiten Recherche nach Wandkalendern und ihrer Genese und Geschichte fand, wobei ihm als Krönung noch die Tatsache zupaß kam, dass das Genre der offiziellen Wappenkalender das einzige druckgraphische Medium darstellt, das sich archivalisch eruieren und damit in sonst unerreichter Dichte und Genauigkeit darstellen läßt. Und so ergab sich ein edler Wettstreit zwischen dem „Thesenblattler" Seitz und dem „Kalenderjäger" Biller, der etwa in die beseligende forscherliche Zweisamkeit mündete, als wir 1986 einträchtig nebeneinander im Staatsarchiv Olmütz, genauer im Staatsarchiv Troppau, Nebenstelle Olmütz (Statní archiv Opava, popočka Olomouc) arbeiteten: Der eine den umfangreichen Bestand an rund 250 Thesen bearbeitend, der andere die Abfolge der verschiedenen Typen der Olmützer Domherrenkalender anhand der Archivalien verfolgend und mit den überlieferten Originalen vergleichend. Dieses wunderbare Erlebnis gemeinsamer Forschung und gegenseitiger Anteilnahme an den Erfolgen und Erkenntnissen des jeweils anderen zählt zu den beglückendsten Stunden unseres Forscherdaseins.

Ein ähnliches Gefühl stellte sich ein bei der gemeinsamen Forschungsfahrt 1990 in die Slowakei unter der sach- und sprachkundigen Begleitung von *Dr. František Spurný* aus Mährisch Schönberg (Šumperk), der uns seit dem ersten Veduten-Colloquium in Lüneburg 1981 ein (im Hinblick auf die schwierige Forschungssituation für Ausländer im kommunistischen Land) stets hilfsbereiter Kollege und ganz besonders lieber Freund geworden war. Die Fahrt ging mit archivischen Zwischenstationen in Preßburg (Bratislava), Tyrnau (Trnava), dem Exilort des Domkapitels Gran (Esztergom), Neutra (Nitra) mit Sitz eines kalenderführenden Domkapitels, und nach Martín mit der Matica Slovenská, dem slowakischen Kulturzentrum. Noch in Preßburg trafen wir auf den jungen Maler und Papierrestaurator *Boris Kwasnica,* der uns von einem unglaublich reichen Bestand an Wolff-Probst-Veduten im Schloss von Antol nahe der berühmten Bergwerksstadt Schemnitz (Banská Stiavnica) berichtete – und natürlich sofort den Plan einer Exkursion dorthin hochkommen ließ. Das Unternehmen erwies sich für beide Teile von ungeahntem Vorteil: Für Freund Seitz eine willkommene Ergänzung zu seinem Katalog, für unseren neuen Kollegen den ausschlaggebenden Zugriff auf Seitzens Forschungsunterlagen, mit deren Hilfe Boris seine Diplomarbeit optimieren konnte. Und noch ein weiterer Vorteil ergab sich, da wir den hoffnungsfrohen Restaurator an *Prof. Stopp* in Mainz empfehlen konnten, dessen Sammlung er dann jahrelang betreuen konnte.

Ein unerwartetes Zusammentreffen zeitigte auch die gemeinsame Forschungsfahrt im Mai 1985 nach Prag mit *Angelika Marsch* und dem *Ehepaar Seitz*, als wir unabgesprochen *Prof. Klaus Stopp* im wunderbaren Jugendstil-Ambiente des *Obecní dum* trafen. Ein schöner Zugewinn dieser Fahrt war auch die Bekanntschaft mit Dr. Jan T. Kozak, der uns nicht nur wertvolle Forschungshilfe leistete und beim nächsten Pragbesuch 1994 beherbergte, sondern auch zusammen mit einer gemeinsamen Kollegin aus Breslau, Dr. Krystyna Szykuła, das seltene und große Stadtpanorama von Prag 1562 bearbeitete und durch unsere Vermittlung bei Anton H. Konrad in Weißenhorn publizieren konnte.[8]

Aber wieder zurück zu den Anfängen. Von Jahr zu Jahr erweiterte sich der Kreis der Aktivisten, von begeisterten Teilnehmern animiert oder von Wolfgang Seitz offiziell eingeladen. Zu den frühen Gästen zählte der Verleger *Anton H. Konrad* aus Weißenhorn, der nicht nur dem Buchhändler Wolfgang Seitz ein bereits wohlbekannter Kollege war, sondern auch mir als Verlagslektor und Bavarica-Liebhaber ein kultivierter Ansprechpartner auf der Frankfurter Buchmesse, die ich ex officio zu besuchen hatte. Bereits beim zweiten Treffen mit von der Partie war auch *Dr. Gertrud Stetter*, die bereits als Wening-Forscherin und -Publizistin hervorgetreten war, aber leider eines frühen Todes verstarb. Dazu gesellten sich dann *Ingrid Eiden* vom Stadtarchiv Ingolstadt, die wiederholt von unerwarteten Funden und seltenen Thesenblättern berichtete, oder Prof. Dr. *Otto Stochdorph*, seines Zeichens Mediziner, der sich mit Stridbeck-Landkarten beschäftigte und sich damit als jener Zunft zugehörig erwies, die

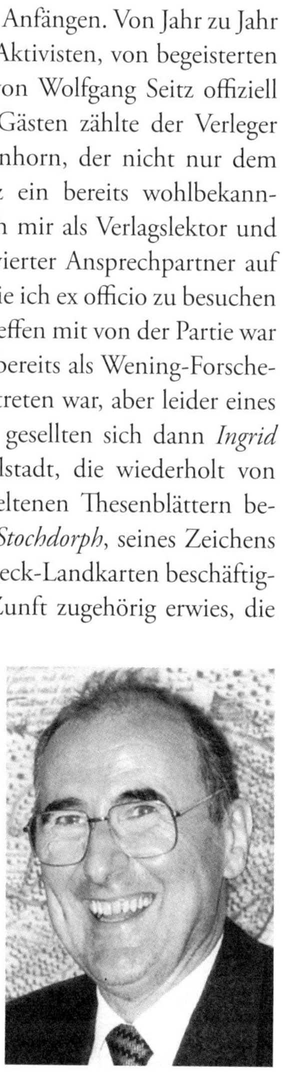

Abb. 3: *Prof. Dr. Klaus Stopp (Kötzschenbroda/Radebeul 11.7.1926 – 6.6. 2006 Mainz), seit 1972 zahlreichen Mitgliedern des Forscherkreises verbunden*

gänzlich anders geartete Berufsarbeit mit der Liebhaberei zum Augsburger Kupferstich zu vereinen weiß.

Im weiteren Verlauf fand dann *H. H. Pater Laurentius Koch OSB* von Ettal zu uns, dem der Kreis dann die großherzige Einladung zu verdanken hatte, das Forschertreffen einmal in Kloster Ettal abzuhalten, wozu das ringsum mit wandgroßen Veduten ausstaffierte Konferenzzimmer den adäquaten Rahmen bot. Sein jäher früher Tod 2003 machte uns alle tief betroffen.

Auf seine Empfehlung hin war auch die Einladung an *Dr. Gabriele Dischinger* ergangen, die ebenfalls Kunstgeschichte mit intensiver Archivforschung verband und somit eine Saite in mir zum Klingen brachte, die ein besonders fruchtbares Verhältnis zum Verfasser anbahnte und zu zahlreichen gemeinsamen Unternehmungen, erlebnisreichen Forschungsfahrten und begeisternder publizistischer Zusammenarbeit führte und damit den Grund legte zu einer bis heute währenden glückhaften kollegialen Freundschaft.

Wertvollen Zugang erbrachten dann jene Doktorandinnen, die Wolfgang Seitz im Rahmen ihrer Studien zu Augsburger Thesenblättern aufsuchten und seinen Rat suchten. Da waren zunächst *Sibylle Appuhn-Radtke*, die bereits 1979 ihre Studien zu den Thesen Bartholomäus Kilians begann, 1983 mit ihrer Dissertation in Freiburg abschloss und in überarbeiteter Form 1988 publizierte, wobei der Verleger Anton H. Konrad in Weißenhorn das Wunder vollbrachte, den manchen als spröde erscheinenden kunsthistorischen Stoff unübertroffen üppig und großzügig bebildert in einem fulminanten Folioband zu publizieren, welcher dem Anspruch und dem Format des Themas angemessen war. Ein Jahr später 1984 in Bonn vorgelegt, aber ein Jahr früher publiziert wurde die Dissertation von *Anette Michels*, die sich mit den Thesen von Wolfgang Kilian beschäftigte.[9] 1988 folgten dann *Susanne Rott* mit ihrer Magisterarbeit über Melchior Küsells Thesenblätter an der Universität Regensburg[10] und *Ulrike Wagner* mit ihrer Monographie über Dominicus Custos.[11]

Anton H. Konrad von Weißenhorn, der sich ja bereits früh unserem Kreis angeschlossen hatte, wurde sozusagen auch zum traditionellen Verleger weiterer Arbeiten von *Angelika Marsch*, die er in beispielhafter Opulenz herausbrachte, so die ebenfalls aus der Beschäftigung mit Augsburger Graphik hervorgewachsenen Themen über die Salzburger Emigranten[12] und die Konfessionsgraphik[13].

Es hatte sich auch ergeben, dass zur Entlastung des gastfreundlichen Hauses Seitz einzelne Teilnehmer zu speziellen Treffen zu sich nach Hause einluden: Von einem frühen Beispiel des Berichterstatters war bereits die Rede. Da der Kreis inzwischen aber deutlich gewachsen war, erwies sich der bisherige häusliche Rahmen als zu beschränkt. Aus diesem Grunde konnte ich es durch

Abb. 4: *Dr. František Spurný* (Prostějov 1927–2004 Šumperk) und *Josef H. Biller* (*1934 München) auf der Forschungsreise 1990 in Preßburg

meine guten Kontakte zum damaligen Leiter des „Hauses der Bayerischen Geschichte", *Prof. Dr. Claus Grimm*, auch erreichen, dass unser auf etwa 20 Teilnehmer angewachsener Kreis am 17. Februar 1990 im Konferenzsaal des Instituts, das sich damals noch in München an der Liebigstraße 22 befand, hospitieren durfte.

An derselben Straße, nur einige Häuser weiter auf Nr. 10a, hatte zuvor schon am 9. Februar 1988 den inzwischen bedeutend angewachsenen Kreis Rechtsanwalt *Dr. Walter Grasser*, mit dem sich der Blick auf andere Forschungsgebiete weitete, beherbergt. Hier fanden sich auch die Antiquarin *Dr. Christine Preßler*, nachmalige *Grahamer*, ein und der Kunsthistoriker *Prof. Dr. Karl Möseneder*, dessen Berufung nach Passau kurz darauf aber seine weitere Teilnahme verhinderte.

Eine glückliche Akquisition war auch *Dr. Tilman Falk*, damals Direktor der Staatlichen Graphischen Sammlung in München und seit seinem Ruhestand in Neusäß bei Augsburg lebend.

Nach dem schon erwähnten frühen Tod von Josef Bellot am 22. August 1986 nahm wie selbstverständlich sein Amtsnachfolger den verwaisten Platz ein, *Dr. Helmut Gier*, der nicht nur immer ausführlich von den Aktivitäten der Staats- und Stadtbibliothek zu berichten wusste, sondern seine Schätze ebenso bereitwillig den Forschern des Kreises zugänglich machte. Eine engagierte Teilnehmerin war auch *Dr. Karin Friedlmaier*, die mit ihren Forschungen zur Druckgraphik von Johann Georg Bergmüller das gezielte Interesse nicht nur des Referenten weckte, der sich glücklich schätzte, ihr seine archivalischen Forschungsergebnisse zu den sieben von Bergmüller entworfenen Hochstifts-, Ordens, Stifts- und Ratskalender zugänglich machen zu können. Ihre Studien mündeten in die bei Prof. Dr. Dr. Bruno Bushart entstandene Dissertation von 1995.[14] Bedauerlicherweise erzwangen familiäre Schwierigkeiten ihre völlige berufliche Umorientierung, so dass sie sich von der Kunstgeschichte leider verabschieden musste. Aus ähnlichem Grunde schied auch *Dr. Cornelia Kemp* aus, deren Tätigkeit im Deutschen Museum sie in ganz andere kulturgeschichtliche Bahnen lenkte.

Tema con variazioni

Das Engagement einiger Forscherfreunde bei ähnlichen Unternehmungen oder bei Kollegentreffen im Rahmen der Frankfurter Buchmesse, bei welcher der Verleger *Anton H. Konrad* und der Verfasser in seiner Eigenschaft als Verlagslektor und Büchermacher ex officio sich alljährlich einzufinden hatten, führte auch zur Etablierung von Dependancen. So in Lüneburg bei den in großem Stil von *Dr. Eckhard Jäger* inszenierten und unvergeßlichen Vedutenkolloquien des Nordost-Institutes in den Jahren 1978, 1981 und 1985, wo *Prof. Klaus Stopp* von Mainz, Baronin *Johanna von Herzogenberg* aus München und *Dr. Ernst Wawrik* aus Wien zusammen mit den „Augsburgern" eine „Süd-Fraktion" bildeten, zu der sich der uns schon bekannte *Dr. František Spurný* aus Mährisch-Schönberg (Šumperk) gesellte, dessen liebenswürdige Hilfsbereitschaft und weitreichenden Kontakte in den dunklen Zeiten des real existenten Sozialismus den Forschungsreisenden Seitz, Marsch und Biller bei ihren Exkursionen nach Tschechien, Mähren und in die Slowakei wertvolle Dienste leisten sollten. In Frankfurt am Main dagegen gewährte *Dr. Ludwig Baron Döry,* Konservator am Stadtmuseum, in seiner Wohnung in Unterlindau 31 der Augsburger Delegation Seitz-Marsch-Konrad-Biller Asyl, wo sich neben *Klaus Stopp* und seiner Lebensgefährtin und ebenfalls Graphiksammlerin *Dr. Ingrid Faust* auch *Klaus Eymann* aus Aschaffenburg, Bearbeiter u. a. der Ansichten aus Meißner-Kieser, und *Dr. Michael Brod* aus Würzburg einfanden, auch er ein würdiger Vertreter der Doppelbegabung Arzt und Sammler, ein feinsinniger Grandseigneur alter Schule, dessen Spezialgebiet der mainfränkischen Wappenkalender rasch eine gemeinsame Basis mit dem global erweiterten Forschungsunternehmen des Verfassers bildete. Diesen Frankfurter Unternehmungen in den Jahren von 1973 bis 1981, mit Unterbrechungen 1976 und 1980, schlossen sich zwei Privatissima bei *Klaus Stopp* in Mainz-Drais 1974 und 1982 an, die einen intimen Einblick in seine reiche Graphiksammlung vermittelte.

Allegro con brio

In die Zeit um 1990 fiel auch eine der spektakulärsten Entdeckungen, die *Angelika Marsch* gelang, als sie in der Universitätsbibliothek Würzburg ein seit der Säkularisation dort verwahrtes Vedutenalbum, das nach Ausweis des Benützerblattes schon von manchen Wissenschaftlern konsultiert, aber nicht in seiner Brisanz erkannt worden war, einem intensiveren Studium unterzog und schon auf den ersten Blick die wohl allerfrühesten Ansichten zahlreicher deutscher, böhmischer und polnischer Städte identifizierte – ein Umstand, der geradezu nach intensiver Bearbeitung, kritischer Analyse und adäquater Publikation rief. Es gelang der glücklichen Entdeckerin, ein internationales Bearbeiterteam aus vier deutschen, fünf tschechischen und zwei polnischen Veduten-Spezialisten zu rekrutieren und auf die erstmals in dieser Stringenz durchgeführte exemplarische Bearbeitungsmethode einzuschwören. Und als Krönung dieser umfänglichen Bemühungen gelang es dem Verfasser, der sich für die Interpretation der elf bayerischen Ansichten stark machte, auch noch den archivalischen Nachweis für den Auftraggeber und Anlass dieses Reisealbums zu finden: Herzog Ottheinrich von Pfalz-Neuburg, der seinen Ritt nach Krakau im Winter 1536/37 auf diese kulturhistorisch überaus wertvolle Weise dokumentieren ließ. Unter der bewährten Obhut von Verleger *Anton H. Konrad* konnte das Opus magnum mit Text- und Faksimileband in opulenter Aufmachung dann im Jahre 2000 erscheinen, begleitet von Eifersucht, Neid und Intrigen lokaler Bibliothekare, die es nicht verwinden konnten, dass eine Hamburgerin und ein Altbayer diesen vermeintlich urfränkischen Schatz gehoben haben.

Andante con moto

Mit dem Tode von Hedwig Seitz, der Gattin unseres Doyens und des guten Geistes der Treffen im Augsburger Heim, im Jahre 2004 verlagerte sich der Schwerpunkt unserer Zusammenkünfte nach München, wo sich der Verfasser seither der Organisation annahm. Sie fanden zunächst im Hotel Herzog Wilhelm an der gleichnamigen Straße statt, wo der Forscherkreis auf Vermittlung von *Dr. Grasser* seine erste Bleibe fand, dann im Sitzungs-

Abb. 5: Wie immer sehr engagiert und lebendig: Dr. Helmut Gier (rechts) am 25.2.2012 bei der Tagung des Forscherkreises im Lesesaal seiner Bibliothek (links Dr. Gode Krämer)

saal der Rechtsanwaltskanzlei von Dr. Peter Gauweiler an der Hartmannstraße und zuletzt im Nebenzimmer der Unionsbrauerei an der Einsteinstraße, die beide wieder durch *Dr. Grasser* zugänglich gemacht werden konnten.

Hier fand dann *Dr. Wolfgang Pfeifer* aus Illertissen zu uns, der sich der schwäbischen Kartographie annimmt und damit auch Stridbecks Schwabenkarte ins Visier nahm, was ihn folgerichtig zu mir und damit zum Kreis führte.

Daneben fanden sich ein *Dr. Dagmar Dietrich,* damals am Bayerischen Landesamt für Denkmalpflege tätig und mir schon seit den Tagen unserer Zusammenarbeit am Begleitbuch zur Bayerischen Landesausstellung 1993 in Andechs bekannt, die – das sei nicht verhehlt – meine Erfindung war, um dem etwas schwierigen Buchthema die nötige Aufmerksamkeit angedeihen zu lassen, was sich denn auch durch zwei Auflagen bestens erfüllen sollte[15].

Eine andere Ausstellungsinitiative dagegen blieb leider unrealisiert. Es war bereits seit den Anfängen des Kreises die Idee – wieder einmal angeregt durch den Schreiber – diskutiert worden, das reiche Feld der Augsburger Graphik in einer Ausstellung darzustellen und einer breiten Öffentlichkeit nahezubringen. Mit meinem daraufhin ausgearbeiteten Konzept konnte ich auch in mehreren Gesprächen den schon erwähnten Leiter *Prof. Dr. Claus Grimm* vom Haus der Bayerischen Geschichte für diese Idee gewinnen. Er bestimmte seinen Mitarbeiter *Dr. Johannes Erichsen,* nachmals Präsident der Bayerischen Schlösserverwaltung, dazu, dieses Ausstellungskonzept zu befördern. Und so trafen wir uns zu einer Sondierung bei *Dr. Björn Kommer,* dem Leiter der Städtischen Kunstsammlungen Augsburg, der schon wiederholt unseren Zusammenkünften im Hause Seitz beigewohnt hatte. Aber der Gesprächspartner entwickelte andere Vorstellungen von kleinen Studioausstellungen zur Graphik, die mit unserer Idee einer impressiven, alle Bereiche umfassenden Großausstellung nicht harmonieren wollten – und so verlief diese so hoffnungsvoll begonnene Initiative bedauerlicherweise allzu rasch im Sande und hat auch bis heute keine Wiedererweckung erlebt.

Einer einschlägigen, aber gänzlich anders gearteten Idee dagegen wollte sich Wolfgang Seitz versagen. Hier war es der Professor für Kunstgeschichte an der Universität Augsburg, *Dr. Hanno Walter Kruft,* der bei einer Sitzung im Hause Seitz 1983 von den Bemühungen des Hausherrn um die Thesenforschung erfuhr, gleich Lunte roch und daraufhin dieses Thema zum Gegenstand eines Forschungsunternehmens der Universität machen wollte. Doch davon war Seitz verständlicherweise alles andere als amüsiert und fürchtete, dass ihm sein „schönes Spielzeug", mit dem er noch manche Jahre umzugehen willens war, entwunden werden sollte. Und so fiel denn seine Reaktion auf diesen universitären Vorstoß ziemlich reserviert aus. Durch den unvermuteten Tod von Prof. Kruft im Jahre 1993 in Rom aber hatte sich dieser Streitpunkt dann von selbst erledigt.

Ebenfalls mit Ausstellungswesen zu tun hat auch *Dr. Annemarie Stößl* von der Sammlung Weinhold im Alten Schloß Schleißheim, die den Kreis auch einmal zu einem faszinierenden Privatissimum in Ihre Ausstellung „Das Evangelium in den Wohnungen der Völker" einlud, nicht minder *Dr. Barbara Krafft,* die den Kreis wiederholt mit entlegenen graphischen Kuriosa entzückte.

Einschlägige Ausstellungen in den Augsburger Städtischen Kunstsammlungen ermöglichten die temporäre Rückkehr der Zusammenkünfte an den Ursprungsort, wo *Dr. Helmut Gier* dem Forscherkreis den großen Lesesaal der Staats- und Stadtbibliothek einräumte, so geschehen im Jahre 2005 anläßlich der Ausstellung „Als Frieden möglich war" zur 450. Wiederkehr des Augsburger Religionsfriedens, dann 2010 zur Doppel-Ausstellung „Johann Evangelist Holzer (1709–1740) – Maler des Lichts" im Schaezlerpalais und im Diözesanmuseum St. Afra, wo unser damals „jüngstes", wenngleich auch schon betagtes Mitglied, *Dr. Hansjürgen Rapp,* vor allem die 18 von ihm bearbeiteten Thesenblätter erläuterte, und zuletzt 2012, wo uns *Dr. Alois Epple* durch die Ausstellung „Johann Georg Bergmüller (1688–1762) – Ein Meister des Augsburger Barocks" führte.

Finale

Zum 80. Geburtstag von Wolfgang Seitz im Jahre 2001 hatte *Prof. Roger Paas* von der Carleton University in Northfield, Minnesota, – der in Verfolgung seiner Recherchen zu einem Katalog der Flugblätter des 17. Jahrhunderts zielgerecht ebenfalls bei Wolfgang Seitz gelandet war und sich mit ihm im Laufe der Jahre anfreundete – eine Festschrift unter dem, schon Jahre zuvor von mir salopp formulierten Titel *Augsburg – Bilderfabrik Europas* herausgebracht, bei der neben dem Verfasser auch weitere Mitglieder unseres Kreises mitwirkten, so *Sibylle Appuhn-Radtke, Karin Friedlmaier, Helmut Gier, Angelika Marsch, Anette Michels* und *Klaus Stopp,* daneben aber auch *Dr. Sixt von Kapff,* der damals an einem Gesamtverzeichnis der Guckkastenblätter des Verlages Probst arbeitete,[16] und *Michael Ritter* vom Bayerischen Landesverein für Heimatpflege, der sich der Kartographie-Forschung verschrieben hat und dadurch in gewissem Maße auch in die Augsburger Druckgraphik involviert ist: Beide sind seitdem regelmäßige und engagierte Teilnehmer unseres Kreises geworden. Dazu stießen in den letzten Jahren schließlich noch *Alfred Ziegler* aus Uffing, seines Zeichens Sammler von Kunst des Historismus, der die Runde immer wieder mit Berichten von kuriosen oder entlegenen Trouvaillen verblüfft, sowie *Thomas Schwarz,* studierter Volkskundler mit Hang u. a. zum Religiös-Makabren, nämlich der Darstellung des Fegefeuers in Graphik, Malerei und Plastik, und das Kunsthändler-Ehepaar *Dr. Benno Gantner* und *Maria-Luise Hopp-Gantner* aus Starnberg. Sie haben wesentlich an der Realisierung der vorliegenden Festschrift zum 90. Geburtstag von Wolfgang Seitz 2011 und zum 40-jährigen Jubiläum des von ihm gegründeten Augsburger Forscherkreises 2013 mitgewirkt. Mit *Michael Ritter, Thomas Schwarz* und dem *Ehepaar Gantner* verbunden ist auch eine willkommene Verjüngung des Kreises, der inzwischen auf die für heutige Verhältnisse beträchtliche Aktivität von vier Dezennien zurückblicken kann und dem auch für die Zukunft zu wünschen ist: Vivat, crescat, floreat.

---

1 *Theatrum Der Vornehmsten Kirchen, Clöster, Pallaest und Gebeude in Churfürstlicher Residentz Stadt München, Wie solche vor zeiten vorgestellet hat Johann Stridbeck der Jünger in Augspurg, Wiederum ans Licht gebracht und anjezo mit anmuthigen Commentariis versehen von Karl Spengler. Nunmehr zu finden bey F. Bruckmann in München Anno MCMLXVI.* 2 bibliophile Papp-Bände in Schmuck-Schuber (Faksimile-Band 32, Kommentar-Band 56 Seiten mit den Kapiteln „Erläuterungen zu Johann Stridbecks Kupferstichen" von Karl Spengler sowie „Das Leben der Kupferstecher Johann Stridbeck Vater und Sohn" (S. 33–42) und „Das Werk der Kupferstecher Johann Stridbeck Vater und Sohn" (S. 43–51) von Josef H. Biller, der auch Typographie und Ausstattung besorgte). München 1966.

2 *Europäische Städte im Rokoko. Mit 94 Kupferstichansichten und 20 Textillustrationen. Einführung von Jacob Reisner.* München (F. Bruckmann) 1966. Mit den Kapiteln: „Das abenteuerliche Leben des Friedrich Bernhard Werner" (S. 6–12), „Martin Engelbrecht, der Herausgeber der Stadtansichten" (S. 13–15) und „94 Ansichten europäischer Städte" (S. 16–17). Typographie und Ausstattung von Josef H. Biller.

3 Angelika Marsch: *Meyer's Universum. Ein Beitrag zur Geschichte des Stahlstiches und des Verlagswesens im 19. Jahrhundert.* (Mit einem Verzeichnis der Ansichten in den einzelnen Reihenwerken), 120 S. mit zahlreichen Abbildungen, Schriftenreihe Nordost-Archiv, Lüneburg 1972.

4 Angelika Marsch: *Friedrich Bernhard Werner 1690–1776. Corpus seiner europäischen Städteansichten, illustrierten Reisemanuskripte und der Topographien von Schlesien und Böhmen-Mähren.* Ln., XXIV und 674 Seiten mit 985 Abbildungen. Weißenhorn (Anton H. Konrad) 2010.

5 In überarbeiteter und erweiterter Form konnte dieses Nachwort dann, allerdings ohne das Kritische Verzeichnis, in der Festschrift Seitz *Augsburg Bilderfabrik Europas* von 2001, S. 109–123, erscheinen.

6 Josef H. Biller: „Die Städteserie von Nicolaes Visscher und Pieter Hendrickszoon Schut – 140 Jahre Motivwanderung, Plattenübernahme und Plagiat eines Vedutentyps, erläutert am Beispiel Danzigs und anderer Städte." Im Druck erschienen im Tagungsband *Lüneburger Beiträge zur Vedutenforschung II,* hrsg. von Angelika Marsch und Eckhard Jäger, Verlag Nordostdeutsches Kulturwerk Lüneburg 2001, S. 281–307, mit 17 Abb.

7 Josef H. Biller: „Das Städtebuch von Nicolaes Visscher und Pieter Hendricksz. Schut." In: *Florilegium cartographicum. Beiträge zur Kartographiegeschichte und Vedutenkunde des 16. bis 18. Jahrhunderts. Fritz Hellwig zu Ehren.* Hrsg. von Peter H. Kohl und Peter H. Meurer. Verlag Dietrich Pfaehler, Leipzig 1993, S. 90–116 mit 26 Abb.

8 Jan Kozak und Krystyna Skykuła: *Das Prager Stadtpanorama aus dem Jahre 1562 von Jan Kozel und Michael Peterle.* Nach dem Exemplar der Universitätsbibliothek Wrocław/Breslau. Weißenhorn (Konrad) 1995.

9 Anette Michels: *Philosophie und Herrscherlob als Bild. Anfänge und Entwicklung des süddeutschen Thesenblattes im Werk des Augsburger Kupferstechers Wolfgang Kilian (1581–1663).* Diss. phil. Bonn 1984, Münster 1987.

10 Susanne Rott: *Zur Ikonographie und Ikonologie barocker Thesenblätter des Augsburger Kupferstechers Melchior Küsell (1626 bis ca. 1683).* Maschinenskript.

11 Ulrike Wagner: *Dominicus Custos (1560–1615). Materialien und Quellen zum druckgraphischen Werk.* Magisterarbeit zur Erlangung des Magistergrades an der Ludwigs-Maximilians-Universität München 1988.

12 Angelika Marsch: *Die Salzburger Emigration in Bildern.* Mit Beiträgen von Gerhard Florey und Hans Wagner und einem Verzeichnis der zeitgenössischen Kupferstiche. Weißenhorn 1977 und ²1979, 272 Seiten mit 24 Farbtafeln und 248 einfarbigen Illustrationen.

13 Angelika Marsch: *Bilder zur Augsburger Konfession und ihren Jubiläen.* Mit einem Beitrag von Helmut Baier. Weißenhorn 1980, 173 Seiten mit 16 Farbtafeln und zahlreichen einfarbigen Abb.

14 Karin Friedlmaier: *Johann Georg Bergmüller. Das druckpgraphische Werk.* Textband und Bildband, München 1995.

15 *Andechs der heilige Berg.* Von der Frühzeit zur Gegenwart. München (Prestel) 1993.

16 Erschienen, wie kann es anders sein, 2010 beim „Haus-Verleger" Anton H. Konrad in Weißenhorn: *Guckkastenbilder aus dem Augsburger Verlag von Georg Balthasar Probst, 1731-1801.* Gesamtkatalog von Sixt von Kapff, Weißenhorn 2010.

Abb. 6: Tagung des Forscherkreises am 25.2.2012 in der Staatsbibliothek Augsburg. Die Teilnehmer zur Fensterseite, von links: Dres. Falk, Michels, Grasser, Dietrich, anschließend nach rechts die Herren Ziegler und Biller, dann Dres. Krämer und Gier, Frau Hopp-Gantner, Dres. Gantner und Epple, sowie Herr Ritter und Dr. von Kapff.

Abb. 7: Die Teilnehmer zur Eingangseite, von links: Dres Gier und Pfeifer, Frau Hopp-Gantner, Dres. Gantner und Epple, Herr Ritter und die Dres. von Kapff, Falk und Michels.

Kolloquien des Augsburger Forscherkreises 1973–2013

sowie Forschungsreisen und Aktivitäten einzelner Teilnehmer, insbesondere zur Publikation der Ottheinrich-Reisebilder

Nr.	Datum	Ort	Thema	Bemerkungen
1	20.01.1973	Augsburg, Haus Seitz, Lutzstr. 50	„Gründungstreffen", Problem: Veduten von Visscher-Schut: Vorlage - Plagiate	Teilnehmer: W. Seitz, Dr. J. Bellot, A. Marsch, J. H. Biller
2	12.05.1973	München, Wohnung Biller, Ismaninger Str. 78	Referat Biller: Stilgeschichte des Ornaments 16-18. Jh., Ornament als Datierungshilfe	Erstmals Teilnahme von Dr. G. Stetter
3	21./26.06.1973	Wien, Österr. Haus-, Hof- und Staatsarchiv	Im Auftrag der SSB Augsburg Durchsicht der kaiserlichen Druckprivilegien auf Augustana und Kopienbestellung durch Josef H. Biller	
4	13.10.1973	Frankfurt a.M. Wohnung Dr. Döry, Unterlindau 31	Forschungsaustausch und -hilfe, Oeuvre von Jeremias Wolff u.a.	1. Treffen in Frankfurt a.M.
5	09.02.1974	Augsburg, Haus Seitz	Forschungsaustausch, Seitz: Verkartung Guckkastenblätter	Einladung Dr. Bellots zur Sammlungsdurchsicht; neu: Verleger Anton H. Konrad
6	07.04.1974	Mainz, Wohnung Prof. Stopp, Draiser Str. 108	Sammlung Stopp, Forschungsberichte	1. Treffen in Mainz
7	03.07.1974	München, Wohnung Biller	Forschungsaustausch	
8	12.10.1974	Frankfurt, Wohnung Dr. Döry	Forschungsprobleme	2. Treffen in Frankfurt a.M. Gast: Dr. Max Schefold, Stuttgart. Bericht darüber im Sammler-Journal 2, 1975
9	25.01.1975	Augsburg, SSB, Haus Seitz	Beginn der systematischen Durchsicht der Graphischen Sammlung durch A. Marsch und J. H. Biller, Bericht dazu, Forschungsaustausch	Neu: Prof. Dr. Stochdorph, München
10	19.05.1975	Augsburg SSB, Haus Seitz	Verkartung und Fotografieren der Thesen und Wandkalender, Forschungsberichte: u.a. Bearbeitung der Veduten in sächsischen Zeitschriften	Entschluß von J. H. Biller zur systematischen Erforschung von Thesenblätttern und Wandkalendern bayerischer Herausgeber
11	21.09.1975	München, Wohnung Biller	Forschungsberichte: u.a. Systematische Bearbeitung der Veduten im „Chursächsischen Postillon" durch J. H. Biller	Als Gast: S.K.H. Herzog Alexander von Württemberg
12	11.10.1975	Frankfurt, Wohnung Dr. Döry	Forschungsaustausch, Berichte, Diskussionen	3. Treffen in Frankfurt a.M.
13	31.01.1976	Augsburg, SSB, Haus Seitz	Fortsetzung: Verkartung der Thesen Forschungsberichte	Neu: Ingrid Eiden, Ingolstadt
14	29.01.1977	Augsburg, SSB., Haus Seitz	Fortsetzung: Verkartung der Thesen Referat Biller über Wandkalender-Forschung	J.H. Biller weitet Wappenkalenderforschung von Bayern auf das ganze Heilige Römische Reich aus
15	15.10.1977	Frankfurt, Wohnung Dr. Döry	Forschungskolloquium	4. Treffen in Frankfurt a.M. Teilnehmer u.a. Anton H. Konrad, Prof. Klaus Stopp, J. H. Biller
16	24.10.1977	Augsburg, Haus Seitz	Forschungsberichte	Wolfgang Seitz kündigt systematische Bearbeitung der Thesenblätter an, die ihm Josef H. Biller abtritt; neu: P. Laurentius Koch OSB, Ettal
17	13.–15.10.1978	Lüneburg, Nordost-Institut	XXI. Sammler-Privatissimum des Instituts Nordostdeutsches Kulturwerk Lüneburg	Vortrag von Josef H. Biller über Wappenkalenderforschung

Nr.	Datum	Ort	Thema	Bemerkungen
18	Herbst 1978	Frankfurt, Wohnung Dr. Döry	Forschungsberichte, Problemdiskussion	5. Treffen in Frankfurt a. M.
19	14.10.1979	Frankfurt, Wohnung Dr. Döry	Forschungsberichte	6. Treffen in Frankfurt a. M.
20	August 1980	Augsburg, Haus Seitz	Forschungsberichte	Neu: Gabriele Dischinger, München, Sibylle Appuhn-Radtke, München
21	11.10.1980	Frankfurt, Wohnung Dr. Döry	Forschungskolloquium	7. Treffen in Frankfurt a. M.
22	23.05.1981	Ettal, Benediktinerabtei	Kolloquium unter Leitung von P. Laurentius Koch OSB	
23	Oktober 1981	Frankfurt, Wohnung Dr. Döry	Forschungsberichte	8. Treffen in Fraknfurt a. M.
24	23.-25.10.1981	Lüneburg	I. Veduten-Colloquium des Instituts Nordostdeutsches Kulturwerk Lüneburg	Vorträge u.a. von A. Marsch, J. H. Biller und K. Stopp; wertvolle Kontakte mit osteuropäischen Kollegen: Józef Domanski und Wanda Kononowicz, Breslau, György Rózsa, Budapest; František Spurný, Mährisch-Schönberg, Krystyna Szykuła, Breslau, Jerzy Banach, Krakau u.a.
25	30.01.1982	Augsburg, Haus Seitz	Forschungsberichte, Fragen und Diskussionen	Neu: Dr. Cornelia Kemp, München
26	09.10.1982	Mainz, Wohnung Prof. Stopp	Durchsicht Moguntinensia	2. Treffen bei Prof. Stopp
27	05.02.1983	Augsburg, Haus Seitz Lutzstr. 44	Forschungsberichte	Neu: Anette Michels, Tübingen
28	7.-9.10.1983	Lüneburg, Nordostinstitut	II. Veduten-Colloquium des Instituts Nordostdeutsches Kulturwerk Lüneburg	Vorträge von J. H. Biller, K. Eymann, A. Marsch, F. Spurný; Kontaktbörse zu osteuropäischen Kollegen
29	11.02.1984	Augsburg, Haus Seitz	Bericht vom Veduten-Kolloquium Lüneburg; Forschungsaustausch	Neu: Susanne Rott, Regensburg, Ulrike Wagner, München
30	15.5.-27.5.1985	Forschungsfahrt nach Prag	Forschungen am Clementinum, Nationalmuseum, Denkmalamt, Strahow, Staatsarchiv und Gespräche mit Prager Fachkollegen	Ehepaar Seitz, A. Marsch, J. H. Biller; Kontakt zu Dr. Jan T. Kozak
31	3.-6.10.1985	Regensburg, Zentrum Obermünster	III. Veduten-Colloquium des Instituts Nordostdeutsches Kulturwerk Lüneburg in Zusammenarbeit mit Adalbert-Stifter-Verein München	Vorträge von J. H. Biller, J. Domanski (Breslau), A. Marsch, F. Spurný; Kontaktbörse zu osteuropäischen Kollegen
32	27.04.-11.05.1986	Forschungsfahrt Olmütz und Wien	Staatsarchiv und Staatsbibliothek Olmütz: Thesen- und Kalenderforschung, Wien: Thesen	W. Seitz und J. H. Biller
33	09.02.1987	München, Wohnung Dr. Grasser	Forschungsberichte und -austausch	Gäste: Prof. Möseneder, Dr. Preßler
34	26.-29.3.1987	Münster	IV. Veduten-Colloquium des Instituts Nordostdeutsches Kulturwerk Lüneburg	Vorträge u.a. von A. Marsch, Jan Kozak, György Rózsa, E. Jäger
35	16.-31.5.1987	Forschungsfahrt Breslau und Neisse	Studien in Breslauer Archiven, Bibliotheken und Museen sowie Neisse	J. H. Biller, A. Marsch, W. Seitz, Dr. J. Domanski

Nr.	Datum	Ort	Thema	Bemerkungen
36	18.02.1989	Augsburg, Haus Seitz	Forschungsberichte	Neu: Karin Friedlmaier, München
37	17.02.1990	München, Haus der Bayer. Geschichte, Liebigstr. 22	Großes Treffen mit 20 Teilnehmern	Gäste: Prof. Dr. Claus Grimm Dr. Thomas Raff
38	13.5.-4.6.1990	Forschungsfahrt Slowakei	Manětín, Prag, Šumperk, Olmütz, Preßburg, Tyrnau, Neutra, Martin, Wien	W. Seitz, J. H. Biller, F. Spurný
39	11.-14.10.1990	Ettal, Benediktinerkloster	V. Veduten-Colloquium des Instituts Nordostdeutsches Kulturwerk Lüneburg	Vorträge u.a. von J. H. Biller, A. Marsch, F. Spurný
40	09.02.1991	Augsburg, Haus Seitz	Forschungsberichte, Vorzeigungen	
41	29.07.1991	Würzburg, UB	A. Marsch studiert erstmals die Ottheinrich-Reisebilder	Entschluß zur Bearbeitung und Publizierung
42	18.05.1992	Würzburg, UB	Studium der Ottheinrich-Reisebilder durch A. Marsch und J. H. Biller	
43	16.10.1992	Würzburg, UB	Studium der Ottheinrich-Reisebilder durch A. Marsch und J. H. Biller	
44	08.02.1993	Augsburg, Haus Seitz	A. Marsch berichtet über Bearbeitung der Ottheinrich-Reisebilder	Letztes Treffen im Haus Seitz
45	14.-16.11.1993	Würzburg, UB	Redaktionsbesprechung zur Veröffentlichung der Ottheinrich-Reisebilder	A. Marsch, J. H. Biller, A. Eichler, F.-D. Jacob, Leipzig
46	12.03.1994	München, Hotel Herzog Wilhelm	Forschungsberichte, vor allem zu Ottheinrich-Reisebildern	Gast: Dr. Eckhard Jäger, Lüneburg
47	05.-30.06.1994	Böhmenreise	Recherchen auf der Route der Ottheinrich-Reise bis Prag 1534/35	A. Marsch und J. H. Biller
48	27.05.1995	München, Hotel Herzog Wilhelm	Bericht über Bearbeitungs-Stand der Ottheinrich-Reisebilder, u.a.	Beschluß: Künftige Treffen im Zwei-Jahres-Rhythmus
49	28.-29.05 1995	Würzburg, UB	Studium der Ottheinrich-Reisebilder durch internationales Bearbeiterteam	5 tschechische, 2 polnische und 4 deutsche Bearbeiter
50	19./20.11.1995	Würzburg, UB	Studium der Ottheinrich-Reisebilder	A. Marsch, A. Eichler, F.-D. Jacob und J. H. Biller
51	09./10.08.1996	Würzburg UB	Letzte Studien zur Bearbeitung der Ottheinrich-Reisebilder	A. Marsch, J. H. Biller
52	07.03.1998	München, Hotel Herzog Wilhelm	Forschungsberichte, Vorzeigungen	Neuer Teilnehmer: Dr. Jürgen Rapp
53	05.05.1999	Wolfegg, Graph. Sammlung	Durchsicht der Sammlung auf Augsburger Themen: Kalender, Thesen, Veduten, Künstler u.a.	Fachlicher Austausch mit dem Sammlungsleiter Dr. Bernd Mayer
54	24.02.2001	Augsburg, Architekturmuseum	Feier zum 80. Geburtstag von W. Seitz mit Ausstellung	Erscheinen der Festschrift mit zahlreichen Beiträgen der Forscher
55	Herbst 2001	Anton H. Konrad Verlag, Weißenhorn	Erscheinen des zweibändigen großen Werks „Die Reisebilder Pfalzgraf Ottheinrichs aus den Jahren 1536/37"	Herausgeber und größten Teils Verfasser: Angelika Marsch, Josef H. Biller und Frank-Dietrich Jacob
56	30.03.2003	München, Hotel Herzog Wilhelm	Forschungsberichte, Vorführung des Ottheinrich-Fernsehfilms, an dem J. H. Biller mitgewirkt hat	29.03. P. Laurentius OSB † Neuer Teilnehmer: Alfred Ziegler

Nr.	Datum	Ort	Thema	Bemerkungen
57	2003	Hamburg, Universität	Verleihung der Ehrendoktorwürde an Angelika Marsch	
58	28.03.2004	München, Gemeinschaftskanzlei Dr. Bub, Gauweiler und Grasser, Promenadeplatz 9	Vorstellung der neuen Teilnehmer und ihrer Sammel- bzw. Forschungsgebiete, Forschungsberichte, Diskussion	11 Teilnehmer, darunter neu: Dr. B. Krafft, Dr. W. Pfeiffer, Dr. A. Stößl, 24.02. Hedwig Seitz †
59	11.02.2005	München, Gemeinschaftskanzlei	Forschungsberichte	Neuer Teilnehmer: Dr. Sixt von Kapff
60	03.07.2005	Augsburg, Museum, Staats- und Stadtbibl.	Ausstellung: 450 Jahre Augsburger Religionsfrieden Kolloquium im Lesesaal	
61	11.02.2006	München, Gemeinschaftskanzlei	Forschungsberichte und -austausch	8 Teilnehmer; letztmals Dr. A. Marsch, die in München schweren Unfall erleidet, der sie für die Zukunft zwingt, an Krücken zu gehen 06.06.2006 Prof. Klaus Stopp†
62	31.03.2007	München, Gemeinschaftskanzlei	Forschungsberichte und Vorstellung der Forschungsvorhaben von M. Ritter	8 Teilnehmer, darunter erstmals Michael Ritter
63	21.03.2009	München, Gaststätte Unionsbräu, Nebenzimmer	Forschungsberichte	10 Teilnehmer
64	27.03.2010	Augsburg, Diözesanmuseum St. Afra und Schaezlerpalais Staats- und Stadtbibl.	Ausstellung „Johann Evangelist Holzer – Maler des Lichtes" 2 Teile, unter Führung von Dr. Jürgen Rapp Nachm. Kolloquium: Forschungsberichte	Verteilung des von J.H. Biller initiierten Schlern-Sonderheftes zum 350. Geburtstag von Johann Holzer
65	Juli 2010	Weißenhorn	Bei Anton H. Konrad in Weißenhorn erscheint das Opus Magnum von Angelika Marsch, an dem sie seit 1975 gearbeitet und dessen Erscheinen sie kurz vor ihrem Tod noch erlebt hat:	Friedrich Bernhard Werner1690-1776. Corpus seiner europäischen Städteansichten, illustrierten Reisemanuskripte und der Topographien von Schlesien und Böhmen-Mähren
66	12.03.2011	München, Gaststätte Unionsbräu, Nebenzimmer	Forschungsberichte	04.10.2011 Dr. Angelika Marsch †
67	Mai 2011	Ottobeuren	Das seit 1972 laufende „Lebenswerk" von Gabriele Dischinger erscheint in den Studien und Mitteilungen zur Geschichte des Benediktinerordens und seiner Zweige 47:	Ottobeuren. Bau- und Ausstattungsgeschichte der Klosteranlage 1672–1802. 3 Bände, St. Ottilien (Eos) 2011
68	25.02.2012	Augsburg, Vormittag: Schaezlerpalais Nachm. Kolloquium in der Stadt- und Staatsbibl.	Ausstellung „Johann Georg Bergmüller" unter Führung von Dr. Alois Epple Forschungsberichte	18 Teilnehmer: Erstmals dabei: Ehepaar Dr. Benno und Maria-Luise Gantner, als Gäste Dr. Gode Krämer und Ehepaar Dr. Cordula und Eduard Böhm
69	11.03.2012	Schloß Achberg	Ausstellungseröffnung „Zeichnungen und Gemälde aus einer Augsburger Sammlung"	Katalog unter Mitarbeit einer Reihe von Mitgliedern des Forscherkreises, die sich dort trafen
70	16.02.2013	München, Bayer. Landesverein für Heimatpflege, Sitzungssaal	Bericht über Fortschritt der Festschrift Seitz, Forschungsaustausch, Literaturschau	

Die Mitglieder des Augsburger Forscherkreises 1973-2013

in chronologischer Reihenfolge des Beitritts

Nr.	Name, Beruf, Adresse, Ruf und Email	Forschungs- bzw. Sammelgebiete	Eintritt
1	Wolfgang Seitz, Buchhändler, 86157 Augsburg, Lutzstr. 50 bzw. ab 1983: 44; derzeit: Casa Reha, 86161 Augsburg, Erna-Wachter-Str. 14, Zi 43, Ruf 0821/567413043; Begründer des Kreises	Augustana, Vedutenserien, insbes. Wolff-Probst, Guckkastenblätter, Thesenblätter	20.01.1973
2	Dr. Josef Bellot, Direktor der Staats- und Stadtbibliothek Augsburg, Schaezlerstrae 22, Gründungsmitglied	Augustana	20.01.1973 † 22.08.1986
3	Dr. hc. Angelika Marsch, Metallographin, 20148 Hamburg, Johnsallee 52 Gründungsmitglied	Meyers Universum, Augsburger Vedutenserien, bes. von F. B. Werner, Veduten in sächsischen Zeitschriften, Salzburger Emigranten, Augsburger Konfession, Silesia, Ottheinrich-Reisebilder u.v.m.	20.01.1973 † 04.10.2011
4	Josef H. Biller, Verlagslektor und Buchtypograph, 81675 München, Ismaninger Str. 78, Gründungsmitglied, Ruf 089/985946, jhb@gmx.de	Oeuvre Stridbeck und Bodenehr, Offizielle Wappenwandkalender (Katalog), Verlegerkalender, Ottheinrich-Reisebilder, Augsburger Vedutenserien, Veduten von Visscher-Schut und ihre Plagiate u.v.m.	20.01.1973
5	Dr. Gertrud Stetter, Kunsthistorikerin und Publizistin, München	Oeuvre Michael Wening, Philipp Apian, Topographie Bayerns, Geschichte der Historischen Vereine	20.05.1973 † nach 1991
6	Anton H. Konrad, Verleger, 89264 Weißenhorn, Schulstr. 5, Ruf 07309/2657, info@Konrad-Verlag.de	Verlagsprogramm vor allem zur süddt. Kunst, insbesondere Monographien, Vedutenkataloge	09.02.1974
7	Prof. Dr.med. Otto Stochdorph, München	Stridbeck-Landkarten	25.01.1975 – ca. 1980 † 2010
8	S.K.H. Herzog Alexander von Württemberg, 81675 München, Prinzregentenstr. 87, Ruf 089/47760	Ordens-Taschenkalender	Gast 21.09.1975
9	Ingrid Eiden, Mitarbeiterin am Stadtarchiv Ingolstadt, 86558 Hohenwart-Freinhausen, Am Windsberg 27, Ruf 08446/545	Veduten, Ereignisgraphik	31.01.1976
10	P. Laurentius Koch OSB, Stiftsarchivar Ettal	Ettalensia, Religiöse Graphik	24.10.1977 † 29.03.2003
11	Prof. Dr. Sibylle Appuhn-Radtke, Wissensch. Mitarbeiterin (Forschungsstelle Realienkunde/Reallexikon zur Deutschen Kunstgeschichte), Zentralinstitut für Kunstgeschichte, 80333 München, Katharina-von-Bora-Str. 10, Ruf 089/289-27571, s.appuhn-radtke@zikg.eu, Prof. Universität Erlangen und Dozentin an der Hochschule für Philosophie München	Promotion 1983 über Thesen von Bartholomäus Kilian u.a.	August 1980
12	Dr. Gabriele Dischinger, Kunst- und Architekturhistorikerin, 80801 München, Franz-Joseph-Str. 14, Ruf 089/987582, gabriele.dischinger@web.de	Katalog der Architekturzeichnungen im Bayerischen Hauptstaatsarchiv, Baugeschichte Ottobeuren, Pläne und Graphik dazu, Kirchen- und Klosteransichten	August 1980
13	Dr. Tilman Falk, eh. Leiter der Staatl. Graph. Sammlung München, 86356 Augsburg-Neusäß, Ruf 0821/483456. tilman.falk@web.de	Künstler- und Druckgraphik des 16. bis 19. Jh.,	August 1980
14	Dr. Cornelia Kemp, Kunsthistorikerin, später Mitarbeiterin am Deutschen Museum, 80796 München, Bauerstr. 24, Ruf 089/28803478	Herz-Symbolik	30.01.1982 – 1995
15	Dr. Anette Michels, Kunsthistorikerin, Leiterin der Graph. Sammlung der Uni Tübingen, Bursagasse 1, 72070 Tübingen, Ruf 07071/297058, anette.michels@uni-tuebingen.de	Promotion 1984 über Thesen von Wolfgang Kilian, u.a.	05.02.1983
16	Prof. Dr. Hanno-Walter Kruft, Kunsthistoriker, Lehrstuhl für Kunstgeschichte an der Uni Augsburg	Architekturtheorie, Verzeichnis der klassischen Architekturbücher	Gast 05.02.1983, † 1993

Nr.	Name, Beruf, Adresse, Ruf und Email	Forschungs- bzw. Sammelgebiete	Eintritt
17	Ulrike Forster-Wagner, Kunsthistorikerin (aktuelle Adresse unbekannt)	Magisterarbeit über Dominicus Custos	11.02.1984
18	Dr. Walter Grasser, Rechtsanwalt, Leiter des Rechtsamts der Stadt München,80538 München, Liebigstr. 10b, Ruf/Fax: 089/2285539	Sammler von Münzen und Medaillen, Publizist über ausgefallene Sammelbereiche	11.02.1984
19	Dr. Susanne Rott, Kunsthistorikerin, Pressereferentin in der Stiftung Thüringer Schlösser und Gärten, 07391 Rudolstadt, Ruf 03672/447120, stiftung@thueringerschloesser.de	Magisterarbeit über Thesenblätter von Melchior Küsell	1985–1990
20	Dr. Helmut Gier, Direktor der Staats- und Stadtbibliothek a. D. Augsburg, Ellensindstr. 9, Ruf 0821/86063	Augsburger Buchdruck, Berthold Brecht, Augustana	09.02.1987
21	Prof. Dr. Karl Möseneder, Kunsthistoriker, seit 1994 Prof. für Kunstgeschichte an der Universität Erlangen, Leiter des dortigen Instituts für Kunstgeschichte, 94034 Passau-Hals, Burgweg 13, Ruf 0851/9441766, karl.moeseneder@kgesch.phil.uni-erlangen.de	Kunst des Barocks und Rokokos	Gast 09.02.1987
22	Dr. Christine Preßler, nachmals Garhammer, Antiquarin, (Antiquariat R. Wölfle) 80799 München, Amalienstraße 65, Ruf 089/283626, info@woelfle-kg.de	Promotion über Gustav Kraus, Monacensia- und Bavarica-Graphik, Kinderbücher	09.02.1987
23	Dr. Karin Friedlmaier, Kunsthistorikerin, Inhaberin eines Immobilienbüros, 80333 München, Theresienstr. 6-8, Ruf 089/69778518, info@exclusivehome.de	Promotion über Druckgraphik von Johann Georg Bergmüller, Zusammenarbeit Jakob Andreas Fridrich und Johann Georg Bergmüller	08.02.1989 – 2004
24	Prof. Dr. Claus Grimm, eh. Leiter des Hauses der Bayerischen Geschichte, 82116 Gräfelfing, Haberlstr. 8, Ruf 089/852839, prof.claus.grimm@web.de	Kunsthistoriker, Gemäldegutachter, Allgemeine bayerische Themen	Gast 17.02.1990
25	Dr. Thomas Raff, Kunsthistoriker, 81675 München, Mauerkircherstr. 38, Ruf 089/987831, thomasraff@thaja.de	Prof. für Kunstgeschichte an der Uni Augsburg, Bayer. Kunstgeschichte des 16. bis 18. Jh.	Gast 17.02.1990
26	Dr. Björn R. Kommer, Kunsthistoriker, Direktor der Städt. Kunstsammlungen Augsburg, 86150 Augsburg, Maximilianstr. 46, Ruf 0821/3242171	Kunst Augsburgs	08.02.1993
27	Dr. Jürgen Rapp, Buchhändler und Kunsthistoriker, 81667 München, Holzhofstr. 4, Ruf 089/486672, juergen-rapp@gmx.de	Johann Holzer (Gemälde und Graphik), Augustana	07.03.1998
28	Alfred Ziegler, Kunsthistoriker und Sammler, 82449 Uffing, Murnauer Str. 52, Ruf 08846/445, amz.uffing@t-online.de	Kunst und Graphik des Historismus	30.03.2003
29	Dr. Barbara Krafft, Kunsthistorikerin und Publizistin, 81541 München, Asamstr. 9, Ruf 089/653924	Volkskundliche Themen	28.03.2004
30	Dr. Marianne Stößl, Kunsthistorikerin, Leiterin der Sammlung Weinhold im Alten Schloß Schleißheim, 85764 Oberschleißheim, Maximilianshof 1, Ruf 089/3155272, stoessl.schleissheim@extern.lrz-muenchen.de	Volkskundliche Themen	28.03.2004
31	Dr. Wolfgang Pfeifer, 89257 Illertissen, Veilchenweg 7, Ruf 07303/3680, w.s.pfeifer@t-online.de	Alte Kartographie Schwabens	28.03.2004
	Dr. Dagmar Dietrich, Kunsthistorikerin, Referentin am Bayer. Landesamt für Denkmalpflege a.D., 81539 München, Deisenhofener Str. 44, Ruf 089/6929516, dietrichdagmar@gmx.net	Bayerische Plastik und Malerei des 17. und 18. Jh., Denkmalinventarisation	28.03.2004
32	Dr. Sixt von Kapff, Jurist, 81925 München, Gustav-Freytag-Str. 20, Ruf 089/984707, drsvkapff@web.de	Augsburger Guckkastenblätter	11.02.2005
33	Michael Ritter, Wiss. Mitarbeiter beim Bayerischen Landesverein für Heimatpflege, 80539 München, Ludwigstr. 23/Rgb., Ruf 089/286629-0, michael.ritter@heimat-bayern.de	Kartographiegeschichte von Bayern und Schwaben, Augsburger Druck- und Verlagsgeschichte	31.03.2007

Der Augsburger Forscherkreis um Wolfgang Seitz 1973–2013

Nr.	Name, Beruf, Adresse, Ruf und Email	Forschungs- bzw. Sammelgebiete	Eintritt
34	Thomas Schwarz, Volkskundler und Leiter der Abt. Kommunikation und Presse der SWW, 81549 München, Roßtalerweg 2-4, Ruf 089/69346-222, schwarz-thomas@sww-muenchen.de	Volkskunde, Friedhöfe, Fegefeuer-Darstellungen	27.03.2010
35	Dr. Benno Gantner, Kunsthistoriker und -händler, 82319 Starnberg-Percha, Würmstr. 7, Ruf 08151/15690, und dessen Ehefrau:	Südd. Plastik, Malerei, Graphik, Textilien	12.03.2011
36	Maria-Luise Hopp-Gantner, Adresse wie Nr. 35, hopp-gantner@t-online.de	Skulpturen von Gotik bis 1800	12.03.2011
37	Dr. Gode Krämer, Kunsthistoriker, eh. Leiter der Graph. Sammlung der Städtischen Kunstsammlungen Augsburg, 86161 Augsburg, Goethestr. 1F, Ruf 0821/551558, gode.kraemer@t-online.de	Augsburger Druckgraphik	Gast 25.02.2012 16.02.2013

Korrespondierende Mitglieder

Nr.	Name, Beruf, Adresse, Ruf und Email	Forschungs- bzw. Sammelgebiete	Eintritt
38	Dr. Cordula Böhm, Kunsthistorikerin und Bearbeiterin des Corpus der barocken Deckengemälde, 81545 München, Wolkensteinstr. 5, Ruf 089/643969, cordulaböhm@gmx.de	Malerei und Graphik des 17. und 18. Jh.	Gast 25.02.2012
39	Dr. Josef Straßer, Oberkonservator „Die Neue Sammlung", 80333 München, Türkenstraße 15, Ruf 089/272725-0, strasser@die-neue-sammlung.de	Malerei und Graphik des 17. und 18. Jh.	Gast 25.02.2012
40	Dr. Ludwig Baron Döry, Konservator am Stadtmuseum Frankfurt/M. a.D., 86316 Friedberg, Josef-Baumann-Str. 13, Ruf 0821/6080640	Chinoiserien, Graphische Kabinette, Oeuvre Jeremias Wolff, Weigel und Hertel u.a.Verlage, Ansichten Frankfurts, Andachtsgraphik u.v.a.	1967/1973
41	Dr. med. Walter M. Brod, Würzburg, Gerbrunner Weg 5 (*25.02.1912)	Herbipolensia, Fränkische Wappenkalender, Burschenschafts- und Fischerzunftgeschichte	1974 † 20.02.2010
42	Prof. Dr. Klaus Stopp, Mainz-Drais, Draiser Str. 108 (*26.06.1926)	Rheinkarten und -panoramen, Moguntiaca, Handwerks-Kundschaften, Patenbriefe	1974 † 06.06.2006
43	Dr. Ingrid Faust, Bingen, Pfarrer-Heberer-Str. 46	Ansichten von Bingen, Tier-Einblattdrucke	1974 15.02.2012†
44	Dr. Max Schefold, Stuttgart, Rudolf-Brenner-Str. 13	Veduten Schwabens, insbesondere Augsburgs und Ulms sowie des Schwarzwalds	1974, † 31.12.1996
45	Klaus Eymann, Druckereileiter, 63739 Aschaffenburg, Bohlenweg 19, Ruf 06021/42663, k.eymann@main-echo.de	Veduten des Verlegers Eberhard Kieser, Meissners Schatzkästlein, Frankfurter Stecher und Drucker u.a.	1974
46	Dr. Eckhard Jäger, Kunsthistoriker und Antiquar, 21508 Lüneburg, Steinweg 17, Ruf 04131/32340, RuthildJaeger@aol.com	Kartographie und Veduten des Ostseeraums, Lipsensien u.a.	1976 Gast 12.03.1994 in München
47	Prof. Dr. John Roger Paas, Carleton College, Northfield, Minnesota, rpaas@carleton.edu	Flugblätter u.a.	1984
48	Dr. František Spurný, Historiker, Archivar und Publizist, Šumperk, Evaldová (*1.10.1927 Prostějov)	Veduten Böhmens und Mährens u.a.	1978 † 24.11.2004
49	Dr. Józef Domanski, Historiker, Stadtarchiv Breslau, PL-52121 Wrocław, ul. Woskowa 2, Ruf 0048-71/3464256	Schlesische Topographie und Flußnamenkunde	1978
50	Dr. György Rózsa, Kunsthistoriker am Ungarischen Nationalmuseum, Budapest (*13.10.1922)	Topographie von Buda und Pest, Flugblätter, Türkenbelagerung Wiens, u.a.	1978 †17.12.2005
51	Dr. Alois Epple, Oberstudienrat a.D.,86842 Türkheim, Krautgartenstr. 17, Ruf 082/45668, aloisepple@gmx.de	Kunstgeschichte Schwabens, insbesondere Bergmüllerforschung	2012

Der flämische Anatom Andreas Vesalius (1514–1564), seine Verbindungen nach Augsburg und das Epitaph des Medicus Cyriacus Weber in Landsberg am Lech[1]

Dagmar Dietrich

In der spätmittelalterlichen Stadtpfarrkirche von Landsberg am Lech gibt es ein bemerkenswertes Grabdenkmal, das sich der Arzt Cyriacus Weber (1524–1572) im Jahr 1570 errichten ließ. Das monumentale Epitaph, das mit einem naturalistisch ausgearbeiteten, lebensgroßen Totengerippe in seinem Zentrum auf sich aufmerksam macht (Abb. 1), erhebt sich an der geschrägten Südseite des Polygonalchors – zu Seiten des Hochaltars. Zur Zeit seiner Errichtung bildete das aus Sandstein gehauene Werk das Pendant zum steinernen spätgotischen Sakramentshaus, das sich gegenüber, also an der nördlichen Schrägwand des Chores, erhob. Es hatte somit einen wahrlich prominenten Ort im Kirchengebäude und zeigte sich – einst neben dem wesentlich schlankeren Hochaltar der Spätgotik – unbeeinträchtigt dem Blick des Kirchenbesuchers. Die Wahl eines solch hervorgehobenen Platzes spricht für das hohe Selbstbewusstsein des Auftraggebers, der mit dem Grabdenkmal die Erinnerung an sich und seine Familie im Buch der Geschichte festschreiben wollte.[2] Durch seine auffällige Gestaltung und zahlreiche, die Verdienste der hier Bestatteten in Latein erläuternden Inschriften darf das Epitaph als Inszenierung einer angesehenen Familie von Medizinern, als Zeugnis humanistischer Bildung und als ikonographische Besonderheit innerhalb der Sepulkralskulptur im süddeutschen Raum gelten.

Nachdem im späten 17. Jahrhundert ein neuer, mächtiger Hochaltar im Chor der Stadtpfarrkirche errichtet worden war, geriet das Webersche Grabmal in die Schattenzone des seither den Raum beherrschenden barocken Retabels. Es wurde, nunmehr zwar weitgehend unsichtbar, jedoch nicht vergessen, denn aufmerksame Besucher Landsbergs hinterließen im 18. und 19. Jahrhundert immer wieder einige kurze Bemerkungen zu dem auffälligen Monument.[3] Nach einer knappen Würdigung im Denkmal-Inventar der „*Kunstdenkmäler von Oberbayern*" von 1895[4] wurde der Stein jedoch erst 1930 vom Kunsthistoriker Rudolf Arthur Peltzer in den Blickpunkt wissenschaftlichen Interesses gerückt und, basierend auf älterer Literatur, mit einem seinerzeit als Sensation gefeierten anatomischen Werk in Verbindung gebracht, das der aus Brüssel stammende Medicus und Anatom Andreas Vesalius 1543 veröffentlicht hat.[5] Auf diesen Andreas Vesalius und seine Lehrbücher, aus denen das Vorbild für den Landsberger Knochenmann entnommen wurde (s. Abb. 15), sei im Folgenden zunächst unsere Aufmerksamkeit gerichtet, zumal sich persönliche

Abb. 1: Paul Reichel, Epitaph für den Medicus Cyriacus Weber und seine Familie im Chor der Landsberger Stadtpfarrkirche. Renaissancegehäuse mit lebensgroßem Totengerippe, dat. 1570

Verbindungen des Autors insbesondere nach Augsburg und zur dortigen Ärzteschaft – wie somit wahrscheinlich auch zum Medicus Cyriacus Weber in Landsberg – beschreiben lassen. Augsburger Verleger zeigten zudem schon früh Interesse an den Büchern des Vesal. Hier kam es zum frühesten Vesalius-Plagiat in deutscher Sprache und schließlich, im beginnenden 18. Jahrhundert, zu einem Nachdruck von Auszügen aus Vesalschen Werken, für die man die originalen hölzernen Druckstöcke der ersten Vesalius-Publikationen verwenden konnte. Die Wanderung dieser Druckstöcke durch die Hände diverser Buchhersteller ist – wenn auch lückenhaft – über 400 Jahre, vom Zeitpunkt ihrer Entstehung in Venedig 1542, bis hin zu ihrer Zerstörung während des Zweiten Weltkrieges in München im Jahr 1944 zu verfolgen, so dass hier ein seltener Fall aus der Geschichte des Buchdruckergewerbes nachgezeichnet werden kann.

Zu Leben und Wirken des Andreas Vesalius

Der Flame Andreas Vesalius (Abb. 2) gilt in der medizinhistorischen Literatur als Begründer der neuzeitlichen Anatomie wie auch des morphologischen Denkens in der Medizin. Man reiht ihn in die Nachfolge der klassischen Größen seines Fachs – des griechischen Arztes Hippokrates (um 460–377 v. Chr.), des griechisch-römischen Medicus Galen (129(?)-199 n. Chr.) und auch des persischen Arztes und Universalgelehrten Avicenna (980–1037). Sein Leben und Wirken, zu dem sich zahlreiche Nachrichten und Selbstzeugnisse erhalten haben, ist vor allem in medizingeschichtlichen Abhandlungen seit dem mittleren 19. Jahrhundert ausführlich gewürdigt worden.[6] Diesen Beiträgen ist zu entnehmen, dass Andreas Vesalius – er hieß eigentlich Andreas Witinck – am 31. Dezember 1514 in Brüssel als Sohn eines 1536 in Diensten Kaiser Karls V. (reg. 1519–1556) erwähnten Leibapothekers geboren wurde. Die Familie des Vaters, in der bereits die Vorfahren über vier Generationen hinweg als Ärzte und Naturheilkundige nachgewiesen sind, stammte ursprünglich aus dem Cleveschen Wesel. Auf diese Herkunft bezogen, hatte man den vom einstigen Wohnort abgeleiteten Familiennamen latinisiert, wie es in humanistisch gebildeten Kreisen der Zeit üblich war, und ein Wiesel als sprechendes persönliches Wappentier gewählt.

Ab 1530 nahm der junge Andreas an der im 16. Jahrhundert bedeutenden Universität von Löwen zunächst ein Studium des Lateinischen und Griechischen und anderer Geisteswissenschaften auf. Doch bereits ein Jahr später wechselte er zur Fakultät der Medizin, setzte seine Studien dann von 1533 bis 1536 in Paris fort, weilte nochmals kurz in Löwen und ging dann von 1537 bis 1542 nach Padua und Venedig. Dort konnte er die zu seiner Zeit wohl beste, seine bisherigen Studien abrundende Aus- und Fortbildung erhalten. Vesalius hatte bereits früh erkennen lassen, dass er die Untersuchung von sterblichen menschlichen Überresten als wichtigste Grundlage für seine anatomisch-physiologischen Studien und als Quelle zuverlässiger Erkenntnisse in der Humanmedizin ansah. Rastlos bemühte er sich daher, durch das Sezieren von Leichen profundes Wissen über den menschlichen Körper in allen seinen Teilen zu gewinnen. Bei diesem Streben durfte er auf die Gunst der Zeit bauen, denn die Wende vom 15. zum 16. Jahrhundert hatte einen weitreichenden Umbruch des Weltbildes und damit des gesellschaftlichen, geistigen und wissenschaftlichen Lebens gebracht. Die Medizin der neuen Zeit vollzog den Wechsel zum anthropozentrischen Denken und führte zu einem neuen Verständnis von Krankheit und medizinischer Behandlung, bei der das Interesse zunehmend der Natur des Menschen galt, deren anatomische und physiologische Erkundung eine vorrangige Rolle spielte.

Zu römischer Zeit war das Zerlegen von Leichnamen verboten, und auch während des Mittelalters hatte man, den Lehren der Kirchenväter folgend, Sezierungen des menschlichen Körpers als abartige Neugier und Frevel an der Schöpfung Gottes und als ein Tun abgeurteilt, das sich für Christen nicht schickte. Humansektionen waren daher auch weiterhin über Jahrhunderte verboten,

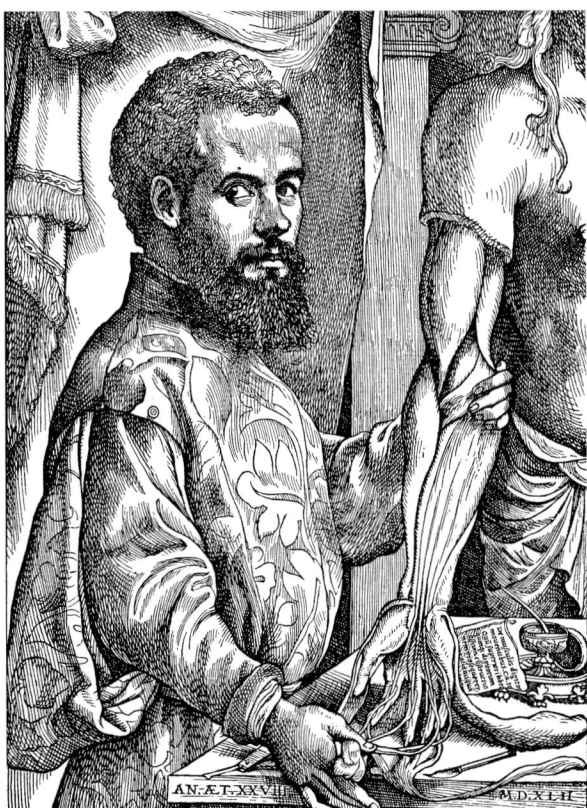

Abb. 2: Jan van Calcar, Autorenportrait des Andreas Vesalius, dat. 1542. Aus: Andreas Vesalius: *De humani corporis fabrica*. Basel 1543

Zuwiderhandlungen konnten strengstens geahndet werden. Wissensdurstige Anatomen, unter ihnen auch Galen, begnügten sich daher offiziell mit dem Zerlegen von Tieren wie Ratten, Hunden, Schweinen oder Affen. Mit der Besinnung auf die Antike und deren einstige wissenschaftliche Blüte verstärkte der aufgeklärte Geist der Renaissance bei Naturwissenschaftlern wie bei Künstlern den Wunsch nach objektiver Erkenntnis und Analyse der Natur, wobei sich die diversen Disziplinen gegenseitig befruchteten und ergänzten. Zur Weiterentwicklung der ärztlichen Kunst wurde nun das Sezieren auch menschlicher Leichen an den Universitäten – wenngleich sehr eingeschränkt – gestattet. Als Studienobjekte stellte man den Anatomen vor allem die Körper hingerichteter Verbrecher zur Verfügung. Doch Vesalius boten die wenigen, den medizinischen Fakultäten erlaubten Sezierungen nicht genügend Anschauungsmaterial, so dass er während seiner Studienzeit Richtplätze und Friedhöfe aufsuchte, um seine anatomischen Untersuchungen in Heimlichkeit weiter voranzutreiben. Das Zerlegen von Körpern entwickelte sich für ihn geradezu zur Obsession – und brachte ihm bald Anerkennung in seinem Fach. Bereits 1536 konnte der 23-jährige Student seine inzwischen erworbenen Kenntnisse und sein Können bei einer öffentlichen Leichensezierung an der Löwener Universität demonstrieren. Kurz darauf ging er nach Italien, um im Jahr darauf, am 3. Dezember 1537, in Padua zu promovieren. Anschließend erhielt er einen Lehrauftrag als Professor für Chirurgie in Padua und Venedig, verbunden mit der Verpflichtung, Anatomie zu lehren.

Seine neu gewonnenen anatomischen Erkenntnisse suchte der junge Doktor im praktischen Unterricht am Seziertisch und durch die Herstellung von Präparaten einzelner Körperteile an Studierende weiter zu geben. Darüber hinaus war er bestrebt, sein Wissen durch Buchpublikationen einem größeren Schülerkreis, Forschern im Bereich der Medizin und verwandter Fakultäten sowie – ausdrücklich auch an eine an einer ‚Anatomia humani corporis' höchst interessierte zeitgenössische Künstlerschaft – weiter zu geben.[7] Vesalius ging daran, anatomische Lehrwerke zu verfassen, in denen er der begleitenden und erläuternden Sachzeichnung eine unverzichtbare Rolle zum Verständnis der schriftlich dargebotenen Materie einräumte. Mit seinen Buchveröffentlichungen von 1538 und 1543 erregte er internationales Aufsehen, sie brachten ihm hohe Anerkennung und Ruhm. Das rasch wachsende Renommee und wohl auch die bereits über seinen Vater bestehenden Beziehungen führten dazu, dass Vesal im Jahr 1544 zum Leibarzt Kaiser Karls V. berufen wurde. Diesem seinerzeit mächtigsten Herrscher in Europa hatte Andreas Vesalius in sicherlich berechneter Absicht ein Jahr zuvor sein wissenschaftliches Hauptwerk, die sog. *Fabrica* (s. u.) zugeeignet, dem Sohn des Kaisers, dem Kronprinzen Philipp (nachmals König Philipp II. von Spanien, reg. 1555–1598) widmete er einen daraus erstellten Auszug, die sog. *Epitome* (s. u.).

Nach seiner Berufung an den kaiserlichen Hof hatte Vesal den Monarchen, der aufgrund ungesunder Lebensweise und übermäßigen Genusses stets an diversen Krankheiten litt, auf dessen ununterbrochenen Reisen quer durch Europa zu begleiten und stets in seiner Nähe zu weilen. Vesal arbeitete auch als Wundarzt und Chirurg auf den damals zahlreichen Schlachtfeldern des Kontinents. Hier hatte er wiederholt auch Mitglieder des Hochadels medizinisch zu betreuen. Nachdem Karl V. 1556 abgedankt und sich aus dem öffentlichen Leben in den spanischen Escorial zurückgezogen hatte, wechselte Andreas Vesalius in die Dienste des zunächst in Brüssel residierenden Sohnes und Nachfolgers, König Philipp II. von Spanien. Mit dessen Gefolge siedelte er 1559 an den Hof nach Madrid um, wo er u. a. den erbkranken Infanten Don Carlos (1545–1568) medizinisch zu betreuen hatte. 1562 konnte er dem Thronfolger, der sich schwer verletzt hatte, als einziger unter den zahlreichen Hofärzten durch zutreffende Diagnose und Behandlung vermutlich das Leben retten.

Die aufreibende Reisetätigkeit, die Vesalius als Leibarzt des Kaisers zu verkraften hatte, und seine spätere Übersiedlung nach Spanien schränkten seine bereits in jungen Jahren intensiv und erfolgreich begonnene wissenschaftliche Forschungsarbeit erheblich ein und ließen seine darauf basierende Publikationstätigkeit weitgehend zum Erliegen kommen. Nach seinem Wechsel in den kaiserlichen Dienst gab der Anatom nur einige kleinere, allerdings ebenfalls bedeutende Schriften heraus; 1555 betreute er zudem eine zweite erweiterte und verbesserte Auflage seines 1543 veröffentlichten anatomischen Hauptwerks, auf das noch näher einzugehen ist.

Innerhalb der internationalen Ärzteschaft allerdings gab es bald auch genügend Neider. Man setzte Vesalius erheblich zu, indem immer wieder versucht wurde, auf den tradierten Lehrmeinungen Galens beharrend, seine neuen anatomischen und physiologischen Erkenntnisse über den menschlichen Körper in Zweifel zu ziehen oder zu widerlegen. Als für seine Zeit ungewöhnlich fortschrittlich denkender und handelnder Wissenschaftler wie Praktiker geriet Vesalius zudem in Spanien vermutlich in das Visier der Inquisition, so dass seine letzten Lebensjahre überschattet waren. Eine 1564 angetretene Pilgerreise nach Jerusalem könnte daher einer Flucht vor den sich bedrohlich entwickelnden Angriffen gleichgekommen sein. Auf der Rückkehr aus dem Heiligen Land verstarb der Arzt (wahrscheinlich am 15. Oktober 1564) knapp 50-jährig auf der griechischen Insel Zakynthos. Die genaueren Umstände seines Todes, um den sich einige Legenden ranken, sind nicht überliefert.

Dagmar Dietrich

Die anatomischen Bücher des Andreas Vesalius

Was nach dem bewegten Leben des Vesal blieb und in großen Kreisen weiter wirkte, waren seine bereits angesprochenen Buchveröffentlichungen. Im April 1538 legte der Anatom in Venedig ein erstes schmales Lehrwerk unter dem Titel *Tabulae anatomicae sex* (abgekürzt *Tabulae* genannt) vor, das als Unterrichtsmaterial für Studenten gedacht war.[8] Es bestand ursprünglich aus sechs großformatigen Bildtafeln mit anatomischen Darstellungen und jeweils darauf bezogenen Kommentaren in griechischer, lateinischer und hebräischer Sprache. Drei dieser Blätter, die in unserem Zusammenhang interessieren, zeigen aufrecht stehende, in verschiedenen Ansichten gegebene menschliche Skelette (s. Abb. 3, 4, 5), wie sie uns in ähnlicher Gestalt als spät- und nachmittelalterliche ‚Tödtlein' in Totentänzen geläufig sind. Doch sind Vesals Skelette nicht als mehr oder weniger stark verweste, mit Haut- und Fleischresten behaftete Gebeine wiedergegeben, sondern als exakt präparierte Knochengerüste, die sich durch eine bis dahin unbekannte anatomische Präzision auszeichnen. Sie wurden nach sorgfältig freigelegten Skeletten gezeichnet, die Vesalius seinen künstlerischen Mitarbeitern überließ.[9] Schon während seiner Studienzeit im belgischen Löwen hatte der angehende Anatom 1536 einen Leichnam vom Galgen geborgen, dessen Gebeine präpariert und wieder zusammengesetzt. Auch während eines Aufenthaltes in Basel sezierte er 1543 den für Studienzwecke freigegebenen Leichnam eines Hingerichteten, zergliederte den Körper und setzte die gereinigten Gebeine mit Verschraubungen und Drahtverbindungen wieder zusammen, um ein komplettes, Anschauungszwecken dienendes Knochengerüst herzustellen. Der Vesalsche Knochenmann – vermutlich eines der ältesten erhaltenen Beispiele der neuzeitlichen Medizingeschichte – hat sich erhalten und bildet noch heute eine Inkunabel im Museum des Anatomischen Instituts in der Universität Basel.[10]

Wenngleich die Skelettbilder der *Tabulae* – so spätere Kritiker – nicht frei von unrichtigen Übernahmen aus dem Werk Galens und sonstigen Fehlern waren,[11] machten sie den Autor weithin bekannt. Fünf Jahre nach dieser ersten, erfolgreich vertriebenen Publikation legte Vesal sein eigentliches Hauptwerk unter dem Titel *Andreae Vesalii Bruxellensis Scholae medicorum Patavinae professoris, de humani corporis fabrica Libri septem, Basilea 1543* vor. Konzeption und Manuskript dieses (abgekürzt *Fabrica* genannten) Werks sind in der Zeit von 1539 bis 1542 wiederum in Italien – in Padua und Venedig – entstanden. Hier gab Vesalius auch die zahlreichen Illustrationen für seine geplanten Veröffentlichungen in Auftrag

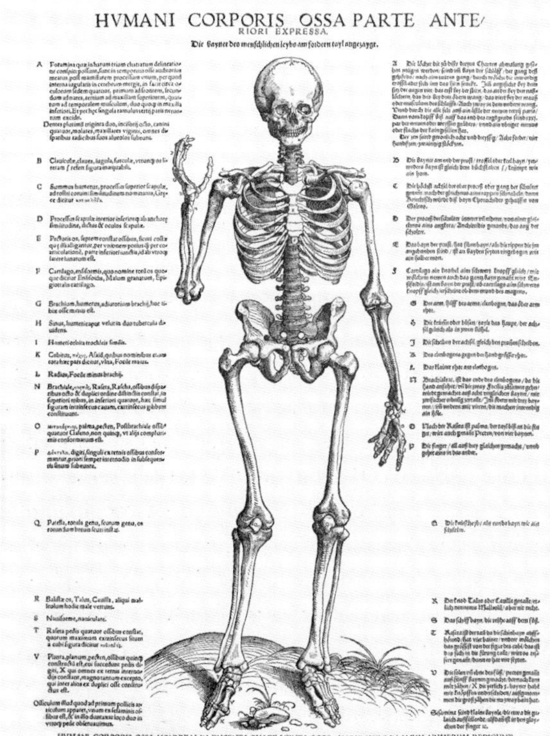

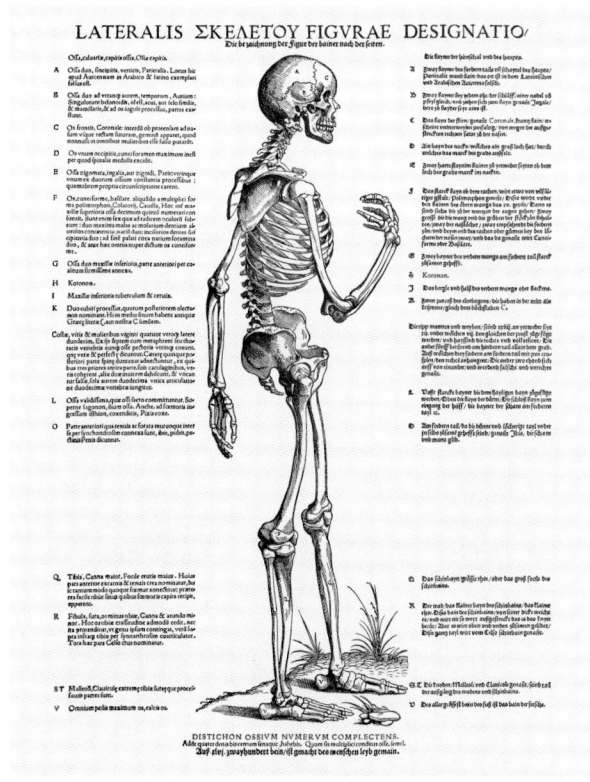

Abb. 3: Nach Jan Stephan van Calkar, Totengerippe. Holzschnitt von Jost de Negker. Aus: *Ain gar künstlichs [...] hochnutzlichs werck [...]*, Augsburg 1539, Plagiat von Andreas Vesalius: *Tabulae anatomicae sex*. Venedig 1538

Abb. 4: Nach Jan Stephan van Calkar, Totengerippe. Holzschnitt von Jost de Negker. Aus: *Ain gar künstlichs [...] hochnutzlichs werck [...]*, Augsburg 1539, Plagiat von Andreas Vesalius: *Tabulae anatomicae sex*. Venedig 1538

und ließ die Holzschnitte für deren Druck herstellen. Im Sommer 1543 erschien das 696 Seiten[12] starke, mit etwa 428 Abbildungen ausgestattete Opus in Basel bei Johannes Oporinus (eigentlich Johannes Herbst, 1507–1568), einem der hoch gebildeten Männer seiner Zeit. Oporinus lehrte als Professor und zeigte sich in der protestantischen und damit von einer restriktiven katholischen Kirchenpolitik unabhängigen Schweiz als Verleger weltoffen und durchaus risikofreudig; Vesal wählte den fortschrittlich denkenden Gelehrten wohl mit Bedacht als seinen Buchhersteller und Verleger aus.[13] Wie schon die *Tabulae,* so wurde auch die *Fabrica* der besseren Anschaulichkeit halber als großformatiger Band herausgebracht und in sorgfältiger Edition zur bibliophilen Kostbarkeit aufbereitet. Der Prachtband war vor allem für vermögende Gelehrte und betuchte Sammler herausragender Erzeugnisse der damals noch relativ jungen Buchdruckerkunst gedacht. Gleichzeitig erschien, ebenfalls bei Oporinus in Basel, ein ebenso sorgfältig hergestellter Auszug aus der *Fabrica* unter dem Titel: *Andreae Vesalii Brvxellensis scholae medicorum Patavinae professoris Suorum de Humani corporis fabrica librorum epitome, Basilea officina Joannis Oporini, Anno 1543, mense Junio.* Die ausgewählten Holzstiche aus der *Fabrica* (kurz *Epitome* genannt), waren eine lose Sammlung von Einzelblättern, die als Lehrmaterial für Studierende und Künstler gedacht waren.

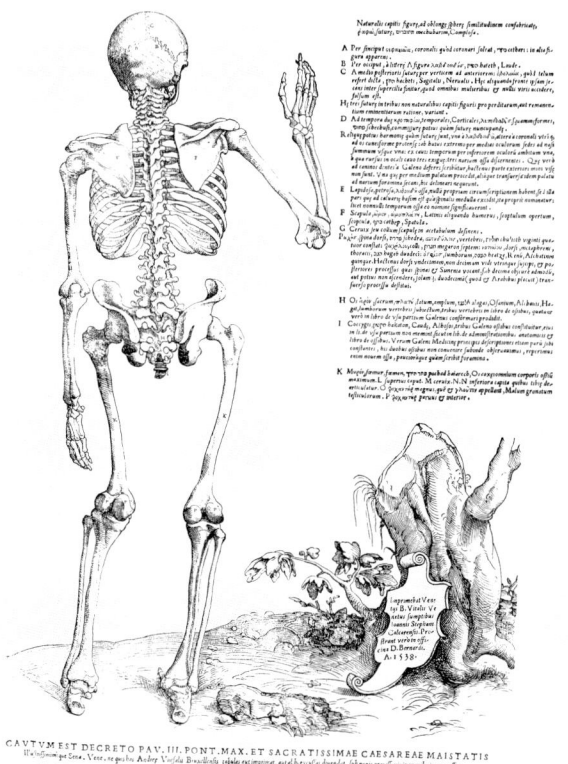

Abb. 5: Jan Stephan van Calkar, Totengerippe. Holzschnitt aus: Andreas Vesalius: *Tabulae anatomicae sex.* Venedig 1538

Eine deutsche Ausgabe der *Epitome,* deren Übersetzung der Mediziner, Philologe und Rektor der Baseler Universität Albanus Torinus (eigentlich Alban Thorer, um 1489–1550), besorgte, wurde am gleichen Ort ebenfalls im August 1543 ediert.[14] Um Druck und Edition von *Fabrica* und *Epitome* persönlich begleiten und kontrollieren zu können, weilte Andreas Vesalius während des Sommers 1543 in Basel.

Neu an Vesals Lehrwerken war, dass der Anatom zwar auf den althergebrachten, seit der Spätantike tradierten und den in arabischen Schriften überlieferten Kenntnissen zur ärztlichen Kunst – vor allem Galens – aufbaute und diese sorgfältig studierte, doch das alte Wissen kritisch betrachtete. Vielfach blieb er in den alten Anschauungen Galens verfangen, doch nahm er selbstbewusst Korrekturen vor und stellte dessen durch das Sezieren von Tieren gewonnenen, bereits über 1400 Jahre alten und seither immer wiederholten Lehrmeinungen die Ergebnisse seiner eigenen, beim Zerlegen von menschlichen Leichen gewonnenen Erfahrungen und Erkenntnisse gegenüber. Der hohe wissenschaftliche Anspruch seiner Forschungen verband ihn mit dem berühmten Arzt, Alchemisten und Philosophen Paracelsus (eigentlich Theophrastus Bombastus von Hohenheim, 1493–1541), der bereits mehrere Jahre zuvor in seinen Baseler Vorlesungen für den Vorrang empirischer Erkenntnisse gegenüber einer auf tradiertem Bücherwissen und althergebrachten Lehrmeinungen basierenden Patientenbehandlung eingetreten war.[15] Zeitgemäße Wege beschritt Vesal zudem damit, dass er seine Publikationen mit hochwertigen, die Texte begleitenden und erläuternden Bildtafeln ausstattete und sich so von einer vor allem in den medizinischen Lehrbüchern bisher üblichen, zumeist lediglich als allgemeine Illustration gedachten Bebilderung löste. Auch hierin stand er in seiner Zeit nicht allein, denn es gab parallel einige ähnliche Unternehmungen wie die des Bologneser Arztes und Anatomen Berengario da Carpi (um 1460 – um 1530), der ähnliche Lehrbücher herausbrachte und hier auch erstmals in der Medizingeschichte anatomische Abbildungen von Knochengerüsten veröffentlichte (Abb. 6). Berengarios Werke wie seine *Commentaria cum amplissimis additionibus super Anatomia Mundini,* verlegt in Bologna 1521, waren Vesalius sicher bekannt; seine Skelettdarstellungen können, in aufrechter Haltung vor einer Hintergrundlandschaft mit niederem Horizont agierend, typologisch als Vorläufer der Vesalschen Zeichnungen gelten.[16] 1536 erschien zudem ein ähnliches Werk des Johann Dryander (eigentlich Eichmann, 1500–1560), 1541 kam das anatomische Werk des Walter Hermann Ryff (Reiff, Rifius, 1500–1548) heraus, und 1545 legte der Franzose Charles Estienne (latinisiert auch Carolus Stephanus, 1504–1564/1565) in Paris ein umfangreiches anatomisches Lehrwerk mit

Dagmar Dietrich

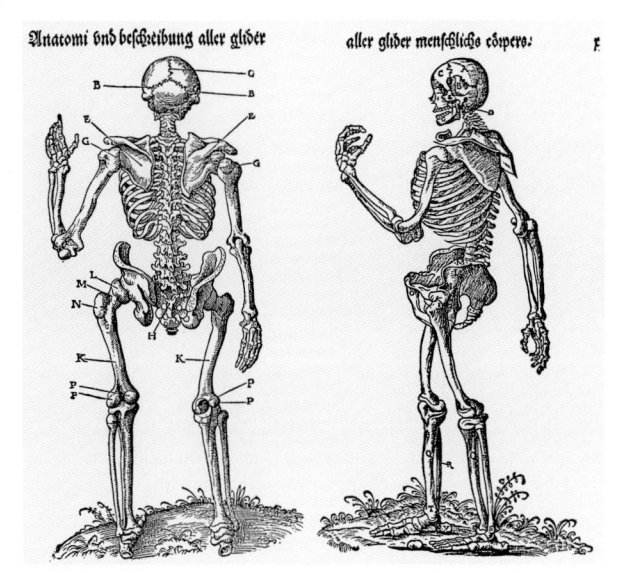

Abb. 6: Unbekannter Zeichner, zwei Totengerippe. Aus: Berengario da Carpi: *Commentaria* [...] *super Anatomia Mundini* [...]. Bologna 1521

zahlreichen Holzschnitten vor. Alle diese Werke wurden von Vesal jedoch sowohl inhaltlich wie vor allem in der Qualität und Präzision seiner Illustrationen bei weitem übertroffen. Denn der Anatom präsentierte detailgenau abgezeichnete Präparate und etablierte damit gleichsam die objektive, um Exaktheit bemühte Sachzeichnung als neues Medium wissenschaftlicher Dokumentation in der zeitgenössischen Medizin. Von vergleichbar herausragender Qualität waren zuvor lediglich die Zeichnungen zu anatomischen Studien, die Leonardo da Vinci (1452–1519) für eine geplante umfangreiche Künstler-Anatomie geschaffen, jedoch nie veröffentlicht hat. Es bleibt unklar, ob Leonardos umfangreiches Studienmaterial dennoch über Schüler oder Studenten an den führenden italienischen Universitäten Verbreitung fand und somit auch Vesal beeinflussen konnte.[17]

Wie Vesal strebten auch Wissenschaftler benachbarter Disziplinen hohes Niveau in reich illustrierten Buchwerken an. So stattete Paracelsus seine Schrift *Die große Wundarzney* [...], die übrigens 1536 in Augsburg bei Heinrich Stayner (Steiner) erschien, mit 22 Holzschnitten aus, die teilweise als Werke des Petrarca-Meisters gelten.[18] Zeitgleich betrieb der in Tübingen wirkende, aus dem bayerisch-schwäbischen Wemding im Ries stammende Arzt und Botaniker Leonhard Fuchs (1501–1566) Naturstudien, die in seinem grundlegenden botanischen Lehrwerk, dem *New Kreüterbuch* [...] ihren Niederschlag fanden.[19] Das Opus, ausgestattet mit mehr als 600, akribisch nach der Natur gezeichneten und für den Druck als Holzschnitte aufbereiteten Abbildungen kam 1543, also gleichzeitig mit Vesals *Fabrica*, in Basel heraus und setzte grundlegend neue Maßstäbe im Bereich der Pflanzenkunde.

Zur internationalen Verbreitung der Publikationen des Andreas Vesalius

Vesals Publikationen machten Furore, und rasch traten auch Plagiatoren seiner neuen Lehrwerke auf. Von den *Tabulae* waren schnell zahlreiche, nicht lizenzierte Nachdrucke im Umlauf – so auch im deutschen Sprachraum, bereits 1539 in Augsburg und Köln, nur wenig später dann in Marburg und Freiburg und 1541 in Straßburg.[20]

Der Augsburger Nachdruck wurde das früheste, auf den 1. Juni 1539 datierte Vesalius-Plagiat, das der aus Antwerpen stammende, um 1508/10 in Augsburg ansässig gewordene Formschneider, Bilddrucker und Verleger Jost (Jobst) de Negker (1485–1544?)[21] auf den Markt brachte. De Negker besaß einen hervorragenden Ruf als Holzschneider. Er erwarb sich besondere Verdienste bei der Entwicklung des Farbholzschnitts und arbeitete unter anderem mit berühmten Malern wie Leonhard Beck, Hans Schäuffelin und Hans Burgkmair für den eng mit Augsburg verbundenen Habsburger Maximilian I. (reg. als König ab 1493, Kaiser ab 1508–1519), in dessen Diensten er ab 1512 genannt wird. Der Titel seines Plagiats, das er mit Nachstichen der sechs Bildseiten aus den *Tabulae* ausstattete, fiel den Zeitgepflogenheiten entsprechend ausgiebig aus und sollte die ange-

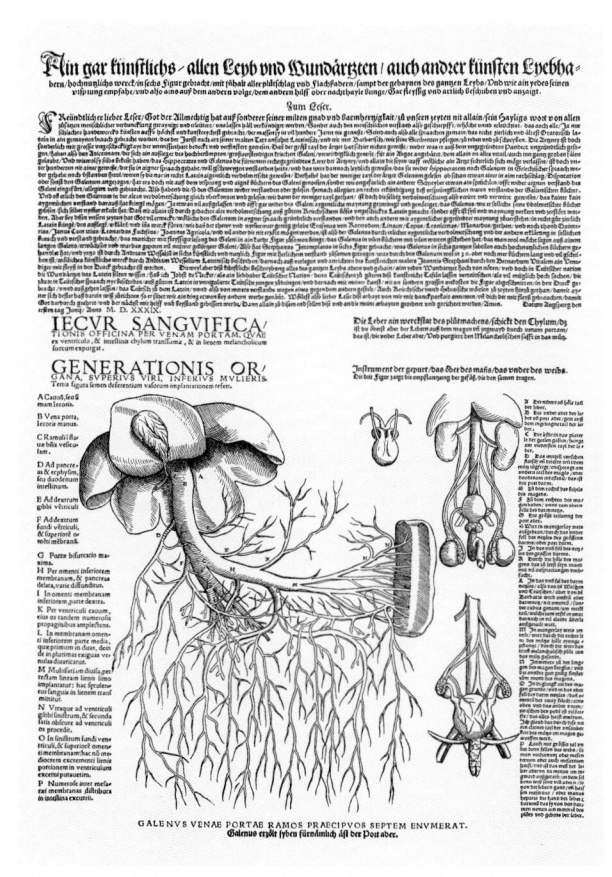

Abb. 7: Titelblatt von Jost de Negkers Vesalius-Plagiat: *Ain gar künstlichs* [...].*hochnutzlichs werck* [...]. Augsburg 1539

sprochene Käufer- und Leserschaft zugleich animieren: *Ain gar künstlichs allen Leyb vnd Wundärtzten auch andrer künsten Lyebhabern, hochnutzlichs werck: in sechs Figur gebracht, mit innhalt aller pultschlag vnd Flachadern, sampt der gebaynen des gantzen Leybs, Vnd wie ain yedes seinen vrsprng empfahe, vnd also ains aus dem andern volge, dem andern hilff oder nachthaile bringe: Gar fleyssig vnd artlich beschriben vnd anzaigt durch Andream Wessalium Lateinisch beschriben. – Jobst de Negker, 1539* (Abb. 7).[22] Bemerkenswert erscheint, dass de Negker das Kolophon der *Tabulae*, das den Venezianischen Drucker und Verleger wie auch den am Werk beteiligten Künstler nennt, gegen eine in der gleichen Kartusche eingesetzte Mitteilung tauschte, die ihn, obwohl er offensichtlich kein Privileg besaß,[23] seinerseits vor Plagiaten schützen sollte: „*Bey Röm. Kais. Maiestät straff seind verbotten die Figuren inn kainerlay weyße nach zedruckhen noch fail zehabê MDXXXIX*" (Abb. 8).

Vesalius, der sein Druckwerk durch Papst Paul III., Kaiser Karl V. und den Senat Venedigs vor Nachahmern hatte schützten lassen wollen,[24] war offenbar höchst erbost über die Übergriffe der Plagiatoren und beklagt sich heftig über de Negker. Er verunglimpfte ihn als deutschen Schwätzer („*rabula Germanice*"), dessen Textübersetzungen ins Deutsche lücken- und fehlerhaft seien, zudem befand er auch die Illustrationen als erbärmlich schlecht.[25] – Trotz dieser Kritik wurde der Augsburger Nachdruck de Negkers unter den im 16. Jahrhundert erschienenen *Tabulae*-Kopien in der Forschung als deren getreuester und bester gewürdigt.[26]

Den 1543 nachfolgenden Vesalius-Publikationen – *Fabrica* und *Epitome* – erging es nicht anders. Auch sie wurden, trotz eines wiederum von Kaiser Karl erteilten Schutzprivilegs, vielfach plagiiert. Dies sorgte zwar für den rasch weiter steigenden Bekanntheitsgrad des Anatomen, zugleich aber wurden die Verdienstmöglichkeiten für Autor und Verleger dadurch unangenehm geschmälert. Da es den Rahmen dieses Beitrags sprengen würde, die überaus zahlreichen Plagiate des 16. und 17. Jahrhunderts und auch deren spätere Nachdrucke anzuführen, sei hierzu auf deren ausführliche bibliographische Aufnahme durch Harvey Cushing in seiner kenntnisreichen, jedoch unfertig hinterlassenen Publikation: *A Bio-Bibliography of Andreas Vesalius* von 1943 verwiesen.[27]

Um jedoch einen knappen Einblick in die international vernetzte Publikationstätigkeit tüchtiger Verleger zu geben, sei hier lediglich jener Band genannt, der zwei Jahre nach Erscheinen von *Fabrica* und *Epitome* in London unter dem Titel *Compendiosa totius anatomiae delineationes, aere exarata: per Thomam Geminum. Londini in officina Joanni Herfordi, 1545, mense octobri* herausgebracht wurde.[28] Die Bildtafeln des Buches gingen, wie dem Titel zu entnehmen ist, auf den aus den Niederlanden stammenden und ab etwa 1540 in London tätigen Verleger und Stecher Thomas Geminus (auch Gemini [Lysiensis], um 1510–1562) zurück,[29] der die Illustrationen aus Vesals Büchern von 1543 erstmals in Kupfer nachgestochen hat. Mit ihnen produzierte er ein graphisch hochwertiges Plagiat der *Fabrica*, das er Englands König Heinrich VIII. (reg. 1509–1547) widmete.[30] Geminis Kupferstiche, die zu den ältesten Metallillustrationen in England gehören, wurden nochmals 1553 und 1559 für englische Folgedrucke verwendet und 1560 – obwohl zunehmend abgenutzt – schließlich nach Paris verkauft, wo sie bei französischen Editionen u. a. von 1564 und 1569 Verwendung fanden.[31] 1551 wurde ein Teil der Geminus-Stiche in Deutschland ebenfalls in Kupfer nachgestochen, mit deutschen Texten versehen und – somit als Plagiat eines Plagiats – unter dem Titel *Anatomia Deudsch. Ein kurtzer Auszug der beschreibung aller glider menschlich Leybs aus den buchern des Hochgelerten Herrn D. Andree Vesalij von Brüssel [....] sampt den figuren und derselben auslegung allen diesen löblichen Kunstliebhabern [....] und sonderlich wundartzten Deutscher Natiô zu nutz ins deutsch gebracht*. Der Band erschien in Nürnberg bei *Jul. Paolo Fabricio*. Herausgeber war der Wundarzt Jakob Bauman[n], der sich hiermit um eine bessere fachliche Schulung seiner Zunft bemühte.[32] Obwohl Mediziner, Anatomen und auch Künstler in der Folgezeit mit einer Fülle von anatomischen Lehrbüchern überflutet wurden, hat man die Vesal-Publikationen bis ins ausgehende 18. Jahrhundert hinein noch rund 50 Mal in ihrer Gesamtheit, in Auszügen oder in Bearbeitungen neu aufgelegt.

Anmerkungen zur Illustration der Vesalschen Bücher und ihrer Zeichner

Entscheidend zu seinem großen Erfolg trug zweifellos bei, dass Andreas Vesalius für die zeichnerisch-graphische Umsetzung seiner anatomischen Befunde qualifizierte Künstler gewinnen konnte. Die in ihrer drucktechnischen Qualität hervorragend aufbereiteten, mehrfach ganzseitigen Holzschnitte von *Fabrica* und *Epitome* nahmen und nehmen den Betrachter nicht nur durch ihre Präzision und Anschaulichkeit, sondern auch durch ihren künstlerischen Rang und – trotz des makabren Sujets – durch eine kaum zu leugnende ästhetische Qualität für sich ein. Der Wunsch nach einer hochwertigen Bildausstattung seiner geplanten anatomischen Lehrwerke dürfte sich bei Vesalius spätestens nach seiner Ankunft in Norditalien weiter entwickelt oder gefestigt haben, denn hier kam nach Berührungen mit der flämischen Kunst seines Herkunftslandes und französischer Kunst während des Studiums in Paris nunmehr in enge Berührung mit der hoch stehenden Renaissancekunst Veneti-

Dagmar Dietrich

ens, die vom Maler Tiziano Vecellio (um 1477–1576) und seiner Schule dominiert wurde. In Venedig oder in der seinerzeit zur Republik Venedig gehörenden Universitätsstadt Padua ließ der Anatom die Zeichnungen für seine Bücher anfertigen. Ebenso erfolgte hier auch die für den Druck erforderliche Umsetzung der Bildvorlagen in Holzschnitte. Hierfür konnte man sich vor allem in der Lagunenstadt auf einen häufig für Tizian tätigen, hoch qualifizierten Stamm von Holzschneidern verlassen.[33] Die *Tabulae* wurden bis 1538 fertig gestellt und in Venedig verlegt (s. u.). Im August 1542 waren dort auch die nachweislich ab 1539 einsetzenden Vorbereitungen zur Publikation der *Fabrica* abgeschlossen, so dass Manuskript und Bildmaterial hierfür zum Druck nach Basel überführt werden konnten (s. u.).[34]

Während die begleitende Korrespondenz über diesen offenbar gut organisierten Transport detailliert informiert (s. S. 53 ff.), schweigen sich die Nachrichten zur Frage aus, wer denn die Illustrationen zur neuen Vesalschen Publikationen gefertigt habe. Belegt ist lediglich, dass der Maler Jan (Joannis) Stephan (van) Calcar (1499–1546?)[35] an den 1538 veröffentlichten *Tabulae* beteiligt war und die dort publizierten drei Totengerippe zeichnete (vgl. Abb. 3–5). Vesalius erwähnt den Künstler 1538 im Zusammenhang mit den *Tabulae* zweifach und lobt ihn geradezu überschwänglich als „*insignis nostri saeculi pictor*".[36] Auf Calcars Arbeit für Vesal wird zudem auf dem Kolophon der *Tabulae* verwiesen, das sich auf der dritten Skelett-Darstellungen des Werks findet und neben dem Venezianischen Drucker und Verleger Bernhardus Vitalis auch den Zeichner nennt: „*Imprimebat Vene/tys. B*[*ernardus*]. *Vitalis Ve/ netus sumptibus/ Joannis Stephani/ Calcarensis. Pro/strant*[!] *vero in offi/cina D. Bernardi/ A. 1538*" (Abb. 9). – Die Glaubwürdigkeit dieser Inschrift wurde allerdings verschiedentlich angezweifelt, da hier mitgeteilt ist, dass Calcar (anstelle eines Honorars oder zur Aufbesserung einer wohl nicht üppigen Entlohnung) die Rechte und damit Risiko wie Gewinn am Vertrieb der *Tabulae* erhielt. – An anderer Stelle jedoch lässt Vesalius verlauten, er habe die schmale Publikation selbst finanziert. Zudem waren ja ihm und nicht Calcar die Privilegien übertragen.[37]

Der von Vesal hoch geschätzte Maler Jan Stephan stammte aus dem niederrheinischen Kalkar, war also Landsmann des Anatomen. Nach einer im Flämischen absolvierten Ausbildung war er wohl vor 1536 nach Italien gezogen, wo er nach Auskunft des italienischen Kunsttheoretikers, Architekten und Malers Giorgio Vasari (1511–1574) als hoch talentierter Maler zum Mitarbeiter des Tizian avancierte und angeblich vorzüglich in dessen Manier arbeitete; Belege dafür wurden allerdings bisher nicht gefunden[38] Vor 1545 wanderte Calcar nach Neapel ab,[39] wo er wohl nur wenige Jahre später verstarb.

Auf Giorgio Vasari geht auch der eindeutig so nicht stimmige Hinweis zurück, Ian Stephan Calcar sei der al-

Abb. 8: Kolophon aus Jost de Negkers Vesalius-Plagiat: *Ain gar künstlichs […].hochnutzlichs werck […]*. Augsburg 1539

Abb. 9: Kolophon aus Andreas Vesalius: *Tabulae anatomicae sex*. Venedig 1538 (Ausschnitt aus Abb. 5)

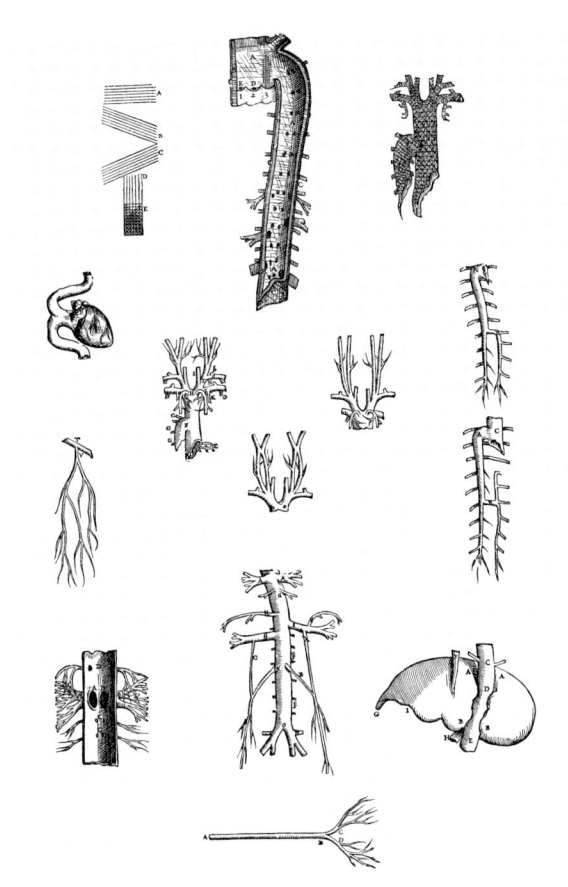

Abb. 10: Andreas Vesalius (?), Schematisch wiedergegebene Präparate zum Adernsystem. Holzschnitte aus: Andreas Vesalius: *De humani corporis fabrica*. Basel 1543

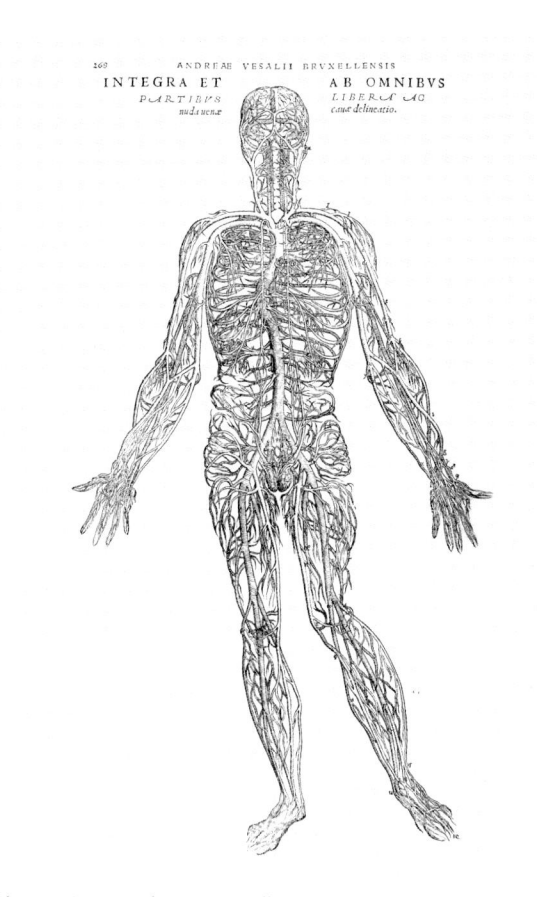

Abb. 11: Jan Stephan van Calkar oder unbekannter Künstler. Holzschnitt mit Darstellung des gesamten Venensystems. Holzschnitt aus Vesalius' *Fabrica*, 1543 (Buch IV, S. 268)

leinige Zeichner der zwischen 1539 und 1542 im Veneto entstandenen Abbildungsvorlagen für Vesals *Fabrica* und *Epitome* gewesen. Diese Mitteilung wurde in der Literatur des 19. und frühen 20. Jahrhunderts von den an stilanalytischen Fragen nur marginal interessierten Medizinern und Medizinhistorikern vielfach übernommen; inzwischen aber wurde sie, vor allem auch von der kunsthistorischen Forschung angeregt, zurecht bezweifelt.[40] Denn die Graphiken der genannten Publikationen sind qualitativ zu unterschiedlich, als dass man sie einer einzigen Hand zuweisen kann. Zudem spricht Andreas Vesalius selbst in Bezug auf die *Fabrica* im Plural von „*pictoribus et sculptoribus*" (mit letzteren sind wohl die anonym gebliebenen Holzschneider gemeint), mit denen er für die Illustration seiner Publikationen eng zusammenarbeitete – und sich doch immer wieder über massive Schwierigkeiten zu beklagen hatte.[41] Die Umsetzung der von ihm vorgegebenen, für die Zeichner aber sicherlich oft höchst ungewohnten Bildvorstellungen gestaltete sich demnach mühsam. Möglicherweise hat Vesalius aus Ärger darüber außer den Maler Calcar (der bis 1539 gelobt wird) keinen seiner ihm später zuarbeitenden Mitarbeiter erwähnt.

Die Anforderungen an die für seine Buchillustration herangezogenen Personen waren zudem ganz unterschiedlich, denn Vesals Abbildungswünsche reichten von relativ einfachen, schematischen Detailskizzen anatomisch präparierter Körperteile (Abb. 10) über stark abstrahierte und daher zeichnerische Disziplin einfordernde ganzfigurige Nerven- oder Adernbilder (Abb. 11) bis hin zu den auch künstlerisch anspruchsvollen Zeichnungen der sog. ‚Knochen- und Muskelmänner', für deren Darstellung er ein hohes Maß nicht nur an technischer Perfektion und anatomischer Kenntnisse, sondern vor allem eine in der medizinischen Lehrbuch-Illustration bis dahin noch nie erreichte zeichnerische Qualität einforderte (s. Abb. 14–20, 22, 23). Für Vesal war somit (sicher auch aus ökonomischen Gründen) eine Aufteilung der anfallenden Arbeiten an verschiedene ausführende Kräfte sinnvoll. Zudem kann nicht ausgeschlossen werden, dass sich mehrerer Personen an ein und derselben Darstellung beteiligten und beispielsweise ein Zeichner mit höherer künstlerischer Qualifikation einen Routinehandwerker unterstützte oder ergänzte. Einer klaren Händescheidung sind daher Grenzen gesetzt.

Von Calcar stammen, wie belegt, die drei Zeichnungen zu den *Tabulae*-Skeletten, während Vesal die übrigen Holzschnitte der gleichen Publikation, d. h. drei schematische Darstellungen der Adern- und Nervensysteme, für sich selbst beansprucht hat (vgl. Abb. 7).[42] Hiervon ausgehend, kann man unter den Abbildungen der *Fabrica*

Dagmar Dietrich

wohl problemlos jene zumeist kleineren Konturskizzen ausgrenzen, die von einer offensichtlich in der Zeichenkunst dilettierenden Person gefertigt wurden. Sie könnten sicherlich von Vesals Hand stammen (vgl. Abb. 10). Der Anatom, der sich selbst mehrfach als Zeichner anführt,[43] muss in dieser Hinsicht über ein nicht zu unterschätzendes Talent verfügt haben, denn nur so konnte er die durch minutiöses Sezieren erworbenen komplizierten Detailbeobachtungen des menschlichen Körpers derart präzise aufbereiten,[44] dass sie von den künstlerisch geschulten Zeichnern übernommen und in überzeugende Bildprodukte umgesetzt werden konnten.

Schwieriger wird es dagegen, den bisher in der Literatur sehr unterschiedlich bewerteten Anteil des Jan Stephan van Calcar auch an *Fabrica* und *Epitome* anzusprechen, zumal sich die Kenntnis über den Maler bisher hauptsächlich auf z.T. höchst heterogen wirkende Zufallszuschreibungen stützt.[45] Überliefert ist, dass Vesalius auch nach der Herausgabe der *Tabulae* an einer weiteren Zusammenarbeit mit dem von ihm 1539 nochmals lobend als „*insignis nostrae aetatis pictor*" bezeichneten Jan Stephan interessiert war und um diesen warb – falls er nicht ablehnen würde.[46] Daher darf seine Beteiligung an der *Fabrica*, für die Vesal seit 1539 bereits eigene Zeichnungen fertigte, als relativ sicher gelten, auch wenn Vesal in der Folgezeit – aus welchen Gründen auch immer – den Maler nicht mehr erwähnt.

Um Calcars Anteil am Vesal-Opus stilistisch zu analysieren, bleiben lediglich die drei für ihn gesicherten Skelette der *Tabulae* (s. Abb. 3–5), die – abgesehen von anatomischen Fehlern – mit ihren blasenartigen Schädelkalotten, geblähtem Brustkorb und teils zu langen Gliedmaßen unproportioniert wirken und vor allem in ihrer Standhaltung mit zu weit vorgeschobenem Becken und steifer Wirbelsäule zugleich konstruiert-starr wie auch schwankend labil wirken.

Mehrfach wurde Jan Stephan zudem mit dem Portrait des Vesalius in Verbindung gebracht, das dem ersten Kapitel der *Fabrica* vorangestellt ist (s. Abb. 2).[47] Das halbfigurige Autorenbild entstand laut Inschrift 1542 und zeigt den 28-jährigen Anatomen „*AN AET. XXVIII/ MD.CXLII*". Mitgeteilt ist zudem dessen auf einem antiken Aphorismus basierender Wahlspruch: „*OCYVS JVCVNDE ET TVTO.*" Auch dieses Bild hat seine unübersehbaren Schwächen, denn räumliche Bezüge werden kaum bewältigt. Die Drapierung von Vesals Manteltuch und des im Bild nobilitierend eingesetzten Vorhangs überzeugen wenig, zudem fallen ungereimte Größenverhältnisse und Proportionen auf, wie das etwas zu mächtig erscheinende Haupt des Portraitierten oder sein unglücklich verkürzter Arm neben dem auffällig großen Armpräparat eines weiblichen Leichnams, das unmotiviert von oben in das Bild hineinragt.

Abb. 12: Jan Stephan van Calkar (Zuschreibung). Titelblatt aus Vesalius' *Fabrica*, 1543: Andreas Vesalius beim Sezieren eines weiblichen Leichnams in einem ‚Theatrum Anatomicum'

Schließlich hat man mit Jan Stephan auch das plakativ in Art einer werbewirksamen ‚Bildreportage' angelegte Titelblatt der *Fabrica* (Abb. 12) in Verbindung gebracht.[48] Der große, ganzseitige Holzschnitt ist unsigniert, doch gibt es mehrere (Nach?)-Zeichnungen unbekannter Herkunft, darunter eine mit der Aufschrift "*Jan Calkar*" – und der von anderer Hand stammenden Jahreszahl „*1675*". Sie gilt als ein vielleicht auf älterer Überlieferung basierender Hinweis auf die Autorschaft des Malers.[49] Dargestellt ist eine groß angelegte, figurenreiche Szene, in deren Mittelpunkt Vesalius auftritt – in gleicher Pose und Kopfhaltung übrigens wie auf seinem Autorenporträt der *Fabrica* (vgl. Abb. 2). Medizingeschichtlich völlig neu an diesem Bild ist, dass der Anatom hier nicht mehr, wie bei allen bisherigen Darstellungen gleichen Themas üblich, als ein ‚ex cathedra' aus den Lehrbüchern Galens dozierender Medicus auftritt,[50] sondern die bisher stets Chirurgen oder Badern überlassene Aufgabe übernimmt und als Praktiker eigenhändig einen Leichnam zerlegt. Diese selbstbewusste Repräsentation ärztlicher Kunst durch Vesal, der dem Publikum seine eigenen Erkenntnisse unmittelbar am Objekt erläutert, ist künstlerisch allerdings nur von ordentlicher, aber doch wohl kaum überragender Qualität. Der Zeichner stellt eine Vielzahl einzelner Beobachtungen nebeneinander und füllt das Halbrund eines ‚Theatrum anatomicum' mit einer verwirrenden Menge agierender Personen, die in ihren räumlichen Bezügen nicht immer überzeugend geordnet sind. Einzelne Bildelemente zudem, wie die in perspektivischer Verkürzung dargestellte Frauenleiche auf dem Seziertisch, lassen zeichnerische Souveränität vermissen.[51]

Unter der Prämisse, dass das ‚Anatomie-Theatrum' von Calcar stammt, ließen sich von hieraus Rückschlüsse auf seine Beteiligung an Vesals Publikationen von 1543 ziehen. So wäre hieran beispielsweise eine Gruppe von Bildtafeln im fünften Kapitel der *Fabrica* anzuschließen, auf denen die Bauchorgane geschildert sind. Es sind Zeichnungen von aufgeschnittenen männlichen und weiblichen Leichen, die in der Art antiker Torsi gegeben sind (Abb. 13) und unterschiedliche Qualität aufweisen. Einige der in dieser Werkgruppe angeführten Bilder können mit ihrer kleinteiligen, räumlich nicht immer überzeugenden Darbietung mit der des Frauenleichnams im oben genannten ‚Theatrum anatomicum' verglichen werden. Gemeinsam ist ihnen wie vielen anderen kleineren Detailabbildungen in der *Fabrica*, dass sie zumeist räumlich weniger exakt geschildert und ohne einen ihren Ort definierenden Schlagschatten gezeichnet wurden.[52] Sie wahren damit zweckdienlich eine objektive Sicht auf das anatomische Präparat, malerische Komponenten und plastische Modellierung werden dagegen vernachlässigt.

Von den hier angeführten möglichen Zuschreibungen und den für Calcar gesicherten Knochenmännern der *Tabulae* ausgehend, konnte eine Autorschaft des Malers an den wohl nur drei oder vier Jahre später für die *Fabrica* entworfenen drei Skeletten (Abb. 14–16) mit Recht bezweifelt werden. Die Unterschiede zwischen den Darstellungen lassen sich kaum mit einer überraschend schnellen künstlerischen und stilistischen Weiterentwicklung des Malers erklären. Die Knochengerippe der jüngeren Publikation, die ihren Auftritt als bewegte, ‚lebende Skelette' haben, sind nicht nur anatomisch richtiger erfasst (was sicher auch auf die sich ständig erweiternden Erfahrungen Vesals oder auch eine Verbesserung der dem Maler überlassenen, als Modelle dienenden Knochenpräparate zurückzuführen sein mag). Sie gehen auf einen Zeichner zurück, der vor allem Proportion und Haltungen ausgewogen zu schildern und die natürlichen

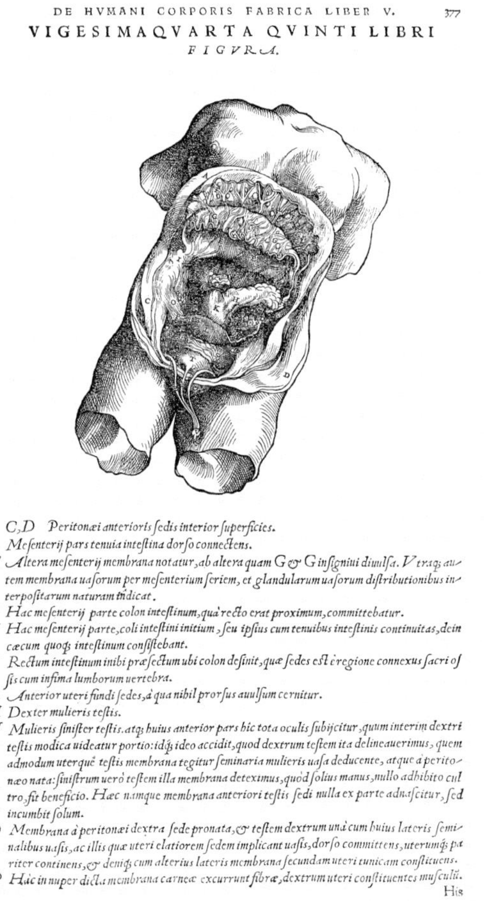

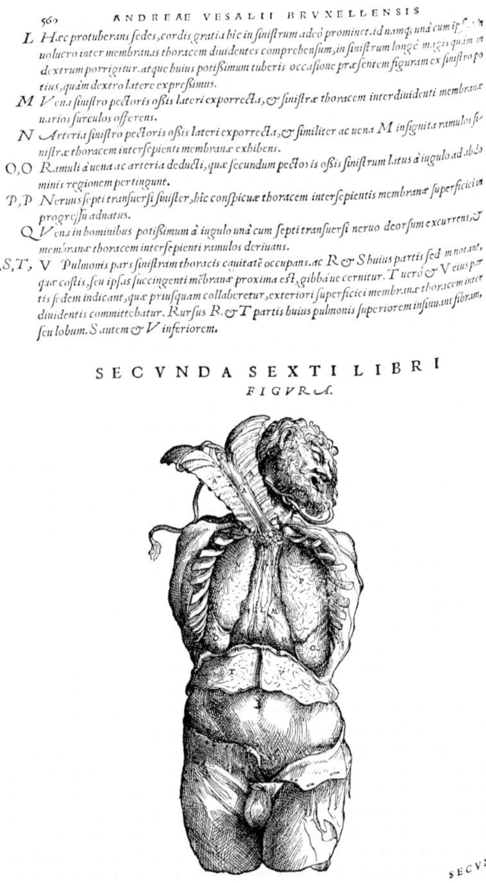

Abb. 13: Jan Stephan van Calkar (Zuschreibung), Torsi eines weiblichen und eines männlichen Leichnams mit geöffneter Bauchhöhle bzw. Brustkorb. Holzschnitte aus Vesalius' *Fabrica*, 1543 (Buch VI, S. 560, 377)

Bewegungsabläufe eines menschlichen Körpers überzeugend darzustellen weiß. Mit zeichnerischer Freiheit geschildert und in elegant fließender Bewegung gegeben, sind die Knochenmänner mit den 14 Muskelmännern, die Vesalius zur Erläuterung der Muskelsysteme für das zweite, anspruchsvollste Buch seiner *Fabrica* zeichnen ließ (s. Abb. 22, 23), weit enger verwandt als mit den starren Calcarschen Knochengerüsten der *Tabulae*.

Neben dieser deutlichen qualitativen Verbesserung erfahren die drei osteologischen Graphiken der *Fabrica* zudem durch Vesalius eine inhaltlich vertiefte Interpretation. Sie sind nicht mehr nur als anatomische Demonstrationsobjekte begriffen, die das Funktionieren eines Human-Skeletts vorführen, sie werden nunmehr als Allegorien der Vergänglichkeit interpretiert. So weist das frontal gezeigte Gerippe, das mit dem Spaten des Totengräbers posiert (Abb. 14), auf die Hinfälligkeit des menschlichen Leibes und seine, dem christlichem Begräbnisritual folgende Rückgabe an die Erde. Der in Seitenansicht gezeigte, an ein altarähnliches Postament gelehnte Knochenmann ist in einer antiken Vorbildern nachempfundenen Haltung gezeigt (Abb. 15). Er wendet sich als ‚mors meditans' in Gedanken über das Ende irdischen Daseins versunken einem Totenschädel zu, auf den er seine Knochenhand gelegt hat.[53] Das dritte, als Rückenfigur gezeigte Skelett schließlich ist in dramatischer Haltung über ein offenes Grab gebeugt und drückt Schmerz und Trauer über den Verlust aus, den der Tod verursacht (Abb. 16).

Bei den genannten 14 Muskelbildern des zweiten Buches – jeweils ganzfigurigen athletischen Aktstudien – werden von den nackten, hautlosen männlichen Körpern Muskelstränge und -fasern, von Figur zu Figur fortschreitend, in einzelnen Schichten nacheinander bis auf das Knochengerüst hin abgelöst. Die Akte werden in theatralischen Posen und mit lebhafter Gestik gezeigt, oder sie assoziieren schließlich – ihrer Muskeln immer mehr beraubt – tragische Sterbens- oder Todessituationen, die zugleich der Wiedergabe komplizierter anatomischer Befunde dienen (vgl. Abb. 22, 23).

Die Körperstudien zeigen hohes künstlerisches Niveau, denn trotz der teilweise schwierigen Materie bewältigte der Zeichner seine durchaus heikle Aufgabe, die auf dem Seziertisch hergestellten Präparate mit naturwissenschaftlicher Detailgenauigkeit wiederzugeben und sie dennoch mit jenem heroisch idealisierten Menschenbild der Renaissancemalerei in Einklang zu bringen: Es gelingt ihm, aus *„Kunst und Anatomie ein untrennbares,*

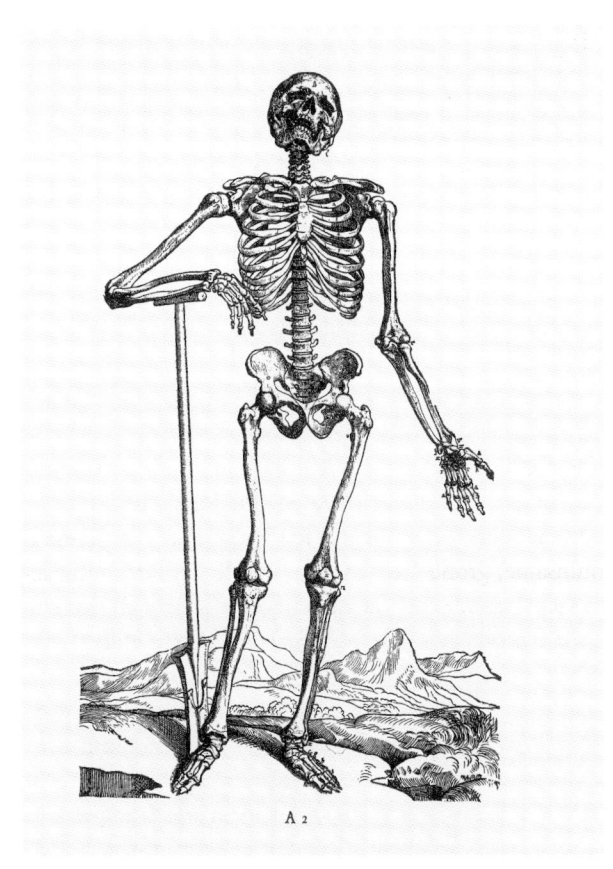

Abb. 14: Unbekannter Künstler der Tizian-Schule, ‚Knochenmann' mit Spaten eines Totengräbers. Holzschnitt aus Andreas Maschenbaur: *Zergliederung Deß Menschlichen Körpers* [...], Augsburg 1706 (Nachdruck der Vesalschen *Fabrica*, 1543)

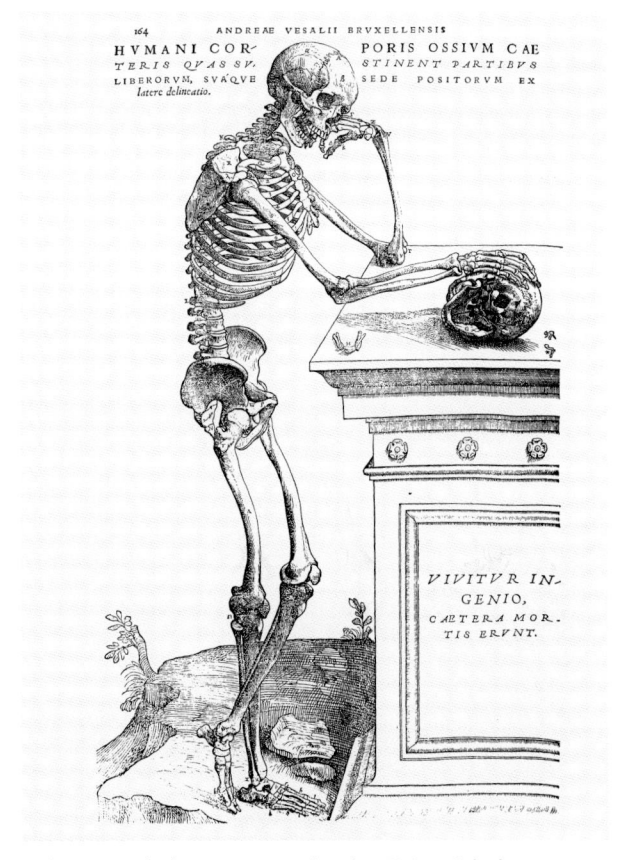

Abb. 15: Unbekannter Künstler der Tizian-Schule, ‚Knochenmann', in meditativer Betrachtung eines Totenschädels über die Vergänglichkeit sinnend. Holzschnitt aus Vesalius' *Fabrica*, 1543, (Buch I, S. 164)

harmonisches Ganzes" entstehen zu lassen.⁵⁴ Dies verdeutlichen vor allem auch jene beiden schönen Tafeln zur Oberflächen-Anatomie, die Vesalius der *Epitome* beigegeben hat. Dargestellt sind die Akte eines athletischen Mannes und einer Frau (Abb. 19, 20). In ihrer Haltung ist letztere der in der Renaissancekunst oft zitierten kapitolinischen Venus nachempfunden. Ob die Entwürfe zu diesen beiden qualitativ besten Bildern in Vesals Büchern von gleicher Hand stammen, wie die der Knochenmänner und Muskelkörper, wird unterschiedlich beurteilt. Man hat sie für Tizian beanspruchen wollen oder als mögliche Arbeiten des Jacopo Tatti gen. Sansovino (1486–1570) betrachtet (s. u.).

Während bei der Darstellung der beiden Nackten auf die Einbindung in ein landschaftliches Szenario verzichtet ist, treten die 14 Muskelakte jeweils vor einem archaisch idealisierten Landschaftshintergrund auf. Die malerische Bildwirkung wird damit stärker noch als bei den ebenfalls in einem landschaftlichen Ambiente verorteten Knochenmännern der *Fabrica* betont, teilweise sogar auf Kosten einer präzisen Anschaulichkeit von sezierten Körperteilen. Als künstlerische wie technische Besonderheit wurde übrigens festgestellt, dass sich die Landschaftsausschnitte im Hintergrund der einzelnen Muskelmänner zu zwei durchgehenden Panoramen zusammenfügen lassen. Es sind dies einmal aus acht und einmal aus sechs Teilstücken bestehende Riesenholzschnitte mit Landschaftshorizonten, die aufgrund topographischer Merkmale und einiger der geschilderten antiken Ruinen als Panoramen der südlich von Padua gelegenen Euganeischen Hügel angesprochen worden sind (Abb. 22, 23).⁵⁵ In Vesals *Fabrica* ist die Zusammengehörigkeit der Bildteile allerdings kaum auffällig, da hier die Abfolge der Landschaftsabschnitte der Reihenfolge der Buchseiten entgegenläuft, so dass die Szenerie nur beim Rückwärtsblättern der Buchseiten nachzuvollziehen ist.

An die ganzfigurigen Darstellungen der Knochen- und Muskelmänner lassen sich die meisten Zeichnungen einzelner Knochenpräparate, denen das erste Kapitel der *Fabrica* gewidmet ist, wie auch die Zeichnungen einzelner Gliedmaßen mit ihren Muskelpartien, die im zweiten Band der *Fabrica* nach den großen Muskelakten folgen, in ihrem differenzierten, mit zahlreichen Schattennuancen arbeitenden Zeichenstil und mit der plastisch-räumlichen Verortung der Präparate durch Schlagschatten anschließen. Angeführt seien weiterhin die ersten sechs Blätter aus dem siebten Kapitel der *Fabrica*, die Präparate des menschlichen Schädels und Gehirns in sensibler Modellierung und mit höherer zeichnerischer Qualität vorführen (Abb. 21).

Die hiermit angesprochenen Bilderfolgen mögen als Ausgang für die Analyse jenes Anteils an *Fabrica* und *Epitome* gelten, mit einem oder mehreren bisher noch nicht identifizierten, für Vesal arbeitenden Zeichnern in Verbindung zu bringen ist. In der Vesalius-Literatur sind über den oder die Künstler zahlreiche Überlegungen und Vermutungen angestellt worden. Man hat die Entwürfe dem Tiziano Vecellio zuweisen wollen, zumal der Dichter Annibale Caro (1507–1566) um 1540 eine ‚Anatomie' des Tizian erwähnt, was diese These stützen sollte, inzwischen jedoch kritisch gesehen wird.⁵⁶ Doch damit – wie mehrfach geschehen – auf eine eigenhändige Beteiligung des renommierten Venezianers am Vesalschen Oeuvre zu schließen, wäre wohl zu hoch gegriffen. Die überaus mühsame, große Geduld erfordernde Umzeichnung sezierter Präparate für ein anatomisches Lehrbuch hatte im Schaffensplan des vielbeschäftigten, auf dem Höhepunkt seines Ruhms stehenden Malers sicherlich keinen Platz, und auch aus Kostengründen war dieser für Vesal wohl kaum erreichbar. Die These, Tizian habe anatomische Studien zu den Posen der Muskelmänner geliefert, die dann unter Leitung Vesals von dem als „*medical designer*" eingesetzten Calcar mit anatomischen Informationen aufgefüllt worden seien, bleibt ebenfalls fragwürdig.⁵⁷ Wie für die Vorlagen zu den meisten *Fabrica*-Zeichnungen hat Vesalius Haltungen und Posen auch der Muskelmänner sicher vorrangig nach anatomischen Gesichts-

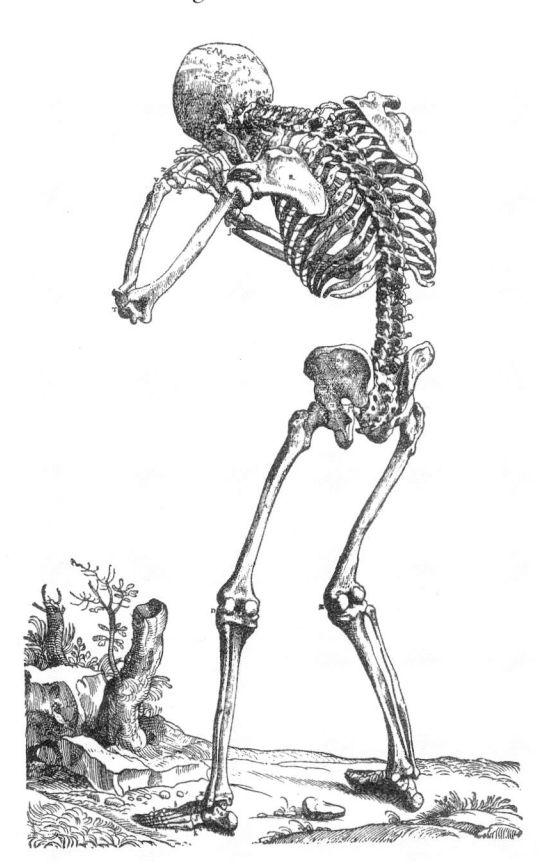

Abb. 16: Unbekannter Künstler der Tizian-Schule, über einem offenen Grab trauernder ‚Knochenmann'. Holzschnitt aus Andreas Maschenbaur: *Zergliederung Deß Menschlichen Körpers* [...], Augsburg 1706 (Nachdruck der Versalschen *Fabrica*, 1543)

Dagmar Dietrich

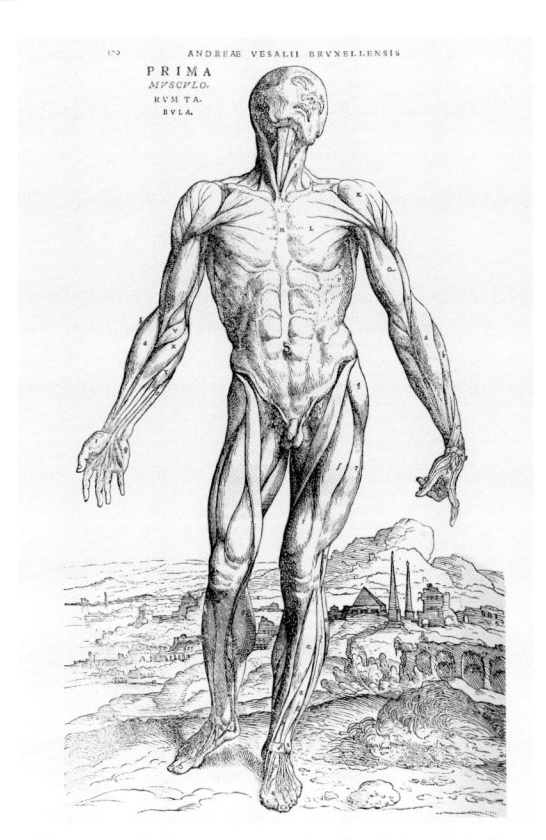

Abb. 17: Unbekannter Künstler der Tizian-Schule, ‚Muskelmann' vor Landschaftshintergrund. Holzschnitt aus Vesalius' *Fabrica*, 1543 (Buch II, S. 170)

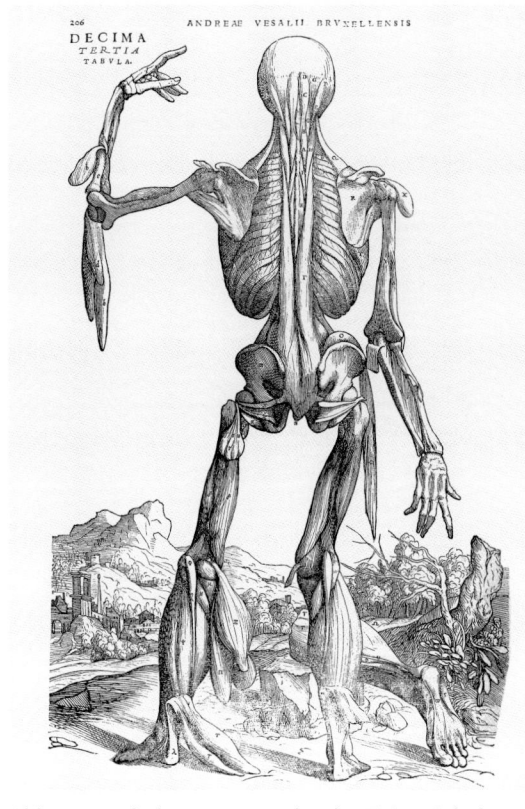

Abb. 18: Unbekannter Künstler der Tizian-Schule, ‚Muskelmann' vor Landschaftshintergrund. Holzschnitt aus Vesalius' *Fabrica*, 1543 (Buch II, S. 206).

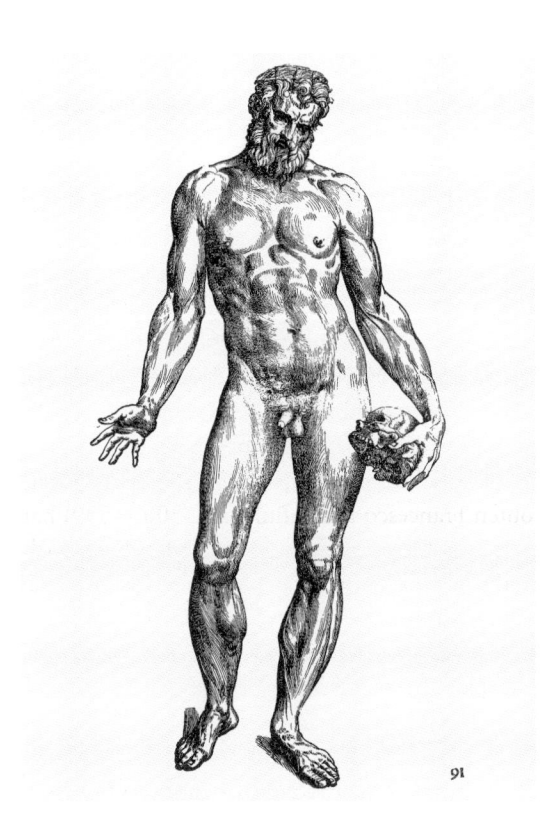

Abb. 19: Unbekannter Künstler der Tizian-Schule, männlicher Akt. Holzschnitt aus Andreas Maschenbaur: *Zergliederung Deß Menschlichen Körpers* [...], Augsburg 1706 (Nachdruck aus: Andreas Vesalius: *Epitome*, Basel 1543)

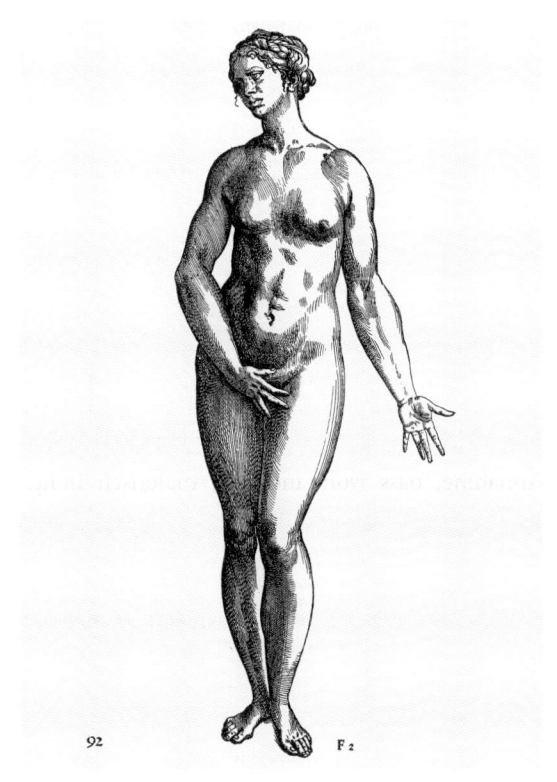

Abb. 20: Unbekannter Künstler der Tizian-Schule, weiblicher Akt. Holzschnitt aus Andreas Maschenbaur: *Zergliederung Deß Menschlichen Körpers* [...], Augsburg 1706 (Nachdruck aus: Andreas Vesalius: *Epitome*, Basel 1543)

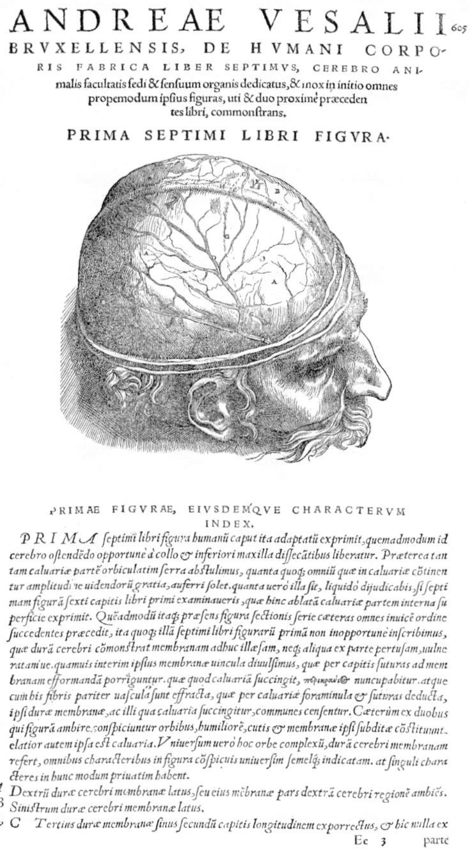

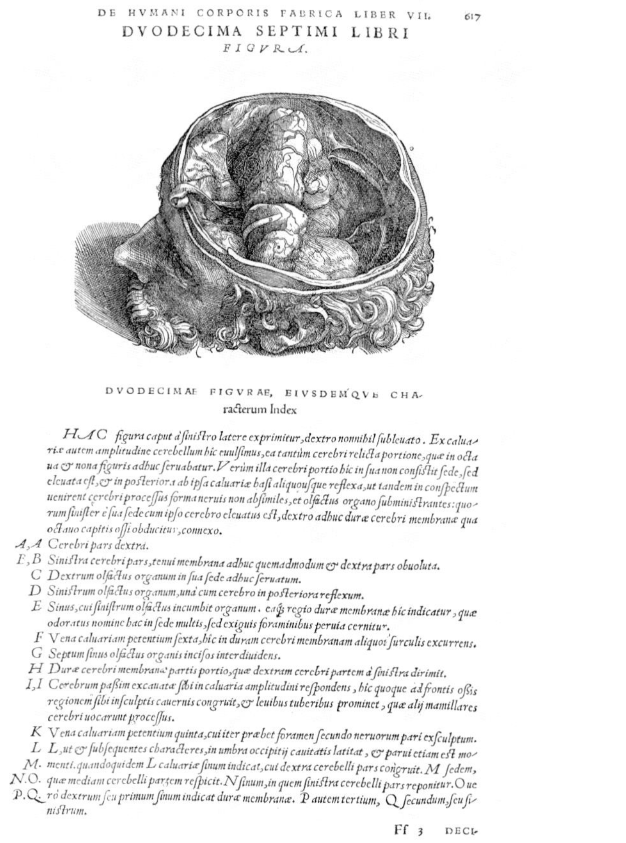

Abb. 21: Unbekannter Künstler der Tizian-Schule (Zuschreibung), zwei Präparate des menschlichen Gehirns. Holzschnitte aus Vesalius' *Fabrica*, 1543 (Buch VII, S. 605, 617)

punkten ausgewählt. Während des Sezierens wurden die wohl zunächst nur skizzenhaft angelegten Akte weiter ausgearbeitet. Dies geschah, wie in einem Arbeitsbericht Vesals anklingt,[58] als ‚work in progress', in einem wegen der meist sehr rasch einsetzenden Leichenverwesung notwendig eiligen Prozess. Zumindest die dokumentierenden und wohl auch die schließlich mit der weiteren Ausarbeitung der Illustrationen beauftragten Zeichner hatten daher wohl vielfach unmittelbar neben dem Anatomen vor Ort zu arbeiten.

Glaubhaft wäre daher die ebenfalls mehrfach geäußerte Annahme, dass wohl mehrere, malerisch höher begabte Zeichner (neben dem von Vesal zunächst hoch gelobten, weil offenbar zuverlässig und detailgenau arbeitenden Calcar?) tätig wurden. Sie sind sicher ebenfalls im engsten Umfeld oder auch in der arbeitsteilig organisierten Werkstatt Tizians zu suchen. Dass derartige Kräfte künstlerisch gut ausgebildet waren und Zugang zu den sicher umfangreichen Sammlungen von Vorlagen, Studien und Skizzen der Tizian-Bottega hatten, darf als sicher gelten; hier mag man sich jeweils mit entsprechend hochwertigen Körper- und Aktstudien versorgt haben. Als bedeutendere Künstler aus dem Tizian-Umkreis, die Vesal für sein Opus gewonnen ha-

ben könnte, wurde mehrfach der Venezianer Domenico Campagnolo (1500–1564) genannt. Er arbeitete als Landschaftsmaler im Tizian-Atelier, man hat ihm daher u. a. die oben genannten Landschaftsszenen im Hintergrund der Muskelmänner zugeschrieben.[59] Für die bedeutenderen anatomischen Zeichnungen wurde zudem der bereits erwähnte, 1527 nach Venedig zugewanderte Jacopo Sansovino in Erwägung gezogen.[60] Auch den Maler Francesco Marcantonio da Forli (um 1500–1559) und einen der wichtigen Drucker und Stecher Venedigs, den von Giorgio Vasari auch als hervorragenden Zeichner gelobten Francesco Marcolini (um 1500–1559) hat man benannt. – Derartige Annahmen sind bisher jedoch ohne konkrete archivalische oder zwingende stilistische Nachweise geblieben.

Zu Vesalius' Aufenthalten in der Reichsstadt Augsburg

Nach den Hinweisen zum Leben, seinen bahnbrechenden anatomischen Leistungen, seiner Publikationstätigkeit und dem künstlerischen Umfeld, in dem die Buchillustrationen des Andreas Vesalius entstanden, sei unsere Aufmerksamkeit nunmehr wieder auf das einleitend er-

Dagmar Dietrich

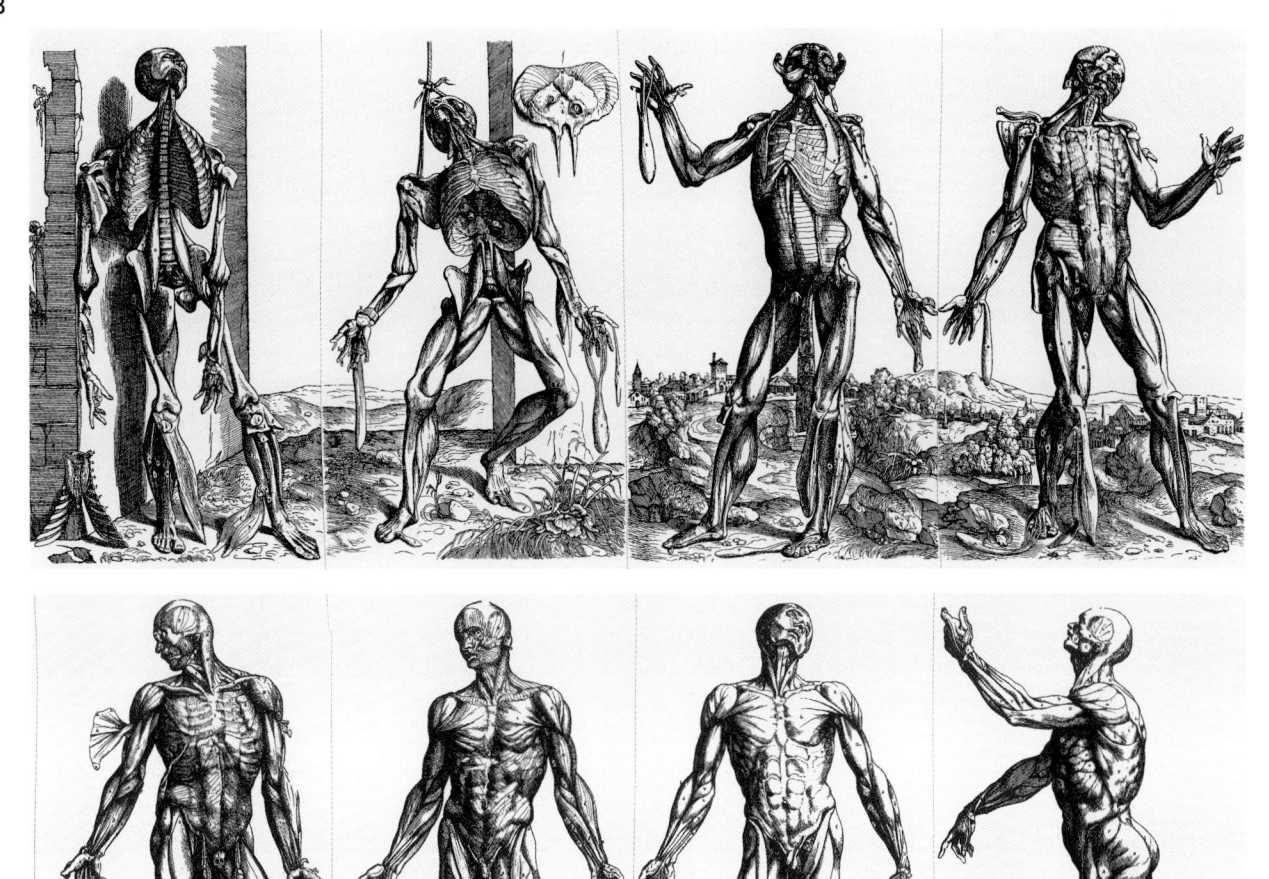

wähnte Epitaph des Medicus Cyriacus Weber in der kleinen bayerischen Grenzstadt Landsberg am Lech zurückgenommen, und damit auf jene Nachrichten, die über Aufenthalte des berühmten Flamen Vesalius in Bayern Auskunft geben. Augsburg fällt hier eine besondere Rolle zu, denn, wenngleich Vesal auch in Regensburg und anderen bayerischen Städten weilte, so hatte er doch zu keinem anderen Ort in Deutschland engere Beziehungen als zu der schwäbischen Reichsstadt. Hier war er spätestens seit 1539 kein Unbekannter mehr, hatte doch Jost de Negker die Vesalschen *Tabulae* als erster in deutscher Sprache 1539 in einem sicher gefragten und daher Gewinn versprechenden Plagiat verlegt. Die in Basel erschienenen Vesal-Publikationen der *Fabrica* und *Epitome* von 1543 oder eines der schnell folgenden Plagiate fanden gewiss ebenso rasch ihren Weg in die Gelehrtenstuben der Stadt. Als der berühmte Anatom schließlich von Juli bis August 1547 einige Wochen hindurch in Augsburg weilte,[61] war ihm die Aufmerksamkeit der humanistisch gebildeten Oberschicht und insbesondere der Ärzteschaft der Stadt wie des weiteren Umlandes sicher. Vesalius traf im Gefolge Kaiser Karls V. ein, um diesen zum ersten der in Augsburg anberaumten Reichstage zu begleiten. Zwei weitere Besuche in der Stadt folgten – so anlässlich des zweiten, vom 8. Juli 1550 bis zum 14. Februar 1551 dauernden Augsburger Reichstages, während dessen man Vesalius – wie auch dem übrigen Gefolge des Kaisers – Wohnung bei angesehenen Augsburger Bürgerfamilien bot. „*Le docteur Vesalius*", so wird berichtet, kam im Hause der „*Kirchpeuler*" unter.[62] Auch nach Beendigung des Reichstags blieb der Arzt mit dem Tross des schwer erkrankten und damit über Monate hinweg nicht reisefähigen Kaisers noch bis Mitte Oktober 1551 (also mehr als ein Jahr) in der Stadt. Zu einem dritten Aufenthalt kam es schließlich 1555; er verband sich für Vesal mit einer Reise von Brüssel nach Basel, wo er bei Johannes Oporinus die in Arbeit befindliche Neuauflage seiner *Fabrica* begutachten wollte. Der vermutlich kürzere Besuch war privater Natur und galt den Augsburger Ärzten Achilles Pirminus Gasser (1505–1577)

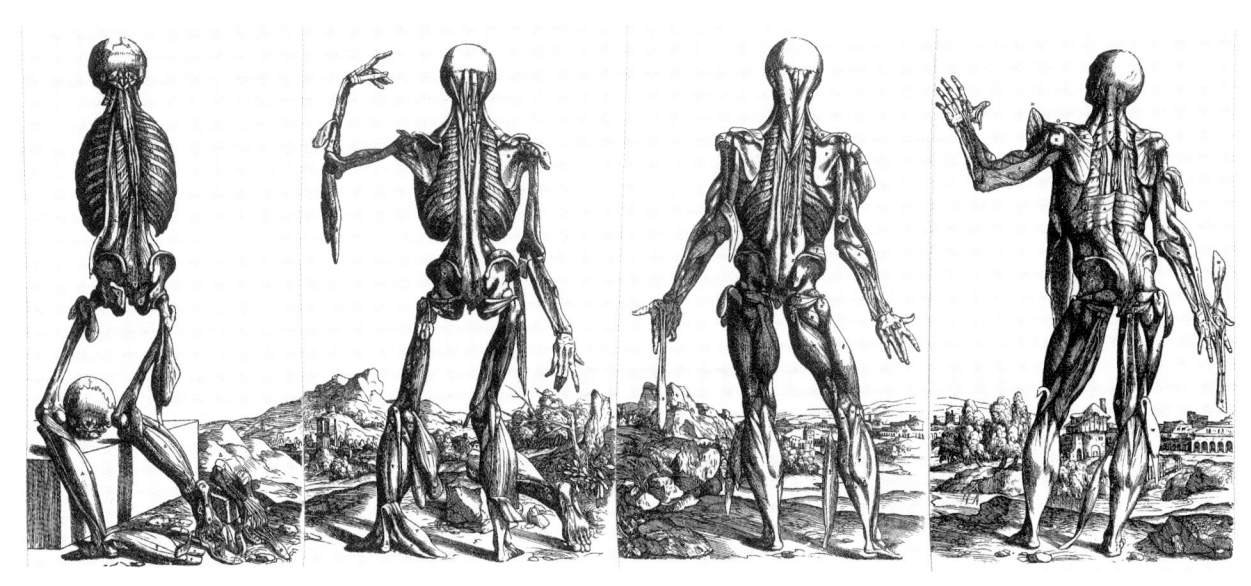

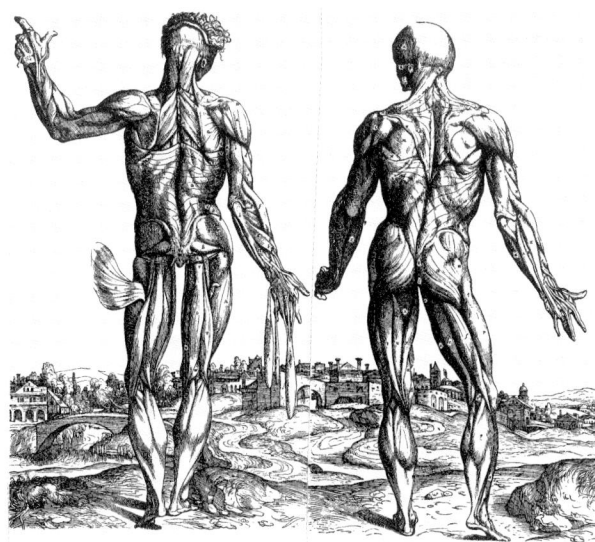

Abb. 22/23: Unbekannter Künstler der Tizian-Schule, Abfolge der 14 ‚Muskelmänner' vor einer durchgehenden Hintergrundslandschaft, wohl der Euganeischen Hügel. Aus Vesalius' *Fabrica*, 1543. Obere Folge: Buch II: S. 192, 190, 187, 184, 181, 178, 174, 170; untere Folge: Buch II, S. 208, 206, 203, 200, 197, 194

und Adolph (III.) Occo (1524–1606), die Vesalius zu dem schwer erkrankten Patrizier und Handelsherrn Leonhard Welser (1521–1557), einem ihrer prominenten Patienten nach Augsburg beriefen. Der erfahrene flämische Medicus stellte eine zutreffende Diagnose, konnte jedoch nicht mehr helfend eingreifen. Leonhard Welser erlag zwei Jahre später seinem Leiden. Die von Vesal vorausgesagte Erkrankung an der Aorta konnte von Adolph (III.) Occo und dem etwas jüngeren Medicus Lukas Stenglin (Stengel, 1523–1587) durch eine Autopsie bestätigt werden, wie Achilles Pirminus Gasser 1557 brieflich an Vesal vermeldete.[63]

Mit den hier genannten Medizinern hatte Vesal bereits während seiner vorausgegangenen Aufenthalte in der Reichsstadt enge Kontakte gepflegt, mit ihnen hatte er sich über Fachfragen ausgetauscht, gemeinsam Patienten diagnostiziert und Sezierungen durchgeführt,[64] deren Ergebnisse in die Neuauflage seiner *Fabrica* von 1555 einflossen. Aus den gemeinsamen medizinischen und anatomischen Interessen hatten sich offenbar Freundschaften entwickelt, die auch während Vesals Abwesenheit in brieflichem Austausch ihren Niederschlag fanden. Weiterhin war der Anatom in Augsburg auf Bekannte aus seinen Paduaner Studienjahren getroffen, so auf den Augsburger Arzt Wolfgang Peter Herwart (1514–1585), der nach Studien im Ausland wieder hierher zurückgekehrt war; Vesalius und Herwart standen 1542 in brieflichem Kontakt.[65] Auch der Medicus Lukas Stenglin[66] hatte in Padua studiert und dort 1549 promoviert. Zu den bedeutenden Medizinern Augsburgs gehörte zweifellos der hoch gebildete Arzt, humanistische Universalgelehrte und Geschichtsschreiber Achilles Pirminus Gasser, der als Berater von Regierenden wirkte und sich mit der Veröffentlichung verschiedener geschichtlicher und medizinischer Publikationen hervortat.[67] Zwischen dem Protestanten Gasser und Vesal entwickelte sich über die Konfessionsgrenzen hinweg ein vertrauliches Verhältnis, von dem die Korrespondenz der beiden Gelehrten zeugt. Weiterhin hatten sich Verbindungen zu der renommierten Augsburger Arztfamilie der Occo eröffnet, zum Augsburger Stadtmedicus Adolph (II.) Occo (1494–1572), und zu dessen bereits genannten, weit berühmteren Sohn Adolph (III.).[68]

Letzterer hatte von 1544–1549 in Padua und Ferrara studiert. Er machte sich jedoch nicht nur als hervorragender Mediziner, sondern auch als vielseitig gebildeter Wissenschaftler auf dem Gebiet der Naturforschung, der Archäologie, Philologie und Numismatik einen bedeutenden Namen. Er verfügte über eine umfangreiche, bereits von seinem Großvater und Vater angelegte und seither weiter gepflegte wertvolle Büchersammlung,[69] in

Dagmar Dietrich

Abb. 24: Augsburger Medailleur (Christoph Weiditz?), Revers einer Portraitmedaille des Arztes Adolph (III.) Occo mit dem über den Tod sinnendem Knochenmann, 1552. Gestaltet nach Vesalius' *Fabrica*, 1543 (Buch I, S. 164)

der Vesals Werke in der Originalausgabe (oder als einer der inzwischen kursierenden Nachdrucke) bestimmt nicht fehlten. Als Ausdruck seiner persönlichen Wertschätzung für den großen flämischen Anatomen wählte Adolph (III.) Occo, der von bedeutenden Augsburger Künstlern Bildnismedaillen von den Ärzten seiner Familie und von sich selbst fertigen ließ,[70] für drei seiner eigenen, 1552 bzw. 1564 (?) entstandenen Portraitmedaillen jeweils als Revers das aus der *Fabrica* bekannte, sinnend mit aufgestütztem Haupt an ein Steinpodest gelehnte Gerippe (s. Abb. 15).[71] Occo wich dabei allerdings von der Vesal-Vorlage ab, indem er den Totenschädel, auf dem dort die Hand des Knochenmanns ruht, durch ein großes Stundenglas ersetzen ließ (Abb. 24). Durch die Abänderung des Symbols wird das Vesalsche Knochengerüst vom kontemplativen ‚mors meditans' umgedeutet in die Verkörperung des im christlichen Glauben beherrschend auftretenden ‚Todes', der unerbittlich über das Ende menschlicher Lebenszeit befindet.[72] In Fortführung dieser Ikonographie wählte Occo zudem biblische, auf die christliche Auferstehung nach dem Tode verweisende Zitate als Sockel-Inschriften.

Das Epitaph des Cyriacus Weber und seine Vorgaben aus den Lehrbüchern des Andreas Vesalius

Eine ähnliche ikonographische Umdeutung erfährt auch das Totengerippe, das Cyriacus Weber für sein Grabmonument in Landsberg wählte. Auch hier wird das in meditative Betrachtungen versunkene Skelett nach dem Vorbild Vesals, das im Zentrum des etwa 4,50 Meter hohen Epitaphs steht, mit einer die verrinnende Zeit anzeigenden Sanduhr dargestellt (Abb. 1, 25). Zudem ist dem Knochenmann ein kleinerer Gegenstand mit leicht hochrechteckigen Corpus und gewölbtem Deckel (mit Bügelverschluss?) in die Hand gegeben. Beide Gegenstände sind stilllebenartig über einem großen Folianten angeordnet, der zweifellos auf die Gelehrsamkeit des hier bestatteten Medicus anspielt und mit seinem Großformat auf Vesals *Fabrica* verweisen mag. Der kleine Gegenstand in der Hand des Landsberger Gerippes, der somit gleichsam in den Mittelpunkt seiner Betrachtung gerückt ist, wurde sicher zu Unrecht als Standuhr gedeutet,[73] was den bereits mit dem Stundenglas gegebenen Hinweis auf die verrinnende Zeit unnötig und umständlich verdoppeln würde. Ob man ihn als Medizin- oder Salbengefäß deuten kann, das auf den Arzt und Physicus Weber verweist, der vielleicht mit eigenen Rezepturen erfolgreich war, bleibt dahingestellt. – Die ursprüngliche Ikonographie der Todes-Allegorie wäre damit allerdings konterkariert.

Anzumerken ist, dass man beim Landsberger Grabmal auch auf den Totenschädel, der dem Gerippe der *Fabrica* als Meditationsobjekt dient, nicht verzichtet hat. Er ist allerdings in den Hintergrund des Postamentes geschoben und damit zum nebensächlichen Attribut geworden, das dem Skelett in einem weniger glücklichen

Abb. 25: Paul Reichel, Epitaph des Cyriacus Weber, Landsberg. Der über das Lebensende sinnende Tod. Sandstein, dat. 1570 (vgl. auch Abb. 1)

Einfall als Unterlage für den Ellenbogen seines linken, das Haupt stützenden Armes dient.

Weber, Autor der zahlreichen, zum eigenen Lob und zum Andenken an seine Familie in lateinischer Sprache abgefassten Inschriften seines Grabsteins,[74] ließ am Podestsockel, vor dem sein Knochenmann posiert, die von Vesals entsprechender Graphik aus der *Fabrica* übernommene Inschrift einhauen „VIVITVR INGENIO, CAETERA MORTIS ERVNT" (vgl. Abb. 15, 25). Das Zitat „*Man lebt durch den Geist, alles übrige wird des Todes sein*" verspricht damit – humanistischem Selbstverständnis folgend – dem geistig Tätigen Hoffnung auf Nachruhm durch sein Ingenium und ein Fortwirken seines intellektuellen Schaffens, auch über den Tod hinaus. Es ist den *Elegiae in Maecenatem*, I., Vers 37/38, entnommen,[75] einer Versdichtung auf den Tod, die um 50 bis 75 n. Chr. von C. Cilnius Maecenas, einem Freund und Ratgeber des Kaisers Augustus, verfasst wurde. In der Renaissancezeit gehörten die Maecenas-Elegien, die einst dem Dichter Vergil zugeschrieben wurden, zum allgemeinen Bildungsgut der Humanisten.[76] Zitate daraus fanden Eingang in diverse Emblembücher und Zitatsammlungen der Epoche. Bekanntlich wurde das von Vesal benutzte Zitat 1503 vom Nürnberger Gelehrten Willibald Pirkheimer (1470–1530) aufgegriffen und als Inschrift für sein von Albrecht Dürer in Kupfer gestochenes Portrait gewählt.[77]

Zur Übernahme des Sand- oder Stundenglases, das in der folgenden Epoche des Barock zu einem nahezu unverzichtbaren Motiv christlicher Grabmals-Ikonographie wurde, dürfte Cyriacus Weber von den Occo-Medaillen angeregt worden sein, denn es ist davon auszugehen, dass die wenigen herausragenden Persönlichkeiten der süddeutschen Ärzteschaft untereinander in regem Austausch standen. Zu den führenden Kapazitäten seines Fachs darf man gewiss auch den aus einer angesehenen Arztfamilie stammenden Cyriacus Weber zählen. Sein gleichnamiger, aus Weißenhorn stammender Vater Cyriacus d. Ä., geboren 1470, hatte 1486/87 in Ingolstadt Medizin studiert und dort 1498 promoviert. Ab etwa 1501 war er als Stadtmedicus in der Reichsstadt Memmingen tätig,[78] wo ihm seine wohl aus Isny stammende Ehefrau Clara Schedler die beiden später erfolgreich tätigen Söhne Cyriacus (II.) und Johann Baptist (1526–1584) gebar. Der Vater Cyriacus (I.) war als Mediziner gefragt und beim Niederen Adel ebenso wie in den Häusern wohlhabender schwäbischer Handelsherren und Kaufleute hoch angesehen, hatte aber auch Zugang zu höchsten Kreisen des schwäbischen Adels. Dank seines guten Auskommens konnte er den beiden Söhnen eine Ausbildung an der katholischen Universität in Ingolstadt und später auch in Italien ermöglichen. Der jüngere Sohn Johann Baptist studierte ab 1541 in Ingolstadt beiderlei Rechte, promovierte 1548 in Bologna und wurde bereits 1549 zum Ordinarius an die Ingolstädter Universität bestellt. 1558 erhielt er vom Bayernherzog Albrecht V. (reg. 1550–1579) einen Ruf als Kanzler der herzoglich-bayerischen Regierung in Landshut; ein Jahr später gelangte er durch Vermittlung des bayerischen Regenten an den Hof des im Jahr zuvor inthronisierten Kaisers Ferdinand I. (reg. 1558–1564) nach Wien, wo er (wenngleich mit Misserfolgen und Intrigen konfrontiert) über zwei Jahrzehnte als Leiter der Reichshofkanzlei wirkte und damit dem engsten Führungszirkel des Kaiserhofes angehörte.[79] Als Jurist wirkte ‚Dr. Weber' wiederholt vermittelnd zwischen dem Kaiser und dem bayerischen Herzog, so unter anderem im Zirkel des sog. ‚Landsberger Bundes', eines 1556 einberufenen, länderübergreifenden und überkonfessionellen Friedensbündnisses.[80]

Der um zwei Jahre ältere Cyriacus (II.) machte ebenfalls Karriere. Er folgte dem Vater im Beruf als Arzt, studierte ab 1538 in Ingolstadt und ging zur Weiterbildung ebenfalls nach Italien. Nach seiner Promotion ließ er sich schließlich als Stadtmedicus in Landsberg am Lech nieder. Um 1563 wirkte er zeitweilig auch in Memmingen.[81] Wie sein Bruder Johann Baptist genoss auch Cyriacus sichtlich die Wertschätzung des Bayernherzogs Albrecht V., der seine Studienzeit von 1537–1544 in Ingolstadt verbracht hatte und mit den Gebrüdern Weber als einstigen Kommilitonen sicher gut bekannt, vermutlich wohl auch befreundet war.[82] Wie er durch die Inschriften auf seinem Landsberger Grabdenkmal mit Stolz verkünden lässt, konnte Cyriacus (II.) zu einem der Leibärzte des Regenten aufsteigen.

In Landsberg am Lech allerdings hatte der Medicus Weber kaum entsprechenden fachlichen Austausch, so dass er – auch um sich weiter zu bilden – Kontakt zur Ärzteschaft benachbarter Städte suchen musste. Belegt ist sein Engagement in Memmingen, enge Beziehungen gab es zweifelsohne nach München, der Residenzstadt seines Landesherrn. Doch vor allem waren es Verbindungen zu dem nur eine Tagesreise von Landsberg entfernten Augsburg, das im 16. Jahrhundert als wirtschaftliches Zentrum mit seinen internationalen Handelsbeziehungen zu den bedeutendsten Städten Süddeutschlands zählte. Hier wurden Wissenschaften, Bildung, Kunst und Kultur von einer betuchten, weltoffenen Oberschicht des Adels, der Patrizier und der wohlhabenden Handels- und Kaufmannshäuser gefördert. Zur führenden Schicht der schwäbischen Reichsstadt hatten die Brüder Weber wohl bereits dank der durch die von ihrem Vater von Memmingen aus geknüpften Kontakte enge persönliche Beziehungen. Für Johann Baptist Weber erschloss sich bereits durch seine erste Verheiratung ein Zugang zu den gehobenen Kreisen der Reichsstadt. Nach dem

Tod der ersten Frau ehelichte er 1555 mit Sibylla Langenmantel die Tochter eines der bedeutendsten Patriziergeschlechter der Stadt, das im internationalen Großhandel außerordentlich wohlhabend geworden und durch verwandtschaftliche Beziehungen mit zahlreichen anderen Familien der Augsburger Führungsschicht verbunden war. Der Jurist Weber wie sicherlich auch sein in Landsberg ansässiger Bruder waren somit mit den einflussreichsten, der katholischen Seite angehörenden Familien der Augsburger Oligarchie verschwägert.[83] Diese Beziehungen könnten sich verfestigt haben, als Cyriacus (II.) 1549 in Augsburg seine zweite Ehe mit Regina Honold (Hanold) schloss. Ob seine neue Ehefrau aus einer ursprünglich aus Kaufbeuren zugezogenen und von 1440 bis 1592 in Augsburg nachweisbaren, sehr wohlhabenden Kaufmannsfamilie stammte, bedarf noch der Klärung; seit 1538 gehörten die Honold, über deren Handelsgeschäfte bisher nur wenig bekannt ist, zum Augsburger Patriziat.[84] Regina Honold überlebte ihren Gemahl um drei Jahrzehnte. Sie starb am 6. Januar 1603 und wurde im Chor der Landsberger Stadtpfarrkirche vor dem Weberschen Epitaph bestattet.

Die wiederholten Besuche des Andreas Vesalius in Augsburg müssen den Landsberger Medicus Weber zweifellos angezogen haben. Durch sein Ansehen als herzoglich-bayerischer Hofarzt und durch die erwähnte verwandtschaftliche Einbindung in das Augsburger Patriziat stand ihm der Zugang zur Elite der Augsburger Ärzteschaft und damit gewiss auch zu Vesal offen. Ob er dem um zehn Jahre älteren Flamen persönlich begegnete, ist somit durchaus denkbar – doch darüber schweigen die Überlieferungen.

Sicher aber war Weber ein Bewunderer des Vesalius, wie die Gestaltung seines stattlichen Landsberger Grabmals belegt. Zu dessen Fertigung zog der Medicus den bisher zwar nur wenig erforschten, doch wohl nicht unbedeutenden Schongauer Paul Reichel (auch Reichlin, Reichle) heran.[85] Wohl Vater des renommierten Bildhauers Hans Reichel (Reichle, um 1570–1642), ist der Kunsthandwerker von 1568 bis 1588 in Schongau nachweisbar und archivalisch mehrfach als Steinbildhauer und Tischler (Kistler) belegt. Er hat seine Signatur und sein Meisterzeichen auf dem Grabstein hinterlassen (Abb. 26). Von Reichel ist überliefert, dass er auch höheren Orts gefragt war. So arbeitete er 1583 am Innsbrucker Hof des Erzherzogs Ferdinand von Tirol, des Gemahls der aus Augsburg stammenden Philippine Welser. Dort hat er das verlorene, wohl in unmittelbarer Nachfolge des Landsberger Skeletts entstandene „marmorne Bildnis des Todes" geschaffen und zudem noch eine kleinere, in einen Schrein eingestellte Skulptur gleichen Themas.[86] Nicht näher bekannte Aufträge des Münchner Hofes gingen ebenfalls an Reichel, für die dieser 1587 mit stattlichen 1.000 fl. entlohnt wurde.

Bei der Umsetzung der Vesalschen Stichvorlage in ein großes, dreidimensionales Werk dokumentierte Reichel sein besonderes handwerkliches Können, doch erreichte er, obwohl er sicherlich von den anatomischen Kenntnissen seines Auftraggebers profitieren konnte, auch seine Grenzen. Vor allem hatte der Bildhauer wohl gewisse Probleme bei der Bewältigung schwieriger Skelettpartien, über die ihn Vesals Holzstich nur unzureichend instruierte. Doch wusste man sich zu helfen, und so integrierte Reichel in makabrer Weise die gesamte Beckenpartie eines echten menschlichen Knochenskeletts in das aus Stein gehauene Gerippe. Auch der Totenkopf auf dem Podest, weitgehend aus dem Blickfeld des Betrachters gerückt, ist ein Menschenknochen.[87]

Ein Vorbild für die reiche, säulengeschmückte Rahmenarchitektur der Nische, die den Knochenmann umschließt (s. auch Abb. 1), ist wohl in den allenthalben verbreiteten Stichvorlagen manieristischer, flämisch-deutscher Architektur und Ornamentkunst zu suchen. In das hergebrachte architektonische Formenrepertoire mit Säulen, die von einem reich gekröpftem Gebälk überfangen und teppichartig mit großblumigem Floraldekor überzogen sind, fügte der Bildhauer zum herkömmlichen Repertoire von Voluten und Rollwerk auf den Seitenteilen der Nischenrahmung neben Löwenmasken zwei wohl von Vesals Holzschnitten angeregte Totenschädel ein. Dazu arrangierte er Gehänge, die sich aus diversen, in Stein gehauenen menschlichen Knochen und Abschnitten von Wirbelsäulen zusammensetzen (Abb. 27).[88]

Cyriacus Weber verstarb im 52. Lebensjahr am 8. Oktober 1572, vielleicht vorher schon von Krankheit gezeichnet. Denn bereits zwei Jahre zuvor hatte er sich um die Gestaltung seines Familien-Grabmals bemüht, um sich mit diesem opulent geratenen Monument als ein bereits seit Jahren in seinem Metier erfolgreicher und wohlhabender Medicus in Szene setzen. Indem er den Knochenmann aus der *Fabrica* als Vorbild für das Epitaph wählte, zollte er den Lehrwerken des Vesalius

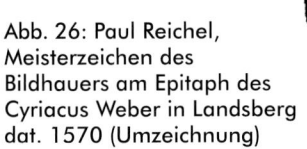

Abb. 26: Paul Reichel, Meisterzeichen des Bildhauers am Epitaph des Cyriacus Weber in Landsberg dat. 1570 (Umzeichnung)

Abb. 27: Paul Reichel, Epitaph des Cyriacus Weber in Landsberg. Am Rahmen des Epitaphs angebrachter Totenschädel. Sandstein, dat. 1570

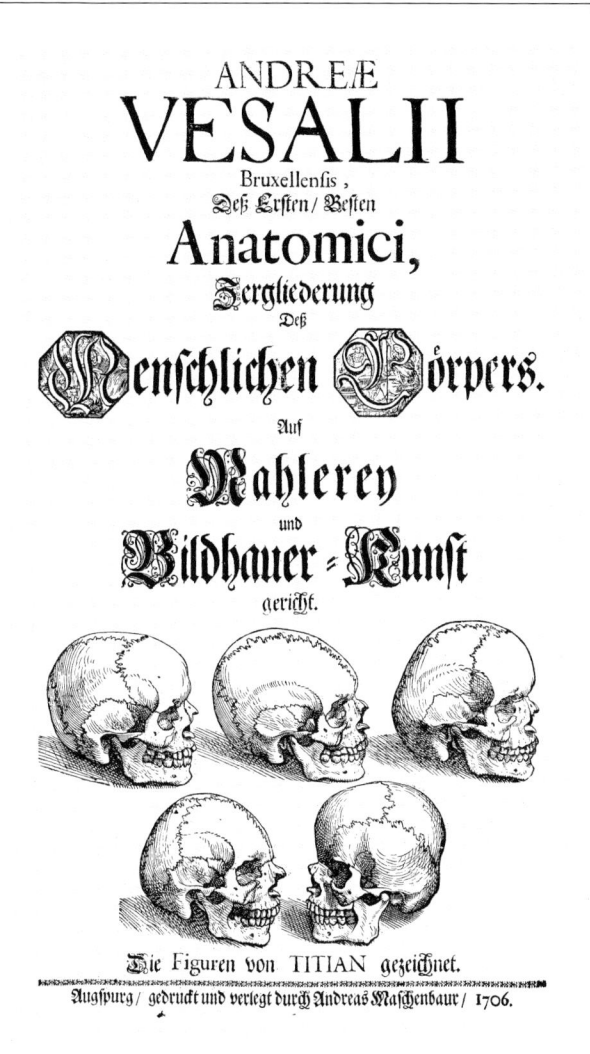

Abb. 28: Titelseite der Publikation: ANDREÆ VESALII Bruxellensis, Deß Ersten, Besten Anatomici Zergliederung Deß Menschlichen Körpers. Auf Malerey und Bildhauer = Kunst gericht [...], Augsburg 1706. Verlegt von Andreas Maschenbaur

höchste Anerkennung und konnte mit deren Kenntnis selbstbewusst seine weltläufige Bildung dokumentieren. Dem Bildhauer Paul Reichel kommt das Verdienst zu, das in der Sepulkralkunst des 16. Jahrhunderts wie auch in der dekorativen Kabinettkunst bis dahin seltene, in der Folgezeit aber immer wieder variierte Thema des meditierenden Totengerippes diesseits der Alpen zum ersten Mal in monumentaler Größe realisiert zu haben.

Der Weg der Versalschen Druckstöcke von Venedig über Augsburg nach München

In Zusammenhang mit unserem Thema sei schließlich noch auf eine Publikation verwiesen, die eine weitere, wesentlich spätere Verbindung zwischen dem Opus des Andreas Vesalius und Augsburg belegt. Denn 1706 kam es in der Reichsstadt nochmals zu einer Veröffentlichung von Auszügen aus den Hauptwerken des Vesalius, als der dort ansässige Verleger Andreas Maschenbaur (auch Maschenbauer, 1660–1727)[89] einen schmalen Band vorlegte, den er mit 13 ganzseitigen Abbildungen Vesalscher Muskelmänner, den drei Totengerippen und mehreren Schädeldarstellungen[90] aus Vesals *Fabrica* wie auch den beiden Akten aus der *Epitome* ausstattete (s. Abb. 19, 20). Mit ins Deutsche übersetzten Texten des Vesal erschien das Werk als *ANDREÆ VESALII Bruxellensis, Deß Ersten, Besten Anatomici Zergliederung Deß Menschlichen Körpers Auf Mahlerey und Bildhauer=Kunst gericht. Die Figuren von TITIAN gezeichnet. Augspurg/ gedruckt und verlegt durch Andreas Maschenbaur, 1706* (Abb. 28). Dem Augsburger Druckerzeugnis sind auch unsere Abb. 14 und 16 entnommen.

Das Werk, das offenbar ohne Privilegien erschien,[91] wandte sich als Künstleranatomie an eine inzwischen zunehmend an qualifizierter anatomischer Fortbildung interessierte Künstlerschaft und stand damit zweifellos in Zusammenhang mit einem von Kunstakademien und Malschulen ausgehenden Bildungsangebot, das, von

Italien aus auch in Deutschland nach Ende des Dreißigjährigen Krieges Verbreitung fand. Seit der Frührenaissance hatten sich die auf die Antike zurückbesinnenden Maler und Bildhauer – von Antonio da Pollaiuolo (1432–1498), dem wohl ersten Verfasser einer Künstleranatomie, über Luca Signorelli bis hin zu Leonardo, Raffael und Michelangelo – immer drängender um genauere Kenntnisse der menschlichen Anatomie bemüht. Unter persönlichen Gefahren nahmen Maler und Bildhauer verbotene Leichensezierungen vor. In ihrem Bestreben um physiologische Erkenntnisse standen die führenden deutschen Renaissancemaler den Italienern nicht nach; erinnert sei an die Proportionslehren von Albrecht Dürer, an Studien von Hans Holbein oder Lucas Cranach. Anatomische Lehrbücher – wie die des Vesalius – gelangten als begehrte Studienmaterialien in die Buch- und Vorlagensammlungen der bildenden Künstler Europas. An Vesalius orientierten sich zudem zahlreiche nachfolgende Anatomien und Proportionsstudien von Malern, wie die *Tabulae anatomicae* des Pietro da Cortona (1596–1669), die Vesals Illustrationen in die Sprache des Hochbarock übersetzten.[92] Weite Verbreitung fand die sich auf Vesalius berufende *Anatomia dei pittori* des Carlo Cesio (1626–1686), die 1697 in Rom erschien und, im 18. Jahrhundert ins Deutsche übertragen, mit großem Erfolg in zahlreichen Auflagen in Nürnberg verlegt wurde.[93]

In die Reihe des hier nur mit wenigen Beispielen angedeuteten publizistischen Angebots für bildende Künstler lässt sich auch Maschenbaurs Vesal-Edition einordnen. Um hierfür einen zusätzlichen Anreiz zu geben, teilte der Verleger – sicherlich werbewirksam – im Titel wie in seinem blumigen Vorwort mit, dass „*Die Figuren von TITIAN gezeichnet*" worden seien. Damit knüpfte er an eine erst seit dem späteren 17. Jahrhundert belegte, danach dann aber in Nachdrucken des Vesal häufig wiederholte Zuschreibung der Graphiken an den großen Venezianischen Maler an.[94]

Es darf als wahrscheinlich gelten, dass Maschenbaurs Edition von 1706 in unmittelbarem Zusammenhang mit der zur fraglichen Zeit im Augsburger Stadtrat diskutieren Institutionalisierung einer eigenen „Reichsstädtischen Akademie" für bildende Künstler stand. Augsburg hatte sich zunehmend zu einem Ort entwickelt, in dem Kunst, Kunstgewerbe und Kunsthandwerk, vor allem das traditionell gepflegte Buchdruckerwesen und die graphischen Künste neben dem Goldschmiedehandwerk zunehmend an wirtschaftlicher Bedeutung gewannen. Die Attraktivität der Stadt durch das Angebot einer eigenen städtischen Akademie für den Künstler-Nachwuchs zu steigern, war daher Gebot der Stunde. 1710, vier Jahre nach Maschenbaurs Vesalius-Publikation, konnte eine bereits bestehende Malschule, die auf die private Gründung des Malers Joachim von Sandrart (1606–1688) von 1670 zurückging und zunächst vom evangelischen Teil der Stadtverordneten gefördert wurde,[95] durch den gesamten Stadtrat bestätigt und damit für Mitglieder beider Konfessionen geöffnet werden. 1712 bezog das nunmehr städtisch geförderte Institut ein ‚festes Lokal' im Obergeschoss der Augsburger Stadtmetzg. Im zweiten Stockwerk darüber war die Anatomie untergebracht, was den Kunstschülern Gelegenheit zu anatomischen Studien nach der Natur gab, aber auch zu Klagen über erhebliche Geruchsbelästigungen führe. Die Leitung der anfänglich nur in den Wintermonaten geöffneten Malklasse übertrug man paritätisch zwei Direktoren, zunächst dem evangelischen Maler Georg Philipp Rungendas (1666–1742) und dem katholischen Johann Rieger (1655–1730). Ersterem folgte 1730 der bedeutende Maler und Freskant Johann Georg Bergmüller (1688–1762), der den Proportionszeichnungen Albrecht Dürers eine Kupferstichfolge zur dort fehlenden Proportionslehre für Kinder vom Säuglingsalter bis hin zum Stadium junger Erwachsener angliedern wollte. Seine für die Malschüler gedachten Blätter erschienen 1723 unter dem Titel *Anthropometria Sive statura hominis à nativitate ad consumatum aetatis incrementum ad dimensionum & proportionum Regulas discriminata* oder *Statur des Menschen Von der Geburt an, nach seinem Wachsthum und verschiedenen Alter: nach den Regeln der Proportion abgezeichnet,* bei Johann Jakob Lotter in Augsburg.

Besonderes Interesse darf Maschenbaurs Vesalius-Publikation gewiss dadurch beanspruchen, dass der Verleger hierfür auf jene originalen, in Birnenholz geschnittenen Druckstöcke zurückgreifen konnte, die Andreas Vesalius für die Illustration seiner *Fabrica* und *Epitome* in Venedig hatte fertigen lassen. Wie die hölzernen Stöcke ihren Weg nach Augsburg gefunden haben, ist nicht lückenlos zu rekonstruieren.[96] Belegt ist, dass Vesalius im August 1542 unter Mithilfe eines namentlich nicht genannten Holzstechers und seines jungen Freundes Nicolaus Stopius, der zur venezianischen Niederlassung des Handelshauses Bomberg gehörte, sein druckreifes Manuskript der *Fabrica* verpackte und es zusammen mit Musterabdrucken jedes einzelnen der zur Veröffentlichung freigegebenen Stiche und den Holzstöcken vom Mailänder Handelsunternehmen Danoni in Padua abholen und von dort aus über die Alpen nach Basel zu Johann Oporinus überführen ließ. Dort kam die wertvolle Fracht im September 1542 an, im Jahr darauf wurde gedruckt. Die Stöcke blieben zunächst in Verwahrung bei Oporin, der sie von 1552 bis 1555 zu einer zweiten Auflage der *Fabrica* verwendete. Nach dem Tod des Verlegers wurden die Druckstöcke 1568 dem Baseler Medizinprofessor Felix Platter (auch Plater, 1536–1614) zum Kauf angeboten.[97] Doch dieser, obwohl ein großer Verehrer Vesals, nahm von einem Ankauf Abstand, da ihm die Stöcke für seine ins Auge gefasste, für Studenten gedachte preiswerte Publikation zu groß dimensioniert erschienen.[98] Die Druckplatten könnten somit weiterhin im Nachlass des Johannes Oporinus verblieben und mit diesem an die Nachfahren des ihm befreundeten Verlegers Johannes Frobenius (um 1460–1527) gelangt sein. Auf den Frobenius-Sohn und den Enkel, die Verlag und Druckerei in Basel bis 1603 führten, folgte der Baseler Buchhändler und Verleger Ludwig König (1572–1641), an den zumindest ein Teil der Stöcke gelangt war. Denn König verwendete bei einer seiner Publikationen von 1625 drei der für den zweiten Druck der *Fabrica* von 1555 wohl in Basel nachgefertigten Holzstöcke für Schmuckinitialen „*A*", „*C*" und „*S*".[99]

Konkrete Nachrichten über den Verbleib der gesamten, wenngleich vermutlich bereits leicht dezimierten Druckstöcke aus Venedig gibt es jedoch erst wieder, als sie 1706 bei Andreas Maschenbaur in Augsburg auftauchten.[100] Wie und wann der Drucker und Verleger an sie gelangt war, hat sich nicht überliefert. Dass ein Augsburger in ihren Besitz kam, der sonst ohne sonderlichen editorischen Anspruch blieb und die Erwerbung der Druckplatten als einen „*Glücksfall*" bezeichnete, gab zu Überlegungen Anlass, die Stöcke könnten bereits bald nach Vesals Tod (1664) bzw. nach dem Ableben des Johann Oporinus (1668) durch Augsburger Freunde und Bewunderer des Anatomen in die schwäbische Reichsstadt verbracht worden sein, um sie hier sicher zu verwahren. Neben den bereits erwähnten, mit Vesalius freundschaftlich verbundenen Ärzten gehörten ja auch betuchte Familien wie die Welser zu seinen Anhängern. Weiterhin wird mit dem 1567 in Augsburg in Erscheinung tretenden ‚Collegium medicum Augustanum' ein Gremium greifbar, das sich möglicherweise ebenfalls für die Holzstöcke interessiert haben könnte.

Andreas Maschenbaur jedenfalls hielt die Vesalschen Holzstöcke auch noch 1723 in seinem Besitz, um damit eine zweite Auflage auf den Markt zu bringen, die er nun mit erweitertem Titel Künstlern wie auch „*ingleichen der Medicin und Chirurgie Zugethanen*" Personen empfahl (Abb. 29). Der Verleger starb 1727 durch eine Gewalttat. Die Druckstöcke blieben in Augsburg, vermutlich im Fundus der Druckerei, und gingen damit wohl an den Enkel Johann Andreas Maschenbaur (1719–1773), der den Verlag 1744 übernahm. Vor 1774 gelangten sie dann an den in Ingolstadt als Dekan wirkenden kurpfalzbayerischen Leibarzt und Medicus Johann Anton von Woltter (gest. 1787). Dieser bemühte sich umgehend um eine Edition der *Fabrica* als Gedächtnisausgabe und fand nach anfänglichen vergeblichen Bemühungen in Leipzig[101] schließlich in dem ebenfalls in Ingolstadt wirkenden Hofrat und Mediziner Heinrich Palmatius von Leveling (1742–1798) einen Mitstreiter,[102] der für einen überarbeiteten Vesal-Nachdruck eintrat, neue Texte verfasste und das Werk des Flamen mit den anatomischen Studien des Dänen Peter Jakob Winsløer (1669–1760) zusammenführte. 1781 wagte Leveling die Publikation seiner Bearbeitung auf Subskriptionsbasis, die unter dem Titel *Anatomische Erklärung der Original-Figuren von Andreas Vesal, samt einer Anwendung der Winslowischen Zergliederungslehre* [...] bei *Anton Attenkover* (Attenkofer, 1727–1794)[103] in Ingolstadt mit einer Auflage von 1500 Exemplaren verlegt wurde.[104] Für die bildliche Ausstattung der von der *Fabrica* stark abweichenden, mit 380 Seiten und über 200 Holzschnitten recht umfangreichen Publikation nutzte man die vorhandenen Druckplatten Vesals und ließ einige bereits verlorene kleinere Stöcke nach Originaldrucken von einem Münchner Künstler nachfertigen.[105] Das Ingolstädter Anatomie-Buch war erfolgreich und konnte bereits 1783 in einer zweiten Auflage erscheinen.

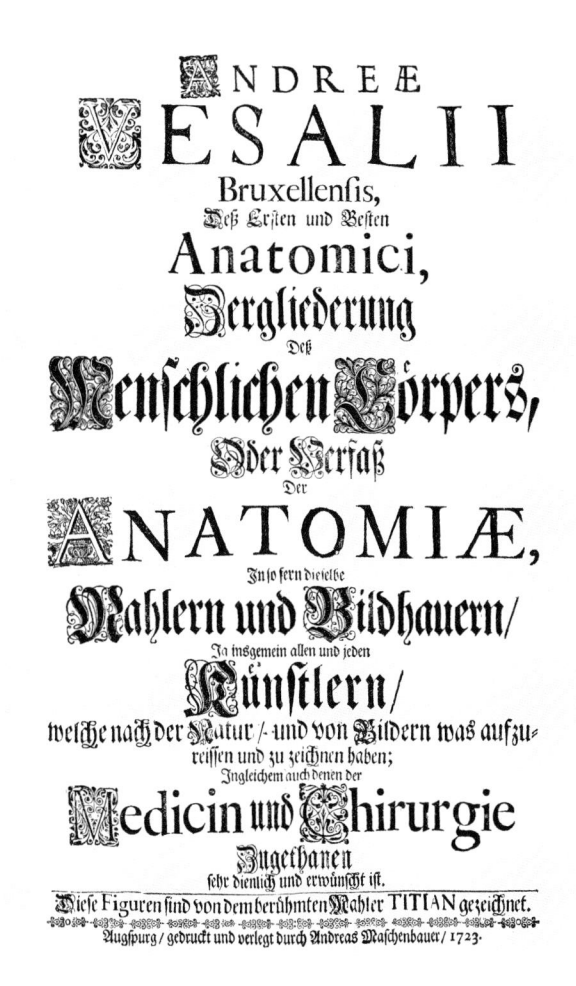

Abb. 29: Titelseite der Publikation: *ANDREÆ VESALII Bruxellensis, Deß Ersten, Besten Anatomici Zergliederung Deß Menschlichen Körpers oder Verfaß der ANATOMIÆ* [....]. *Zugleich auch denen der Medicin und ChirurgieZugethanen* [...]. Zweite Auflage, Augsburg 1723. Verlegt von Andreas Maschenbaur

Bis 1800 lagerten die Druckstöcke Vesals – so wird vermutet – wohl mit dem Nachlass der Mediziner Woltter oder Leveling weiterhin in Ingolstadt. Dann evakuierte man sie mit den übrigen Beständen der Ingolstädter Hochschule vor den einrückenden Franzosen in die Universität Landshut. Von dort aus gelangten sie schließlich 1826 im Zuge der von König Ludwig I. veranlassten Verlegung der Landshuter Universität nach München und wurden der dortigen Bibliothek einverleibt. Sie gerieten in Vergessenheit und wurden erst 1892 im Rahmen einer Neuordnung und Inventarisation der Universitätsbibliothek unter ihrem Direktor Hans Schnorr von Carolsfeld (1862–1935) wieder entdeckt. Man legte die Stöcke dem Baseler Anatomieprofessor und Medizinhistoriker Moritz Roth zur Begutachtung vor, der bereits 1885 in Augsburg, Ingolstadt und München vergeblich nach ihnen gesucht hatte. Roth, der an einer umfangreichen Biographie des Andreas Vesalius arbeitete,[106] versuchte, die Odyssee der Druckstöcke von Venedig bis nach München zu rekonstruieren.[107] Die Holzstöcke blieben weiterhin im Münchner Archiv. Erst 1932 fanden sie neuerlich Aufmerksamkeit, denn angeregt vom New Yorker Mediziner Samuel W. Lampert, der durch Roths Veröffentlichungen auf sie aufmerksam geworden war, suchten der Arzt und Medizinhistoriker Leonard Leopold Mackall (1879–1937) und der erfahrene Münchner Typograph Dr. Willy Wiegand (1884–1961) nach ihnen. Man fand reichere Bestände als erwartet, denn während Roth seinerzeit lediglich einen Teil der in Kästen verpackten Holzstöcke entdeckt und vor allem die Platten für die ganzseitigen Knochen- und Muskelmänner aus *Fabrica* und *Epitome* vermisst hatte, stellte man nun ein Konvolut von ungefähr 230 Stöcken fest, worunter sich auch die zuvor verloren geglaubten großformatigen Tafeln befanden.[108] In Zusammenarbeit mit der Universität München und der Academy of Medicine in New York brachten Lampert und der bei der privaten „Bremer Presse" tätige Wiegand 1943 in München einen Nachdruck des Vesalschen Werks heraus.[109] Die renommierte Druckerei, die sich auf hochwertige bibliophile Handpressendrucke spezialisiert hatte, ging auch bei dieser Publikation mit gewohnter Sorgfalt vor. Man druckte auf handgeschöpftem Papier und veröffentlichte sämtliche Abbildungen aus *Fabrica* und *Epitome*, jedoch ohne die Vesalschen Texte. Die Illustrationen, zu denen die Druckplatten verloren gegangen waren, wurden als photomechanische Wiedergaben ergänzt.[110] Den Editoren gelang es zudem, den in Antwerpener Privatbesitz gelangten und schließlich der Universität in Löwen übereigneten Holzstock für die Titelseite der Vesalschen *Fabrica* mit dem ‚Theatrum anatomicum' (vgl. Abb. 12) für ihren Druck zu nutzen.[111]

Damit fanden die meisten der bis 1542 – also 400 Jahre zuvor – in Venedig hergestellten und trotz vielfachen Gebrauchs nach Auskunft Wiegands noch bestens konservierten und bis dahin nahezu unbeschädigt erhaltenen Druckplatten des Andreas Vesalius ein letztes Mal Verwendung. – Am 16. Juli 1944 verbrannten sie bei einem Bombenangriff auf München in den Kellern der dortigen Universitätsbibliothek.[112]

---

1 Danksagung: Josef H. Biller, München, möchte ich für Anregungen, Ergänzungen und die kritische Durchsicht des Manuskripts herzlich danken.
2 Michael Petzet (Hrsg.): *Die Kunstdenkmäler in Bayern. Neue Folge Bd. 3. Landsberg am Lech, Bd. 2. Sakralbauten der Altstadt.* München-Berlin 1997, Dagmar Dietrich, Heide Weißhaar-Kiem u. a.: „Stadtpfarrkirche Unserer Lieben Frauen", S. 3–326, hier S. 179–181. (Kunstwissenschaftliche Bearbeitung des Epitaphs: Dagmar Dietrich, Archivalien aus Landsberger Archiven: Klaus Münzer). – Eine diesen Ausführungen folgende Beschreibung des Grabmonuments mit Ergänzungen zur Vita des Cyriacus (I.) Weber und seiner Söhne, s. Heide Weißhaar-Kiem, Franz Bernhard Weißhaar: „Drei Zeugen Wittelsbachischer Stadtherrschaft in der Stadtpfarrkirche Mariae Himmelfahrt." In: *Landsberger Geschichtsblätter* 110 (2011/2012), S. 47–64, hier S. 59–63.
3 Anton Lichtenstern: *Begegnungen mit Landsberg am Lech. Reisebeschreibungen aus fünf Jahrhunderten.* Weißenhorn 2001, S. 31, 36, 38.
4 Gustav von Bezold, Berthold Riehl: *Die Kunstdenkmale des Regierungsbezirks Oberbayern, 1. Theil.* München 1895 (Nachdruck München 1982), S. 503.
5 Rudolf Arthur Peltzer: „Der Kistler und Bildhauer Paul Reichel von Schongau, der Meister des ‚Tödleins'." In: *Das Schwäbische Museum* 6 (1930), S. 184–192. – Zu Vesals Totengerippe als Vorlage für Kunstwerke des 16. Jahrhunderts s. Theodor von Frimmel: „Beiträge zur Ikonographie des Todes, X". In: *Mittheilungen der K. K. Centralkommission*, N. F. 16 (1890), S. 113; ders.: „Eine Skulptur nach Vesal's Anatomie in den Kunstsammlungen des Kaiserhauses." In: *Monatsblatt des Alterthums-Vereines zu Wien* 10 (1893), S. 53f.
6 Die vorwiegend von Medizinhistorikern vorgelegten Abhandlungen zu Leben, Werk und Bedeutung des Andreas Vesalius sind kaum überschaubar. Für diesen Beitrag, der aus Platzgründen lediglich einen summarischen Überblick geben kann, wurden neben einschlägigen Einzelabhandlungen folgende Gesamtdarstellungen herangezogen: Ludwig Choulant: *Geschichte und Bibliographie der anatomischen Abbildungen.* Leipzig 1852 (insbes. Kapitel Vesalius, S. 43–58); Moritz Roth: *Andreas Vesalius Bruxellensis.* Basel 1886; ders.: *Andreas Vesalius Bruxellensis.* Berlin 1892; Moritz Holl, Karl Sudhoff: *Des Andreas Vesalius sechs anatomische Tafeln von 1538.* Leipzig 1920 (Reprint mit Kommentar); Harvey Cushing: *Eine Bio-Bibliographie von Andreas Vesalius.*, New York 1943, Hamden/Connecticut-London[2] 1962; Charles Singer, C. Rabin: *A Prelude to modern Science: Being a Discussion of History, Sources and Circumstances of the "Tabulae Anatomicae sex of Vesalius."* Cambridge 1946; John Bertrand de C. Morant Saunders, Charles Donald O'Malley: *The Illustrations from the works of Andreas Vesalius of Brussels.* New York 1950 (Reprint des Vesalius-Nachdrucks: *Icones Anatomicae.* New York-München 1943; überarbeitete Neuauflagen New York 1973, 1982; Charles Donald O'Malley: *Andreas Vesalius of Brussels 1514–1564.* Berkeley-Los Angeles 1964. – Zur allgemeinen Geschichte der Anatomie wurden weiterhin eingesehen: Karl Sudhoff: „Anatomie im Mittelalter." In: *Studien zur Geschichte der Medizin*, Heft 4, Leipzig 1908; ders.: *Kurzes Handbuch der Geschichte der Medizin.* Berlin 1922; Rudolf Helm: *Skelett*

und Todesdarstellungen bis zum Auftreten der Totentänze. (Phil. Diss. Marburg 1928) (= Studien zur deutschen Kunstgeschichte, Heft 255), Straßburg 1928; Andrew Cunningham: *The Anatomical Renaissance. The resurrection of the anatomical Projects of the ancients.* Ashgate, Aldershot u. a. 2003; Robert Herrlinger: *Die Geschichte der medizinischen Abbildungen.* Bd. I: Von der Antike bis um 1600. München 1981; Ralf Vollmuth: *Das anatomische Zeitalter: Die Anatomie der Renaissance von Leonardo da Vinci bis Andreas Vesalius.* München 2004, zur Anatomie des Vesalius s. S. 105–136; Folker Fichtel: *Die anatomische Illustration in der frühen Neuzeit 1470–1555.* Frankfurt/Main 2006.

7 Publiziert als *Andreae Vesalii Brvxellensis Scholae medicorum Patavinae professoris, de humani corporis fabrica Libri septem, Basilea 1543.* In der Vorbemerkung zum zweiten Buch, S. 171, teilt der Autor mit, die ersten beiden Muskelmänner seien für Künstler bestimmt: „*in musculis ductæ, potius pictorem, ac sculptore*[m] *et plastem (quorum studiis quoque opticulari visum est) perturbant*".

8 Andreas Vesalius: *Tabulae anatomicae sex*, Venezia 1538; s. auch Holl, Sudhoff: *Vesalius* 1920 (wie Anm. 6).

9 Vesalius: *Tabulae* 1538 (wie Anm. 8). Vorbemerkung vom 1. April 1538.

10 Der Hingerichtete war der wegen eines Schwerverbrechens verurteilte Jakob Karrer aus dem Elsässischen Gebweiler, s. O'Malley: *Vesalius* 1964 (wie Anm. 6), S. 137.

11 Die Standmotive erscheinen unnatürlich und bei den Proportionen fallen Unstimmigkeiten auf, auch gibt es diverse Errata bei der Knochenwiedergabe. Teilweise dürften die angesprochenen Mängel auf die noch nicht völlig ausgereiften Vorgaben des Vesalius zurückgehen, einige Unaufmerksamkeiten waren wohl auch dem ausführenden Zeichner anzulasten, der sich mit einer ihm ungewohnten Thematik zu befassen hatte; s. Roth: *Vesalius* 1892 (wie Anm. 6), S. 159; Holl, Sudhoff: *Vesalius* 1920 (wie Anm. 6), S. 5–12. Zur genaueren Fehleranalyse der Skelette s. ebenda, S. 10–12.

12 Der in der Staatsbibliothek Augsburg vorliegende Band enthält 660 Seiten Text, in welche die Abbildungen mit bibliophiler Könnerschaft eingefügt sind. Es folgen 34 Seiten Register und zwei Schlussseiten.

13 O'Malley: *Vesalius* 1964 (wie Anm. 6), S. 131.

14 Bibliographische Angaben s. Cushing: *Bio-Biographie* 1962 (wie Anm. 6), S. 109–114; die ursprünglich zur *Epitome* gehörenden Tafeln waren die drei Skelette und die 14 Muskelmänner aus der *Fabrica* sowie, zusätzlich aufgenommen, als Darstellungen der Oberflächen-Anatomie, ein männlicher und ein weiblicher Akt (s. Abb. 19, 20).

15 Sudhoff: „Anatomie" 1922 (wie Anm. 6), S. 246.

16 Hier und im Folgenden s. die zusammenfassenden Darstellungen bei Herrlinger: *Geschichte* 1981 (wie Anm. 6) passim; Vollmuth: *Das anatomische Zeitalter* 2004 (wie Anm. 6), passim; Fichtel: *Illustration* 2006 (wie Anm. 6), S. 114–152.

17 Sigrid Braunfels-Esche: *Leonardo da Vinci. Das anatomische Werk.* Basel 1954, S. 60–62, vermutet diesen Einfluss; s. auch von medizinhistorischer Seite angedacht, Marielene Putscher: „Ausdruck und Beobachtung: Rückblick auf Leonardo da Vinci und Vesal". In: Peter Bloch, Gisela Zick (Hrsg.) *Festschrift für Heinz Ladendorf*, Köln 1970, S. 144–166.

18 Marion Janzin, Joachim Günther: *Das Buch vom Buch. 5000 Jahre Buchgeschichte.* Hannover 1995, S. 163. Paracelsus' Werk kann im gleichen Jahr auch in Ulm bei Hans Varnier heraus.

19 Vgl. Kusukawa Sachiko, Jan Maclean: "The Cases of Leonhard Fuchs and Andreas Vesalius." In: *The Uses of Pictures in the Formation of learned Knowledge.* Oxford 2006, Kap. 3, S. 73–96.

20 Zu den frühen Plagiaten in deutscher Sprache s. Cushing: *Bio-Biographie* 1962 (wie Anm. 6), S. 16–29. In Köln erschien bei Aegidius Macrolios ein Nachdruck mit sieben Bildtafeln, da man hier – ohne Vesals Wissen – zusätzlich eine von der Hand des Anatomen stammende Nerventafel veröffentlichte.

21 Der Holzschneider, Drucker und Verleger, genannt auch Jobst Necker, Denecker, Dannecker, Diennecker etc. starb vor 1548; sein Todesdatum wird unterschiedlich angegeben. – Zur Person s. *ADB* 23 (1886), S. 355–358; *AKL* XXV (1931), S. 377f; *Augsburger Stadtlexikon.* 2. völlig neu bearbeitete Aufl. 1998, S. 677.

22 Maße der Drucke: 53,9 x 36,8 mm; Kommentar und bibliographische Angaben s. Cushing: *Bio-Biographie* 1962 (wie Anm. 6), S. 17–19; Karl Sudhoff, Max Geisberg (Hrsg.): *Die anatomischen Tafeln des Jost de Negker, 1539.* München 1928. Faksimile mit Einführungen von Karl Sudhoff: „Medizingeschichtliche Einführung." S. 1–3 (unpag.) und Max Geisberg: „Einige kunstgeschichtliche Vorbemerkungen." S. 4–5 (unpag.)

23 Ob sich de Negker tatsächlich auf ein kaiserliches Privileg berufen konnte, ist zweifelhaft, denn in der umfangreichen, wenngleich wohl nicht ganz vollständigen Publikation von Hans-Joachim Koppitz (Hrsg.): *Die kaiserlichen Druckprivilegien im Haus-, Hof- und Staatsarchiv Wien. Verzeichnis der Akten vom Anfang des 16. Jahrhunderts bis zum Ende des Deutschen Reichs (1806).* Wiesbaden 2008, findet sich kein entsprechender Eintrag; freundl. Hinweis Josef H. Biller, München.

24 Vesalius: *Tabulae* 1538 (wie Anm. 8), Inschrift als Fußzeile unter dem dritten Gerippe (s. Abb. 5, 9).

25 Vesalius: *Fabrica* 1543 (wie Anm. 7), im Vorspann nach den allgemeinen Vorbemerkungen abgedrucktes Schreiben an Johannes Oporinus in Basel, dat. „*Venetiis nono calendas Septembres*" (= August [1542]), unpag.: „*Nam quid principium decreta apud bibliopolas, et in omnibus angulis nunc densissime satos typographos valeant, abunde in meis Anatomicis tabulis ante annos tres Venetiis primum impressis, et postmodum misere passim depravatis, maioribus interim titulis exornatis, est animadvertere Augustae eninim […] nescio quis rabula Germanice est praefactus et – me coegisse in sex tabulas falso asserit, quae Galenus pluribus quam 30 libris diffuse complexus est – praeterquam quod Venetam sculpturam perverse istic sunt imitate. Hoc Augustano sculptore longo rudior imperitior[que] extitit […]*".

26 Choulant: *Geschichte* 1852 (wie Anm. 6), S. 52f.

27 Cushing: *Bio-Biographie* 1962 (wie Anm. 6).

28 Kommentar und bibliographische Angaben s. Cushing: *Bio-Biographie* 1962 (wie Anm. 6), S.122ff.

29 „Geminus, Thomas." In: *AK,* Bd. 51, München-Leipzig 2006, S. 255f.

30 Das Werk entsprach den Intentionen des englischen Königs, dem die Fort- und Weiterbildung der Mediziner, wie auch der Chirurgen, Wundärzte und Bader in seinem Königreich ein Anliegen war; s. Faksimile-Nachdruck der englischen Übersetzung von Thomas Geminus: *Compendiosa totius anatomiae delineationes, aere exarata: per Thomam Geminum. Londini in officina Joanni Herfordi,* 1553, London 1959, mit Einführung von Charles Donald O'Malley.

31 Kommentar und bibliographische Angaben s. Cushing: *Bio-Biographie* 1962 (wie Anm. 6), S. 119–130; vgl. auch Herrlinger: *Geschichte* 1981 (wie Anm. 6), S. 120.

32 Bibliographische Angaben s. Cushing: *Bio-Biographie* 1962 (wie Anm. 6), S. 132.

33 Vgl. Peter Dreyer: *Tizian und sein Kreis. 50 venezianische Holzschnitte aus dem Berliner Kupferstichkabinett, Staatl. Museum Preussischer Kulturbesitz.* Berlin [1972]. Zu den venezianischen Holzschneidern s. S. 23–26, 28–29; s. auch Horst Appuhn, Christian von Heusinger (Hrsg.): *Riesenholzschnitte und Papiertapeten der Renaissance.* Unterschneidheim 1976, hier Christian von Heusinger: „Tizian und der venezianische Riesenholzschnitt." S. 19–34.

34 Wie Anm. 25.

35 In den Briefen Vesals und im Kolophon der *Tabulae* (s. Abb. 9) ist die Schreibweise „*Joannis Stephan Calcar*" überliefert, genannt wurde er auch Jan Stephan van Calkar (Kalkar); s. Joseph Eduard Wesseley: „Jan van Calcar." In: *ADB* 13 (1881), S. 692–693; „Jan Stephan Calcar." In: *AKL* 15, München-Leipzig 1997, S. 556f; zur Vita und einer lückenhaften Calcar-Bibliographie s. Martha Ausserhofer: *Jan Stephan van Calcar, das Portrait des Melchior von Brauweiler von 1540*. Kleve 1992, S. 11–13, 79–89.

36 Vesalius: *Tabulae* 1538 (wie Anm. 8), Vorbemerkung vom 1. April 1538.

37 Vgl. Anm. 24.

38 Giorgio Vasari: *Le Vite de' piu eccellenti pittori, scultori ed architetti* [...]. Firenze 1568, III, 2, p. 818. Die Schrift Vasaris, in der er nur lebende Künstler berücksichtigte, erschien in erster Auflage 1550 ohne Erwähnung Calcars; erst in der zweiten Auflage von 1568 nennt Vasari, der Calcar 1545 persönlich in Neapel kennen gelernt hatte, den Maler als Autor aller Abbildungen der *Fabrica*; zur kritischen Beurteilung von Vasaris Mitteilung s. Joseph Petrucelli: „Giorgio Vasari's attribution of the Vesalian illustrations to Jan Stephan van Calcar." In: *Bulletin of the History of Medicine* 45 (1971), S. 29–37; vgl. auch zusammenfassend Ausserhofer: *Calcar* 1992 (wie Anm. 35), S. 69, Anm. 42.

39 Jan Stephan ist 1545 in Neapel nachgewiesen, wo er die Bekanntschaft Vasaris machte.

40 Eine Zusammenfassung der seit Mitte des 19. und im frühen 20. Jahrhundert ausschließlich von Medizinhistorikern und Medizinern geführten Diskussion zur Künstlerfrage und der erst nach 1943 intensivierten Beschäftigung auch von Kunsthistorikern mit diesem Problem geben lückenhaft wieder Lotte Wölfle-Roth: „Jan Stephan van Kalkar als Illustrator der Anatomie des Vesalius." In: *Jahrbuch für Bücherfreunde*. Gesellschaft der Bibliophilen, Frankfurt M. 1980, eingearbeitet in die Bibliographie von Ausserhofer: *Calcar* 1992 (wie Anm. 35), S. 15–21. Als Exponenten der medizinhistorischen Vesalius-Forschung hat als erster kompetenter Vesalius-Kenner Choulant: *Geschichte* 1952 (wie Anm. 6) Jan Stephan van Calcar als den seiner Meinung nach einzigen Zeichner der *Fabrica* in der enstsprechenden Fachliteratur etabliert. Erst seit der umfassenden Vesalius-Biographie von Moritz Roth: *Vesalius* 1892 (wie Anm. 6) ist die Rede von mehreren, an dem Vesal-Opus beteiligten Künstlern, wobei Roth in dieser Frage nicht konkret Stellung bezog und vielmehr eine kunsthistorische Aufarbeitung des Themas anmahnte. Auch in den folgenden Abhandlungen von Medizinern wird auf den Versuch einer Händescheidung weitgehend verzichtet. – Von kunsthistorischer Seite hat man erst deutlich später, von der Frage einer Beteiligung Tizians an der *Fabrica* ausgehend, Versuche zu einer Händescheidung unternommen und als Zeichner weitere Künstler des Veneto ins Spiel gebracht, s. hierzu S. 45 f.

41 Andreas Vesalius: *Epistola rationem modumque propinandi radicis Chinae decocti pertratans*, 1546, zitiert nach Roth: *Vesalius* 1892 (wie Anm. 6), S. 172, Anm. 1: „*neque sculptoribus et pictoribus me ita excercitantum dabo, ut saepius ab eorum hominum morositatem me illis infeliciorem esse putarem, qui ab sectionem mihi obtigissent*".

42 Vesalius: *Tabulae* 1538 (wie Anm. 8), Vorbemerkung vom 1. April 1538.

43 O'Malley: *Vesalius* 1964 (wie Anm. 6), S. 127.

44 Zur Vorgehensweise bei der Herstellung der Zeichnungen s. Vesalius: *Fabrica* 1543 (wie Anm. 7), Brief an Oporinus (wie Anm. 25).

45 Vgl. Ausserhofer: *Calcar* 1992 (wie Anm. 35), S. 28–60.

46 Andreas Vesalius: *Epistola docens venam axillarem* [...], dat. 1. Januar 1539, zitiert nach Roth: *Vesalius* 1892 (wie Anm. 6), S. 173, Anm. 1.

47 Zuletzt Ausserhofer: *Calcar* 1992 (wie Anm. 35), S. 19.

48 Paul Kristeller: „Eine Zeichnung von Johann Stephan van Calcar zum Titelblatte der Anatomie des Andreas Vesalius". In: *Mitteilungen der Gesellschaft für vervielfältigende Kunst*. Beilage der Graphischen Künste 2 (1908), S. 17–24; Hinweis auf weitere frühere Zuschreibungen s. Ausserhofer: *Calcar* 1992 (wie Anm. 35), S. 21.

49 Die Zeichnungen zum Titelblatt sind abgebildet bei Saunders, O'Maley: *Illustrations* 1950 (wie Anm. 6), Abb. ab S. 249, z.T. unpag.; vgl. auch Cushing: *Bio-Biographie* 1962 (wie Anm. 6), S. 81–88, Abb. 51–55; Michelangelo Murano, David Rosand, (Hrsg.): Ausst. Kat.: *Tiziano e la Silographia Veneziana del Cinquecento. Grafica veneta*. Vicenza 1976, S. 123–130; Michelangelo Murano: „Tiziano e le anatomie de Vesalio." In: Neri Pozzo (Hrsg.): *Tiziano e Venezia*. Convegno internazionale Venezia, 27.9.–1.10.1976. Vicenza 1980, S. 307–316, hier S. 312f schreibt das Blatt nunmehr allerdings Domenico Campagnola zu; s. auch Ausserhofer: *Calcar* 1992 (wie Anm. 35), passim.

50 Gerhard Wolf-Heidegger, Anna Maria Cetto: *Die anatomische Sektion in bildlicher Darstellung*, Basel-New York, 1967.

51 Loris Premuda: „Andrea Vesalio e i suoi immediati predecessori; il Tizianismo nel disegno anatomico 'De humani corporis fabrica.'" In: S*toria dell' Iconographica anatomica*. Kap. V, Milano 1957, S. 122 hat auf das Un-Italienische dieses Sezierbildes verwiesen und – auf die flämische Herkunft und Ausbildung des Malers Calcars anspielend – bemerkt, das Bild gemahne ihn „*per le sue componenti nordiche ad una concezione in certo senso tarda gotica*".

52 Auf das Vorhandensein oder Fehlen der Schlagschatten als mögliches Kriterium für eine Händescheidung hat bereits Herrlinger: *Geschichte* 1981 (wie Anm. 6), S. 144 aufmerksam gemacht.

53 Vgl. Heinfried Wischermann: „Mors Meditans: ein Beitrag zu den drei Medaillen auf den Augsburger Arzt Adolph Occo." In: *Archiv für Kulturgeschichte* 8, Heft 2 (1976), S. 433–443, hier S. 440. Anm. 30.

54 Roth: *Vesalius* 1892 (wie Anm. 6), S. 159, der hier allerdings Calcar als den von ihm angenommenen alleinigen Zeichner der *Fabrica* würdigt.

55 Die Abfolge wurde festgestellt von E. Jackschath: „Zu den anatomischen Abbildungen des Vesal." In: *Mitteilungen zur Geschichte der Medizin und Naturwissenschaft* 2 (1903), S. 282–283; Beschreibung und Zusammenstellung der Folge mit Abzügen von den originalen Druckstöcken s. Willy Wiegand: „Marginal Notes by the Printer of the Icones." In: Samuel W. Lampert, Willy Wiegand, William M. Ivins (JR): *Three Vesalian essays to accompany the „Icones Anatomicae" of 1934*. New York 1952, S. 39, Abb. S. 40; vgl. auch Cushing: *Bio-Biographie* 1962 (wie Anm. 6), Fig. 58, 59.

56 Die Bemerkung des Annibale Caro wurde vielfach als Hinweis auf Tizians Interesse und auch an seiner Beteiligung an Vesals *Fabrica* gewertet, zumal Caro während des Jahres 1540, also zu jener Zeit, als die ersten Bücher der *Fabrica* entstanden, nachweislich in persönlicher Beziehung zu Tizian stand. So hat Erica Tietze-Conrat: „Neglected contemporary sources relating to Michelangelo and Titian." In: *The Art Bulletin* 35 (June 1943), S. 154–159, hier S. 156–159, auf Caros Mitteilung aufbauend, von Seiten der Kunstgeschichtsforschung eine enge künstlerische Verbindung zwischen Tizian und Vesalius angenommen. Dem folgen u. a. Murano, Rosand: *Tiziano* 1976 (wie Anm. 49), passim, die unter Vorbehalt weiterer Forschungen die Muskel- und Knochenmänner Tizian zuschreiben (Kat. Nr. 68–70). Der damit erneut belebten Diskussion um Tizians Anteil am Vesalschen Werk folgen u. a. die Mediziner Charles M. Bernstein: „Titian and the anatomy of Vesalius." In: *Bolletino dei Musei civici veneziani*, Venezia 1977, S. 39–50 und (ebenfalls weniger über-

zeugend) Marielena Putscher: „Ein Totentanz von Tizian. Die 17 großen Holzschnitte zur Fabrica Vesals (1538–1542)." In: Walter Göpfert, H. H.Otten (Hrsg.): *Metanoeite – Wandelt euch durch neues Denken*. Festschrift für Hans Schadewaldt zur Vollendung seines 60. Lebensjahrs, Düsseldorf 1983, S. 23–40. Die Äußerungen Annibale Caros wurden inzwischen durchaus kritisch hinterfragt von Patricia Simons: „Anibal Caro's after-dinner speech (1536) and the question of Titian as Vesalius's Illustrator." In: *Renaissance quarterly*, Vol. LXI, Nr. 4 (2008), S. 1069–1097.

57 Tietze-Conrat: "Neglected contemporary sources" 1943 (wie Anm. 56), S. 156–159.

58 O'Malley: *Vesalius* 1964 (wie Anm. 6), S. 126.

59 Vgl. Murano, Rosand: *Tiziano* 1976 (wie Anm. 49). Das Titelbild der *Fabrica*, die Landschaftshintergründe der Muskelmänner und die kleinen Initialbilder (auf die wir im hier vorliegenden Beitrag aus Platzgründen nicht eingehen konnten), werden hier für Domenico Campagnola in Anspruch genommen (Kat. Nr. 63, 65–67); Murano: „Tiziano" 1980 (wie Anm. 49) schreibt die beiden Akte der *Epitome* (s. Abb. 19, 20) und die qualitätvollen Schädelbilder der *Fabrica* (vgl. Abb. 21) Jacopo Sansovino zu; Calcar wird hier nurmehr als Autor des Vesal-Portraits angeführt.

60 Vgl. Murano: „Tiziano" 1980 (wie Anm. 49), passim.

61 Der Aufenthalt dauerte bis in den August hinein; s. hier und im Folgenden Hans L. Houtzager: „De Augsburgse vriendenkring van Andreas Vesalius." In: *Arts en Wereld*, Januar 1978; ders.: „Andreas Vesalius and the Occo Medals of Augsburg. Evidence of a professional friendship." In: *Vesalius* VI, 1. 2000, S. 20–31 (=Internet: PMDI: 11624585 [PUBMMed-index for MEDLINE], eingesehen am 1.4.2012); s. auch frühere Fassung: Hans L. Houtzager: „De Augsburgre Occo-penningen". Aus dem Niederländischen übersetzt von Karl Josef Steininger: „Die Augsburger Occo-Medaillen." In: *Totentanz aktuell* 37 (1996), S. 23–29.

62 O'Malley: *Vesalius* 1964 (wie Anm. 6), S. 251–253.

63 O'Malley: *Vesalius* 1964 (wie Anm. 6), S. 252 (Brief Gassers vom 25. Juni 1557); Houtzager: „Vesalius" (wie Anm. 61), S. 22, 24.

64 Vgl. [Moritz Roth]: *Andreas Vesalius in Augsburg*. München 1960 (= Diverse Auszüge zu den Augsburger anatomischen Aktivitäten des Vesalius, zusammengestellt aus den Publikationen von Moritz Roth, wie Anm. 6). – Aus den diversen Nachrichten geht hervor, dass Vesalius neben zahlreichen anderen Sezierungen auch an der Obduktion eines „Herrn von Imersel" teilnahm.

65 Houtzager: „Vesalius" 2000 (wie Anm. 61) S. 21.

66 *Augsburger Stadtlexikon* 1998 (wie Anm. 21), S. 849f.

67 Der Medicus Gasser, als Sohn des Ulrich Gasser, eines der Leibärzte Kaiser Maximilians I., in Lindau geboren, promovierte 1528 in Avignon und ließ sich 1546 in Augsburg nieder. Weitere biographische Angaben und Literaturverweise s. Josef Fleischmann: „Achilles Pirminius Gasser." In: *Lebensbilder aus dem Bayerischen Schwaben*, Bd. 6, München 1958, S. 259–291; *Augsburger Stadtlexikon* 1998 (wie Anm. 21), S. 430.

68 Adolph (II.) Occo, Adoptivsohn des renommierten Arztes Adolph (I.) Occo, war Leibmedicus vieler bedeutender Persönlichkeiten des Hochadels. Er wurde in Brixen geboren und studierte in Italien; 1519 promovierte er in Bologna. Sein Sohn Adolph (III.) Occo erlangte 1549 in Ferrara die Doktorwürde. 1573 wurde er von Kaiser Maximilian II. in den Adelsstand erhoben. Zur Vita der Occo s. Hans Victor Bühler: „Das Arztgeschlecht der Occo." In: *Sudhoffs Archiv für Geschichte der Medizin und der Naturwissenschaften* 28 (1936), S. 14–42; Houtzager: „Vesalius" 2000 (wie Anm. 61); Otto Nübel: „Das Geschlecht der Occo." In: *Lebensbilder aus dem Bayerischen Schwaben*, Bd. 10, Weißenhorn 1973, S. 77–113; *Augsburger Stadtlexikon* 1998 (wie Anm. 21), S. 691.

69 Houtzager: „Vesalius" 2000 (wie Anm. 61), S. 25.

70 Zu den Occo-Medaillen s. Camille Adolphe Piqué: *Occo III, le médicin numismate d'Augsbourg et sa médaille au sequette vésalien: 1552*. Brüssel-Goemaere 1899; Charles Donald O'Malley: „Camille Piqué's Adolphe Occo III. Le médicin numismate d'Augsbourg et sa médaille au sequette vésalien." In: *Journal of the History of Medicine* 14 (1959), S. 434–439; ausführlich zu den Inschriften und Interpretation des Vesalschen Knochenmanns s. Wischermann: „Mors Meditans" 1976 (wie Anm. 53), S. 434f, 440.

71 Die kleinformatigen Bildnismedaillen messen etwa 30 bis 60 mm Durchmesser. Als Hersteller vermutet Bühler: „Occo" 1936 (wie Anm. 68), S. 38 bedeutende Medailleure wie Christoph Weiditz, Balduin Drentwett oder Jan de Voss. Zwei der Medaillen sind in das Jahr 1552 datiert, bei der dritten wird das rasierte Datum als ‚1564' gelesen, s. Wischermann: „Mors Meditans" 1976 (wie Anm. 53), S. 433–443, Abb. S. 437. – Die hier abgebildete Medaille (Abb. 24) wird von Bühler: „Occo" 1936 (wie Anm. 68) Christoph Weiditz (um 1500–1559) zugeschrieben. – Der Medaillenkatalog der Staatlichen Münzsammlung München, der auch die Occo-Medaillen neu aufarbeitet, soll in Kürze erscheinen.

72 Wischermann: „Mors Meditans" 1976 (wie Anm. 53), S. 436.

73 Peltzer: „Paul Reichel" 1930 (wie Anm. 5), S. 184.

74 Zu den Inschriften s. Peltzer: „Paul Reichel" 1930 (wie Anm. 5), S. 184–195.

75 Vgl. Murano: „Tiziano" 1980 (wie Anm. 49), S. 303–316; Houtzager: „Vesalius" 2000 (wie Anm. 61), S. 29.

76 Wischermann: „Mors Meditans" 1976 (wie Anm. 53), S. 435.

77 Houtzager: „Vesalius" 2000 (wie Anm. 61), S. 30.

78 Andreas Edel: „Johann Baptist Weber (1526–1584). Zum Lebensweg eines gelehrten Juristen und Spitzenbeamten im 16. Jahrhundert." In: *Mitteilungen des österreichischen Staatsarchivs* 45 (1997), S. 111–185, hier S. 116ff.

79 Edel: „Johann Baptist Weber" 1997 (wie Anm. 78), S. 118ff.

80 Vgl. Walter Götz: *Beiträge zur Geschichte Herzog Albrechts V. und des Landsberger Bundes 1556–1598*, München 1898, passim.

81 Dort war Weber 1563 an der Abfassung der städtischen Apothekerordnung beteiligt, s. Edel: „Johann Baptist Weber" 1997 (wie Anm. 78), S. 115, Anm. 27.

82 Matrikel Ingolstadt I, 1, Sp. 541, s. Edel: „Johann Baptist Weber" 1997 (wie Anm. 78), S. 120.

83 Edel: „Johann Baptist Weber" 1997 (wie Anm. 78), S. 116f.

84 *Augsburger Stadtlexikon* 1998 (wie Anm. 21), S. 516.

85 Hier und im Folgenden s. Peltzer: „Paul Reichel" 1930 (wie Anm. 5), S. 184–195.

86 Frimmel: „Skulptur" 1893 (wie Anm. 5), S. 53f; Peltzer: „Paul Reichel" 1930 (wie Anm. 5), S. 185–187, Abb. 4, 5, nimmt das kleinere, aus Kelheimer Kalkstein gefertigte Werk ebenfalls für Paul Reichel in Anspruch.

87 Pressehinweis Heide Weißhaar-Kiem, Franz Bernhard Weißhaar, Landsberg, im Januar 2012 auf einen 2011 angekündigten, bisher jedoch unpublizierten Restaurierungsbericht zum Epitaph des Cyriacus Weber.

88 Das Grabmonument wurde über die Jahrhunderte hin mehrfach restauriert, s. Dietrich, Weißhaar: „Stadtpfarrkirche" 1997 (wie Anm. 2), S. 179–81. Die letzte umfassende Restaurierung des Sandsteinaufbaus erfolgte 2011. Teile der Architektur sind durch Mauerfeuchtigkeit in Mitleidenschaft gezogen. Ein Teilstück des linken Unterschenkels fehlt, es wurde einer Legende nach während des Dreißigjährigen Krieges von schwedischen Soldaten abgebrochen. Auch einige Knochenteile des Rahmendekors sind abgebrochen, obwohl das Epitaph von einem zugehörenden, kunstvoll geschmiedeten Renaissancegitter geschützt wird.

89 Der Protestant Andreas Maschenbaur übernahm 1703 den Verlag seines Schwiegervaters Jakob Koppmayer, s. *Augsburger Stadtlexikon* 1998 (wie Anm. 21).

90 Übernommen wurde aus Vesalius: *Fabrica* 1543 (wie Anm. 7), die Abbildung der S. 18 und eine Zusammenstellung aus Abbildungen der S. 20, 22, 23.

91 Maschenbaur konnte sich wohl nicht auf ein kaiserliches Privileg berufen. Koppitz (Hrsg.): *Druckprivilegien* 2008 (wie Anm. 23) jedenfalls gibt keinen entsprechenden Hinweis.

92 Pietro Cortonas Opus mit 27 an Vesalius angelehnten Muskelmännern wurde allerdings erst 1741 veröffentlicht, s. *The Anatomical Plates of Pietro da Cortona, 27 baroque masterpieces*. Mit einer Einführung von Jeremy M. Norman, New York 1986.

93 Eingesehen wurde Carlo Cesio: *Die durch Theorie erfundene Practic, denen man sich als einer Anleitung zu berühmter Künstler Zeichen-Wercken bestens bedienen kann*. Verlegt bei Johann Daniel Preißler, Nürnberg⁴ 1740.

94 Tizian wurde erstmals als Bildautor in einer Edition von Vesals *Fabrica* genannt, die die drei Skelette und die 14 Tafeln der Muskelmänner vorstellte als: *Notomia di Titiano [...] per Domenico Bonavera*. Bologna [um 1670], auch geführt unter dem Titel Domenico Bonavera: *Liber anatomicus, Titianus invenit et delineavit*. Dem folgten weitere Verleger, s. Cushing: *Bio-Biographie* 1962 (wie Anm. 6), S. XXIX.

95 Nach der schon 1662 von Joachim von Sandrart gegründeten Malschule in Nürnberg war die Augsburger Schule eine der ältesten Einrichtungen ihrer Art in Deutschland. 1684 wurde ihr Betrieb durch den paritätisch besetzten Stadtrat anerkannt und gefördert. Der evangelische Teil der Stadtverordneten war hierbei führend, so dass die Einrichtung zunächst als „protestantische Akademie" bezeichnet wurde.

96 Moritz Roth: „Veseliana". In: *Archiv für pathologische Anatomie und Physiologie*, ed. R. Virchow, Berlin 141 (1895), S. 467ff; darauf basierend Cushing: *Bio-Biographie* 1962 (wie Anm. 6), S. 97–109; Wiegand: „Marginal Notes" 1952 (wie Anm. 55), S. 27–41; Robert Herrlinger: „Das Schicksal der hölzernen Druckstöcke zu Vesals anatomischem Lehrbuch." In: *Münchner Medizinische Wochenschrift* (93) 1951, S. 614–615.

97 Vgl. Felix Platter: *De corporis humani structura et usu libri III, tabulis methodice explicati iconibus accurate illustrati*. Basel 1583, verlegt bei Ambrosius Frobenius (Froben). Vorbemerkung zum dritten Buch. Bibliographische Angaben s. Cushing: *Bio-Biographie* 1962 (wie Anm. 6), S. 142f.

98 Das reich bebilderte anatomische Lehrwerk Platters enthielt schließlich kleiner dimensionierte Kupferstiche, deren Vorlagen von Schweizer Zeichnern stammten. Diese orientierten sich, wie nunmehr fast alle Graphiker entsprechender Werke, eng an Vesals Vorlagen.

99 Herrlinger: „Schicksal" 1951 (wie Anm. 96), S. 614–615.

100 Das Konvolut tauchte später in Ingolstadt auf; Maschenbaur oder ein Vorbesitzer hatten inzwischen offenbar einige Platten nachfertigen lassen, über deren mäßige Qualität man sich 1781 in Ingolstadt beklagte, s. Heinrich Palmatius von Leveling: *Anatomische Erklärung der Original-Figuren von Andreas Vesal, samt einer Anwendung der Winslowischen Zergliederungslehre* [...]. Ingolstadt 1781 und 1783, verlegt bei Anton Attenkover (Attenkofer), hier Vorbemerkung, S. 1.

101 Woltter hatte die Druckstöcke zunächst nach Leipzig an den Verleger Siegfried Leberecht Crusius (1738–1824) vermittelt, der einen Nachdruck anstrebte, dann aber aus Kostengründen davon Abstand nahm; s. Leveling: *Anatomischer Erklärungen* 1781 (wie Anm. 100), Vorbemerkung, S. 1f.

102 Leveling stammte aus Trier; nach seinem Medizinstudium in Straßburg und verschiedenen Lehrtätigkeiten erhielt er 1782 einen Ruf als Anatom und Chirurg nach Ingolstadt.

103 Zur Familie der Attenkofer s. Josef H. Biller: „Die Attenkofer aus Attenkofen. 470 Jahre dokumentierte Familiengeschichte 1540–2010. 280 Jahre Wirken für Buch und Schrift 1730–2010." In: *Attenkofersche Buch- und Kunstdruckerei von 1860 bis 2010. 150 Jahre Straubinger Tagblatt. Eine Chronik*. Straubing 2010, S. 29–47, hier S. 33.

104 Choulant: *Geschichte* 1852 (wie Anm. 6), S. 50; Kommentar und bibliographische Angaben s. auch Cushing: *Bio-Biographie* 1962 (wie Anm. 6), S. 101–109.

105 Leveling: *Anatomische Erklärungen* 1781 (wie Anm. 100), Vorbemerkung, S. 2, zählt die neu hergestellten Tafeln einzeln auf.

106 Roth: *Vesalius* 1892 (wie Anm. 6).

107 Vgl. Anm. 96.

108 Lampert, Wiegand, Irving: V*esalian Essays* 1952, (wie Anm. 55), Vorwort, S. VI.

109 Zu Geschichte und Tätigkeit des Unternehmens s. *Die Bremer Presse. Königin der deutschen Privatpressen. Eine Rückschau* [...]. Zusammengestellt von Josef Lehnacker, mit Beiträgen von Herbert Post und Rudolf Adolph, München 1964; zum Druck der *Fabrica* Vesals, s. S. 101–117.

110 Cushing: *Bio-Biographie* 1962 (wie Anm. 6), S. 97–109; Wiegand: „Marginal Essays" 1952 (wie Anm. 55), S. 27–41; s. auch Reprint durch Saunders, O'Malley: *Illustrations* 1950 (wie Anm. 6).

111 Cushing: Bio-Biographie 1962 (wie Anm. 6), S. 106; Lampert, Wiegand, Irving: *Vesalian Essays* 1952 (wie Anm. 55), S. VI.

112 Herrlinger: „Schicksal" 1951 (wie Anm. 96), S. 615.

Paris versus Augsburg

Anmerkungen zu Johann Ulrich Stapf und dessen Reproduktion französischer Druckgraphik für den Augsburger Kunstmarkt*

Dieter Beaujean

Johann Ulrich Stapf (Augsburg; 1642 – begr. 1.6.1706) übte in Augsburg gleich mehrere Berufe gleichzeitig aus, die sich mit Graphik beschäftigen, was für die zweite Hälfte des 17. Jahrhunderts durchaus üblich war.[1] Für Freunde nicht nur der Augsburger Druckgraphik erweist es sich aber als problematisch, wenn ein und derselbe Künstler als Kupferstecher, Verleger und Kunsthändler tätig war, also Blätter selbst entwarf, stach und vertrieb, zugleich aber auch Arbeiten von Künstlerkollegen publizierte und verlegte und die Inschriften nur unzureichend über die eigene Verantwortung der Bildgenese Auskunft geben. Selbst Inschriften, die ausdrücklich den Namen anführen, geben nicht immer Auskunft darüber, wessen Stecherhand die ausführende war: Einzelblätter wie Titelseiten von Serien weisen häufig etwa die Adresse „Zu finden bei Johann Ulrich Stapf Kupferstecher und Kunsthändler in Augsburg" auf, ohne dass dies ein definitiver Hinweis auf eine eigenhändige Arbeit wäre.[2] Allein als Verleger war *Stapf* beispielsweise tätig, als er mit dem Porträt des Augsburger Pfarrers Johann Müller einen Kupferstich *Philipp Kilians* nach einem Gemälde von *Emanuel Schnell* herausgab und die Arbeitsteilung per Inschrift nachvollziehbar macht.[3] Mehrdeutig konnte *Stapf* verfahren, wenn er zum Beispiel die eigene Stecherarbeit mittels der eher allgemein gehaltenen Adresse verschleierte und es der Kennerschaft des Rezipienten überließ, die Künstlerhand zu identifizieren.[4] Auf dem Titelblatt einer Ornamentserie bezeichnete er sich als Verleger, veröffentlichte darin aber eigene Kupferstiche nach Vorlagen des auch in Augsburg arbeitenden *Leonhard Heckenauer d. J.* aus dessen Serie „*Romanisches Laubwerck*".[5] Zuweilen gab *Stapf* die Quellen seiner Druckgraphik bekannt, wenn er zum Beispiel den gleichzeitig in Augsburg als Verleger und Stecher arbeitenden *Johannes Unselt* als *inventor* beschreibt, die eigene Rolle aber wiederum auf Verleger und Verkäufer reduziert, obwohl die Kupferstiche von ihm selbst stammen.[6] Dagegen unterließ er meist jede Form von Quellenangaben, wenn er Werke auswärtiger Kollegen zitierte.

Stapf scheint eine umfangreiche Graphiksammlung besessen zu haben, die er ausgiebig als Basis neuer Verlagsprojekte genutzt hat. Graphiksammlungen waren im 17. Jahrhundert die praktikabelste Form, sich über die Kunstentwicklung selbst weit entfernter Regionen zu informieren und diese für die eigene Produktion zu interpretieren. Ohne solche Graphiksammlungen, die auch Reproduktionsstiche enthielten, wären die vielen Graphik- und Malereizitate nach Zeitgenossen oder voraus gegangenen Künstlergenerationen nicht möglich. Zudem kann mittels gut sortierter Graphiksammlungen an erfolgreiche Produktionen des Kunstmarktes angeknüpft werden; dies gilt für Künstler ebenso wie für Verleger und Händler. Dass gerade *Stapf*, der ja mehrere Berufe der Graphikproduktion in einer Person vereinte, Vorteile aus derartigen Blattsammlungen des europäischen Kunstmarktes zog, ist kaum überraschend. Es war in Augsburg, „der Bilderfabrik Europas", für erfolgsorientiertes Arbeiten vielmehr unerlässlich.[7]

Ein heute verschollenes Gemälde von *Pierre Mignard* (Troyes 1612 – 1695 Paris), das Maria mit dem Kind in einem kreisrunden Ausschnitt zeigt, war von Zeitgenossen hoch geschätzt. Das zumindest suggerieren mehrere gemalte Kopien[8] und Reproduktionsstiche, von denen manche der Kreisform folgen, andere aber auch zugunsten eines rechteckigen Bildträgers auf die Tondo-Form der Vorlage verzichten. *Johann Ulrich Stapf* hat für seine künstlerische Auseinandersetzung mit *Pierre Mignard* die ursprüngliche Kompositionsform übernommen (Abb. 1). Der Augsburger Künstler hatte aber nicht das Original des französischen Malers vor Augen, sondern einen der Reproduktionsstiche, nämlich die Radierung von *François de Poilly* (Abbeville 1622 – 1693 Paris), die gleichfalls den Kreisausschnitt für die Präsentation Mariens mit dem Christuskind aufweist.[9] Die Provenienz einiger Gemälde-Kopien der Komposition *Mignards* scheint nicht immer eindeutig, da auch Druckgraphiken auf den Kreis zugunsten eines Hochrechtecks verzichten und eine seitengleiche oder spiegelbildliche Ausrichtung beider Bildträger als Vorlage ermöglichen. Ein solch rechteckiges Schabkunstblatt eines anonymen Meisters bewahrt das British Museum in London, doch erscheint *Poillys* Vorlage für *Stapf* zwingend.[10] *Poilly* – selbst erfolgreicher Kupferstecher, Verleger und Graphikhändler

Abb 1: Johann Ulrich Stapf: *Maria mit Kind*, nach Pierre Mignard, Radierung 32,9 x 27,6 cm

in Paris, mit *Mignard* befreundet und 1669 von Ludwig XIV. zum „Graveur Ordinaire du Roi" ernannt – hatte seine Graphik für die Pariser Klientel gestaltet. *Stapf* interpretiert die Vorlage mit wenigen, aber entschiedenen Veränderungen für seine eigene Kundschaft: Die vom hochrechteckigen Plattenrand beschnittenen Kreissegmente umgibt er mit einer für seinen Ornamentstil typischen Girlande mit Rosen, der durch leichten Schattenwurf plastische Wirkung besitzt, fügt eine rechteckige Umgrenzung aus einfachen Parallelschraffen hinzu und füllt die so entstandenen Zwickel mit einem feinen Linienornament aus. Zudem verleiht er seiner Arbeit eine lebendigere Plastizität, die die Monumentalität der Vorlage zu einer eher genrehaften Situationsbeschreibung umdeutet. *Stapf* verzichtet auf *Poillys* lateinische Inschrift und die Adressen der französischen Maler und Radierer, fügt eine neue lateinische Bildunterschrift hinzu und komplettiert das Blatt mit der eigenen Signatur.

Stefano della Bella (Florenz, 1610–1664), der in Italien und Frankreich tätige und an Werken eines *Callot* geschulte Zeichner und Radierer, in Frankreich *Etienne de la Belle* genannt, war ein Künstler, der gerade von Pariser Verlegern erfolgreich vermarktet wurde und sich damit auch für Augsburg als aussichtsreich anbot. *Stapf* radierte insgesamt vier Blätter seitenverkehrt nach *della Bella*, ausnahmslos Szenen mit der Heiligen Familie. Von diesen lassen sich nur noch wenige Exemplare nachweisen, was für das späte 17. Jahrhundert eine sehr geringe Auflage und folglich Verbreitung und damit Erfolglosigkeit dokumentiert.[11]

Großen Erfolg scheint *Johann Ulrich Stapf* mit Radierungen nach *Jean Lepautre* (Paris, 1618–1682) erzielt zu haben, zumindest macht der Themenreichtum eine künstlerisches wie geschäftliches Gelingen wahrscheinlich. Dabei reihen sich die Bildmotive *Lepautres* nahtlos in das Œuvre *Stapfs* eigener Bildfindungen ein: Ornamentales Blattwerk, kombiniert mit Figuren- und Tierstaffage, Variationen von Zierleisten, Wanddekorationen und Deckenausstattungen. Eine vierteilige Serie mit Hermen, die die Vier Jahreszeiten repräsentieren, Darstellungen von Altären und Sarkophagen und schließlich reich ausgestaltete Brunnenentwürfe, teils vor palastartigen Bauten, runden die Zitate nach dem Pariser Radierer und Ornamentstecher *Lepautre* ab. Stapf übernimmt aber nicht grundsätzlich ganze Serien, sondern weiß auch auszuwählen, indem er etwa nur das Titelblatt mit der „Kreuzabnahme Christi" einer sechsteiligen Serie als Einzelblatt mit ausdrucksstarkem Volutenrahmen reproduziert, der mit Putten und Genien über einer weiten Hügellandschaft schwebt.[12]

Aus der Fülle der dargestellten Bildgattungen und Motive in *Stapfs* graphischem Œuvre ragt eine sechsteilige, nummerierte Serie überraschend heraus, die wenig mit seinem übrigen Werk gemein zu haben scheint: Kreisrunde Landschaften auf nahezu quadratischen Druckplatten (Abb. 2–7).[13] Die Darstellungen fügen sich nicht nur durch eine fortlaufende Nummerierung zu einer Serie, sondern weisen zudem ein gemeinsames Kompositionsmuster auf: Bäume oder Baumgruppen flankieren den Blick auf hell beleuchtete Ebenen, die von Felsen, Hügeln, Flussläufen, Wasserfällen und Seen variationsreich umstellt werden. Die an italianisanten Landschaften geschulten Darstellungen weisen vereinzelt antike Ruinen und jeweils einige Staffagefiguren auf. Nicht die alltägliche Auseinandersetzung der armen Landbevölkerung mit den Naturgewalten sind das Thema, sondern eher Müßiggang oder zumindest idealisiertes und Arkadien geschultes Genre: Dem Auge begegnen wohlgekleidete Spaziergänger vor einer Tempelruine, aber auch Hirten mit langen Stangen, Angler oder Jäger, wandernd oder rastend. Gewundene Baumstämme tragen ausladende und sich überschneidende Kronen aus fingergliedrigen Ästen mit fleischigen Blattmassen und scheinen die eigentlichen Bewegungsmotive zu bieten, die sich den runden Einfassungslinien anschmiegen oder gegen sie anstreben. Schwung vermittelt die Lichtregie, wenn sie Hell-Dunkel-Kontraste rhythmisiert, diagonal in die Bildmitte gerichtete Kompositionsstränge durch die ferneren Bildgründe unterbricht oder abwinkelt, dunklen Repoussoire-Elementen grell beleuchte Bodenstücke und schneidende Schlagschatten folgen lässt und schließlich Himmel- und Wolkenpartien so arrangiert, dass das Bewegungsmotiv zugleich gespiegelt wie auch dramatisiert wird.

Abb. 2: Johann Ulrich Stapf: *Landschaft mit antiker Ruine*, Radierung 12,7 x 12,7 cm

Abb. 3: Johann Ulrich Stapf: *Landschaft mit Angler*, Radierung 12,4 x 12,6 cm

Abb. 4: Johann Ulrich Stapf: *Landschaft mit Wanderern*, Radierung 12,5 x 12,4 cm

Abb. 5: Johann Ulrich Stapf: *Landschaft mit Jägern*, Radierung 13,1 x 12,9 cm

Abb. 6: Johann Ulrich Stapf: *Landschaft mit Rastenden*, Radierung 12,6 x 12,7 cm

Abb. 7: Johann Ulrich Stapf: *Landschaft mit Wanderern*, Radierung 12,9 x 12,8 cm

Die Landschaften stehen einzigartig im Œuvre *Stapfs*. Sie sind nicht vergleichbar mit den Hintergrundlandschaften in den Reproduktionen nach *Stefano della Bella*, die die biblische Bildbühne ausdrucksstark hinterfangen. Hier sind es Fernweh stillende und höchst dekorative Landschaften. Die Subsumierung der einzelnen Bildelemente unter die höchst ornamentale Gesamtgestalt verweist auf die bildnerische Kultur des Augsburger Künstlers. Alle sechs Blätter sind nummeriert und signiert. Und obwohl *Stapf* zweifelsohne der Stecher der gesamten Serie ist, bezeichnet er sich per Inschrift lediglich als deren Verleger, auf Blatt 1 zudem mit dem verkürzten und latinisierten Ortshinweis auf seine Heimatstadt Augsburg (Abb. 2).[14]

Diese Serie mit kreisrunden italianisanten Landschaften auf quadratischen Druckplatten ist aber keine originale Bildfindung des Augsburger Künstlers, sondern reproduziert spiegelbildlich Radierungen des wie *Mignard* und *Lepautre* in Paris tätigen *Gabriel Perelle* (Vernon-sur-Seine 1604–1677 Paris) (Abb. 8–9).[15] Möglicherweise waren auch dessen Söhne *Nicolas* (Paris 1631–1695 Orléans) und *Adam* (Paris, 1640–1695) an der künstlerischen Ausführung beteiligt. *Stapf* muss im Besitz der von *Nicolas Poilly* in Paris verlegten Druckgraphik gewesen sein, die detailgetreue Wiederholung auch kleinster Bildelemente lässt daran keinen Zweifel.

Gabriel Perelle hat zusammen mit seinen Söhnen ein sehr umfangreiches Œuvre hinterlassen, wohl mehr als 800 Druckgraphiken. Die Scheidung der beteiligten Künstlerhände ist im Einzelnen häufig nur unzureichend zu klären. *Perelle* begann um 1635 mit der Produktion von Druckgraphik, also erst im Alter von etwa 30 Jahren, und entwickelte seinen Stil über 20 Jahre hinweg bis zu seiner wohl produktivsten und erfolgreichsten Schaffensphase ab 1655. Wiederum zwei Jahrzehnte später konzentrierte er sich ganz auf Zeichnungen für den König. Serien mit Schlössern und Gartenanlagen in Frankreich, wie die bei *Langlois* publizierten „*Veues Des Belles Maisons De France*" waren – auch wirtschaftlich – sehr erfolgreiche Druckgraphiken.[16] Vater und Söhne *Perelle* waren zudem für eine höchst dekorative und harmonische Verschmelzung von antiken Architekturen mit italianisanten Landschaften bekannt, ohne jede topographische Gebundenheit, sondern frei erfundene und aus einem reichen Motivschatz ausgewählte und kombinierte Bildvokabeln, die zu immer neuen Landschaftskompositionen gefügt wurden. Zunehmend dramatisierende Licht- und Schatteneffekte umspielen darin pastorale Szenen mit Rastenden, Jägern, Anglern oder Wanderern. Kreisrunde Arbeiten als Einzelstücke, wie die „*Gesellschaft im Freien mit halbverfallenen Häusern*", verlegt von *Nicolas Langlois* (Paris, 1640–1703) oder Serien, wie die „*Vier Jahreszeiten*" (London, BM), waren sehr bedeutend und weit über die Grenzen der Seine-Metropole und Frankreichs hinaus gefragt. *Gabriel Perelle* war – anderes als sein Augsburger Rezipient *Johann Ulrich Stapf* – nicht selbst als Verleger tätig. Die auch mit Auszeichnungen – etwa als *Graveur du Roi* – gewürdigte Arbeit als Stecher scheint für ein Auskommen genügt zu haben. Seine Radierungen wurden vor allem von *Pierre Daret* (1604–1678), *Jean Leblond* (Paris, ca. 1590–1666), *Nicolas Langlois*, *Pierre Mariette* (Paris, 1634–1716) oder *Nicolas de Poilly* (Abbeville 1627–1696 Paris) in Paris publiziert und waren meist mit Königlichen Privilegien gegen unrechtmäßiges Nachdrucken geschützt, ein Schutz, der aber nicht bis nach Augsburg wirkte.

Ob *Stapf* mehr als nur diese eine Serie von *Perelle* besessen hat, ist nicht mehr rekonstruierbar, da sich keine Inventarlisten oder vererbte Graphikbestände erhalten haben. Um aber über erfolgreiche Entwicklungen der Kunst- und Kulturmetropolen informiert zu sein und für den eigenen Kunstmarkt reagieren zu können, waren möglichst viele Belegexemplare als Ideen- und Vorlagenquellen zwingend notwendig. Ob *Stapf* seine Auswahl bereits beim Kauf der französischen Blätter oder später für den konkreten Anlass innerhalb seiner eigenen Sammlung getroffen hat, ist von geringerer Bedeutung für die Entstehungsgeschichte der Serie, als vielmehr die detailgetreue Wiederholung der konkreten Vorlagen. Änderungen sind nur in Form der spiegelbildlichen Umkehrung und einer eigenen Nummerierung erfolgt. Selbst für die Darstellungs- und Plattengröße rekurriert *Stapf* auf die französischen Vorlagen. *Perelles* größere Kompositionen konnten von Linien mit mehr als 20 cm Durchmesser eingefasst sein. Das Gros seiner erhaltenen kreisförmigen Radierungen weist aber einen Durchmesser von ca. 12,5 cm auf quadratischen Druckplatten von etwa 13 x 13 cm auf. Hier sind es 12,1 cm im Durchmesser auf einem 12,4 cm messenden Plattenquadrat, das von *Stapf* nur minimal auf 12,7 cm erweitert wurde. Die Seitenumkehrung durch den Kopiervorgang erfolgt ohne jede Irritation der Komposition. Diese erscheint auch in den neuen Radierungen durchaus logisch. Eigene Wege der Interpretation geht *Stapf* nicht mit den Zitaten der Bildelemente, sondern mit der Bildwirkung, wenn er den eigenen Blättern zu einer effektvolleren Kontrastierung vor allem in der Lichtführung verhilft. Die eher vereinheitlichten Landschaften *Perelles* steigert *Stapf* zu einer wesentlich vitaleren Ausstrahlung, wenn er beispielsweise schärfere Kontraste und Konturen der Licht- und Schattenpartien, aber auch der einzelnen Bildformen mit seiner Radiernadel dekorativ und wirkungsvoll herausarbeitet.

Die als Fernbild gezeichnete Grundkomposition aller Blätter, sowohl der Vorlagen als auch der Reproduktionen, ordnet die Gegenstände oder Bildelemente so an,

Abb. 8: Gabriel Prelle: *Landschaft mit antiker Ruine*, Radierung 12,4 x 12,4 cm

Abb. 9: Gabriel Prelle: *Landschaft mit Anglern*, Radierung 12,4 x 12,4 cm

als sähe man sie aus einer mittleren oder fernen Distanz. Die sich kaum ausbreitenden Bildgründe werden flach hintereinander geordnet. *Perelle* wie auch *Stapf* verzichten auf ein Titelblatt: Beide Künstler beschränken sich auf die Verleger- und Ortsangabe außerhalb der Darstellung, „A Paris chez N. poilly Rue St. Iacques a la belle Image" heißt es bei *Perelle* (Abb. 8). Beiden Serien ist die Bedeutung als Ideallandschaft gemein, die auf jegliches Abbilden eines Prospektes zugunsten einer Anordnung der Bildelemente verzichtet. Nicht die Zufälligkeit des Bildausschnitts analog einer spontanen Impression oder eine Vedute ist angestrebt, sondern eine geplante, strukturelle Anordnung, sehr wohl als spannungsvolle Verflechtung einzelner Bildphänomene, keine identifizierbare antike Architektur, sondern eine reine Phantasielandschaft mit antikisierenden Ruinen. Nicht die Bildfindung, aber die allgemeine Bildwirkung suggeriert eine besondere Natürlichkeit, der die Bildgenese durch ihre angeordnete Erscheinung widerspricht. Diesem Zwiespalt von Effekt und Ursache ist auch die wie zufällig eingebettete und dennoch sorgsam komponierte Staffage unterworfen. Die Beliebigkeit der eingesetzten Figuren wird deutlich, wenn man die seitenverkehrte Vorzeichnung *Perelles* – und damit seitengleich zu *Stapf* – zum Vergleich heran zieht, in der der Künstler auf figürliche Ausstattung noch verzichtet hat. Zudem ist diese Zeichnung um einiges größer angelegt.[17] Die kleinteiligen, auf Fernsicht arrangierten und mit idealtypischer Staffage bevölkerten Landschaften, die auf jede symbolische Befrachtung – etwa in der Gleichung von antiker Ruine und Vergänglichkeit, Triumph des Christentums oder Strafe Gottes – verzichten, reihen sich kunstgeschichtlich etwa zwischen *Gaspard Dughet* (Rom, 1615–1675) und *Marco Ricci* (Belluno 1676–1729 Venedig) ein. Die auffällige Tondoform dagegen ist allen Gattungen der bildenden Kunst seit Jahrhunderten geläufig, ein Ursprung in Entwurfszeichnungen für Rundscheibenrisse erscheint am überzeugendsten und ist hier als weiteres dekoratives Gestaltungselement eingesetzt worden.

Werke französischer Kunst und Kultur waren in Augsburg sehr gefragt und im Austausch mit Augsburger Kunstgewerbe auch gängige Handelsware. Die Stadt war in der frühen Neuzeit eine bedeutende europäische Metropole, große bürgerliche Sammlungen waren seit dem frühen 16. Jahrhundert angelegt worden und wurden weiterhin gepflegt. Alle Voraussetzungen für ein erfolgreiches Kunst- und Verlagsprojekt waren also aus stadtgeschichtlicher Sicht gegeben. Aber auch die Graphikserie selbst hatte eine erfolgversprechende Ausgangssituation: Bereits in Paris gewinnbringend ausgeführt und publiziert, werden die Radierungen in kleinstteiligem Nachempfinden der gesamten Darstellung und jeglicher Bildelemente bis hin zu individuellen Strichlinien nachgebildet, zudem in Technik, Größe und Anzahl reproduziert, und dazu künstlerisch wirkungsvoll gesteigert. Die Wiederholung des künstlerischen wie geschäftlichen Erfolges schien somit gesichert. Doch haben sich anscheinend solch abzählbare Faktoren für ein aussichtsreiches Kunst- wie Handelsprojekt schon im späten 17. Jahrhundert nicht immer planmäßig realisieren lassen, denn der Nachweis nur einer einzigen vollständigen Serie kann kaum als Indiz für ein Gelingen herangezogen werden.

* Ganz herzlich möchte ich Gero Seelig für die kritische Lektüre danken. Besonderen Dank schulde ich auch meinem Editor Simon Turner, der einige Künstlernamen im Zuge unserer Hollstein-Publikation zu Johann Ulrich Stapf beigesteuert hat. Markus Naß (Kunsthandel Dr. Markus Naß, Berlin) danke ich für die kollegiale Unterstützung und die Bereitstellung der Fotos.

1 Wolfgang Seitz:"The Engraving Trade in Seventeenth- and Eighteenth-Century Augsburg", in: *Print Quarterly* 3.1986, S. 116–128. Ein vollständiges Œuvreverzeichnis von Stapfs druckgraphischem Schaffen in *Hollstein German* LXXVII. Zu *Augsburger Buchdruck und Verlagswesen* siehe Helmut Gier und Johannes Janota (Hrsg.), Wiesbaden 1977, und zu *Stapf* als Verleger Josef Benzing: „Die deutschen Verleger des 16. und 17. Jahrhunderts", in: *Archiv für Geschichte des Buchwesens* 18.1979, Sp. 1272.

2 Eigenhändige Serie mit dieser Inschrift in *Neues Lauben Büchlein*, Titelblatt, Nürnberg (GNM K 22577.1), *Hollstein German* LXXVII, Nr. 14; Radierung nach *Gilles de La Boissière*, Kartenspiel: *Das Kriegs-Spiel*, Nürnberg (GNM, SL 107 Kapsel 1620a), *Hollstein German* LXXVII, Nr. 34.

3 „Emanuel Schnell pinx. | Philipp Kilian sculps." und weiterhin: „Joh. Ulrich Stapf excud.". Kupferstich, Wien [Albertina, HB52(1)3, fol. 137 (223)]. *Hollstein German* XVIII, S. 36, Nr. 289.

4 „*Marcus aus Aviano predigt in Tirol und Bayern*": „bey Joh. Ulrich Stapf Kupferstecher und Kunst= | handler zu verkauffen in Augspurg". *Hollstein German* LXXVII, S. 10-11, Nr. 4.

5 *Newes Lauber Büchlein*, Titelblatt mit *Verlegt durch | Johann Ulrich Stapf | Kunsthändler in Augspurg*; die einzelnen Kupferstiche in Berlin (Kunstbibliothek OS 74(2) und Prag (UPM); *Hollstein German* LXXVII, Nr. 57, nach Leonhard Heckenauer d. J. „*Romanisches Laubwerck*", *Hollstein German* XIII, Nr. 178.

6 Auf dem Titelblatt der sechsblättrigen Ornamentserie „*Newes Zierathen Buch*", Augsburg 1695: „Newes | Zierathen Buch | Jnventiert | Durch den Kunstberühmte[n] | Johannes Vnselt | Bildhauer, | Verlegt und zu finden | Beij | Johann Ulrich Stapff | Kupferstecher u. Kunsthändler | Jn Augspurg. | 1695". *Hollstein German* LXXVII, S. 112-115, Nrn. 160–165.

7 *Augsburg, die Bilderfabrik Europas*, hrsg. von John Roger Paas, Augsburg 2001, Wolfgang Seitz (Augsburg) gewidmet.

8 Morez, Musée de la Lunette, (inv. 1877.001.0070); Paris, Cornette de Saint Cyr, 12.5.2010, lot. 60; Salzburg, Dorotheum, 20.11.2007, lot. 12.

9 François de Poilly: *Maria mit dem Christuskind*; José Lothe: *L'Œuvre Gravé de François et Nicolas de Poilly d'Abbeville – graveurs parisiens du XVIIe siècle*, Paris 1994, Nr. 308 mit Abb.; Sandrine Herman: *Estampes françaises du XVIIe siècle,* Paris 2008, S. 495, Nr. 1797 mit Abb.

10 Unbekannter Stecher: *Maria mit dem Jesuskind*, Mezzotinto, 23 x 18,5 cm; London BM (inv. 2010,7081.19).

11 *Hollstein German* LXXVII, Nrn. 30–33; P.D. Massar: *Stefano della Bella*, 2 Bde., New York 1971, Nrn. 8, 10, 12, 17.

12 *Hollstein German* LXXVII, Nr. 71; Maxime Préaud: *Inventaire du fonds français, Graveurs du XVIIe siècle,* Jean Lepautre 11–13, Paris 1993–2008, hier 12, Nrn 2050–2055.

13 Johann Ulrich Stapf: *Kreisrunde Landschaften*, Radierungen, 12,4–13,1 x 12,4–12,9 cm; *Hollstein German* LXXVII, 115–120. Einzige vollständig erhaltene Serie in Berlin (Kunsthandel Dr. Markus Naß); Einzelblätter nur in Prag, Národny Galerie v Praze (Nr 2, 3 inv. R 166.579–580) und Stuttgart, Staatsgalerie (nr. 6. inv. A61659).

14 Blatt 1 unten links: „Johann Vlrich Stapff" und rechts: „Excudit August." (für Augusta Vindelicorum). Die folgenden Blätter sind mit „J.V. Stapff" und „Exc." beschriftet, zudem sind alle Blätter unten links mit „1" bis „6" nummeriert.

15 Vorlagen für *Stapfs* spiegelbildliche Radierungen Nr. 1–6 sind: Gabriel Perelle: *Kreisrunde Landschaften*, Paris (N. de Poilly); Radierungen, Paris, Bibliothèque nationale de France, Département des Estampes et de la photographie, Folio Ed 76a; fol. 105, Nr. 3; fol. 104, Nr. 5; Nr. 2; fol. 107 (ohne Nr.), fol. 105 Nr. 1 und Nr. 6.

16 Berlin (Kunstbibliothek, OS 2483 quer).

17 Gabriel Perelle: *Kreisrunde Landschaft mit antikisierter Tempelruine*, Verbleib unbekannt, Feder und braune Tusche, 19 cm Durchmesser; Marcel Röthlisberger: *Les Pérelles*, in: *Master Drawings*, 3.1967, S. 283–285., Abb. der Vorzeichnung auf Tafel 26 (als Adam Perelle?). Zur Druckgraphik *Perelles* siehe auch Noëlle Avel: „Les Pérelle Graveurs de Paysage du XVIIe Siècle", in: *Bulletin de la Société de L'Histoire de L'Art Français*, 1972, S. 145–153.

Zwei unbekannte Miniaturen von Johann König und Joseph Werner sowie eine Zeichnung von Johann Rudolf Huber

Gode Krämer

Im Folgenden sollen zwei bisher unveröffentlichte Gouachen von Johann König (Nürnberg 1586–1642 Nürnberg) und Joseph Werner d. J. (Bern 1637–1710 Bern) vorgestellt werden und dazu eine Zeichnung – eine Kopie nach Johann König – von Johann Rudolf Huber d. Ä. (Basel 1668–1748 Basel), die mit großer Wahrscheinlichkeit eine Verbindung zwischen diesen beiden Künstlern herstellt. König und Werner lebten und arbeiteten zeitweise in Augsburg, Werner allerdings ca. 50 Jahre nach König.

Nun ist das besonders Merkwürdige an Königs Künstlertum und Lebenslauf, dass er nach seinem Tode mit Ausnahme der lokalen Literatur praktisch keine Erwähnung erfuhr. Man muss diese Tatsache etwas ausführlicher beleuchten. König, in Nürnberg geboren und gestorben, siedelte 1614 nach seinem Aufenthalt in Italien nach Augsburg über, wo er im selben Jahr heiratete und das Meisterecht erhielt[1]. Er spielte in Augsburg als Maler eine nicht unbedeutende Rolle, war 1622 Vorgeher der Malerzunft und ab 1623 Mitglied im Großen Rat. Obwohl er vor allem angesehen und begehrt war als Schöpfer von Miniaturen und kleineren Bilder auf Kupfer, trauten ihm die maßgeblichen Stellen doch auch große Leinwandgemälde zu und beauftragten ihn im Zuge des Rathausneubaus durch Elias Holl mit drei monumentalen Gemälden für das südwestliche Fürstenzimmer und mit zwei weiteren für die Gerichtsstube des Augsburger Rathauses jeweils mit den zugehörigen sieben figürlichen Allegorien[2]. Auch der Kunstagent Philipp Hainhofer schätzte ihn außerordentlich und vermittelte ihn immer wieder an fürstliche Auftraggeber wie die Herzöge Maximilian von Bayern und Philipp von Pommern[3].

Dazu ist sein Werk an Miniaturen und Ölgemälden auf Kupfer groß und anonyme Kopien nach seinen zahlreichen Landschaften mit religiöser und mythologischer Staffage tauchen häufig auf. Dennoch scheint es zu seinen Lebzeiten keine graphischen Reproduktionen nach seinen Werken gegeben zu haben und das in Augsburg, einer Stadt, die als das Zentrum der Reproduktionsgraphik im frühen 17. Jahrhundert gelten kann. Noch verwunderlicher ist jedoch, dass Johann König von Joachim von Sandrart in seiner „Teutschen Akademie", die in Augsburg geschrieben und in Nürnberg veröffentlicht wurde, nirgendwo erwähnt wird; dabei gab es eine Reihe von Gelegenheiten, bei denen Sandrart Namen und die Kunst Königs hätte erfahren müssen, z. B. beschreibt er sehr sorgfältig die Künstler, die am Augsburger Rathaus mitgearbeitet haben. Warum ließ er ausgerechnet König aus, der ebenfalls eines der Fürstenzimmer ausmalte und fünf große Gemälde für das Rathaus schuf? Außerdem war König einer der wichtigsten Künstler, die Adam Elsheimers Kunst und Stil in Deutschland durch Kopien und Nachahmungen bekannt machten und Sandrart war besonders von Elsheimer Kunst fasziniert.

Zwar werden in der Augsburger Guidenliteratur immer wieder seine Rathausbilder erwähnt und natürlich nennt Philipp Hainhofer ihn und seine Werke in seinen Briefen sehr häufig, aber direkte Verbindung zu seinen Werken bei späteren Künstlern sind nicht bekannt. Daher ist die Zeichnung von Huber eine Ausnahme und von Interesse.

Zunächst jedoch die unbekannte Miniatur von Johann König.

**Johann König (Nürnberg 1586–1642 Nürnberg)
Versuchung Christi, 1610 (Taf. 1)
Gouache auf Pergament, 20,2 × 15,3 cm, signiert und datiert unten auf dem Stein „Jo.König Fe./ Venetia:/1610." Aufbewahrungsort unbekannt**

Im Galeriekatalog *Tableaux de Maitres*, der Galerie De Jonckheere, Paris 2003, wurden als Nr. 29 *Die Predigt des Johannes in der Wüste* und Nr. 30 *Die Versuchung Christi* zwei Gouachen von Johann König angeboten. Beide Gouachen wurden von einem Augsburger Sammler erworben, der jedoch nur die erstere in sein Eigentum übernehmen konnte, weil die hier zu behandelnde *Versuchung Christi* vor der Übergabe aus der Galerie gestohlen wurde und seither nicht wieder aufgetaucht ist.[4]

Für beide Gouachen ist eine weiterführende Provenienz nicht bekannt, doch haben sie zweifellos eine gemeinsame Vergangenheit, denn beide sind nahezu gleich groß, waren in identischen Ebenholzrahmen mit Augsburger Ebenholz-Stempeln[5] gerahmt und wurden beide von König in seiner venezianischen Frühzeit geschaffen.

Die *Predigt Johannes des Täufers in der Wüste* ist das frühere Werk und mit der nicht ganz sicheren Lesart: „Jo: König Fe/.1606." beschriftet.[6]

Die vorliegende Gouache ist vier Jahre später, doch nach der eigenhändigen Signatur noch in Venedig 1610 entstanden und zwar muss das in der ersten Jahreshälfte geschehen sein, denn nach Philipp Hainhofers Brief vom September 1610 war König zu diesem Termin bereits in Rom.[7]

Dargestellt ist nach Mt. 4, 1–4 oder L. 4, 1–4 – während Marcus die Begebenheit sehr verkürzt schildert – die erste der drei Versuchungen Christi: Nach den 40 Tagen des Fastens in der Wüste versucht der Teufel den hungernden Christus mit den Worten: „Bist du Gottes Sohn, so sprich zu dem Stein, daß er Brot werde." Und Christus antwortet: „Es steht geschrieben: Der Mensch lebt nicht vom Brot allein, sondern von einem jeglichen Wort Gottes." Christus steht aufrecht in strahlend farbigem Gewand und die Haltung seiner Hände illustriert seine Worte. Der Teufel kniet vor ihm und greift mit seinen schwarzen Krallen nach einem Stein auf dem Boden.

Die Landschaft hinter und um die Szene ist von außerordentlicher Schönheit und Natürlichkeit. Dem geschwungenen Umriss der Gestalt Christi entsprechen zwei gleich geschwungene Baumstämme, deren einer in der Mitte des Bildes von einer grandiosen, aber undefinierbaren Lichtfülle hinterfangen wird, während der andere, vom rechen Rand beschnitten und vom Efeu umrankt, offenbar abgestorben ist. Denn die ganze untere Ecke füllt sein bloß liegendes Wurzelwerk aus und weiter oben ragen ein gebrochener breiter Ast und mehrere kahle Äste ins Bild. Auch der Baum in der Mitte ist neben wenigen belaubten Partien vor allem von seinen kahlen Ästen und dem knorrigen Stamm geprägt. Da auch der Nadelbaum am linken Rand und das schlanke dürre Bäumchen mit den verschlungenen Stämmen rechts abgestorben sind, drückt König damit wohl die Wüste aus, in der Christus die vierzig Tage und Nächte fastend verbrachte. Denn nur im Hintergrund rechts und vorne links sind ein Baum und Sträucher grün belaubt. Außerdem fehlen fast vollständig die Vögel, die in den Landschaften der Zeit sonst üblich sind. Hier ist dagegen nur ein einziger Vogel – schwarz mit weißem Hals, vielleicht eine Elster – zu sehen. Der Vogel oder die Elster sitzt ganz oben rechts in der Ecke und blickt auf das große Spinnennetz mit der dicken Spinne direkt unter ihm.[8]

Johann König hat sich in den drei bis vier Jahren seit er die *Predigt Johannes des Täufers in der Wüste* malte, in seiner Landschaftskunst weiter entwickelt. Zeigte die wohl 1606 gemalte frühere Miniatur noch die für die Landschaftskunst des deutschen Manierismus typischen additiven Landschaftselemente,[9] so ist die Szene der Versuchung Christi in eine sehr natürlich wirkende, perspektivisch aufgebaute Landschaft eingebettet.

Da König zwei Bäume aus dieser Miniatur in einer drei Jahre später entstandenen weiteren Miniatur wiederum verwendet, ist sogar zu vermuten, dass diesen Bäumen Skizzen vor der Natur zugrunde liegen.

Bei der erwähnten Gouache, in der König die beiden Bäume erneut gebraucht, handelt es sich um die weitaus beste dokumentierte Miniatur von ihm: *Orpheus unter den Tieren* der Münchner Residenz.[10] (s. Taf. II, S. 74) König malte sie in Rom und schickte sie an Daniel Rem nach Augsburg, der sie seinem Schwager Philipp Hainhofer in Kommission überließ.[11] Frau Volk-Knüttel hat den Briefwechsel zwischen dem Bayerischen Herzog und dem Kunstagenten Philipp Hainhofer, der zum Ankauf dieser Gouache durch Maximilian I. führte, ausführlich bearbeitet, abgedruckt und ausgewertet. Daraus wird deutlich, wie hoch der bayerische Herzog dieses Werk des damals noch unbekannten Johann König schätzte. Er zahlte den hohen Preis von 300 Reichsthalern, womit er allerdings die ursprüngliche Forderung von 800 Gulden um etwa ein Drittel senkte. Er ließ die Miniatur aufwendig mit einem von wertvollen bemalten und unbemalten Steinen und dem bayerischen und lothringischen Wappen besetzten Rahmen schmücken und er beschäftigte sich so intensiv damit, dass er eine Reihe von Veränderungen, d.h. natürlich in seinem Sinne Verbesserungen, forderte. Diese sollten zunächst von dem damals bedeutendsten Miniaturisten Matthias Kager aus Augsburg ausgeführt werden, da König sich noch in Rom aufhielt, der sie dann aber, seit er 1614 nach Augsburg übergesiedelt war, selbst übernahm.[12]

Diese außerordentlich große und hoch geschätzte Gouache von 1613 zeigt in der Farbigkeit und der Behandlung von Stämmen, Ästen und Laub große Ähnlichkeit mit der viel kleineren vorliegenden, die drei Jahre früher noch in Venedig entstand. Beide Werke sind, obwohl thematisch grundverschieden, in den Landschaften geprägt von den kahlen Bäumen und Ästen. Lässt sich das in der „Versuchung Christi" durchaus motivisch durch das Fasten Christi in der Wüste erklären, so verbindet man mit dem mythologischen Thema „Orpheus unter den Tieren" eher eine paradiesische Landschaft und in dieser Weise in frühlingshaften, sommerlichen oder herbstlichen Wäldern wird das Thema auch im Allgemeinen dargestellt. Zumal ja auch die Vogelschaar dem Gesang des Orpheus lauscht und so hat König ebenfalls eine Vielzahl von Vögeln auf den kahlen Ästen verteilt. Gegenüber dieser allgemeinen Darstellungstypik ist allerdings zu bedenken – und das mag König zur Darstellung seiner eher traurig abgestorbenen Landschaft bewegt haben –, dass nach Ovids Metamorphosen, Band. X, V. 85–106 sich Orpheus voller Trauer über den erneuten und zweiten Verlust seiner Geliebten Euridike, also nach seiner Begehung der Unterwelt, in die Einsamkeit des Waldes zurückzieht und seine Trauer in Liedern ausdrückt.

Jedenfalls hat König den abgestorbenen Baum, der auf der „*Versuchung Christi*" vom rechten Rand beschnitten ist und auch den daneben stehenden, verschlungen gewachsenen kleineren kahlen Baum, in seine Orpheus – Miniatur übernommen. Da der große, efeuumschlungene Baum mit dem ausgebreiteten bloßliegenden Wurzelwerk nun nicht angeschnitten ist, sondern als Ganzes und frei steht, könnte eine eigene Zeichnung nach der Natur als Vorbild in Frage kommen, obwohl sich bisher keine solche Naturskizzen in Königs Werk gefunden oder erhalten haben.

Obwohl König in seiner italienischen Schaffenszeit bis Ende 1613 auch Ölbilder auf Kupfer und Leinwand gemalt hat[13], gilt die ihn betreffende früheste und wichtigste Nachricht durch Philipp Hainhofer dem Miniaturisten König. Denn Hainhofer berichtet, König habe in Venedig ein ganzes Jahr lang das Monumentalgemälde „Die Hochzeit zu Kana" von Paolo Veronese, damals im Refektorium der Klosterkirche San Giorgio Maggiore, heute im Louvre in Paris, in Miniatur kopiert.[14] Auch die hier besprochenen Werke zeigen ihn als Miniaturisten und ebenso die vielen durch Hainhofer initiierten Aufträge für fürstliche Stammbücher. Zudem ist das früheste, allerdings nicht mehr nachweisbare Werk, eine bereits 1605 in Augsburg geschaffene Miniatur.[15] All diese Werke sind wie es bei Miniaturen üblich ist, auf Pergament gemalt und dennoch ist Königs Miniaturtechnik nicht die in Münchner oder Prager Hofkreisen übliche Punktiermanier, wie sie Giulio Clovio anwendet. Dabei werden mit dem spitzen Pinsel die Farben dicht neben- und übereinander aufgetragen, sodass der Grundton des Pergaments und seiner Grundierung die gesamte Miniatur hell erscheinen lässt.[16] Diese Technik verwenden Johann Matthias Kager, Daniel Fröschl, Georg Hoefnagel und Hans Panzer. Königs Miniaturen sind dagegen kleine Aquarelle, in denen die Linien und Striche des Pinsels oder auch dicht und deckend aufgetragene Farbflächen den Eindruck bestimmen. Nur mitunter bei den Hautpartien punktiert er. Das bedeutet aber auch, dass König wohl nicht bei einem Miniaturisten, etwa Johann Matthias Kager, ausgebildet wurde.

Nun zur nächsten Miniatur von Joseph Werner.

Joseph Werner d. J.
(Bern, 22. Juni 1637–1710 Bern)
Diana mit ihren Gefährtinnen beim Baden,
um 1662 (Taf. III)
Gouache auf Pergament, aufgezogen auf Pappe,
14,1 x 10,4 cm
Prov.: Countess Spencer. – Englischer Kunsthandel. – Buchantiquariat ars libri, Boston.
Kunstsammlungen und Museen, Graphische Sammlung, Augsburg, Inv.-Nr. G 2010 – 3. (Alte Inv.-Nr. 12670). – Erworben 12.5.1987.

Sie gehört zu den nicht wenigen Gouachen, die erst nach 1974, als die immer noch gültige Monographie von Jürgen Glaesemer erschien, aufgetaucht sind.[17] Da die vorliegende „Diana mit ihren Gefährtinnen beim Baden" unsigniert ist und zudem in der verspielt realistischen Darstellung der Mythologie etwas ungewöhnlich, gilt es zunächst die Autorschaft Werners zu begründen. Diese Begründung fällt allerdings nicht schwer, da die Miniatur sowohl in der Farbigkeit – das strahlende Blau, das an verschiedenen Stellen des Blattes auftaucht und für Werner ebenso charakteristisch ist wie das Graubraun der Felsen – wie in der Technik – punktierend, parallel strichelnd, lavierend – absolut mit den signierten oder auf andere Weise gesicherten Miniaturen Werners übereinstimmt. Hinzu kommt eine sehr große kompositorische Nähe zu einer Zeichnung und motivische Nähe zu einer weiteren Miniatur Werners, über die später zu reden sein wird.

Dargestellt sind badende junge Frauen; dass es sich um Diana und ihre Nymphen handelt oder handeln könnte, erschließt sich aus den Jagdwerkzeugen im Vordergrund – Bogen, Köcher mit Pfeilen und Horn –, doch ist die Göttin weder durch den üblichen Halbmond noch durch eine herausragende Haltung gekennzeichnet. Auch ist keine mythologische greifbare Szene dargestellt.

Das Wasser, in dem sie baden, ist das eines langsam aus dem Bildhintergrund heranfließenden, über einen kleinen Absatz springenden Bachs, der sich vorne verbreitert oder auch staut. Im Mittelgrund ist er von einer leicht und schön geschwungenen Brücke überwölbt, auf der die antike Plastik einer Flussgottheit ruht. Dahinter eine breite Treppenanlage die zu einer Gartenvilla führt.

An Hand der 46 Gouachen, die ihm damals bekannt waren, hat Glaesemer ein chronologisches Gerüst erstellt, in das sich die später entdeckten Stücke mit relativer Sicherheit einfügen lassen. Danach ist es wahrscheinlich, dass die vorliegende nicht signierte oder datierte Gouache aus Werners früher Schaffenszeit der 60er-Jahre stammt und vielleicht noch in Rom entstanden ist, wohin Werner nach der Ausbildung in Bern und der Gesellenzeit bei Merian in Frankfurt wohl um 1652/54 aufbrach. Wie der nur wenig jüngere Berner Maler Wilhelm Stettler, Verehrer und Freund von Werner, in seiner 1707 verfassten Autobiographie schreibt, hielt sich Werner zehn Jahre in Italien, besonders in Rom auf und fuhr 1662 über Bern nach Paris.[18]

Für eine Entstehung der Miniatur in Rom spricht zunächst die Villenarchitektur im Hintergrund mit dem Mittelrisalit und den Treppenanlagen, die der Gartenansicht der Villa Doria Pamphili in Rom, wie sie noch heute besteht und wie sie Giuseppe Vasi 1740 als Radierung veröffentlicht hat, sehr ähnelt.[19] Die Villa wurde kurz vor Werners Ankunft in Rom 1644–52 von den Architekten A. Algardi und G. Fr. Grimaldi ursprünglich zur Präsentation der Sammlung antiker und moderner Skulpturen der Familie des Erbauers erbaut. Diese Sammlung von Skulpturen, die sich heute zum großen Teil im Kapitolinischen Museum in Rom befinden, zog sich als Dekoration der Treppenanlagen, Mauern in die Gartenanlagen fort, wie Werner es in seiner Miniatur dargestellt hat. Auch der Wasserfall im Garten der Villa dürfte für Werner als Anregung gedient haben und die Plastik des Flussgott entspricht in der Haltung der berühmten römischen Plastik des sogenannten Marforio im Kapitolinischen Museum, der allerdings nicht aus der Sammlung Doria Pamphili stammt.

Auch die räumlich offene, klar durch bildparallele Streifen aufgebaute Komposition mit dem sehr hoch im Bild liegenden Horizont spricht für eine frühe Entstehung der Miniatur: Der Vordergrund, das Wasserbecken mit den großen Gestalten der Badenden, ist perspektivisch gegliedert bis zum kleinen Ablass, über den spärlich das Wasser herabrinnt und geht dann ebenso übersichtlich in den Mittelgrund über mit den kleineren Badenden und der Brücke darüber mit Flussgott, Hund und der köstlichen kleinen Gestalt. Von da wird der Blick über die beiden Treppenanlagen zum Gebäude des Hintergrundes geleitet. Also eine sehr berechnete Komposition, deren Konstruiertheit aber durch die wundervolle Lebhaftigkeit der Darstellung überspielt wird.

Die Gouache ist mit einer Reihe von Werken Joseph Werners verbunden. Das mit dem roten Band umwundene Horn unten links in der Ecke findet sich neben anderen Hornstudien ähnlich, wenn auch in anderer Lage, auf einer lavierten Federzeichnung, die eine alte, sicherlich nicht eigenhändige Datierung 1669 trägt.[20]

Die durch bildparallele Streifen nach oben und hinten aufgebaute Komposition, der von hinten nach vorne fließende und über eine kleine Stromschwelle fallende Bach zusammen mit einer die Seiten verbindenden Brücke bzw. brückenähnlichen Situation, auf der eine Gestalt wie ein Flussgott ruht, bestimmen ebenfalls eine Zeichnung und eine weitere Miniatur. Beide sind allerdings später entstanden und haben die offene Weite der vorliegenden Miniatur verloren.

Bei der Miniatur *Badende Diana*[21] (s. Taf. IV, S. 75) von 1668 ist die kompositorische und motivische Nähe zur vorliegenden Miniatur zwar besonders deutlich, doch ist das spätere Werk viel natürlicher, intimer; die konstruiert wirkende Komposition der früheren Miniatur ist überwunden; denn die klaren Geraden der Brücke und der Treppenanlage im früheren Bild sind nun in natürlich geschwungene Linien verwandelt. Im Vergleich beider Gouachen, die in einem Abstand von ca. sechs Jahren entstanden sein werden, zeigt sich besonders in

Abb. 1: Joseph Werner: *Salmacis und Hermaphrodit*, Zeichnung, um 1665

der Abbildung des weiblichen Körpers und in der gestalterischen Vielfalt der Stillebenelemente das gewachsene malerische Ausdrucksvermögen Werners. Auch die dargestellte Natur hat durch die abendlichen oder auch morgendlichen Sonnenstrahlen, die ins Bild fallen, außerordentlich an Atmosphäre und Ausdruck gewonnen.

Die sehr malerisch ausgeführte Zeichnung mit dem mythologischen Thema nach Ovid „Die Quellnymphe Salmacis und Hermaphrodit" befindet sich im Besitz der Grafischen Sammlung Augsburg[22] (Abb. 1) und bildete wohl, wie Glaesemer mit Recht vermutet[23], eine Vorzeichnung zu einer Miniatur. Sie steht kompositorisch und motivisch ebenfalls der vorliegenden Miniatur sehr nahe, und wird wohl zwischen der früheren und der späteren Miniatur zu datieren sein. Denn sie wird zwar noch stark von den bildparallelen Geraden bestimmt, hat andererseits weniger räumliche Weite und mehr Natürlichkeit. Deshalb muss die von Glaesemer und ihm folgend von Biedermann[24] ausgesprochene Datierung in die frühen 80er-Jahre auf Grund der neu aufgetauchten Miniaturen revidiert und die Zeichnung in die Mitte der 1660er-Jahre datiert werden.

Johann Rudolf Huber d. Ä.
(Basel 21.4.1668 – 28.2.1748 Basel)
Der Tod am Sterbebett, 1683/84 (Abb. 2)
Feder in Braun, laviert in Braun und Grau über Spuren von Kreide, 17,7 x 15,3 cm. Signiert unten rechts: Feder in Braun „Rod. Huber fc". Rs. Stempel: Lugt 860. Privatbesitz Augsburg. Prov.: K. E. Hasse. – Deutscher Kunsthandel: Lutz Riester, Freiburg

2007 bot der Kunsthändler Lutz Riester aus Freiburg eine Zeichnung von Johann Rudolf Huber d. Ä an, die sicher signiert, doch für den Künstler höchst ungewöhnlich ist: Der als Skelett dargestellte Tod hält den Verstorbenen, dessen Seele als kleines Kind von zwei Putten dem thronenden Christus entgegengetragen wird, im Würgegriff. Vor dem Sterbebett betende Angehörige und dahinter eine Engelsgestalt, die den Teufel hinwegscheucht (Abb. 2).

Ungewöhnlich gegenüber der souveränen, flüchtig sicheren Zeichenweise Hubers[25] ist an diesem Blatt nicht nur der langsame starre Strich und die variationslose Lavierung, mehr noch die Komposition, die einer früheren Zeit und Kunstauffassung entsprechen. Es handelt sich also um eine Kopie des in der Ausbildung befindlichen Künstlers nach einem früheren Werk.

Eine Zeichnung, die dem Original sehr nahesteht, nach dem Huber seine Kopie ausgeführt hat, befindet sich im Kupferstichkabinett Berlin (Abb. 3). Es ist die zu einer Totentanzfolge von drei Blättern gehörige Zeichnung von Johann König (1586–1642).[26] Allerdings unterscheidet sich Hubers Kopie in einigen Details deutlich von Königs Zeichnung. Besonders stark in der Gestalt Christi, den König im Berliner Blatt stehend mit dem Kreuz darstellt, während er bei Johann Rudolf Huber ohne Kreuz sitzt, und in der den Teufel vertreibenden Gestalt, die bei Huber mit Flügeln als Engel, bei König dagegen neutral ohne Flügel erscheint, jedoch den Teufel gewaltsamer vertreibt. Außerdem ist Hubers Kopie breiter und weniger hoch als die Berliner Zeichnung Königs und es gibt noch eine Reihe kleinerer, zum Teil ikonographisch bedeutsamer Unterschiede: In Hubers Kopie ist die Puttenzahl wesentlich geringer, die vorne Sitzende weint nicht und vor allem ist die kleine auffahrende Seele noch nicht in dieser innigen Beziehung zu Christus dargestellt.

So stellt sich die Frage, ob diese Änderungen Hubers eigener Phantasie entstammen oder ob er eine frühere Fassung Königs, eine Vorzeichnung zur ausgeführteren Berliner Version, kopiert hat. Letzteres dürfte wahrscheinlicher sein, denn Königs Berliner Version ist voller Details, die in Hubers Kopie fehlen, die aber die Szene schlüssiger machen: Der Raum ist durch Dachbalken und Wandschräge genauer definiert und mit dem Kruzifix am Kopfende des Bettes im Sinne der Sterbe-

Abb. 2: Johann Rudolf Huber d. Ä.: *Der Tod am Sterbebett*, Zeichnung 1683/84

Abb. 3: Johann König: *Der Tod am Sterbebett*, Zeichnung

szene ausgeschmückt; auch der breite, segnende Strahl des Göttlichen, das in die profane Szene einfällt, ist eine logische Weiterentwicklung der von Huber kopierten vorläufigen Version. Außerdem handelt es sich bei den drei Totentanzdarstellungen, die möglicherweise nur Teil einer größeren Serie sind, zweifellos um einen wichtigen Auftrag, für den Entwürfe vorauszusetzen sind.

Die Frage, wie der in Basel geborene Huber, der dort und dann in Bern seine Lehrzeit verbrachte, ehe er zu einem sechsjährigen Ausbildungsaufenthalt in Italien aufbrach, zu einer zeichnerischen Vorlage eines Augsburger Künstlers kam, der schon über 40 Jahre vorher gestorben war, ist leicht zu beantworten. Trat Huber doch 1683 als 15-Jähriger in die Hausakademie von Joseph Werner d. J. ein, der wenig früher aus Augsburg in seine Heimatstadt Bern zurückgekehrt war. Schon in Augsburg hatte sich Werner im Kreis der Künstler bewegt, die dort eine private Akademie gründeten.[27] In Bern betrieb er dann die private Akademie in seinem Haus auch als Nebenverdienst professionell. In einem langen Brief an den Pfarrer Bartholomäus Anhorn in Elsau vom 23.9.1693[28] beschreibt er sehr ausführlich seine pädagogischen Ansichten, zu denen natürlich auch das Kopieren gehörte und rühmte sich der Kunstwerke „an Gemähldens, Bildereyen, Kupferstichen, Büchern", die er neben seinen eigenen Werken zur Ausbildung seiner Schüler gesammelt habe. Wilhelm Stettler beschreibt in seiner Autobiographie[29] Werners Kunst- und Büchersammlung sehr genau, nennt eine große Anzahl von Künstlern, von denen oder nach denen Werner Werke in seinem Besitz hatte, und ebenso eine Vielzahl von Literatur und Quellenwerken. Natürlich sind es fast ausnahmslos italienische Künstler, die Stettler nennt, und der Name König kommt in seiner Aufzählung nicht vor. Aber es kann als sicher gelten, dass Werner die Zeichnung Königs in Augsburg fand oder erwarb und Huber sie während der Zeit seiner Ausbildung bei Joseph Werner kopierte.

---

1 Zu Johann König: Peter Strieder: „Zur Vita des Johann König". In: *Anzeiger des Germanischen Nationalmuseums*, Nürnberg 1966, S. 88 – Heinrich Geissler: *Zeichnung in Deutschland – Deutsche Zeichner 1540–1640*. Ausst.-Kat. Graphische Sammlung der Staatsgalerie Stuttgart, Stuttgart 1979, Bd. 1, S. 268. – *Städtische Kunstsammlungen Augsburg. Deutsche Barockgalerie. Katalog der Gemälde*, zweite vermehrte und überarbeitete Auflage, Augsburg 1984, S. 154.

2 *Elias Holl und das Augsburger Rathaus*, Ausstellungskatalog Augsburg, Regensburg 1985, S. 236 f., Kat.-Nr. 53–61. – *Städtische Kunstsammlungen Augsburg. Deutsche Barockgalerie. Katalog der Gemälde*, zweite vermehrte und überarbeitete Auflage, Augsburg 1984, S. 154 f.

3 Brigitte Volk-Knüttel: „Maximilian I. von Bayern als Sammler und Auftraggeber. Seine Korrespondenz mit Philipp Hainhofer 1611–1615." In: *Quellen und Studien zur Kunstpolitik der Wittelsbacher vom 16. bis zum 18. Jahrhundert*, Hrsg. von Hubert Glaser (Mitteilungen des Hauses der Bayerischen Geschichte I), München–Zürich 1980, S. 83–128. – Gode Krämer: „Drei neu aufgetauchte Wappenminiaturen zum Stammbuch Herzog Philipps II. von Pommern." In: *Pommern*. Zeitschrift für Kultur und Geschichte, 46. Jg., Heft 2/2008, S. 33. mit Abb.

4 Die Rechnung von der Kunsthandlung De Jonckheere für beide Gouachen ist auf den 10. Februar 2004 datiert. Am 11. Mai 2004 schrieb Frau Daisy Prevost-Marcilhacy von der Kunsthandlung de Jonckheere: „Wir freuen uns, dass die Gouache von Johannes König ‚Die Predigt des Hl. Johannes d. Täufers in der Wüste' doch noch zu Ihnen kommt. Falls wir die andere Gouache von Johannes König ‚Die Versuchung Christi' wieder zurückbekommen, worauf wir sehr hoffen, verpflichten wir uns, Ihnen diese ebenfalls zu dem Preis von […] zu verkaufen." Die Korrespondenz im Archiv des Sammlers. – Glücklicherweise hat sich ein recht gutes Farbgroßdia erhalten, das die Grundlage zur vorliegenden Farbabbildung bildet.

5 Die Stempel entsprechen genau dem auf dem 1627 entstandenen Kabinettschrank Inv.-Nr. N. M. 7325 im Rijksmuseum, Amsterdam. Der Stempel abgebildet in Franz Wagner: „Ebenisten, Silberkistler, Galanteriearbeiter, Hoflaubschneider, Kammertischler. Gewerbegeschichtliche Notizen zur barocken Möbelkunst in Augsburg, München und Wien. Mit biographischen Daten zu einigen Meistern." In: *Barockberichte 57/58*, 2012, S. 633, Abb. 17. – Nach den Kistlerakten, fasc. 5, Nr. 73, f. 353 im Stadtarchiv Augsburg wurde dieser Stempel nach dem Senatsbeschluss vom 14. Juni 1625 für alle Ebenholzarbeiten gefordert.

6 S. *Faszination Barock. Zeichnungen und Gemälde des deutschen Barock aus einer Augsburger Sammlung.* Hrsg. von Katharina Bechler und Christof Trepesch, Aust. Kat. Schloss Achberg/Kunstsammlungen und Museen Augsburg 2012, S. 122, Kat.-Nr. 49 mit Abb.

7 Nach Philipp Hainhofers Brief vom September 1610 war König zu diesem Termin in Rom, s. Oscar Doering: *Des Augsburger Patriciers Philipp Hainhofer Beziehungen zum Herzog Philipp II. von Pommern – Stettin. Correspondenzen aus den Jahren 1610–1619 im Auszuge mitgetheilt und commentiert.* Quellenschriften für Kunstgeschichte und Kunsttechnik des Mittelalters und der Neuzeit, Bd. 6, Wien 1894, S. 39.

8 Ob dieses kleine, leicht zu übersehende Detail, tatsächlich eine ikonographische Aussage beinhaltet, scheint mir zweifelhaft. Deuten kann ich es nicht, zumal die Identifizierung des Vogels unsicher ist.

9 S. dazu *Faszination Barock* (wie Anm. 6).

10 Gouache und Aquarellierung auf Kalbspergament auf Kupfertafel geklebt., 25,2 x 37,5 – 8 cm. Inv.-Nr. Res. Mü. G 1015). Signiert und datiert: „Joan. König/F. in Roma 1613." S. hierzu Volk-Knüttel (wie Anm. 3), S. 91 mit Abb. Tfl. 1.

11 Hainhofer war mit der Schwester Daniel Rehms verheiratet, s. Volk-Knüttel (wie Anm. 3), S. 124, Anm. 90.

12 S. Volk-Knüttel (wie Anm. 3), S. 91.

13 An Gemälden auf Kupfer s. z.B. *Faszination Barock*, (wie Anm. 6) S. 124, Kat.-Nr. 50 mit Abb. – Städtische Kunstsammlungen Augsburg. Deutsche Barockgalerie. Katalog der Gemälde, zweite vermehrte und überarbeitete Auflage, Augsburg 1984, S. 161, mit Abb. 8. – Auf Leinwand: s. Andreas Priever: *Vorbild und Mythos. Die Wirkungsgeschichte der „Hochzeit zu Kana".* Sigmaringen 1997, S. 165, Nr. 2, Abb. 16.

14 Doering (wie Anm.7), S. 39. – S. auch Priever (wie Anm. 13), S. 52f.

15 S. *Faszination Barock* (wie Anm. 13) S. 122, Kat. 49, Anm. 1.

16 S. dazu Susanne Netzer: *Johann Matthias Kager, Stadtmaler von Augsburg (1575–1634)*. (Miscellanea Bavarica Monacensia 92), München 1980, S. 3 f.

17 Jürgen Glaesemer: *Joseph Werner. 1637–1710*. Schweizerisches Institut für Kunstwissenschaft, Zürich 1974, S. 148–178,

Taf. I: Johann König: *Versuchung Christi*, 1610. Gouache auf Pergament.

Taf. II: Johann König: *Orpheus unter den Tieren*, Gouache und Aquarell auf Pergament, auf Kupfertafel geklebt, 1613.

Tafeln zu Gode Krämer: Zwei unbekannte Miniaturen

Taf. III: Joseph Werner d. J.: *Diana mit ihren Gefährtinnen beim Baden*, um 1662. Gouache auf Pergament

Taf. IV: Joseph Werner: *Badende Diana*, Gouache 1668. Gouache auf Pergament

Tafeln zu Josef H. Biller: Der große Ratskalender der Reichsstadt Augsburg (S. 101–131)

Taf. V: *Augsburger inoffizieller Ratskalender, Kopfstück von 1644*, Holzschnitt von Marx Anton Hannas nach Monogrammis I.C., erster Typ 1643–1645

Taf. VI: Augsburger offizieller Ratskalender, Kopf- und Fußstück mit sechs Wappen von 1664, Kupferstiche von Matthäus Küsell, zweiter Typ, 1662–1664

Kat.-Nr. 63–109. – Zu neu aufgetauchten Miniaturen s. neben der unten besprochenen z. B. *Faszination Barock* (wie Anm. 6) S. 244, Kat.-Nr. 107.

18 Wilhelm Stettler (Bern 1643–1708 Bern). Über ihn und die Autobiographie mit den Angaben über Joseph Werner s. Glaesemer (wie Anm. 16) S. 12.

19 Giuseppe Vasi (1710–1782). Claudio Rendina: *Le strade di Roma.* Rom 1987, Abb. 32. – Für den Hinweis auf die Villa Doria Pamphili bin ich Herr Professor Dr. Valentin Kockel sehr dankbar.

20 Pinsel in Schwarz und Grau, 15,2 x 20,3 cm, Sotheby's New York, 25.1.2011, lot 79 mit Abb.

21 Gouache auf Pergament auf Kupfer aufgezogen, 12,1 x 9,8 cm, auf einem auf das Kupfer geklebten Papier signiert: „JW(ligiert) erner fecit/ Ao 1668.", *Sotheby's, New York, Old Master,* 28.1.2000, lot 48 mit Abb.

22 Schwarze Kreide, Pinsel in Grau, geringfügig weiß gehöht, 32,6 x 21,2 cm, Augsburg, Kunstsammlungen und Museen, Grafische Sammlung, Inv.-Nr. G 5100 – 76, s. Glaesemer (wie Anm. 16) S. 45 und S. 135, Kat.-Nr. 47 mit Abb., und Rolf Biedermann: *Meisterzeichnungen des Deutschen Barock.* Aus dem Besitz der Städtischen Kunstsammlungen Augsburg, Augsburg 1987, 174, Kat.-Nr. 82 mit Abb.

23 Biedermann (wie Anm. 22) und Glaesemer (wie Anm. 22).

24 Biedermann (wie Anm. 22) und Glaesemer (wie Anm. 22).

25 Ein gutes Beispiel dafür „Templum Aeternitatis – Allegorische Szene, Pinsel in Grau, 43,0 x 33,8 cm, Basel, Kunstmuseum Kupferstichkabinett, Inv.-Nr. 1907.95.1, s. *Zeichnungen des 17. Jahrhunderts aus dem Basler Kupferstichkabinett*, Basel 1973, Kat.-Nr. 31 mit Abb.

26 „Der Tod am Sterbebett" Feder und Pinsel in Schwarz und Grau, weiß gehöht auf rosa getöntem Papier, 26,3 x 18,4 cm, signiert in Feder in Braun:" Jo: König/fe:", Berlin, SMPK Kupferstichkabinett, KdZ 9784, s. Sibylle Groß: *Zeichnungen des deutschen Barock.* Bilderheft der Staatlichen Museen zu Berlin, Preußischer Kulturbesitz. Heft 85–86, Berlin 1996, S. 21 f, Kat.-Nr. 10 mit Abb. – Die beiden anderen Zeichnungen der Serie sind: *„Der Tod und die drei Lebensalter";* gleiche Technik, 26,8 x 18,5 cm, KdZ 9397 und *„Der Tod klopft an das Palasttor einer vornehmen Gesellschaft",* gleiche Technik, 26,7 x 18,5 cm, KdZ 9783.

27 Glaesemer (wie Anm. 16), S. 24. – *Augsburger Barock*, Ausst.-Kat. Augsburg 1968, S. 98.

28 Glaesemer (wie Anm. 16), S. 28 und S. 88, Dokument 20.

29 Zu Wilhelm Stettler s. Anm. 18. Die entsprechenden Passagen zu Werners Kunstsammlung s. Glaesemer (wie Anm. 16), S. 86, Dokument 8.

Die Flugblattproduktion des Augsburger Druckers und Verlegers Jacob Koppmayer (1640–1701)

John Roger Paas

Um die Mitte des 17. Jahrhunderts konnte die Stadt Augsburg stolz auf eine der längsten und umfassendsten Drucktraditionen im gesamten Heiligen Römischen Reich blicken. Kaum war die Schwarze Kunst aus Mainz in die Reichsstadt gekommen, als auch schon Personen mit den entsprechenden Fachkenntnissen und ausreichendem Kapital das kommerzielle Potenzial der Herstellung von Büchern oder kleineren Schriften für einen wachsenden Lesermarkt erkannten. Mit einem für den Handel günstigen Standort, einem gut etablierten Nachrichten-Netzwerk, dem guten Angebot an qualifizierten Arbeitskräften und einer großen Anzahl wohlhabender und gebildeter Bürger erwies sich Augsburg bald als idealer Platz für den Druckhandel und entwickelte sich im Verlauf der Frühen Neuzeit neben Nürnberg, Frankfurt, Straßburg und Leipzig zu einem der führenden Verlags-Zentren in Europa.

Eine statistische Erhebung zur deutschen Druckproduktion der Frühen Neuzeit insgesamt würde Augsburg sicher einen Spitzenplatz einräumen, wenngleich bedauernswerter Weise von der Produktion dieser Jahre viel verloren gegangen ist. Das gilt vor allem für kürzere, weniger beständige Erzeugnisse wie Flugblätter. Während der Frühen Neuzeit war die Überlebensrate solcher Arbeiten äußerst gering. Selbst von Personen, die den Handel mit populären Drucken Jahrzehnte aktiv betrieben, sind in der Regel nur noch einige Flugblätter bzw. Flugschriften erhalten.[1]

Bei der geringen Überlieferung schriftlicher Aufzeichnungen aus dem Leben insbesondere einfacher Leute sind wir auch auf visuelle Quellen wie Flugblätter angewiesen, um ein vollständiges Bild frühneuzeitlicher Kultur und zeitgenössischer Interessen zu erhalten. Mit der genauen Kenntnis der Aktivitäten einzelner Drucker und Verleger und in der Auseinandersetzung mit ihren Produkten wird die Wertschätzung des tatsächlichen Produktionsumfanges und der Rolle, die diese Blätter im Alltagsleben der Zeit spielten, sicher wachsen.

Eine in diesem Sinne sehr interessante Persönlichkeit ist Jacob Koppmayer (Koppmayr, Koppmair), der seine lange und erfolgreiche Karriere als Drucker und Verleger in Augsburg in den 1660er-Jahren begann.[2] Das Druckgewerbe war in dieser Zeit von Natur aus sehr wettbewerbsorientiert, und das gilt insbesondere für Augsburg, wo sogar die Religionszugehörigkeit der Drucker oft eine maßgebliche Rolle bei der Vergabe von Aufträgen spielte. Mitunter brachte der Kampf um Vorteile auch juristische Auseinandersetzungen mit sich, generell aber war die Flexibilität der Drucker der entscheidende Schlüssel zum Erfolg. Für das langfristige Überleben genügten die Vorteile des Standortes Augsburg und das technische Vermögen der Drucker selbst nicht aus. Erforderlich waren auch ein Gespür für den Markt und die Fähigkeit, schnell auf Veränderungen zu reagieren. Nur wenige Druckereien und Verlage hatten die Möglichkeit, in die Fußstapfen eines Anton Koberger, Johann Froben oder Christophe Plantin zu treten und ihre Aktivitäten in erster Linie auf die Produktion größerer Werke zu beschränken. Bei Koppmayer war das nicht anders. Zwar fertigte er, mal als Drucker, mal als Verleger, mehrere wissenschaftliche Arbeiten, religiöse Werke und historisch-geographische sowie historische Werke an,[3] zur Sicherung seines Lebensunterhaltes aber musste er sich auf die Produktion von Gelegenheitsarbeiten wie Leichenpredigten, Hochzeitsgedichte, Almanache oder Flugblätter konzentrieren.

Obwohl in erster Linie als Schlüsselfigur der frühen Jahre des Druckes von Noten und der Herstellung von Zeitungen in Augsburg bekannt,[4] so handelt es sich bei Koppmayer doch auch um einen der erfolgreichsten Verleger von Flugblättern in der Stadt.[5] In der Frühen Neuzeit war es üblich, erst einmal mit dem Verlegen von Flugblättern zu beginnen, um dann allmählich in die Publikation gebundener Werke von größerem Umfang einzusteigen. Bei Koppmayer hingegen dauerte es länger als ein Jahrzehnt, bevor er seine Aufmerksamkeit auf Flugblätter richtete. Zunächst verfolgte er dabei einen konservativen Weg. Als Protestant sah er z. B. keine Wettbewerbsvorteile bei der Herstellung von katholischen Andachtsblättern und so überließ er solche Arbeiten lieber anderen Herausgebern wie Abraham Bach d. J., Albrecht Schmidt und Johann Philipp

Triumphierliches Denck- und Sieges-Mal/

Zu einem stets-währenden Angedencken/ allen tapffern Helden/ welche in dem Feldzug dises 1683. Jahrs/ gegen dem Erbfeind/ mit ungemeiner Tapfferkeit gefochten/ und unterschiedliche herrliche Sieg erstritten/ aufgerichtet.

Erstlich wird fürgebildet ein Kayserlicher Saal/ auf welchem Ihro Kayserl. Majest. Unser Allergnädigster Kayser und Herr/ von vielen Tausenden/ zu Roß und Fuß/ neben einen schönen Artollerie/ nach den Oesterreichischen unter einem prächtigen Himmel sitzend/ von einem Engel/ mit einem Sieges-Krantz/ Landen gerucket/ und sich den 8. Sept. zu Tull mit den Kayserl. Polnischen und Reichs-Wöldern con-bekrönet wird/ daneben hat anwesend/ die herrliche Sieges-Früchte/ womit der höchste Mo-jungiret/ und also gesamter Hand auf den Feind/ welches die Kayserl. Residentz-Stadt Wien/ allbereit narch Himmel und der Erden/ Sein Kayserliche Majestät beseliget. Und solches machet die in die 9te Wochen/ auf das härteste und äusserste bedränget/ loßgangen/ und ihr glücklich hinwegge-FAMA in der Lufft/ durch die gantze Welt kund mit zweyen Trompeten/ woran die schlagen. Wie denn die Sächsische Fähnlein die ersten gewesen/ welche in der Türcken Lager gewehet/ Reichten/ der Reichs-Adler/ an der lincken aber/ das Oesterreichische Wappen/ zu sehen/ aus der einen und sind ihnen die erste Stuck zurheil worden. Disem Chur-Fürsten stehet zur Seiten/ der Durchleuch-Trompeten gehen die Wort: Vivat LEOPOLDUS Imperator Pater Patriæ, Es lebe der Kayser LEO-tigste und Hochgeborne Fürst und Herr/ Herr Carol V. Hertzog zu Lothringen und Baar/ic. ic. Was POLD der Vatter des Vatterlands. Aus der andern: Victor, Triumphator, Terrorque Regni für Fürst dem Hauß Oesterreich/ zu gutem allbereit in dem jüngstführten Frantzösis. Krieg für Tha-Turcici, Ein Besieger/ Uberwinder und Schrecken deß Ottomannischen Tyrannen. Der Aller-ten verübet/ ist noch jederman in frischer Gedächtnuß/ darum auch Dero Kayserl. Maj. bewogen wor-höchste wolle solchen Wunsch bestätigen/ und noch ferner alle Dero Actiones segnen/ und zu einem den/ hochgedachtem Hertzog/ die allgemeine Feld-Herrn-Stelle/ in gegenwärtigem Türcken-Krieg erwünschten Ende bringen/ damit wir unter ihrem Schutz noch länger sicher wohnen mögen. aufzutragen/ welches Er dann auch rühmlichst verrretten/ indem Er in unterschiedlichen Actionen/ alles Zur rechten Seiten deß Kayserl. Trohns/ stehet der Durchleuchtigste und Großmächtigste Fürst gethan/ was von einer zu hohen Person erfordert wird/ sonderlich bey Baracan/ da Er die allbillige und Herr/ Herr Johannes III. König in Polen/ Groß-Fürst in Littauwe/ic. ic. ein tapfferer und daher Reichsblendente Pohlen selbsten secundiret/ und ihren Printzen aus einer grossen Gefahr/ er-Held/ welcher allbereit schon unterschiedliche Männliche Thaten gegen dem Erbfeind verübet/ und ab-rettetet/ auch den andern Tag hernach/ als sich die Türcken abermal blicken liessen/ solchergestalt auf sie er sonderlich vor 10. Jahren/ vor Chotim/ einen tödlichen Streich beygebracht/ und deren viel Tausend loßgangen/ daß sie ihr erste Stuck zurheil worden/ und in der Donau ersoffen/ und bald darauff erschlagen/ auch bald darauff/ nemblich Anno 1675. bey Trembiowla/ den Türcken wiederum eine solche die Haupt-Vestung Gran/ eroberte. GOTT verleihe disem tapfferen Fürsten noch ferner Glück und Schlacht gelieferet/ daß deren über 1000. auf der Wahlstatt/ der Pohlen aber/ eine artzige Anzahl ge-Sieg/ und zerstreue seine Feinde vor ihm her/wie Stoppeln. blieben. Und dann den 6. Sept. die grosse Macht der Türcken und Tartarn/ bey Wagenau/ abermal Dise Helden werden vergliedschafftet mit Ihro HochFürstl. Durchl. von Waldeck/ic. ic. und aus dem Feld geschlagen/ darauf Fried erfolget. Nachdem aber nun in disem 1683. Jahr/ auch der bad andern unterschiedlichen Fürstlichen und Gräflichen Generals-Personen/ welche auch zu unterschied-Türckische Kriegs-Sommler/ das vor dem wohlerbaute Königreich Ungarn/ und das Ertz Oesterreich/ lichen Occasionen wirklich ein bezeuget/ und dahero einen ewigen Ruhm verdienet und erworben/ wel-überfiel/ giene solches disem Edelmüthigen Helden dermassen zu Hertzen/ daß Er mit Ihro Kayserl. cher nimmermehr verwelcken wird. Mai. viel Schutz- und Trutz-Bündnuß/ und darauf mit einer starcken Armee/ in eigner hoh-en Per-son/ sambt seinen Printzen/ und Feldherrn/ nach den Oesterreichischen Landen ruckte/ die dare bedrang-Gegen die lincke Hand Ihro Röm. Kayserl. Maj. stehet der junge Kayserl. Ertz-Prinz JO-stigste Stadt Wien/ zu entsetzen/ welches Er auch Glücklich in Werck gesetzt/ den Feind verjagt/ und ei-SEPH/ auch der Durchleuchtigste und Hochgeborne Hertzog von Neuburg/ic. ic. Vor dem nen sehr grossen Schatz/ darunter deß Groß-Wesiers/ Gezelt und Leib-Standart/ mit den dreyen Roß-Kayserl. Trohn aber præsentiret sich der unvergleichliche Held/ nemlich der Hochund Wolgeborne Graf schweiffen/ gewesen/ erobert/ auch in dem Nachsetzen bey Oedenburg und Baracan/ viel niederge macht. und Herr/ Herr Ernst Rüdiger Graf von Starenberg/ Commendant der Stadt Wien/ mit Der Höchste wolle seines mächtigen Helden Waffen noch ferner segnen/ und alle erwünschte Glückliche dem Grundriß selbiger Stadt. Was deser unvergleichliche Held für tapffere Thaten in Beschirmung be-Progressen sehen. sesselbem anvertrauten höchst-importantesten Platzes gethan/ wie sorgfältig Er für des Kayserl. Unsers Gro-sten Monarchen/ gewachet/ und den ihm anvertrauten Burgern/ mit Bedrohungen und würckli-Nechst disem Durchleuchtigsten Helden/ stehet der Durchleuchtigste und Hochgeborne Fürst chen Feindbestraffen/ grausamen Geschützen/ Feuerwerffen/ und Sprengungen/ so Männlich wie-und Herr/ Herr Maximilian Emanuel/ deß Heil. Röm. Reichs Ertz-Truchses und Chur-Fürst/ Hertzog der alle Anfälle beschirmet/ die zum theil von dem erwünschsten Entsatz erhalten/ ist jederman bekannt/ und in Ober-und Nieder-Bayrn/ic. ic. diser tapfferer Fürst/ nachdem Er den grausamen Einfall der Tür-wird seiner nimmermehr vergessen/ wie dann solche von hochgeachtem Herrn in Grafen von Staren-cken und Tartarn in die Kayserl. Erbländer vernommen/ hat Er nicht gesäumet/ sondern ist vermög berg/ erzeiget Helden-müthige Tapfferkeit/ von Ihro Röm. Kayserl. Maj. auf ungemeine Weise/ aller-seiner leder Zeit mit einer unverhoffet feiner/ und gantz Kayserl. ansehnlichen Armee/ von vielen Tausenden/ zu Roß und Fuß/ Ihrer Kayserl. Maj. zu Hülff gezogen/ sich mit gnädigst erkennet/ auch nicht weniger von Dero Königl. Maj. in Spanien/ mit dem Ritter-Orden oder den andern Christlichen Völckern conjungirt/ und die Stadt Wien/ aus ihrer Noth Glücklich entsetz-Güldenen Vließ/ beschencket worden. Hinter solchen werden eine Anzahl Türckischer Gefangener/ tet/ auch an andern Orten/ sonderlich vor Gran und Baracan/ die tapfferste Thaten verübet. Der an Ketten zusammen gefesselt/ nebenst einer Türckischen Haupt-Standart/ der Röm. Kayserl. Höchste wolle noch ferner S. Churfl. Durchl. in allen Actionibus beystehen/ ihr Schutz und Schirm Maj. unterthänigst zu Füssen geleget. An der Seiten præsentieren sich der Politische Feldherr/ und seyn/ und mit allem Segen von Oben herab überschütten. eine vermegne Anzahl Polnischer und Teutscher Soldaten/ welche alle Glück und Heil wünschen. Und Nechst disem Printzen/ ist zu sehen der Durchleuchtigste und Hochgeborne Fürst und Herr/ Herr der Höchste ache/ daß die Teutsche/ und Dero hohen Alliierten Kayserl./ der Türckischen Schlange alle-Johann Georg III. deß Heil. Röm. Reichs Ertz-Marschalck und Chur-Fürst/ Hertz3 in Sachsen/ Kopffe abhauen/ so sie in den ersten Donaupfrohm ersauffen/ oder/ daß alle solche wilde Bestien/ als Gülich/ Cleve und Bergs/ic. ic. ic. Diser Großmütige Held/ hat den Unfall/ welcher die Oesterreich-wie die versagte Mäuse/ wieder in ihre Löcher mögen gejagt werden/ dann wollen wir uns trauen und frö-schen Länder betroffen/ dermassen zu Hertzen genommen/ daß Er ein beständiger Freund und Beschirmer lich seyn.

LEOPOLD/ der Erden-Sonn/ Leopold/ gekrönter Kayser/   Minder nicht Chur-Sachsens-Schwerdt so begierig gehauen/   Dessen alles freut sich nun das hochtheure Haupt der Christen/
Dem ein starcker Engel selbst bringet Sieges und dorbeer Reiser/   Daß man Ihn mit lauter Blut um und um besprützt hat schauen/   JOSEPH/ der schön Himmels-Zweig/ die Tugenden schon rüsten
Sihe mit gantz frohem Aug die Wunder-Hülffe an/   Dise grosse Helden-Faust hat mit solchem Muth gekämpfft/   Juvent-glänzlich seinen Thron/ und der Ihm gar Seiten steht/
Die GOtt durch der Helden/ Arm dir und Teutschland hat ge-   Daß der grosse Türcken-Schwall Inskannen wurde bald gedämpfft.   Der von Neuburg grosse Fürst/ so in nahem Blüte steht.
Als das Thier von Orient aufgespereter seinen Rachen/ [than.   Hertzog Carl sey nicht/ der belobte Lothringer/   Ofte alle sehen mit/ wie vor dem Throne ligen/
Und sich vor dir deine Burg grimm-vergiffter wollen machen/   Sondern wolte gleichfalls seyn ein hoch-tapfferer Held/ Bezwinger/   Säbel/ Türpin/ Schild und Spieß/ Fahnen bie im Kriege stiegen/
Seine Funcken ausgespyh'n/ zu verschlingen Stadt und leut/   Darum hat sein Helden-Hertz also entferne sich beseget: Paucken/ und sonst andere Zeug/ bey dem man von dem Feind gebracht/
Das bewehrte Christen-Volck nahe sich der Barbar-Hunden/   Daß da weder Erd noch Strom von gesiattenn Streiche schweiget.   Als er Schrecke/ und Forchten-voll sich für in die Flucht gemacht.
Schlaget mit Hertz-haftigem Muth ihnen tieffe Todes-Wunden/   Ja/ so hat der Kayser hier seine Ihm erhabene Wohnung/   Sonderlich bezeugt das Antz vom Türst in Wolgefallen/
Daß sie drüber gantz erstaunt/ ängst-erbebend reißen aus/   Auch vor den Tapfferkeit ein höchst-willigen Officierers-Treu/   An den Waffen und dem Hauf/ deren/ die in Bosen wallen
Lauffen als wie schwache Mäuß in ihr altes Loch und Hauß.   Dümerwald und andere/ mehr/ willen Officieres-Treu/   Die so groß und herrlich ist/ seynd ein rechte Sieges-Freud.
Hier har Pohlens Säbel-Zieb/ der nächst deinem Throne glänzet/   Aber was sagt man von Dir/ Starenberg/ Du Weltz-Geschöpfs!   Nun wie diser schwere Kampf von dem Himmel wol gelungen
Und wadurch deß Königs Haupt auch mit dem Sieges-Laub umkränzet   Aller Türcken Pein und Geis/ doch/ belobtes Feuer-Witzen/   Vorzor Ihm das Dank-Lied auch in der Christen-Kirch geklungen
Sein Vermögne wol bezeugt/ wie Er sich viel schmeigen hat.   Der Du/ nächst der GOttes-Hüll/ Wien erhalten und der Hand/   Also muß der grosse GOTT/ weiters sie segnen diser Schaaren/
Das Blut-behauffter Strohm fließ den Christen zum Gewinn.   Derer die ihm naueste mit viel Stürmen/ Schuß und Brand.   Daß der grosse Kayser führt zur Beschirmung seiner Heerd.
Disem nächst Chur-Bayerns-Seral har die Feinde so erschröcht/   Daß dir noch Strom von gesiatten Kayser hat seine Ihm erbotene Wohnung/   So wird das beschirmte Volck hald Ihm nimmer wol erkennen/
Daß sie auf der Erd ertoben-und im Wasser auch ersoffen.   Such/ dein Ruhm wird ja nimmer weich/ und dein Nahm ist schongestellet/   Und mit heisser Mund-Begier nur stets auf die Christen rennen/
O! Wie hat der starcke Löw dise wilde Güt gesället/   Wann der gelbe Neid als Koh-lauber über deine Thaten kännt.   Durch geliebte Helden/ Krafft/ schlagen/ jagen weg mit Schand/
Daß sie wie ein starcke Well/ flossen an/ zurück gepresset.   Ja/ die Sieges-Kronen selbst stechen uns in ihrem Land.

Augspurg/ Gedruckt bey Jacob Kopp

Steudner. Darüber hinaus vermied er jedes Risiko bei der Veröffentlichung von Inhalten, die sich womöglich nicht gut verkaufen könnten, wie etwa moralisch-satirische Blätter, die eine tragende Säule in der Produktion von Paulus Fürst in Nürnberg in den 1640er- und 1650er-Jahren gewesen waren.6 Koppmayer wählte von vornherein ein Thema, das Absatz garantierte: Kometen und ähnliche Himmelserscheinungen. Zwischen Ende 1680 und Spätsommer 1683 brachte er eine limitierte Anzahl von Kometenblättern mit besonderem Interesse für Augsburger Bürger (Nr. 2, 4, 6 und 7) sowie Blätter zu gewissen Vorkommen in entfernten in- und ausländischen Orten wie Markt Wailtingen (Nr. 1), Stockholm (Nr. 3) und Straßburg (Nr. 5) heraus.

Es dauerte jedoch nicht allzu lange, bis Koppmayer den inhaltlichen Schwerpunkt seiner Flugblätter auf aktuelle Ereignisse lenkte, und wieder war er darauf bedacht, nur Blätter herauszugeben, die seine Kunden direkt ansprachen. Nur selten veröffentlichte er etwas, was nicht in irgendeiner Weise im Zusammenhang mit der Politik des Reiches stand (Nr. 24 und 42). Im Verlauf fast der gesamten letzten beiden Jahrzehnte des siebzehnten Jahrhunderts wurde der militärische Konflikt im Osten sein bevorzugtes Thema. Die Türken stellten seit dem Fall von Konstantinopel im Jahre 1453 immer eine ernsthafte Bedrohung für die Christen in Europa dar. Als der Großwesir Kara Mustapha im Sommer 1683 eine gewaltige türkische Streitmacht nach Österreich führte und Wien belagerte, eröffnete das natürlich einen guten Markt für Nachrichten über den Konflikt. Diese zufällige Gelegenheit wusste ein Verleger wie Koppmayer schnell für sich zu nutzen. Er brachte Porträts der wichtigsten Akteure beider Seiten heraus (Nr. 8–11 und 13–15), aber der Schwerpunkt seiner Blätter waren die militärischen Ereignisse von der Belagerung Wiens (Nr. 12) bis zur Niederlage der Türken bei Zenta im Jahre 1697 (Nr. 44).

Niemand wird bezweifeln, dass Koppmayer in seiner Haltung gegenüber den Türken voreingenommen war, dennoch war er in den von ihm veröffentlichten Flugblättern stets darauf bedacht, einen Anschein von Objektivität zu wahren. Obwohl in den Titeln der Flugblätter gelegentlich Wörter wie „schröcklich", „entsetzlich" oder „erbärmlich" auftauchten, die eindeutig dazu dienten, die Aufmerksamkeit potenzieller Leser zu gewinnen, so wollte Koppmayer doch in erster Linie den Wahrheitsgehalt seiner Berichte betonen. So findet man in den Titeln der Flugblätter auch immer wieder die folgenden Wörter und Phrasen: „Wahrhaffte Abbildung" (Nr. 9), „Eigentliche Abbildung" (Nr. 22, 26–29 und 36), „Warhaffter Bericht" (Nr. 16, 20, 21, 23 und 42), „Warhaffte Abbildung" (Nr. 34 und 35) und „Gründliche Beschreibung" (Nr. 17 und 18). Alle Blätter sind illustriert, wenngleich nur sehr wenige den Namen des Künstlers enthalten: Gabriel Ehinger (Nr. 44), Johann Franck (Nr. 37 und 41), Melchior Haffner II. (Nr. 19 und 39), Johann Christoph Haffner (Nr. 32) und Wilhelm Frommer (Nr. 45).7 Im Unterschied zu einigen Verlegern in Wien und Nürnberg vermied Koppmayer, dass die genannten und anonymen Künstler für ihn Karikaturen von Türken zeichneten. Dafür entschied er sich nicht, weil er den Zensoren in der Stadt gefallen musste, sondern sehr wahrscheinlich aufgrund seines ausgeprägten Willens, den Ruf eines seriösen Druckers und Verlegers zu erhalten. Das war von einiger Bedeutung, denn in der gleichen Zeit, in der er Berichte in Form von Flugblättern über die Türken veröffentlichte, brachte er auch Zeitungen – die sehr wohl der Zensur unterlagen – sowie umfangreichere wissenschaftliche Arbeiten über die Türkei und andere östliche Länder heraus.8 In mindestens zwei Fällen wurde die Zeichnung, die auf einem seiner Flugblätter verwendet wurde (Nr. 17 und 20), auch als Illustration in einer der von ihm veröffentlichten wissenschaftlichen Arbeiten benutzt.9 Zudem wurde ein späterer Zustand einer weiteren Illustration mit eingravierten statt gedruckten Namen (Nr. 27) in einer Druckschrift verwendet.10

Wenngleich vieles darauf hinweist, dass Koppmayer auch ein bedeutender Augsburger Flugblattverleger war, so bleibt doch die Beurteilung des wahren Ausmaßes dieser Tätigkeit schwierig, weil nur wenige seiner Blätter erhalten geblieben sind. Von diesen wurden wiederum nur sehr wenige in anderen Arbeiten zitiert und fast keine reproduziert.11 Diejenigen, die noch erhalten sind, sind extrem selten und über zahlreiche Sammlungen in Deutschland und anderswo verstreut. Obwohl eine heutige Auflistung der Drucke von Koppmayer natürlich nicht vollständig sein kann, so darf die hier folgende sicherlich als repräsentativ bezeichnet werden. Sie enthält alle derzeit bekannten, von Koppmayer produzierten Flugblätter. Sie sind, entsprechend dem Datum des Ereignisses, in chronologischer Reihenfolge angeordnet. Ihnen folgen ein undatierter Blick auf den Münchner Marienplatz (Nr. 45), ein Bericht aus dem Jahr 1695 von einigen wunderbaren Pflanzen (Nr. 46) und ein moralisch-satirisches Blatt aus dem Jahr 1699 (Nr. 47).12 Diese Liste soll als Ausgangspunkt für weitere Forschungen zu Koppmayer und seinen Zeitgenossen dienen. Damit könnten die bestehenden Lücken in unserem Wissen über die Druckproduktion Augsburgs in der Frühen Neuzeit vielleicht in Zukunft weiter geschlossen und gleichzeitig unser Verständnis über die Weitergabe von Informationen innerhalb des Reiches vertieft werden.

---

1 Ein Beispiel dafür ist Georg Kress, einer der erfolgreichsten Augsburger Briefmaler, der über vierzig Jahre lang tätig war, aber von dem nur noch ca. 40 Flugblätter bzw. Flugschriften existieren. Siehe John Roger Paas: „Georg Kress, a Briefmaler in Augsburg in the Late Sixteenth and Early Seventeenth Centuries." In: *Gutenberg-Jahrbuch 1990:* S. 177–204.

2 Eine kurze Biographie zu Koppmayer befindet sich in Hans-Jörg Künast: „Dokumentation: Augsburger Buchdrucker und Verleger." In: *Augsburger Buchdruck und Verlagswesen von den Anfängen bis zur Gegenwart,* hrsg. von Helmut Gier und Johannes Janota, Wiesbaden (Harrassowitz) 1997, S. 1249; und Christoph Reske: *Die Buchdrucker des 16. und 17. Jahrhunderts im deutschen Sprachgebiet.* Beiträge zum Buch- und Bibliothekswesen 51. Wiesbaden (Harrassowitz) 2007, S. 49. Die Steueraufzeichnungen im Augsburger Stadtarchiv geben einige Hinweise zu Koppmayers finanziellen Erfolgen im Verlauf der Jahre. 1667 lebte er im Steuerbezirk „Inn des Karrers Gässlen" und zahlte zwei Gulden, 40 Kreuzer und einen Pfennig an Steuern; 1674 lebte er im Steuerbezirk „Ende der Herren Fugger Häusser" und zahlte die gleiche Summe an Steuern; 1698 besaß er ein eigenes Wohnhaus im Steuerbezirk „Vom Nagengast" und zahlte drei Gulden, sieben Kreuzer und einen Pfennig an Steuern. Für diese Steuerinformationen bin ich Frau Simone Herde vom Stadtarchiv sehr verbunden.

3 Etliche Titelblätter und Illustrationen dieser Arbeiten sind abgedruckt in Mark Häberlein: „Monster und Missionare: Die außereuropäische Welt in Augsburger Drucken der frühen Neuzeit". In: *Augsburger Buchdruck und Verlagswesen* (wie Anm. 2), S. 353–380.

4 Vgl. Josef Mancal: „Augsburger Druck- und Verlagswesen im Musikalienbereich." In: *Augsburger Buchdruck und Verlagswesen* (wie Anm. 2), S. 880, und Derselbe: „Zu Augsburger Zeitungen vom Ende des 17. bis zur Mitte des 19. Jahrhunderts: Abendzeitung, Postzeitung und Intelligenzzettel." In: ebenda, S. 693–697.

5 Eine hilfreiche, allgemeine Einführung zur Augsburger Flugblattproduktion, wenngleich auch jedwede Erwähnung Koppmayers fehlt, bietet Michael Schilling: „Der Augsburger Einblattdruck." In: *Augsburger Buchdruck und Verlagswesen* (wie Anm. 2), S. 381–404.

6 Das einzige bekannte moralisch-satirische Blatt ist Nr. 47.

7 In einigen Fällen illustrierten diese Künstler auch andere von Koppmayer herausgegebene Arbeiten, vgl. hierzu: Häberlein (wie Anm. 3), S. 366–368.

8 Siehe Häberlein (wie Anm. 3).

9 Johann Christoph Wagner: *Delineatio Provinciarum Pannoniæ et Imperii Turcici in Oriente Eine Gründliche Beschreibung deß ganzen […] Königreichs Ungarn / und der ganzen Türckey.* Augspurg (Jacob Koppmayer) 1684. Die zweite Illustration wurde auch in einer anonymen Flugschrift verwendet: *Schimpfflicher Abzug / Deß / Türckischen Feld-Herrns oder Groß-Veziers.* O.O. [Augsburg] (Koppmayer), o.J. [1684]. Zusätzlich sind auch die Türken- und Tartaren-Reiterbildnisse in Wagners Arbeit eingebunden (Nr. 8–10).

10 Es ist noch nicht gelungen, diese Druckschrift zu lokalisieren.

11 Alle bekannten, von Koppmayer veröffentlichten politischen und historischen Flugblätter werden abgebildet werden in John Roger Paas: *The German Political Broadsheet 1600–1700*, vols. 11 and 12, Wiesbaden (Harrassowitz).

12 Koppmayer hat auch mehrere Jahre lang große Wandkalender herausgebracht, die Josef H. Biller in seinem im Druck befindlichen Katalog *Calendaria Augustana illustrata* behandeln wird.

Flugblatt 47

Verzeichnis der Flugblätter

Die *kursiv* gesetzten Titel und Texte sind in originaler Orthographie und Interpunktion zitiert, ebenso die in gerader Type wiedergegebenen Impressa. Die erste bzw. einzige Formatangabe bezieht sich auf die Blattgröße, die zweite auf die Bildgröße des Stiches.

1 *Eigentlicher Bericht / welcher Gestalten der nachdenckliche / dises | zu End=lauffenden 1680sten Jahrs / noch in der Lufft stehende Comet zu Marckt=Waitlingen | etliche Abend observiret worden.*
Gedruckt zu Augspurg / bey Jacob Koppmayer.
Format: 36,5 x 32; 15,3 x 32,1 cm.
[Bild: Ein Mann betrachtet den sternenbedeckten Himmel und einen Kometen über der Stadt. Unten zweispaltiger Text von T. N.: „Nach dem in dem Monat Decembri […] *his uicre mecum.*"]
Standorte: Augsburg, SB (4 Th Pr 932, 52); München, BSB (Res 4° Astr. p. 526, 18). Literatur: Drugulin, Nr. 3030.

2 *Eigentlicher abriß deß Schröcklichen Cometsterns, welcher sich | den 16/26 December deß 1680. Jahrs von neuen widerumb sehen lassen […] Fernern bericht giebet das Tractätlein | von dem Vrsprüng des Cometen.*
Zue finden bei Jacob Koppmeir buchtrucker in Aug.
Format: 22,3 x 15,7 cm.
[Bild: Nächtliche Szene mit dem Kopf eines Kometen in der Nähe der Stadttürme. Kein Text.]
Standorte: Augsburg, KS (23492); Augsburg, SB (2°Aug 365 u. Graph 29/44); Bamberg, SB (VI.H.27; Frankfurt, UB (Einblattdrucke G. Freytag, 266); München, BSB (Einbl. VIII, 31 f u. Res. 4 Astr. P. 523, 7–9); Wolfenbüttel, HAB (Nx 19 [3/4]).
Literatur: Drugulin, Nr. 3020; Dresler, S. 80; Gebele, S. 93 u. Abb. 6; Harms, Bd. 1, no. 210 (mit Abb.); Paas, Bd. 10, P-3233 (Abb.).

3 *Schröckliche Wunder=Gesichte / welche zu Außgang deß Jen= | ners dieses 1681. Jahrs in und umb die Königl. Schwedische Haubt= und Residentz=Stadt Stock= | holm / sich so wohl an dem Himmel / als auf Erden gezeiget / also daß sie von vielen Personen mit Entsetzen | sind angeschauet worden.*
Nach der Stockholmischen Relation gedruckt in Augspurg / bey Jacob Koppmayer / 1681.
Format: 32,9 x 28,2; 11,7 x 17,8 cm.
[Bild: Himmelserscheinung, Beerdigung links und Gefechtsszenen rechts. Unten zweispaltiger Text: „DAß das 1680. Jahr ein recht Wunder=Jahr gewesen […] Jacobs=Thal."]
Standorte: Erlangen, UB (A VII 9); Nürnberg, GNM (HB 18615/1205).
Literatur: Hofmann-Randall, S. 294 (mit Abb.).

4 *Eigendliche Fürbildung deß Wundergesichts / welches den 15/25 | April dieses 1681 Jahrs Nachts gegen und nach 9. Uhr / in der Heil. Röm. Reichs=Stadt Aug= | spurg von viel 100. Persohnen ist gesehen worden / deßgleichen auch was von den grossen Ströhmen […] zu halten / und ob solche was bedeuten.*
Augspurg / Gedruckt und zufinden bey Jacob Koppmayer.
Format: 37,4 x 28,5; 21,0 x 15,2 cm.
[Bild: Himmelserscheinung über dem Augsburger Rathaus. Text zu beiden Seiten des Bildes und in zwei Spalten unten: „DJe Himmel sind durch das Wort […] *fol. 172. & 173.*"]
Standorte: Augsburg, SB (Einblattdrucke nach 1500, Nr. 220); Nürnberg, GNM (HB 13801/1205).
Literatur: Dresler, S. 80.

5 *Eigendliche Vorstellung / | Welcher massen Ludovicus XIV. […] | Und Seine Hochwürdige Gnaden / als Bischoff zu Straßburg | Jhren solennen Einzug / in […] Straßburg gehalten / | und was […] sich aldorten begeben.*
Format: 58,6 x 45,7; 32,7 x 46,3 cm.
[Bild gestochen von Johann Franck: Einzug des Königs und des Bischoffs mit einzelnen detaillierten Szenen zu beiden Seiten. Unten dreispaltiger Text: „DEmnach die vor disem so genandte Freye Reichs-Stadt Straßburg […] Einzug beschlossen."]
Standorte: Augsburg, SB (Einblattdrucke nach 1500, Nr. 98); Paris, NB (Hennin LIX, 5217).
Literatur: Paas, Bd. 10, P-3254 (Abb.).

5A Variante mit Änderungen im Typensatz.
Standorte: Coburg, KS (II,285,37); Paris, NB (Hennin LIX, 5216).
Literatur: Paas, Bd. 10, P-3255 (Abb.).

5B Variante mit dem Titel unter dem Bild.
Standort: Paris, NB (Hennin LIX, 5219).
Literatur: Paas, Bd. 10, P-3256 (Abb.).

6 *Eigentliche Abbildung / deß am Himmel widerum herfür= | leuchtenden Comet= und Wunder=Sterns / wie solcher den 19.29. Augusti dises 1682. Jahrs / | früh gegen Tag / ist anzuschauen gewesen.*
Augspurg / gedruckt bey Jacob Koppmayer.
Format: 40,1 x 27,5; 15 x 23,5 cm.
[Bild: Gruppen von Menschen betrachten einen Kometen. Unten zweispaltiger Text: „VOn dem Ursprung der Cometen […] Der Höchste wende alles zum Besten."]
Standort: Berlin, K (Flugblätter-Kapsel); Frankfurt, UB (Einblattdrucke G. Freytag, 270).

7 *Warhafftige Fürstellung deß entsezlichen Comet= und Wunder=Sterns / | welcher den 31. Julij dieses 1683. Jahrs in Augspurg widerum am Himmel | brennend / mit Entsetzen ist gesehen worden.*
Augspurg / gedruckt und zufinden bey Jacob Koppmayer.
Format: 36,6 x 24,8; 16,6 x 22,9 cm.
[Bild: späterer Zustand von Nr. 6 mit zusätzlichen Himmelserscheinungen. Unten zweispaltiger Text: „WAs dise Jahr der Allerhöchste […] so lange wir leben."]
Standort: Augsburg, SB (Einblattdrucke nach 1500, Nr. 218).

John Roger Paas

Flugblatt 1

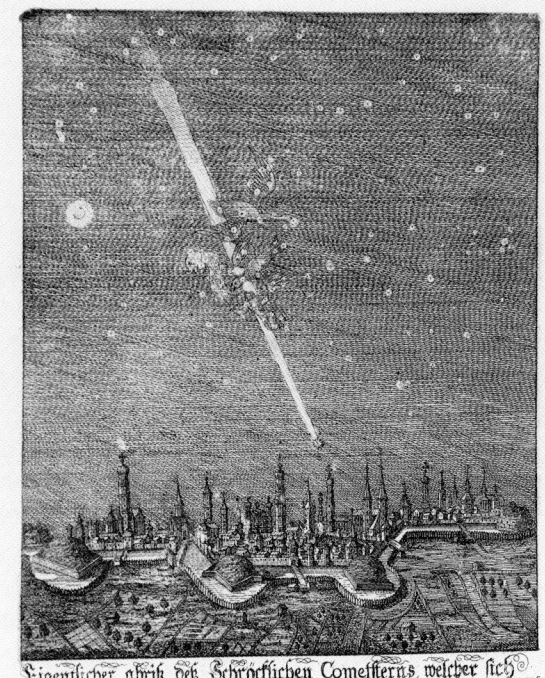

Flugblatt 2

Flugblatt 3

Flugblatt 4

8 *MAHOMET IV. Sonst ACHMET genannt Türckischer Käyser.*
Augspurg zu finden bey Jacob Koppmaÿr.
Format: 34,3 × 26,1 cm.
[Bild: Reiterbildnis des Sultans mit Constantinopel im Hintergrund. Unten Text (d.i. vier gestochene Zeilen): „Diß ist das Stoltze Haupt […] er aller Krafft beraubt."]
Standort: Münster, LM (C-501717 PAD).
Literatur: Paas, P-2927 [irrtümlicherweise 1669 datiert].

9 *Warhafftige Abbildung deß itzigen Türckischen Feld=Herrns, oder so | Genanten Groß=Vezier, Welcher […] nun gegen die Christliche Armeen zu feld gezogen.*
Augspurg zufinden beÿ Jacob Koppmayr.
Format: 36,1 × 25,6 cm.
[Bild: Reiterbildnis des Großwesirs Kara Mustafa nach links mit dem türkischen Heer im Hintergrund. Unten zweispaltiger Text (d.i. vier gestochene Verse): „So wütet der Vezier […] Herr der Christen dapffer ficht."]
Standort: Wien, ÖNBP (Portr. 00100457.01).

10 *Tartar-Cham.*
bey Jacob Koppm.
Format: 33,5 × 27 cm.
[Bild: Reiterbildnis des Khans mit einem brennenden Dorf im Hintergrund. Unten zweispaltiger Text (d.i. vier gestochene Verse): „Dis ist der Oberste […] das niemand sagē kan."]
Standort: Augsburg, SB (2° Gs 886-1).

11 *Wahre Abbildung deß Welt=kündigen und Helden=müthigen | Verfechter der Christenheit / | […] Graf Ernestus von Starenberg […] dermalen | Commendant in Wien.*
Augspurg / gedruckt bey Jacob Koppmayr / 1683.
Format: 34,6 × 25,7; 11,0 × 8,8 cm.
[Bild: Hüftbild des Grafen im Harnisch. Text zu beiden Seiten des Bildes und in zwei Spalten unten: „GOTT sey Lob und Danck […] den Erbfeind nicht verschonen."]
Standort: Eferding, SE (DD 145).
Literatur: Sturminger, Nr. 4194.

12 *[…] den 11. September / durch die Christliche Waffen g[…] ch entsetzet / und von ihren Feinden […].*
Augspurg / Gedruckt bey Jacob Koppmayr / 1683.
Format: 37 × 27,2; 14,3 × 22,2 cm.
[Bild: Vertreibung der türkischen Truppen vor Wien. Unten zweispaltiger Text: „DJse weitberühmte Stadt […] Glück und Sieg."]
Standort: Nürnberg, GNM (HB 18624/1346).

13 *Der Aller Durchleuchtigste […] Fürst und | Herr, Herr LEOPOLDUS […] König &. &. &.*
Augspurg zu finden bey Jacob Koppmayr.
Format: 34,4 × 26,5 cm.
[Bild: Reiterbildnis des Kaisers nach rechts mit Soldaten im Hintergrund. Unten zweispaltiger Text (d.i. acht gestochene Verse): „Leopold, der Erden Sonne […] Ewig seÿ dein Haupt vmblaubt."]
Standorte: Budapest, NM (T.2868); Münster, LM (C 501719 PAD).

13a Späterer Zustand der Platte mit „IMPERATOR ROM:" oben links.
Standort: Budapest, NM (T.7475).

14 *Stetsgrünender und nimmermehr verwelkender Helden=Baum. | Der Ruhm= und Preiß=würdigsten Helden dieser Zeit […] So geschehen den 12. September deß 1683. Jahrs.*
Augspurg / Gedruckts bey Jacob Koppmayr.
Format: 50,7 × 26; 33,4 × 25,4 cm.
Standorte: Stuttgart, SG (Ereignisse 1631-1703, ohne Nr.); Wien, BKM (Krauszhaar, 15.993); Wien, M (I.N. 49.797).
Literatur: Sturminger, Nr. 4032 (mit Abb. nach S. 408).

15 *Der Durchleüchtigste und Hochgeborne Fürst und Herr Herr Johann | Georg III Hertzog zu Sachsen […] vnd Churfürst. &. &. &.*
Augspurg zu finden beÿ Jacob Koppmaÿr.
Format: 34 × 26,1 cm.
[Bild: Reiterbildnis des Kurfürsten nach rechts mit einer Kampfszene im Hintergrund. Unten zweispaltiger Text (d.i. vier gestochene Verse): „Durchleüchtigster Churfürst…die Sieges=Lorbeer trägt."]
Standort: Nürnberg, GNM (P 23892).

16 *Umständlicher und warhafftiger Bericht / | Welcher gestalt die Türckische Haupt=Vestung Gran […] dises 1683. Jahrs glücklich erobert worden.*
Augspurg / gedruckt bey Jacob Koppmayr.
Format: 52,8 × 32,1; 19,2 × 32,2 cm.
[Bild: Beschießung einer auf einem hohen Hügel gelegenen Festung. Unten zweispaltiger Text: „GRan / war vor Zeiten […] GOTT verleihe seinen Segen dazu."]
Standorte: Amberg, PB (999/Geogr. 502); Wien, ÖNB (F 000182–B Flu); Wolfenbüttel, HAB (Dep. 4.9 FM 7).
Literatur: Drugulin, Nr. 3134.

16A Variante mit demselben Titel und Bild aber kürzerem Text.
Format: 27,3 × 31,8; 19,3 × 32,6 cm.
Standort: Zagreb, KS: VZ VIII, 86.

16B Variante mit demselben Titel und Bild aber ohne Text.
Format: 30 × 31,6; 19,1 × 32,6 cm.
Standort: Budapest, NM (T.297).

17 *Gründliche Beschreibung / | Der Ungarischen Haupt= und Königl. Residenz=Stadt Ofen. | […] von den Christen erobert / | außgeplündert / und verbrandt worden.*
Gedruckt im Jahr Christi 1683. [Unten rechts auf dem Bild: „Aug. zu finden beÿ Jacob Koppmaÿr."]
Format: 42,2 × 32; 19,1 × 32,3 cm.
[Bild: Ansicht von Buda und Pest mit mehreren Schiffen auf der Donau. Unten zweispaltiger Text: „DJse Stadt trägt ihren Namen […] Brück beÿ Esseck selbsten verderbet haben."]
Standorte: Budapest, NM (28177); Wien, BKM (Krauszhaar, 15.968).
Literatur: Rózsa, Nr. 61d.

18 *Gründliche Beschreibung / | Der Niderländischen Haupt=Vestung Lützenburg […] belägert / nach tapffern Widerstand aber | der Belägerten / wider verlassen worden.*
Augspurg / gedruckt bey Jacob Koppmayer. [Unten rechts auf dem Bild: „bey Jacob Koppm."]
Format: 45,2 × 32,5; 17,6 × 32,8 cm.
Standorte: Luxembourg, NB (Rés. préc. C. & P. 1030/IX-G-1); Paris, NB (Hennin LX, 5328).
Literatur: Van der Vekene, S. 22 u. Abb. 2.

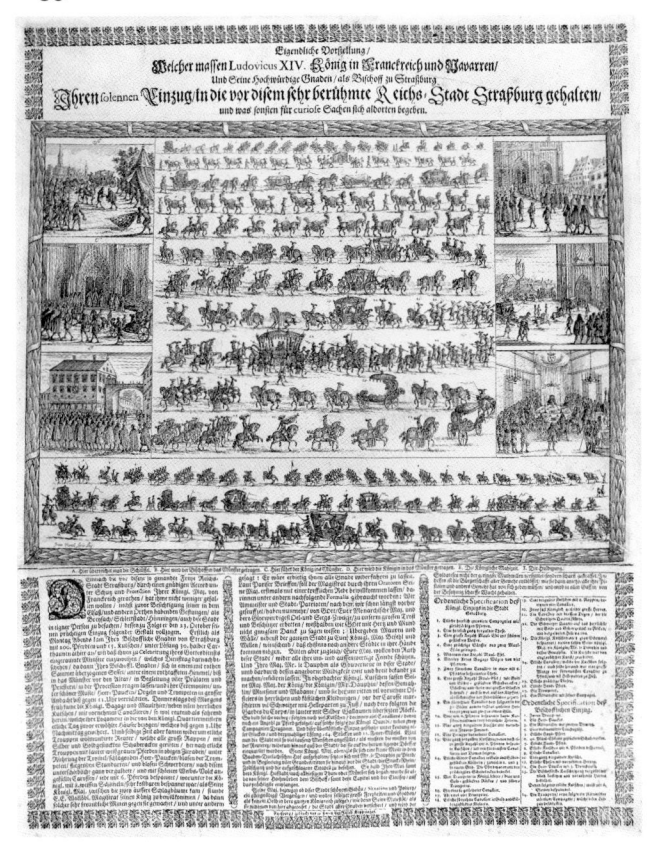

John Roger Paas

Flugblatt 5

Flugblatt 6

Flugblatt 7

Flugblatt 8

19 *Triumphierliches Denck= und Sieges=Mal / | Zu einem stets=wehrenden Angedencken / allen tapffern Helden […] aufgerichtet.*
Augspurg / Gedruckt bey Jacob Kopp[maÿr].
Format: 61,3 x 33,4; 32 x 33,8 cm.
[Bild gestochen von Melchior Haffner II.: Gefesselte Türken dem auf dem Throne sitzenden Kaiser huldigend. Unten zweispaltiger Text sowie drei Spalten Verse: „ERstlich wird fürgebildet […] führen uns in ihrem Land."]
Standorte: Coburg, KS (II,497,1); Wien, HM (I.N. 163.640).
Literatur: Hollstein, Bd. XIIa, S. 37, Nr. 17; Sturminger, Nr. 4095.

20 *Gründlicher und Warhafftiger Bericht | Deß Erbärmlichen Endes / welches der Türckische | Mustapha […] mit dem Strang erdrosselt worden.*
Gedruckt im Jahr 1684 [ohne Koppmayers Namen, aber das Bild als Illustration in einem von ihm verlegten Buch verwendet].
Format: 38,8 x 26,1; 14 x 24,3 cm.
[Bild in drei Teilen mit der Strangulierung des Großwesirs auf der rechten Seite. Unten zweispaltiger Text: „KAra Mustapha Erster Minister […] wider in Ruhe gesezet."]
Standort: Wien, BKM (Krauszhaar, 15.984).
Literatur: Sturminger, Nr. 4118.

21 *Gründlicher und warhafftiger Bericht / welcher massen die Niderländische Haupt= | Vestung Lüzenburg […] mit tapfferer Gegenwehr seine Freyheit beschüzet.*
Augspurg / gedruckt bey Jacob Koppmayr / Anno 1684.
Format: 36 x 28,4; 14,7 x 25,1 cm.
[Bild: Beschiessung der Stadt durch französische Truppen. Unten zweispaltiger Text: „Lützenburg / ist eine treffliche Vestung […] soll nechstens berichtet werden."]
Standorte: München, BSB (Res 4° Eur. 377, 54a); Paris, NB (Hennin LXI, 5363).
Literatur: Duplessis, S. 207.

22 *Eigentliche Abbildung / | der vier | Ungarischen Haupt=Vestungen / | Babotscha / Preßniz / Waizen / und Novigrad / […] auch darbey | eine herrliche Victori gegen dem Erbfeind erhalten / wie deren Verlauff umständlich | hierbey zu vernehmen.*
Gedruckt im Jahr Christi / 1684 [ohne Koppmayers Namen aber im gleichen Stil wie z.B. Nr. 15-17 u. 25].
Format: 50,6 x 31,6; 18,5 x 32,1 cm.
[Bild: Einzelne Ansichten von den vier Festungen. Unten zweispaltiger Text: „WAs für einen grausamen Feind […] mit großem und inbrünstigem Eifer verrichtet worden."]
Standorte: Budapest, NB (Röpl. 817); Zagreb, KS (VZ VIII, 545).

23 *Warhafftiger Bericht / welcher massen der Allerhöchste die Kayserliche Waf= | fen abermal gesegnet […] auch die Vestung | Pest sich glücklich zu Anfang deß Julii dises 1684. Jahrs bemächtiget / und ihre Schiffbrücken ruiniert.*
Augspurg / gedruckt bey Jacob Koppmayr / Anno 1684.
Format: 37,4 x 27,3; 15,1 x 25,2 cm.
[Bild: Beschiessung der Stadt Buda durch kaiserliche Truppen. Unten zweispaltiger Text: „OFen war vor disem eine herrliche grosse und schöne Stadt […] zu Sclaven gemacht worden."]
Standorte: Budapest, SM (28.192); Esztergom, CM (Inv.- Nr. 1880).
Literatur: Drugulin, Nr. 3154; Rózsa, Nr. 47.

24 *Eigendliche Vorstellung / | Deß unglücklich | Cron=süchtigen Herzogs von Montmouth / | Darinnen sein Herstammen / und die […] vollzogene Execution, vor Augen geleget wird.*
Gedruckt und verlegt zu Augspurg / durch Jacob Koppmayer.
Format: 42,1 x 32,1; 18,8 x 31,8 cm.
[Bild: In der Mitte eine Hinrichtungsszene flankiert von Brustporträts des Herzogs von Monmouth sowie Jakobs II. Unten zweispaltiger Text: „SO hat nun der curiöse Leser […] nicht am Guten fehlet."]
Standort: London, BL (Crach.1.Tab.4.c.2 [8]).

25 *Kurtzer und genauer Bericht / deß prächtigen Einzugs / und herrlichen Beylagers / | Jhro Chur=Fürstl. Durchl. Maximilian Emanuel auß Bayern […] den 15. Julij / 1685.*
Gedruckt und verlegt zu Augspurg / durch Jacob Koppmayer.
Format: 76,5 x 32,3; 42,7 x 33 cm.
[Bild: Feierlicher Einzug des Kurfürsten in Wien. Unten zweispaltiger Text: „VErwichenen 15. Julij Sonntags […] die vorhergehende beschlossen worden."]
Standort: Austin, HRC (Popular Imagery, 98).

26 *Eigentliche Abbildung der berühmten Vestung | CORON / | […] den 11. Augusti Anno 1685.*
Augspurg / gedruckt und zu finden bey Jacob Koppmayer.
Format: 33,7 x 34; 21,2 x 34,9 cm.
[Bild: Beschiessung und Eroberung der Vestung Coron durch venezianische Truppen. Unten zweispaltiger Text: „COron ist eine berühmte Stadt und Vestung in Morea […] und Standarten außgehängt worden."]
Standorte: Berlin, SBK (YA 11324m); Wolfenbüttel, HAB (Einbl. Xb FM 100).

27 *Eigentliche Abbild[ung] der berühmten Vestung | Neuhäusel […] durch die Kayserliche und Alliirte Waffen glücklich erobert worden.*
Augspurg / Gedruckt bey Jacob Koppmayer.
Format: 30,1 x 33,6; 19,1 x 32,2 cm.
[Bild: Beschiessung der Vestung Neuhäusel. Unten zweispaltiger Text: „DJese berühmte Vestung Neuhäussel […] davon noch nichts gewisses melden."]
Standort: Budapest, NM (T.5441).

28 *Eigendliche Abbildung deß eroberten Schlosses Grevenar / | Und warhafftige Relation, deß glücklichen Einfalls […] unter dem Commando Herrn Grafens von Herberstein / Kayserlichen | General von Carlstadt.*
Augspurg / gedruckt und zu finden bey Jacob Koppmayer.
Format: 36,6 x 28,8; 15,5 x 24,3 cm.
[Bild: Eroberung des türkischen Schlosses Grevenar. Unten zweispaltiger Text: „ES ist schon weltkündig […] in S. Josephi Capellen / GOTT Danck gesagt."]
Standort: Wien, HGM (B.I. 3013).

Flugblatt 9

Flugblatt 10

Flugblatt 11

Flugblatt 12

29 *Eigendliche Abbildung der Vestung Calamata / | Samt warhafftem und umständlichem Bericht / was massen die Venetianische Armee [...] vortreffliche Beuten gemachet haben.*
Augspurg / gedruckt und zu finden bey Jacob Koppmayer.
Format: 36,1 x 28,8; 14,3 x 26,8 cm.
[Bild: Die Festung Calamata belagert von venezianischen Truppen. Unten zweispaltiger Text: „MOrea die halb Jnsul Griechenlands [...] nebst andern grossen Freuden=Bezeugungen / gehalten."]
Standorte: München, BSB (Res 4° Turc. 90,14); Wien, BKM (Krauszhaar, 16.040).

30 *Abbildung der Vestung Neu=Novarino in Morea / [...] von der Venetianischen Armada den 15. Junii dieses 1686sten Jahrs glücklich ero= | bert / der Feind aus dem Feld geschlagen / und grosse Beuten erhalten.*
Augspurg / Zu finden bey Jacob Koppmayer.
Format: 38 x 29,4; 17,4 x 27,5 cm.
[Bild: Belagerung der Festung Neu-Novarino durch die venezianische Flotte. Unten zweispaltiger Text: „DJe grosse Hoffnung so man sich bißhero gemacht [...] daß Er der Herr sey und kein anderer."]
Standort: Washington, LC (Hauslab, 131).

31 *Höchst=erfreuliche Relation / was massen die belagerte Vestung Ofen [...] glücklich erobert / und nach | disem besagte Entsatz=Völcker gäntzlich aus dem Feld geschlagen worden.*
Augspurg / gedruckt und zu finden bey Jacob Koppmayer.
Format: 39,2 x 37; 11,5 x 33,9 cm.
[Bild: Beschiessung der Stadt Buda durch kaiserliche Truppen. Unten zweispaltiger Text: „DEr erbärmliche Zustand [...] auch alle dero Gezelt / Stück und Bagage im Stich gelassen haben sollen."]
Standorte: Budapest, SM (28.191); Ulm, SA (G 1 1703/1, fol. 449).
Literatur: Rózsa, Nr. 53.

32 *Kurtz verfaßte Erzehlung aller Merckwürdigkeiten / so sich zugetra= | gen bey der [...] Eroberung der Königlichen Haubt=Stadt | Ofen.*
Augspurg / gedruckt und zu finden bey Jacob Koppmayer.
Format: 72,1 x 56; 44,1 x 54,6 cm.
[Bild gestochen von Johann Christoph Haffner: Eroberung von Buda durch kaiserliche Truppen. Unten zweispaltiger Text: „DJe Gelegenheit [...] Chur=Fürstl. Durchl. in Bayern erobert."]
Standorte: Budapest, ES (BFF 355/186); Washington, LC (Hauslab, 132).
Literatur: Rózsa, Nr. 104d.

33 *Kurtze doch warhafftige Erzehlung [...] Wie auch eine Abbildung der an= | sehnlichen Procession zu Medina / so von dem Türckischen Kayser / mit sonderbaren Ceremonien zu halten / verordnet worden.*
Augspurg / gedruckt und zu finden bey Joacob Koppmayer / Anno 1686.
Format: 36,5 x 29,5; 17,3 x 29,9 cm.
[Bild: Türkische Prozession zu Medina beim Grab des Propheten Mohammed. Unten zweispaltiger Text sowie zweispaltiges „Fast- Bet- und Buß-Mandat": „UNter aller wunderwürdigen Begebnussen [...] Allah Mirrey Vestrinnay."]
Standort: Berlin, SBK (YA 11380m).

34 *Warhaffte Abbildung derer beyden Dardanellen oder Meer=Schlösser di Lepanto [...] höchst glücklich erobert worden Anno 1687. den 24. und 25. Julij.*
Augspurg / gedruckt und zu finden bey Jacob Koppmayer / Anno 1687.
Format: 37,9 x 29,9; 20,7 x 30,7 cm.
[Bild: Türkische Truppe vor der Stadt Patrasso zurückgeschlagen. Unten zweispaltiger Text: „MUtatur in Puncto [...] Mehrere Particularia sollen ehistens dem grg. Leser mitgetheilet warden."]
Standorte: Amberg, PB (999/Geogr. 502); Berlin, SBK (YA 11520m).
Literatur: Drugulin, Nr. 3252.

35 *Warhaffte Abbildung deß Haupt=Passes Esseck / samt der über den Drav=Fluß ge= | schlagenen feindlichen Schiff=Brucken [...] von den Kayserl. Völckern unläng= | stens abgebrandt und ruinirt worden.*
Augspurg / gedruckt zund zu finden bey Jacob Koppmayer.
Format: 37,8 x 29,7; 16,8 x 28,9 cm.
[Bild: Stadt Esseck mit der zerstörten Brücke davor. Unten zweispaltiger Text: „DJe Stadt Esseck [...] Jhr müsset Ehr einlegen."]
Standorte: Budapest, NM (T.8340); Wien, A (HB Esseck).
Literatur: Drugulin, Nr. 3244.

36 *Eigentliche Abbildung und warhafftige Erzehlung / was massen [...] den 12. August. An. 1687. unweit Mohaz [...] das gantze Türckische Lager höchst glücklichst erobert.*
Augspurg / gedruckt und zu finden bey Jacob Koppmayer.
Format: 29,0 x 36,2; 12,9 x 35,8 cm.
[Bild: Kampf zwischen türkischen und kaiserlichen Truppen um die Essecker Brücke. Unten zweispaltiger Text: „SEit deme das bißhero [...] und der Name deß HERREN groß werde in allen Landen."]
Standort: Amberg, PB (999/Geogr. 502).

37 *Eigentliche Kupfer=Vorstellung und | warhafftiger Bericht von dem sehr denckwürdigen | Sieg [...] den 21. Augusti | Anno 1687.*
Augspurg / gedruckt und zu finden bey Jacob Koppmayer.
Format: 44,3 x 54,7; 30,8 x 54 cm.
[Bild gestochen von Johann Franck: Schlacht zwischen türkischen und christlichen Truppen. Unten vierspaltiger Text: „NAchdem die Kayserl. Armee [...] dero glückliche Progressen der Höchste befördern wolle."]
Standorte: Paris, NB (Qd 2 fol, 1687); Washington, LC (Hauslab, 141).

38 *Kurtz=verfaßter Bericht und eigentliche Abbildung von der | Crönung deß Kayserl. Erb=Prinzens zu König in Ungarn / | so den 9. Decemb. An. 1687. in Preßburg vorgegangen.*
Augspurg / gedruckt und zu finden bey Jacob Koppm[ayer].
Format: 50,6 x 25,8; 33,9 x 26,1 cm.
[Bild: Unten Einzug in Preßburg und oben Krönung samt dazu gehörenden Feierlichkeiten. Unten zweispaltiger Text: „DEmnach Jh. Kayserl. Maj. resolvirt hatten [...] und damit diese Festivität geendet worden."]
Standort: Wien, A (HB Joseph I., 1687).

Flugblatt 13

Flugblatt 14

Flugblatt 15

Flugblatt 16

39 *Der Edle Herr Francisco Morosini / Ritter und Pro- | curator von S. Marco, der Durchl. Republic Venedig Capitain=General zur See.*
Augspurg / zu finden bey Jacob Koppmayer.
Format: 37,8 × 27,9; 24 × 15,1 cm.
[Bild gestochen von Melchior Haffner II: Brustbild von Morosini in einem Lorbeerkranz mit einer Karte von Morea darunter. Text zu beiden Seiten des Bildes und darunter sechzehn Verse in zwei Spalten: „NAch dem der tapffere Venetianische Generalissimus […] welchs jez im Schrecken bebt."]
Standort: Wolfenbüttel, HAB (Einbl. Xb FM 224).

39A Variante mit neuem Typensatz zu beiden Seiten des Bildes.
Format: 37,7 × 28,5; 24 × 14,9 cm.
Standort: Halle, UB (AB 155200, 14).
Literatur: Hollstein, Bd. XIIa, S. 35, Nr. 9.

40 *Eigentliche Beschreibung der Stadt und Vestung Griechischweissenburg […] mit stürmender Hand erobert worden.*
Augspurg / zu finden bey Jacob Koppmeyer.
Format: 28,4 × 37,5; 13,7 × 33,4 cm.
[Bild: Beschiessung der Festung durch kurbayrische Truppen. Unten zweispaltiger Text: „GRiechischweissenburg wird sonsten auch *Alba Græca* […] Ohnmacht der Türckischen Monarchie."]
Standort: Washington, LC (Hauslab, 143).

41 *Kayserlicher Einzug in Augspurg / | Den 31. Augusti 1689.*
Augspurg / Gedruckt und zu finden bey Jacob Koppmayer / Stadt=Buchdrucker.
Format: 74,6 × 34,4; 44,1 × 34,6 cm.
[Bild gestochen von Johann Franck nach Johann Weidner: Kaiserlicher Einzug in Augsburg mit drei Brustbildern ganz oben. Unten zweispaltiger Text samt einer zweispaltigen Liste: „NAchdeme etlich Tag vorher […] Und damit wurd diser Kayserl. Zug geendet."]
Standorte: Augsburg, KS (G 10445); Coburg, KS (II,285,38).

41A Variante mit anderem Typensatz am Ende.
Format: 74,8 × 34,4; 44,1 × 34,6.
Standort: Augsburg, SWS (ohne Nr.).

42 *Gründlicher und von verschiedenen Orten biß da= | hero eingelauffener / warhafftiger Bericht / wie es mit dem grossen | See=Treffen in dem Canal […] abgelauffen / und welcher gestalten dise Letztere auf das Haupt | geschlagen worden.*
Augspurg / zu finden bey Jacob Koppmayer.
Format: 40,3 × 35; 25 × 35 cm.
[Bild: Seeschlacht zwischen der englischen und französischen Küste. Unten zweispaltiger Text: „WJe Schreiben aus London vom 6. Junii hat man Nachricht […] und Siegreich[e] Waffen zu Wasser und Land."]
Standort: Washington, LC (Hauslab, 235).

43 *Eigentlicher Nachricht / | Welcher gestalten die Türcken / den 2. Octobr. 1694. […] zu einer schändlichen | Retirade gezwungen worden.*
AUGSPURG / gedruckt / und zu finden bey Jacob Koppmeyer / Stadt=Buchdrucker / 1694.
Format: 36,5 × 342; 25,5 × 34,7.
[Bild: Die türkischen und christlichen Lager vor Peterwardein. Unten zweispaltiger Text: „JSt jemahlen / auch so gar in vorigen Jahrhunderten […] den Feind so spöttlich flüchtig gemacht."]
Standort: Mainz, SKS (ohne Nummer).

44 *Warhaffte Beschreibung der jüngsten gloriosen Victori wider den Erbfeind in Ungarn an der | Theyß bey Zenta […] wie er Jh. Kayserl. Majest. übergeben worden / | genommen und entworffen.*
Augspurg / gedruckt und zu finden bey Jacob Koppmayer / Stadt=Buchdruckern.
Format: 51,6 × 33,6; 26,8 × 33,9 cm.
[Bild gestochen von Gabriel Ehinger: Die Türken ergeben sich den christlichen Heerführern, mit einem Plan der Schlacht im Hintergrund. Unten zweispaltiger Text: „NAch deme die Christliche Armee den 8.Septemb. dises 1697. Jahrs […] Deß Groß=Sultans Lager / auch jenseits."]
Standort: Washington, LC (Hauslab, 157).

45 *Añō, 1638. Jm September an St. HIERONIMVS tag ist vnser Lieben Frauen Bildtnus | Jn Munchen auf dem platz auf gericht worden Hernach den 7. Novembris. […] Geweihet worden.*
Augspurg zu finden beÿ Jacob Koppmaÿr.
Format: 26,8 × 32,3 cm.
[Bild gestochen von Wilhelm Frommer: Der Münchner Schrannenplatz mit der Mariensäule in der Mitte.]
Standort: Coburg, KS (II,290,1 und K 191); München, SM: Maillinger, 318.
Literatur: Coburg, Nr. 109 (mit Abb.); Maillinger, 318.

46 *Eigentliche Kupffer-Abbildung dreyer Wunder- und Sonder-Gewächsen etc.*
Augspurg gedruckt bei Jac. Koppmayer.
[Bild: Zwei Kornähren und ein Kohlstengel mit zehn Köpfen zu Frankfurt a. M. und Oberndorf gewachsen. Unten zweispältiger Text.]
Standort: unbekannt.
Literatur: Drugulin, Nr. 3476.

47 *„Wer Korn inhalt, dem fluchen die Leut | aber Segen komt über den so es verkaufft."*
Augspurg bey Jacob Kopmeyr.
Format: 29,6 × 33,9 cm.
[Bild: Links verkauft ein Händler Korn aus offenen Säcken, während rechts ein armer Mann vergebens um Korn von einem Kaufmann bittet, der auf Säcken sitzt und von Teufeln umgeben ist. Unten zweispaltiger Text (d.i. zwölf gestochene Verse): „Schließ Speicher Böden zu […] und dorten schon gekrönt."]
Standort: Nürnberg, GNM (HB 24547/1295).

Flugblatt 17

Flugblatt 18

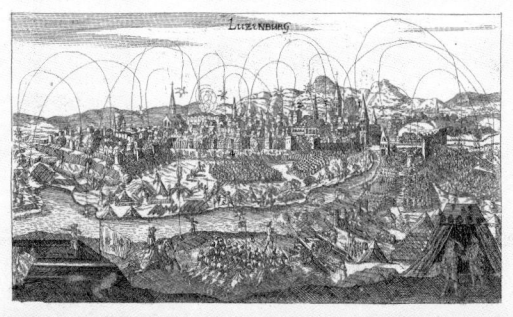

Flugblatt 20

Flugblatt 21

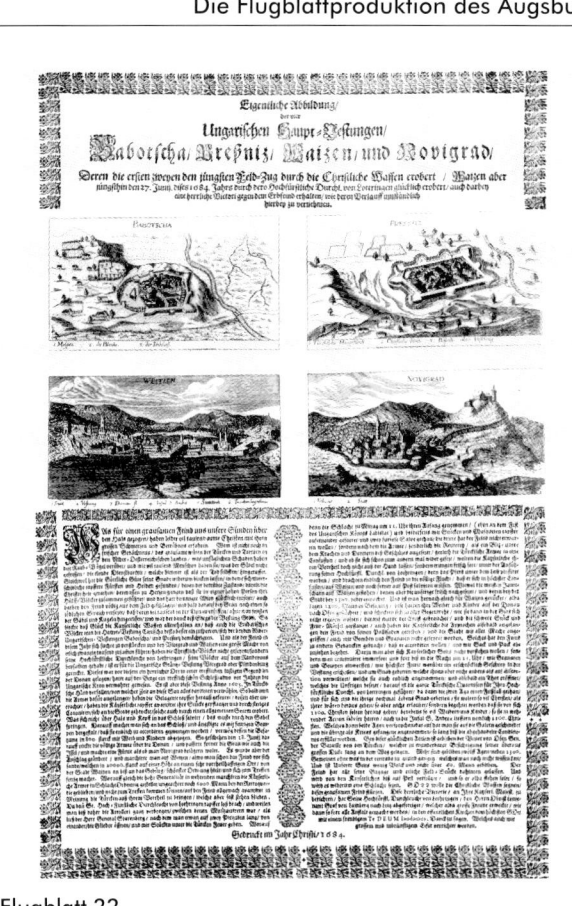

Die Flugblattproduktion des Augsburger Druckers und Verlegers Jacob Koppmayer (1640–1701)

Flugblatt 22

Flugblatt 23

Flugblatt 24

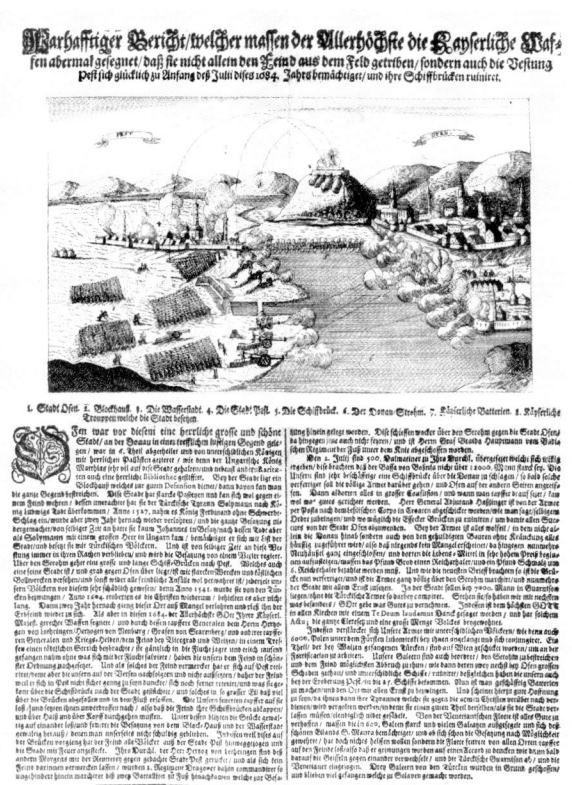

Flugblatt 25

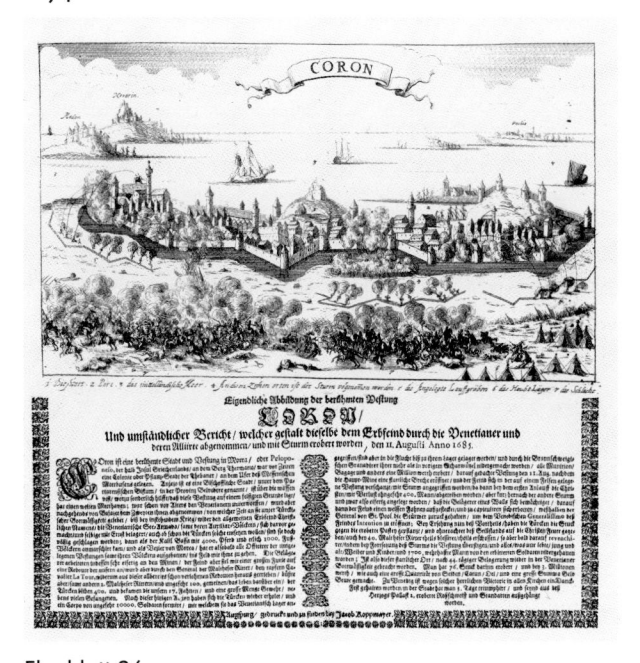

Flugblatt 26

Flugblatt 27

Flugblatt 28

Flugblatt 29

Flugblatt 30

Flugblatt 31

Flugblatt 32

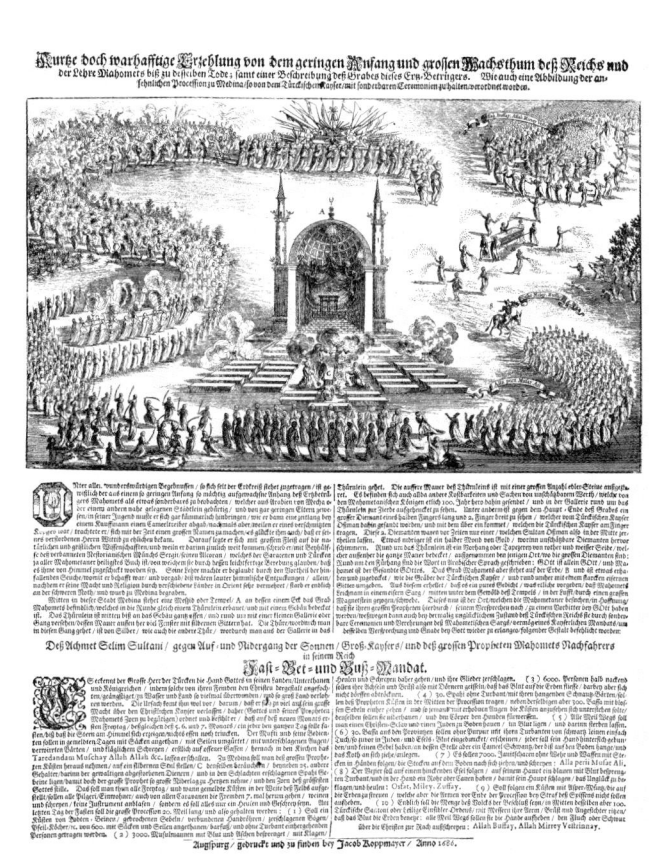

Flugblatt 33

Flugblatt 34

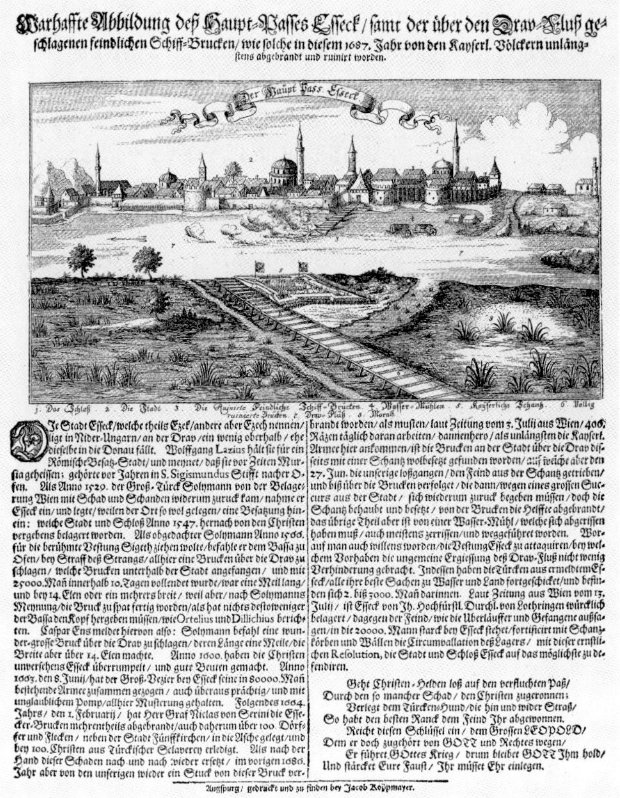

Flugblatt 35

Flugblatt 36

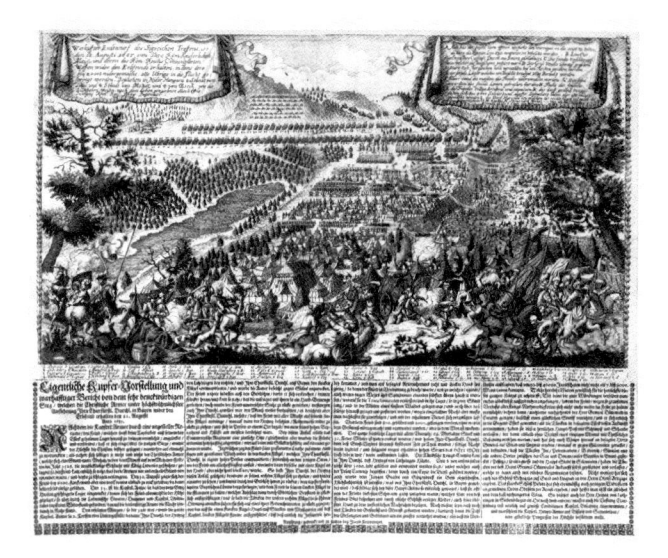

Die Flugblattproduktion des Augsburger Druckers und Verlegers Jacob Koppmayer (1640–1701)

Flugblatt 37

Flugblatt 38

Flugblatt 39

Flugblatt 40

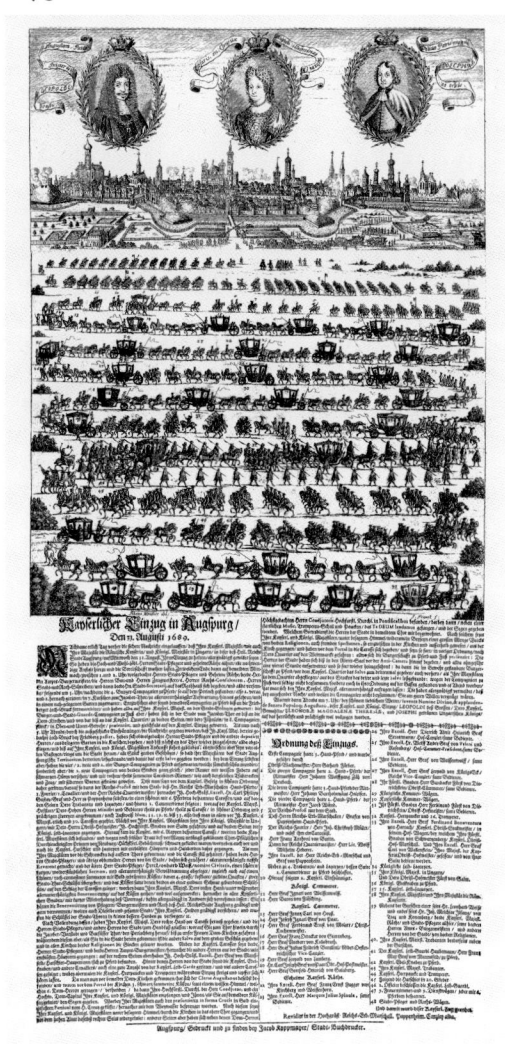

Flugblatt 41

Flugblatt 42

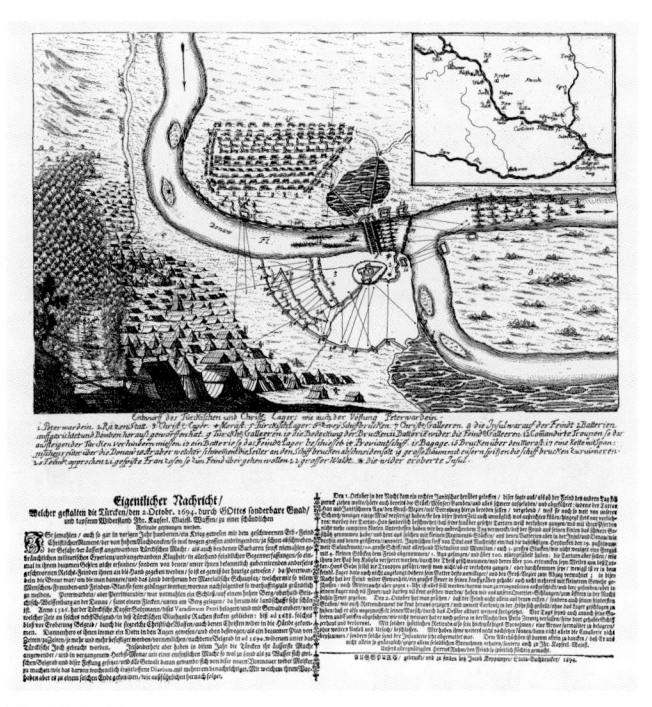

Flugblatt 43

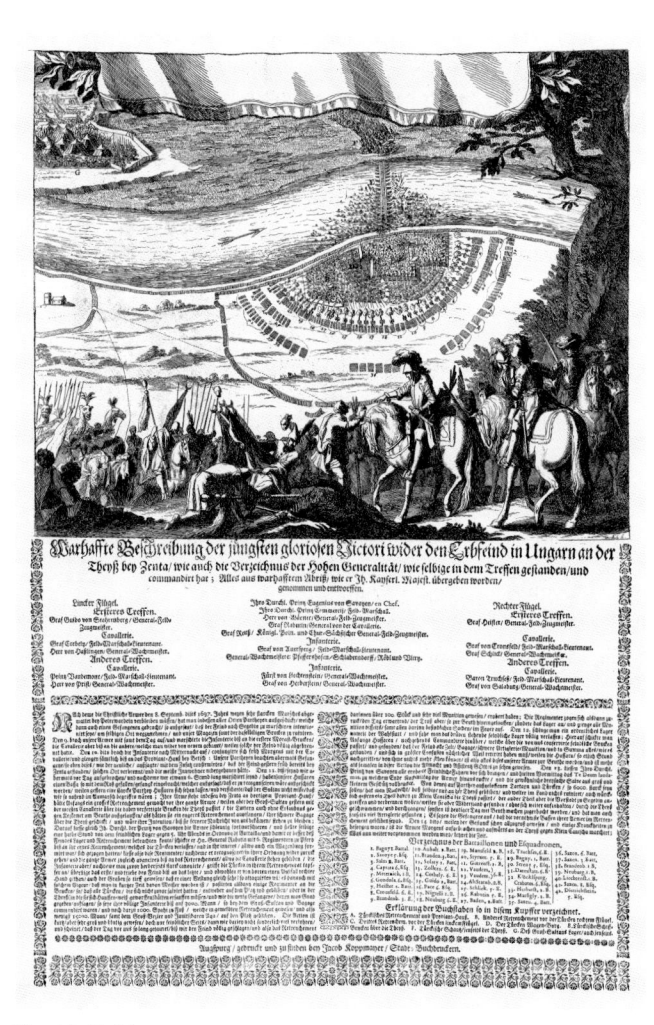

Flugblatt 44

Anno 1638. Im September an St. HIERONIMVS tag ist vnser lieben Frauen Bildnuß. In München auf dem platz auf gericht worden Hernach den 7. Novembris von Ihr. Fürstliche Genad: Bischoff von Freysing Sollemter, bey volckhreicher versamlung, Geweihet worden.

Wilhelm Treurt sculp.   Augspurg Zu finden bey Jacob Koppmayr

Flugblatt 45

Sammlungen

Amberg, PB	Provinzialbibliothek	Luxembourg, NB	Nationalbibliothek
Augsburg, KS	Kunstsammlungen	Mainz, SKS	Sammlung Klaus Stopp
Augsburg, SB	Staatsbibliothek	München, BSB	Bayerische Staatsbibliothek
Augsburg, SWS	Sammlung Wolfgang Seitz	München, SM	Münchner Stadtmuseum
Austin, HRC	Harry Ransom Center, University of Texas	Münster, LM	Westfälisches Landesmuseum
		Nürnberg, GNM	Germanisches Nationalmuseum
Bamberg, SB	Staatsbibliothek	Paris, NB	Nationalbibliothek
Berlin, K	Kupferstichkabinett	Stuttgart, SG	Staatliche Graphische Sammlung
Berlin, SBK	Staatsbibliothek Preußischer Kulturbesitz	Ulm, SA	Stadtarchiv
		Washington, LC	Library of Congress
Budapest, ES	Ervin Szabó Bibliothek	Wien, A	Graphische Sammlung Albertina
Budapest, NB	Nationalbibliothek	Wien, BKM	Bibliothek des Kunsthistorischen Museums
Budapest, NM	Nationalmuseum		
Budapest, SM	Stadtmuseum	Wien, HGM	Heergeschichtliches Museum
Coburg, KS	Kunstsammlungen der Veste Coburg	Wien, M	Wien Museum
Eferding, SE	Schloss Eferding	Wien, ÖNB	Österreichische Nationalbibliothek
Erlangen, UB	Universitätsbibliothek		
Esztergom, CM	Christliches Museum	Wien, ÖNBP	Österreichische Nationalbibliothek, Porträtsammlung
Frankfurt, UB	Universitätsbibliothek		
Halle, UB	Universitätsbibliothek	Wolfenbüttel, HAB	Herzog August Bibliothek
London, BL	British Library	Zagreb, KS	Kroatisches Staatsarchiv

Zitierte Literatur

Coburg — *Illustrierte Flugblätter aus den Jahrhunderten der Reformation und der Glaubenskämpfe*, hrsg. von Wolfgang Harms. Coburg (Coburger Landesstiftung) 1983.

Dresler — Adolf Dresler: *Augsburg und die Frühgschichte der Presse*. München (Pohl) 1952.

Drugulin — W. E. Drugulin: *Historischer Bilderatlas*, Bd. 2. Leipzig (Drugulin) 1867.

Duplessis — *Inventaire de la Collection Hennin relatives à l'histoire de France léguée en 1863 a la Bibliothèque Nationale par M. Michel Hennin*, Bd. 2, hrsg. von Georges Duplessis. Paris (Picard) 1879.

Gebele — Eduard Gebele: „Augsburger Kometeneinblattdrucke." In: *Das Schwäbische Museum. Zeitschrift für Kultur, Kunst und Geschichte Schwabens* (1926): S. 89–94.

Harms — *Deutsche illustrierte Flugblätter des 16. und 17. Jahrhunderts*, Bd. 1, hrsg. von Wolfgang Harms et al. Tübingen (Niemeyer) 1985.

Hofmann-Randall — Christina Hofmann-Randall: *Einblattdrucke der Universitätsbibliothek Erlangen-Nürnberg*. Erlangen (Universitätsbibliothek) 2003.

Hollstein — *German Engravings, Etchings and Woodcuts ca. 1400–1700*, Bd. IX (1975) und Bd. XIIa (1983).

Maillinger — *Bilder-Chronik der Königlichen Haupt- und Residenzstadt München: Verzeichnis einer Sammlung von Erzeugnissen der graphischen Künste zur Orts- Cultur- und Kunst-Geschichte der bayerischen Capitale vom fünfzehnten bis in das neunzehnte Jahrhundert*. Bd. 1, München (Montmorillon'scher Kunstverlag) 1876.

Paas — John Roger Paas: *The German Political Broadsheet 1600–1700*, Bde. 9 und 10. Wiesbaden (Harrassowitz) 2007 und 2010.

Rózsa — György Rózsa: *Budapest régi látképei – Alte Ansichten von Budapest (1493–1800)*. 2. Ausg., Budapest (Új Müvészet Kiadó) 1999.

Sturminger — Walter Sturminger: *Bibliographie und Ikonographie der Türkenbelagerung Wiens 1529 und 1683*. (Veröffentlichungen der Kommission für Neuere Geschichte Österreichs, 41). Graz und Köln (Böhlau) 1955.

Van der Vekene — Emil van der Vekene: „Eigentliche Relation der Belagerung von Luxembourg: Flugblätter, Flugschriften, Pamphlete und Pläne aus den Jahren 1683/84/85." In: *Luxembourg et Vauban*. Luxembourg (Ville de Luxembourg) 1984, S. 20–44.

Der große Ratskalender der Freien Reichsstadt Augsburg 1643–1802

Genese und Geschichte – Typen und Überlieferung

Josef H. Biller

Einführung

Die Freie Reichsstadt Augsburg besaß drei Institutionen, die in genere zur Repräsentation und in specie zum Nachweis ihres Personalstandes einen großen Wappenwandkalender führten. Dies waren einmal das Hochstift Augsburg, nämlich das Fürstbistum mit seinen Exponenten, dem Fürstbischof und dem hochadeligen Domkapitel, dann das adelige Kollegiatstift St. Moritz sowie der patrizisch dominierte Stadtrat mit seinen beiden höchsten Beamten, den beiden paritätisch gewählten Stadtpflegern.

Über die Kalendertradition der beiden erstgenannten geistlichen Stifte konnte der Verfasser bereits in den Jahren 1998–2001[1] bzw. 1988/1991[2] erschöpfend berichten. Über die Edition des Rates der Freien Reichsstadt soll hier im Rahmen dieser Festschrift ausführlich referiert werden. Allerdings ist hier angesichts der gebotenen räumlichen Beschränkung nicht der Platz, um Wesen und Werden der Offiziellen Wappenwandkalender des Heiligen Römischen Reiches zu erklären und deren grundlegende Bedingungen von Entstehung, Entwicklung und Laufzeit darzustellen. Dazu sei auf die bereits vorliegenden Ausführungen des Verfassers verwiesen: Über die allgemeinen Aspekte unterrichtet mein Aufsatz von 1985,[3] über die besonderen Bedingungen die Einführung zu meiner Geschichte der Augsburger Hochstiftskalender 1998–2001.[4]

Die Entstehung des großen Augsburger Ratskalenders

Unter den insgesamt 105 überwiegend geistlichen kalenderführenden Institutionen das Heiligen Römischen Reichs Deutscher Nation unterhielten 20 Stadtregimente eigene Ratswappen-Wandkalender: Das betrifft die neun souveränen Reichsstädte Augsburg, Frankfurt am Main, Lindau, Nürnberg, Ravensburg, Regensburg, Schweinfurt, Straßburg und Ulm, die vier Bischofsstädte Bamberg, Köln, Konstanz und Würzburg, die Reichshauptstadt Wien, die vorderösterreichische Regierungsstadt Bregenz sowie die fünf Schweizer Stadtstaaten Basel, Bern, Solothurn, Zug und Zürich, die als Glieder der Eidgenossenschaft zwar 1648 de jure aus dem Reichsverband ausgeschieden waren, sich aber dem Brauch des Alten Reiches angeschlossen hatten.

Nachdem bereits 1516 das Hochstift Würzburg mit einem allerdings zunächst noch privat gesponserten geistlichen Wappenwandkalender hervorgetreten war, kam knapp zwanzig Jahre später erstmals, soweit nachweisbar, die Idee zu einem säkularen Ratskalender in Nürnberg auf, als der Holzschneider und Verleger Hans Guldenmund 1535 versuchte, den Stadtrat zur Herausgabe eines Ratskalenders zu bewegen, was dieser aber fürs Erste ablehnte und erst kurz vor 1620 dann in die Tat umsetzte. Den Vorrang, den ersten Ratskalender eingeführt zu haben, gebührt der Stadt Straßburg, wo sich ab 1559 bereits die Ausgabe von Ratskalendern nachweisen lässt, eine Tradition, die auch nicht in der französischen Zeit ab 1683 abriss.

Es erstaunt einigermaßen, dass Augsburg als Metropole der deutschen angewandten Druckgraphik sich erst im Jahre 1643 zur Herausgabe eines Ratskalenders durchgerungen hat, nachdem zuvor bereits Basel 1595, Köln 1620, Ulm spätestens 1623 und Nürnberg 1635 sich zur Einführung eines solchen Repräsentationsmediums entschlossen haben. Und es verblüfft zudem, dass Augsburg als Vorreiter neuer graphischer Techniken sich 1643 noch des altbewährten Holzschnitts bedient hat, während Köln bereits 23 Jahre zuvor dem zukunftsträchtigen Kupferstich den Vorzug gab, dem sich Augsburg dann erst 1657 anschloss.

Die Forschungssituation in Augsburg

Der besondere Vorzug aller offiziellen Wappenkalender ist, dass sich deren Einführung, Entstehung, Druck, Verteilung, Veränderung, Renovierung, Modernisierung und Abschaffung grundsätzlich, also mit wenigen Ausnahmen, archivalisch nachweisen, verfolgen und meist minutiös darstellen lässt. Voraussetzung dazu war die demokratische Verfassung der betreffenden Institutionen, deren Regierung und Verwaltung auf Mehrheitsbeschlüssen eines abstimmungsberechtigten Gremiums (Dom- oder Stiftskapitel, Ordenskollegium, Ratsversammlung u. ä.) beruhte, die von Schriftführern in Protokollen niedergelegt und von Rechnungsführern entsprechend verbucht und belegt wurden. Damit eröffnet sich für diese Art von Druckgraphik eine praktisch optimale Forschungssituation.

Zum Zeitpunkt der sich über mehrere Jahre hinziehenden Recherche in den Jahren 1985 bis 1992 war das Stadtarchiv Augsburg erst zu Teilen erschlossen, geordnet, verzeichnet und zugänglich. Erschwerend dazu kam, dass die reichsstädtische Finanzverwaltung unterschiedliche, oft parallel laufende Buchhaltungssysteme und Rechnungsbücher führte, deren Zuständigkeit zudem wechselte. Obwohl zur Klärung offener Fragen wiederholt zahlreiche ähnliche Rechnungsbestände konsultiert wurden, die entweder die bereits an anderer Stelle gefundenen Nachweise bestätigten oder sich als nicht einschlägig erwiesen, haben sich letzten Endes folgende Bestände der reichsstädtischen Verwaltung Augsburgs als wichtigste Quellen herauskristallisiert: Einmal die wenig ergiebigen *Ratsprotokolle* (1643–1715, abgekürzt: RP), dann in besonderem Maße die *Baumeister-Rechnungen* (BR: 1643–1714), ergänzt zeitweise durch die sog. *Roten Bücher* (Wochenrechnungen, 1641–1712: RB) sowie *Haupt- und Cassa-Bücher* des Stadteinnehmers (HC) bzw. *Einnehmeramt-Hauptbücher* (1562–1804: EH), die *Herunten-Geld-Bücher oder Stadt Cassiers Kleine Nebenausgaben* (HGB).

Der Holzschnittkalender 1643–1656

Zum ersten Mal erfahren wir von einem entsprechenden Vorgang am 4.12.1642, als der Schriftführer im Ratsprotokoll vermerkte: „Marxen Anthonij Hannasen dedication solle den Herren Baumeistern fürgehalten werden."[5] Dass es sich bei dieser Dedikation um einen Ratskalender handelt, erfahren wir aus den Baumeister-Rechnungen, in die der Rechnungsführer unter dem 13.12.1642 eintrug: „Dem Marx Anthoni Hannas wegen der Callender mit aller Rathsherren wappen, So Er Einem Ers:[amen] Rath verehrt 30 [fl]"[6]

Wir ersehen daraus, dass der Einführung des Ratskalenders auch in Augsburg, wie in manchen anderen Institutionen, anfangs die private Initiative eines Formschneiders und Briefmalers zugrundelag, der sich für die Widmung an den Stadtrat nicht nur einen Ehrensold, sondern wohl auch einen nachfolgenden offiziellen Dauerauftrag erhoffte, der sich jedoch erst beim Nachfolger *Andreas Aperger* (um 1595–1658) 1650 einstellte, der dem Rat dann 1656 mit einem modernen Kalender in Kupferstich aufwarten konnte. Insofern haben wir es also bei *Hannas'* Elaborat um einen inoffiziellen Wappenwandkalender zu tun

Die Douceur für die Verehrung des Ratskalenders verminderte sich beim Jahrgang 1645 auf die Hälfte,[7] stieg aber 1646 auf 24 fl an, vielleicht in Anbetracht größerer Stückzahl, die wir nun mit 50 Exemplaren belegt erfahren.[8] Allerdings waren diese Ratskalender, die der Briefmaler *Marx Anton Hannas* (ca. 1600–1676) lieferte, nicht die einzigen Chronologica, die der Rat bezog. So erhielt beispielsweise der katholische Buchdrucker *Andreas Aperger* jährliche Zahlungen „für allerlei Calender", also wohl für Wand- wie auch Taschenkalender, in nicht unbeträchtlicher Höhe: 19 fl 34 x (Jahrgang 1642), 24.14 (1650) oder 18.38 (1654).[9] Daneben bezog auch der Buchbinder *Balthasar Schibel* zeitweilig einen Rekompens „wegen der Calender, so Er in gehaimen Rath und den Bauherrn verehrt hat", so einmal 15 fl (Jahrgang 1645) oder 13.18 (1642).[10]

Leider haben sich von diesen Holzschnittkalendern keine kompletten Exemplare erhalten. Umso glücklicher können wir uns schätzen, dass in dem Klebeband 2° S 374 der Staatsbibliothek Augsburg wenigstens die Kopfstücke und teilweise auch die Fußteile mit Wappenleisten überliefert sind, die der Humanist *David II von Stetten* (1595–1675) zusammengestellt hat, der von 1653 bis 1675 selbst einer der Stadtpfleger war und hier wohl seine Belegexemplare gesammelt hat.

Wenn wir dem Kompilator auch dankbar sein müssen, dass er uns damit eine Reihe von Jahrgängen des Ratskalenders zwischen 1643 und 1680 (nämlich genau 1643–1648, 1656–1658, 1660–1667 und 1669–1680) mit den wichtigsten Bilddetails dokumentiert hat, so sehr müssen wir ihm auch zum Vorwurf machen, dass er seine Belegexemplare so unbarmherzig beschnitten und den ihm unwichtig erscheinenden Abfall wie die Kalendarien weggeworfen hat, so dass man vom Aussehen dieser Holzschnittfassung des Augsburger Ratskalenders anhand dieser Fragmente nur mehr eine unvollkommene Vorstellung gewinnen kann.

Doppelt dankbar aber sind wir ihm, dass er anfangs sein Sammelwerk sehr regelmäßig geführt hat, denn nur so lässt sich feststellen, dass ab 1646 ein leicht veränderter Kopf-Holzschnitt eingeführt worden ist. Da Kalenderdruck und -lieferung nach wie vor ein Privatunternehmen von *Marx Anton Hannas* waren, der auch für Veränderungen auf eigene Rechnung sorgte, lässt sich der Neuschnitt nicht in den städtischen Rechnungsbüchern nachweisen. Wir haben es also bei der Holzschnittfassung des Augsburger Ratskalenders mit zwei Typen zu tun, deren erster nur von 1643 bis 1645, deren zweiter dann von 1646 bis 1656 gegolten hat.

Das Wissen um diese wertvolle Quelle ist gegen Ende des Alten Reichs und damit auch des Ratskalenders verloren gegangen. Denn *Georg Wilhelm Zapf* (1747–1810) konnte über den Ratskalender nur berichten:

„Dies ist derjenige, welcher an eine Wand gehängt wird, und sehr lange ist. Er hat eine gestochene Einfassung und enthält die Wappen der Herren des Raths. Wann eigentlich die Kalender in Augsburg zu drucken angefangen worden, konnte selbst Hr. von Stetten nicht bestimmt angeben. Gegenwärtige Art Kalender war schon 1680 oder 1690 eingeführt, und dauert noch fort."[11]

Erster Typ 1643–1645 des inoffiziellen Holzschnitt-Wandkalenders

Beschreibung: Bei dieser Beschreibung stützen wir uns auf das fragmentierte Exemplar von 1644 (Abb. 1 und Taf. V, S. 76), das erstmals den Kopfholzschnitt überliefert.[12]

Der Holzschnitt der Kopfleiste hat das Format von 9,2 cm Höhe und 19,9 cm Breite und ist dreiteilig komponiert: In der Mitte der thronende Kaiser in idealisierter Darstellung mit Harnisch und Mantel, in der Rechten das Schwert, in der Linken den Reichsapfel haltend und das Ganze hinterfangen vom doppelköpfigen Reichsadler mit Krone, zu Füßen aber der Wappenschild mit dem Augsburger Pyr. Flankiert wird diese Ikonologie der Reichsmacht durch die Wappen und Titulaturen der beiden Stadtpfleger, wie die beiden auf Zeit gewählten und paritätisch besetzten obersten Amtsinhaber in Augsburg hießen, hier im Fall der Jahrgänge 1644 und 1645 links *Bernhardt Rehlinger* und rechts *David Welser*. Der Holzschnitt ist links außen mit den nach Art von Notariats-Imbreviaturen vertikal ligierten Initialen MAH signiert und dokumentiert somit den Formschneider *Marx Anton Hannas*, halb links mit der Jahreszahl 1642 datiert und zeigt gegenüber die Initialen wohl des Entwerfers *I. C.*, dessen Entschlüsselung noch aussteht. Die Jahreszahl bestätigt uns den Schnitt des Holzstocks wohl gegen Ende 1642 und damit das Erscheinen des ersten Jahrgangs im Jahre 1643.

Im Originalzustand war der Wandkalender auf drei Seiten von den quadratischen Wappen der Herren des Inneren Rats umgeben, die oben auch die Kopfleiste rahmten.

Über dem Ganzen erstreckt sich in voller Breite ein zweizeiliger Titel aus Fraktur- bzw. Schwabacher-Typenschrift:

„Wappen deren Wol=edlen / Gestrengen Hochwolgebornen / Vöst / Ehrnvesten / Fürsichtigen / Ersamen vnd Hochweisen Herren Pflegern / || Burgermaister vnd Räthe deß Heyligen Römischen Reichsstatt Augspurg." Die Druckeradresse findet sich unter dem letzten Ratswappen der rechten Seite und lautet in fünf Frakturzeilen: „Bey Marx Anthony || Hannas / Formschney= || der vnd Brieffmaler / vnder || Barfüsser-Kirchen im La- || den zu finden".

Die Ausschnitte lassen erkennen, dass das verlorene, sicher in Typendruck gefertigte Kalendarium, der sog. Almanach, wohl auf drei Seiten von im Normalfall 43 quadratischen Ratswappen umgeben und dass die ganze Form von einer breiten Leiste von Typenschmuck, in der Setzersprache der damaligen Zeit „Röschen" genannt, eingefasst war. Der eigentliche Titel stand über dem meist in Form von vier Reihen zu je drei Monatstabellen angeordneten Kalendarium, das in Frakturschrift gesetzt und wahrscheinlich zweifarbig in Schwarz und Rot gedruckt war, wie es die späteren kompletten Exemplare nahelegen. Der Wortlaut dieses verlorenen Titels könnte gelautet haben: „Allmanach auffs Jahr nach der Geburt Christi 1644", wie auf dem Jahrgang 1671 zu lesen, dem frühesten komplett überlieferten Ratskalender.

Die Fragmente sind koloriert und beweisen dadurch, dass sie Vorzugsexemplare waren, die an ausgewählte Adressaten vergeben wurden wie die beiden Stadtpfleger und die fünf Bürgermeister.

Auflagen: Solche Zahlen liegen uns erst vom zweiten Typ vor, als 1646 und 1648 die Anzahl der gedruckten Exemplare mit 50 Stück belegt ist. Es ist anzunehmen, dass diese Zahl auch für die drei Jahre von 1643 bis 1645 gelten kann, so dass sich für diesen ersten Typ eine Gesamtauflage von nur 150 Exemplaren ergibt.

Überlieferte Jahrgänge (in Fragmenten): Von diesem ersten Typ des Holzschnittkalenders haben sich in dem besagten Klebeband vom ersten Jahrgang 1643 nur 35 kolorierte Wappen erhalten (S. 5–8), von den Jahrgängen 1644 (S. 9–12) und 1645 (S. 13–16) jeweils die kolorierte Kopfleiste und die ebenfalls kolorierten Wappen.

Zweiter Typ 1646–1656 des inoffiziellen, ab 1650 offiziellen Holzschnitt-Wandkalenders

Beschreibung: Die Kopfleiste des zweiten Typs schließt sich in der Grundkomposition jener des voraufgehenden Typs an, jedoch mit dem Unterschied, dass die drei bestimmenden Bildelemente – Kaiser und zwei Wappen der Stadtpfleger – nun in vegetabilischen Arkaden erscheinen, wie sie in der Renaissance aufgekommen waren (Abb. 2). Formschneider-Signet und Name sind nun in zwei kleinen unregelmäßig ovalen Feldern neben den Namenskartuschen der Pfleger untergebracht, links wieder die Vertikal-Ligatur MAH und rechts der dreizeilige Name: M:A: || HAN || NAS. Diese Kurzbezeichnung wird wieder am Ende der rechten Wappenreihe zum vollen Drucker-Impressum in Satzschrift erweitert: „Bey Marx-Antoni || Hannas / Formschney= || der vnd Brieffmaler / vnder || Barfüsser-Kirchen im La- || den zu finden". (Beim Jahrgang 1656 lautet das Impressum verkürzt: „Augspurg / Bey || Marx Antnonj || Hannas.") Die beiden Stadtpfleger heißen diesmal *David Welser d. Ä.* links und *Hans Caspar Remboldt* rechts. Die beiden Titelzeilen haben denselben Wortlaut wie zuvor, das Format der Kopfleiste variiert leicht zu 9,1 cm Höhe und 20,2 cm Breite. Die Fragmente weisen ähnliche Randleisten und Kolorierung auf wie beim ersten Typ.

Drucker bzw. Lieferant: Die inoffiziellen Ratskalender hat nach Ausweis der Baumeister-Rechnungen der Formschneider, Patronist und Briefmaler *Marx Anton Hannas* von 1643 bis 1649 alljährlich dem Rat in einer Auflage wohl von 50 Exemplaren dediziert – welche Anzahl allerdings nur für zwei Jahre 1646 und 1648 belegt, aber wohl auch für die übrigen Jahre anzunehmen ist. Für diese private Initiative erhielt Hannas jeweils eine „Verehrung", also eine Art Trinkgeld, die auch in den Baumeister-Rechnungen unter der genannten Rubrik verbucht ist.

Ab 1650 aber wechselt der Eintrag und führt nun die Kalenderkosten in der Sparte „Gemeine Ausgaben", deren Beträge aber nun nicht mehr Hannas bezieht, sondern der katholische Stadtbuchdrucker *Andreas Aperger*. Dies ist nun ein untrügliches Indiz, dass nun die Stadtverwaltung das Kalenderwesen an sich gezogen und damit zum offiziellen Druckauftrag erklärt hat, somit die Lieferung von Ratskalendern nicht mehr als freiwillige Dedikation eines diensteifrigen Druckers oder Verlegers betrachtet, die mit einer ebenso freiwilligen, also der Höhe nach auch schwankenden „Verehrung" bedacht werden kann, sondern als festen Druckauftrag an einen vertragsmäßig gebundenen Buchdrucker erteilt und nach genauer Rechnungsstellung bezahlt. Das schließt auch ein, dass weitere für die Ausgestaltung des Kalenders anfallenden Einzelposten – wie später Entwurf und Stich neuer Platten, Änderung von Wappen u.ä. – von der Stadtkasse bestritten werden und somit der ausführende Drucker nur mehr Erfüllungsgehilfe ist.

Unklar ist aber, welche Kopfleiste der offiziell gewordene Ratskalender ab 1650 unter Apergers Regie aufgewiesen hat, da im bewussten Klebeband die Jahre 1649 bis 1655 fehlen: Hat er den bisherigen Holzstock von Hannas weiterbenutzt oder einen eigenen schneiden lassen? Und wie sah der Kalender von 1656 aus, dessen Wappen mit *Hannas'* Impressum noch nachgewiesen sind, und gar jener von 1661, als „Marx Anton Hannas Formschneider und Briefmaler für lange Wappen- und andere Calender 18 fl 27 x" erhielt?[13]

Hat Hannas neben dem seit 1650 geführten Apergerschen Offiziellen Ratskalender hin und wieder – 1656 und 1661 – eigene Kalender dem Rat angedient und wie sahen sie aus? Alles Fragen, die mangels Anschauungsmaterial und wegen ungenauer Spezifizierung nicht gelöst werden können.

Auflagen: Hier sind uns für die Jahre 1646 und 1648 jeweils 50 Drucke genannt, die für die Jahre 1647 und 1649 wohl auch als verbindlich gelten dürfen. Für die Jahrgänge 1650 bis 1656 besitzen wir keine Angabe, doch dürfte es angemessen sein, für die nun offizielle Ausgabe eine Auflage zwischen der vorhergehenden Stückzahl von 50 Exemplaren und einen Mittelwert zur nachfolgenden Zahl von 250 Exemplaren ab 1657 mit vielleicht 150 Drucken zugrunde zu legen, die vorsichtigerweise aber auf 100 reduziert werden, so dass sich für den zweiten Typ des Holzschnittkalenders eine Gesamtauflage von wahrscheinlich 900 Stück ergeben könnte.

Überlieferte Jahrgänge (in Fragmenten): Kolorierte Kopfleiste und Wappen von 1646 (Klebeband S. 17–20), 1647 (S. 21–24), 1648 (S. 25–28) und von 1656 nur die unkolorierten Wappen (S. 29–32).

Der offizielle Kupferkalender 1657–1802

Mit der Übernahme des Ratskalenderwesens in eigene städtische Regie ab 1650 dürfte bei den „fürsichtigen, ehrsamen und hochweisen" Herren des Inneren Rats die naheliegende Absicht aufgekommen sein, den mehr und mehr als überholt und altmodisch geltenden groben Holzschnitt durch den moderneren und feineren Kupferstich zu ersetzen. Zumal ja auch die Augsburger Stecher-Verleger schon seit Längerem dieses Medium zum Wohlgefallen ihrer Klientel praktizierten und bei Kalenderlieferungen für andere Stifte und Auftraggeber mit Erfolg einsetzten. So versorgte schon seit 1656 *Aperger* das Hochstift Augsburg[14] mit Kupferkalendern.

Allerdings hatte der Übergang zur Kupferstichtechnik auch höhere Gestehungskosten mit sich gebracht: Nicht nur der Stich nahm mehr Zeit in Anspruch und war deshalb erheblich teurer, auch das dafür notwendige bessere Kupferdruckpapier kostete mehr; die Größe der Kupferplatten war beschränkt und erforderte bei höheren Kalenderformaten die Verwendung von zwei oder drei Platten mit jeweils separaten Druckvorgängen; das jährliche Auswechseln von Wappen war aufwendiger und machte entweder einen eigenen Druckvorgang mit Wappensammelform und anschließender mühevoller buchbinderischer Verarbeitung nötig oder das Versetzen von Wappenplatten mit dem Nachteil unsauberen Druckergebnisses; dazu Satz und Druck des Almanachs nach wie vor in der herkömmlichen Buchdrucktechnik, die als alljährlich wiederkehrende Änderungsarbeit am Stehsatz sehr viel leichter und rascher durchzuführen war als der zeitaufwendige Neustich, und das Einmontieren dieser Kalenderabzüge in das bereits vorgedruckte Kupfer-Frontispiz; schließlich und endlich auch die beschränkte Auflagenzahl, da das relativ weiche Kupfer bei dem für das Tiefdruckverfahren hohen Pressendruck nur eine beschränkte Zahl von etwa vier- bis fünftausend Abzügen zuließ und dann Folgekosten entweder für Aufstich und

Renovierung oder gar Neustich entstanden, wobei Letzteres natürlich meist auch der geeignete Anlass war, die im Laufe der Zeit nicht nur abgenutzte Platte sondern auch deren stilistisch überholte Gestaltung einer Neuredaktion nach den veränderten Geschmacksvorstellungen zu unterziehen. All diese Aspekte werden uns im Laufe der rund 150 Jahre währenden Kupferperiode des Augsburger Ratskalenders begegnen und beschäftigen.

Erster Typ des Kupferkalenders 1657–1661

Entstehung: Für die Anfertigung der Platten wohl nach eigenem Entwurf konnte der namhafte Kupferstecher *Wolfgang Kilian* (1581–1663) gewonnen werden. Er lieferte wohl Anfang November 1656 sein Werk ab und erhielt seine Bezahlung von 60 fl in drei Raten ausbezahlt, die erste Rate am 18.11.1656, die der Kassier im Roten Buch mit den Worten verbuchte: „P. H. Wolfgang Kilian wegen des Neuen Calender zu stechen auf vür henden zalt 20",[15] wobei er sich allerdings irrte, da die Bezahlung nicht auf „vier Hände" erfolgte, sondern auf drei Raten, wie die beiden folgenden Einträge vom 2.12. und 15.12.1656 ausweisen.[16]

Der Druck findet sich in den Baumeister-Rechnungen belegt, dabei erhielten *Hans Schultes d. J.* (1583–1667) für den Druck von 250 Frontispizen 12 fl 30 x und *Andreas Aperger* für die Beistellung von ebenso vielen gesondert gedruckten Kalendarien denselben Betrag.[17] Zwölf Vorzugsexemplare wurden koloriert, wofür „Dem Fridrich Erlacher Stubenhaitzern […] zu Illuminieren bezalt" wurden 12 fl, also pro Exemplar 1 fl, was ein namhaftes Salär war, das sich der wackere Stubenheizer da hinzuverdiente.[18]

Beschreibung: Obwohl die Einführung des Kupfertyps für 1657 belegt ist, sind beide wesentlichen Ingredienzien des Wandkalenders, die Kopfleiste und das Fußstück, erst von 1658 überliefert (Abb. 3–4). Beide Teile haben in der Breite gegenüber den Vorgänger-Leisten zugelegt: Die *Kopfleiste* hat eine Bildbreite von 30,2 cm, das Fußstück 30,4 cm, in der Höhe mißt Erstere 11,8 cm, Letzteres 8,5 cm. Die Breite hat wohl aus dem Grund zugenommen, um Kopf- wie Fußleiste über die gesamte Bildbreite des Frontispizes zu ziehen, sie werden also nicht mehr wie bei der Holzstich-Version von Ratswappen flankiert. Der Grundaufbau folgt teilweise den vorhergehenden Lösungen, ist aber detailreicher. So thront der Kaiser wieder in der Mitte in einer architektonisch gerahmten Nische mit beidseitig gerafftem Baldachin, der Doppeladler diesmal zu Füßen, den Wappenschild mit dem Augsburger Pyr präsentierend. Zu beiden Seiten halten schwebende Engel die Wappenovale der Stadtpfleger, die mit flatternden Banderolen nun ausführlich benannt werden: „H: Hanns Caspar Remboldt Röm: Kays: Mays: Rath und des: Reichs Statt Augpurg Pfleger." (links), „H. Dauidt von Stötten Röm: Kays: Mays: Rath vnd der H: Reichs Statt Augpurg Pfleger." (rechts). Darunter auf dem Bodenrand halten vier Putten die fünf Wappenschilde der sog. Geheimen Räte oder Bürgermeister, von denen die beiden äußeren zugleich als Einnehmer ausgewiesen sind. Das Ganze wird auf drei Seiten von einem schmalen mit einer Art Eierstab-Dekor gezierten Leiste gerahmt, wobei auf der oberen Leiste der schon von der Holzschnittfassung her bekannte, aber nun leicht variierte Text erscheint: „Wappen deren Wol-Edlen, Gestrengen Vöst, Ehrenvesten, Fürsichtigen vnd Hochweisen Herren Pflegern, Burgermaister vnd Räthe des Heiligen Römischen Reichs statt Augspurg."

Die *Fußleiste* weist den unteren Wappenrahmen mit sechs von insgesamt 45 in Ovalen erscheinenden und oben mit Namensbanderolen versehenen Ratswappen auf, die sämtlich von schmalen Schmuckrähmchen eingefasst sind, während zu den Seiten noch die Reste eines breiteren Ornamentbandes mit Blütendekor erscheinen, die unten in eine manieristische Rollwerk-Kartusche münden. Deren Schriftfeld zeigt in der Mitte den für die damalige Volksgesundheit wichtigen Aderlassmann, auch Lassmann oder Lassmännlein genannt, in einem von Festons gerahmten Wappenfeld mit der Inschrift „Wann gut Aderlassen", erklärt links davon in drei Spalten die „Bedeutung der Caichen", wie sie oben im verlorenen Almanach in Typen versetzt waren, und rechts in zwei Spalten „Die 12. Caichen" der Tierkreise.

In der rechten Volute ist die Signatur des Stechers eingraviert „Wolfg. Kilian sculpsit.", unten in der Mitte der Rahmenleiste das Impressum des Druckers „Gedruckt zu Augspurg bey Johann Schultes.", was sich aber auf den in Buchdruck gefertigten Almanach bezieht, nicht jedoch, wie man zunächst meinen möchte, auf den Drucker des Kupfer-Frontispizes, das – wie wir aus den Rechnungen wissen – von *Andreas Aperger* geliefert wurde.

Stecher, Drucker und Auflagenhöhe: Der für den Stich der neuen Platten verantwortliche Kupferstecher *Wolfgang Kilian* wurde oben bei der Entstehungsgeschichte bereits genannt. Der Kupferdrucker des Frontispizes und der Buchdrucker des Almanachs sind jedoch in den Roten Büchern nicht nachgewiesen, erscheinen jedoch in den Baumeisterrechnungen 1656/57, wonach *Hans Schultes* als Lieferant der Frontispize in einer Auflage von 250 Stück mit 12 fl 30 x honoriert wurde, und *Andreas Aperger* für die Anfertigung der Einsatzkalender in selber Auflage ebenfalls 12.30 bezog.[19] 1658 stieg die Zahl der von *Schultes* gelieferten Frontispize auf 300, wofür er 15 fl erhielt, während *Aperger* für dieselbe Anzahl Almanache 17.10 bezog.[20] Für den Jahrgang 1659 rechnete der Stecher *Wolfgang Kilian* 300 Kupferdrucke und ein neues Wappen (für die Aufnahme eines neuen Ratsherrn) mit 11 fl ab, während die Buchdrucker-Witwe *Veronika Aperger* (1583–1667) für nur 150 Einsatzkalender 7.30 berechnete, was darauf schließen lässt, dass in diesem Jahr nur 150 Ratskalender konfektioniert und die übrigen 150 im Folgejahr verwendet wurden, was sich aber in den Rechnungen seltsamerweise nicht belegt findet,[21] wie auch die Rechnungseinträge für 1660 und 1661 leider nicht eindeutig sind.

Weitere Ausgaben finden sich wieder für das Illuminieren einiger Exemplare, was 1658 die Witwe *Euphrosine Erbach* für 13 Exemplare um 13 fl und 1760 deren Sohn für 15 Stück um 7 fl vornahm, obwohl er sie „mit Silber und Gold zu erhöhen" hatte.[22]

Auflagen: Ausgehend von den oben bereits genannten verschiedenen Auflagenzahlen lässt sich eine Gesamtauflage der Kupferkalender ersten Typs von wohl 1300 Exemplaren annehmen.

Überlieferte Fragmente: Die Überlieferung im bekannten Klebeband (2° S 374) ist uneinheitlich: Vom Jahrgang 1657 sind nur Fußleiste und Wappen unkoloriert erhalten (S. 33–36), von 1658 Kopfleiste und 15 Wappen koloriert sowie Fußleiste und 9 Wappen unkoloriert (S. 37–40) und von 1661 das unkolorierte Kopfstück mit teilweise kolorierten Wappen (S. 45–48).

Zweiter Typ des Kupferkalenders 1662–1664

Entstehung: Unter dem 7. Januar 1662 lesen wir im Roten Buch Nr. 270 (1661/62): „Dem Mattheus Küsel Kupfer Stöchern wegen der Neuen Calender in Kupfer zu stöchen laut Zettel zahlt 18 fl."

Beschreibung: Hier können wir uns nur auf das für den Kalender erst des Jahres 1664 bestimmte *Kopfstück* sowie die gleichzeitige Fußleiste stützen, die jedoch jener des Jahres 1662 entspricht und also nahelegt, dass auch der Kopf in jenem Jahr identisch gewesen sein müsste (vgl. Taf. VI, S. 76 und Abb. 2).

Das Bildmotiv ist nun erheblich an Umfang und Detailfreude gewachsen und misst nun 24,7 x 30,2 cm (Darstellung). Dabei sind vier herausragende Sehenswürdigkeiten der Reichsstadt Augsburg zu einer fiktiven Vedute zusammengefügt: Links verständlicher Weise sehr präpotent das Rathaus, rechts etwas ungeschickt anschließend das Zeughaus, rechts im Hintergrund perspektivisch sehr verkleinert das Reichsgotteshaus St. Ulrich und Afra und links im Mittelgrund der Augustusbrunnen. Rechts ist auf dreistufigem Stylobat der thronende Kaiser, der die Züge des seit 1658 regierenden Kaiser Leopolds I. trägt, in einer architektonisch gestalteten Nische, von einem mächtig gebauschten Vorhang gerahmt, der sich um eine Säule als Würdemotiv schlingt. Von rechts eilt die Stadtgöttin Cisa herbei und präsentiert dem Kaiser den mit „Addictissima" betitelten Stadtplan. In der Mitte des Vordergrunds ist das hochovale, mit „Munifico" überschriebene Stadtwappen mit dem Pinienzapfen samt den beiden Flussallegorien von Wertach und Lech, beschriftet „Vinda" und „Licus", die sich auf die Wappen der beiden Stadtpfleger stützen, zu einem ornamentalen Arrangement zusammengefügt.

Drei kleine fliegende Adler über den Bauwerken und ein größerer am Thronbaldachin mit der Inschrift „LEOPOLDO I." huldigen dem Kaiser in seinen Tugenden: „Justo", „Forti", „Pio" und „Sapienti".

Auch die *Fußleiste* zeigt sich erneuert, ohne Ornamentik und mit verändertem Lassmann. Die Texte sind nicht mehr mitgestochen, sondern in Satzschrift eingefügt: „Von den Finsternussen dises 1662. Jahrs." (links), „Bedeitung der Zeichen." (Mitte) und „Die 12. Himmlische Zeichen." (rechts).

Stecher, Drucker und Lieferanten: Für den Druck der Frontispize 1662 und 1663 war nach wie vor *Hans Schultes d. J.* verpflichtet, der aber 1664 den Auftrag an *Jonas Kauffer* (ca. 1640–1684) verlor, während für die Anfertigung der Einsatzkalender 1662–1665 weiter die Witwe *Veronika* des *Andreas Aperger* verantwortlich war.[23] Für das Versetzen und Anfertigen von Wappen erhielt *Matthäus Küsel* (1629–1681) am 1.12.1663 12 fl ausgehändigt.[24]

Auflagen: Hier sind uns für die wenigen drei Jahre Laufzeit von 1662 bis 1665 des zweiten Kupfertyps keine Zahlen genannt, so dass wir uns hier an den vorhergehenden und nachfolgenden Auflagen von jeweils 300 Exemplaren orientieren müssen und eine Gesamtauflage von wohl 900 Stück annehmen können.

Überlieferte Fragmente: Im Klebeband sind vom Jahrgang 1662 nur das Fußstück und acht Wappen erhalten (S. 49/50a), vom Jahrgang 1663 wieder nur das Fußstück und 10 hoch- sowie sechs querformatige Wappen (S. 51/52), von 1664 Kopfstück, Fußleiste und 21 Wappen, sämtliche in Fürstenkolorit (S. 53–57).

Dritter Typ des Kupferkalenders 1665–1675

Entstehung: Erstaunlicherweise wurde bereits drei Jahre nach der Einführung eines neuen Frontispiz-Typs 1662 schon wieder eine Erneuerung fällig. Da sich am Konzept der Gestaltung nichts geändert hat, liegt der Grund dafür nicht in veränderter Geschmacksvorstellung oder beabsichtigter Qualitätsverbesserung, sondern kann eigentlich nur mit Beschädigung oder Verlust der Platten erklärt werden, worüber sich aber die Quellen ausschweigen. Wir erfahren nur aus dem Roten Buch Nr. 273 (1664/65), dass am 10.12.1664 „Dem *Elias Küsel* wegen von einen gantz neuen Calender zu stechen laut Zettel 40 fl" bezahlt worden sind und drei Tage später der Kupferstecher „*Jonas Kauffer* von 300 Kupfer Calendern zu drucken 9 fl" erhielt.

Der große Ratskalender der Freien Reichsstadt Augsburg 1643–1802

Abb. 1: *Augsburger inoffizieller Ratskalender, Kopfstück von 1644*, Holzschnitt von Marx Anton Hannas nach Monogrammist I.C., erster Typ 1643–1645, vgl. auch Taf. V, S. 76.

Abb. 2: *Augsburger inoffizieller bzw. ab 1650 offizieller Ratskalender, Kopfstück von 1646*, Holzschnitt von Marx Anton Hannas, zweiter Typ 1646–1656

Abb. 3–4: *Augsburger offizieller Ratskalender, Kopf- und Fußstück von 1657*, Kupferstiche von Wolfgang Kilian, erster Typ 1657–1661

Josef H. Biller

Beschreibung: Wie bereits erwähnt, weisen die neuen *Kopf- und Fußplatten* im Klebeband gegenüber dem Vorgänger kaum Veränderungen auf, allerdings mit der Einschränkung, dass nun die *Fußleiste* unten links eine Signatur trägt: „Elias Küsell sculpsit." Ab 1673 erscheint diese Signatur auch unter der Kopfplatte. Ab 1674 ist der Druck partienweise kräftiger, so dass man an einen Aufstich denken kann.

Frontispiz: Erstmals liegt uns aber nun mit dem Jahrgang 1671 ein vollständiges Kalenderexemplar vor, das nun zur weiteren Beschreibung herangezogen werden kann (Abb. 5). Das Gesamtmaß des aus zwei Papierbögen zusammenmontierten Blattes beträgt: Bildgröße 82 x 30,1 – 30,8 cm, Plattengröße 82,6 x 30,1 – 30,9 cm, Blattgröße 91,0 x 37,2 – 38,5 cm. Der Aufbau zeigt die für den frühen Wappenkalenderdruck typische Komposition: Oben ein relativ großes *Kopfstück* mit figürlichen und szenographischen Darstellungen, wie sie oben beim zweiten Kupfertyp bereits beschrieben worden sind. Daran schließt sich der *Wappenrahmen* an, der auf beiden Seiten 16 hochovale, mit Namensbanderolen übertitelte Wappen in querrechteckigen ornamentierten Feldern aufweist, oben zwischen den senkrechten Wappenleisten fünf weitere zu einer einzigen Form vereinigte Wappen und unten sechs weitere, aber nun in fast quadratischen oder hochrechteckigen Feldern platzierte Wappen. Die seitlichen Wappenleisten sind beidseits mit einem ornamentierten Rahmen zusammengefasst. Insgesamt besteht dieser Wappenrahmen also aus 43 Ratsherrenwappen, wozu noch die oben in der Kopfplatte an betonter Stelle eingefügten beiden Stadtpflegerwappen kommen und damit die Gesamtzahl auf 45 erhöhen. Dieser ca. 5,2 bis 5,5 cm breite Wappenrahmen ist jedoch nicht in eine einzige Platte gestochen, wie dies bei Frontispizen anderer Herausgeber oft der Fall ist, sondern auf zehn Einzelteile verteilt, was zwar die Handhabung etwas erleichtert, aber Passer und saubere Anschlüsse beeinträchtigt. Außerdem erfordern das Ausscheiden und der Eintritt von Ratsherren sowie deren Nachrücken gemäß der Ancienität eine weitere Teilung der Plattenleisten, so dass sich im Laufe der Zeit weitere Einzelteile ergeben. Beim nächsten Typ des Augsburger Ratskalenders hat man diese Kalamität umgangen, indem von Anfang an die Wappenleisten nur aus Einzelwappen bestanden und somit je nach Notwendigkeit verändert werden konnten, was zwar nun praktisch war, aber die Ästhetik durch unregelmäßige Ränder, schlechten Passer und auftretende Schwärzung in den Zwischenräumen störte.

Die untere Wappenreihe wurde schließlich noch mit einer eigenen, im vorliegenden Fall sehr niedrigen *Fußleiste* abgeschlossen, in der neben dem eingestochenen Lassmann die Erklärungen der im betreffenden Jahre zu erwartenden Finsternisse, dann die Erklärung der verwendeten Zeichen sowie der Tierkreiszeichen in Satzschrift eingefügt ist.

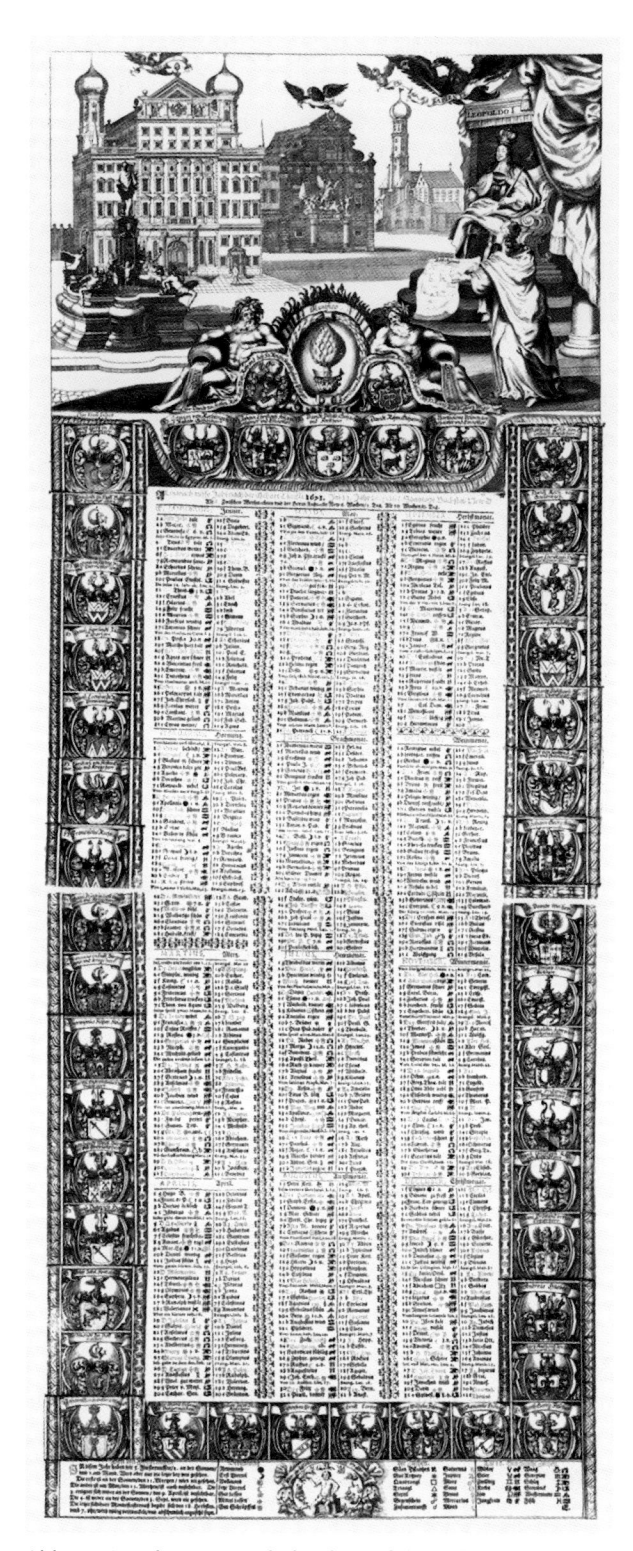

Abb. 5: *Augsburger Ratskalender auf das Jahr 1671 (Erster kompletter Jahrgang)*, Kupferstich von Elias Küsell, dritter Typ 1665–1675, mit Almanach von Simon Utzschneider

In dieses wegen Übergröße in zwei Partien auf getrennte Papierbögen in der Kupferdruckpresse gedruckte und dann passgerecht aneinandergeklebte Frontispiz wurde schließlich das gesondert aus Typensatz gefertigte Kalendarium, der sog. *Almanach*, auf der Buchdruckpresse eingedruckt, wobei die getrennte Rot- und Schwarzform wiederum zwei Druckgänge erforderte und meist zu weiteren Passerdifferenzen führte.

Stecher, Drucker und Lieferanten: Gemessen an der vergleichsweise langen Laufzeit von elf Jahren konstatieren wir wiederholte Änderungen bei den Zulieferern. Zwar wurde *Elias Küsell* (ca. 1640 bis nach 1691) im Jahre 1666 nochmals mit einer kleinen Plattenänderung betraut, die nur mit 1 fl 30 x zu Buche schlug, doch ab 1668 wurde dazu der Stecher *Simon Grimm d. J.* (ca. 1640 bis nach 1682) herangezogen, der für solche Änderungen beispielsweise 9 fl 36 x, 8 fl (1671) oder 9 fl (1672) bezog.[25]

Für den Jahrgang 1667 wurde wieder die evangelische Offizin *Schultes* mit dem Druck der Frontispize betraut und *Christian Schultes* mit 17.36 befriedigt,[26] mit 1668 aber ging dieser Auftrag an den Kupferdrucker *Jonas Kauffer* (ca. 1640–1684) über, mit dem als Preis für 100 Drucke 3 fl paktiert worden waren, was für eine Auflage von 260 Exemplaren 7 fl 45 x galt.[27]

Ab 1668 sorgte der katholische Stadtbuchdrucker *Simon Utzschneider* (1631–1689) für den Druck des Almanachs, wofür er an Druckerlohn und Papier 13 fl für 260 Stück in Rechnung stellte, das Stück zu 3 x.[28] Denselben Eintrag finden wir auch für die Jahrgänge 1671, 1672 und 1673. 1674 und 1675 verringerte sich die Auflage auf 240 Exemplare, wofür dann nur 12 fl anfielen.[29]

1666 werden letztmals Ausgaben für das Illuminieren von Ratskalendern verbucht: Der „junge Herbach" (= Erbach) bezog dafür 12 fl, nach der traditionellen Berechnung also für 12 Exemplare.[30] Als neuer Posten taucht dagegen die Anschaffung von roten und weißen Seidenbändern auf, mit denen die gerollten Ratskalender zur Verteilung an die Ratsherren umwunden wurden: die roten für die evangelischen, die weißen für die katholischen Herren.[31]

Auflagen: Für die Laufzeit von elf Jahren dieses dritten Kupfertyps von 1665 bis 1675 sind uns mit einer Ausnahme alle Jahresauflagen überliefert. Die Höhe pendelt zwischen 240 und 350 Exemplaren, so dass sich daraus eine Gesamtzahl von wohl 3000 Drucken ergibt, wenn man für die Lücke von 1667 eine Stückzahl von 300 Blatt annimmt.

Überlieferte Fragmente und Exemplare: Vom Jahrgang 1665 sind im Klebeband 2° S 374 das unkolorierte Kopf- und Fußstück mit einigen Wappen enthalten (S. 58–62), von 1667 kolorierte Wappen und Fußleiste (S. 64, 65, 74), von 1669 ebenfalls kolorierte Wappen und Fußleiste (S. 66–69), dto von 1670 (S. 70–73) und 1671 (S. 75–78), von 1672 unkolorierte Wappen und Fußleiste (S. 79–82), von 1673 unkolorierte Kopf- und Fußleiste sowie Wappen (S. 83–88), von 1673 die unkolorierte, aber teilweise aufgestochene und signierte Kopfplatte sowie unkolorierte Wappen und Fußleiste (S. 89–94) und von 1675 kolorierte Wappen und Fußleiste (S. 102–105). Ein weiteres signiertes, also zwischen 1673 und 1675 gedrucktes Kopfstück befindet sich im Band 2° Cod. Aug. 479a, fol 10, der Staatsbibliothek Augsburg.

Erstmals liegen von diesem Typ auch komplette Exemplare vor: Jahrgang 1671 (Graphik-Mappe C 32/1671) und 1673 (C 32/1673).[32]

Vierter Typ des Kupferkalenders 1676 bis 1732

Entstehung: In der Baumeisterrechnung Nr. 265 für das Jahr 1675/76 sind die wesentlichen Ausgaben für die Einführung des neuen Frontispizes aufgeführt: Demnach wurden am 25.1.1676 „Herrn Joseph Wernern Maler per die Visierung des Obern Kupferblatts zum Newen Raths Calender, ein silbern ganz verguldet schnürlen mit 12 darein gelegten newen Augsburger Ducaten verehrt, eine summa 83 fl 25 x". Am selben Tag wurden „Herrn Matthiaß [sic!] Küsel per das Obere von Herrn Werner Inventirte Kupfferblatt zue stechen 100 fl" bezahlt, „dito dem Hanß Georg Bodenehr, per die Rathswäpplen zue stechen 43 fl und per solicitirter Discretion 5 fl, also in Allen Ihme zahlt 48 fl". Ingleichen wurden „Jonae Kauffer Kupfferdruckher, per disen Calender von 300. Exemplaren zue trucken 15 fl" übergeben. Am 18.1.1676 hat man „dem Statt Buech binder wegen der Calender 28 fl 10 x" ausgefolgt, wohl für das Aneinanderkleben der Kupferdrucke und Einmontieren der Almanache, welche am 23.1.1676 „dem Statt buechdrucker für die Raths Calender 14 fl 30 x" einbrachten, wobei sich aber die Auflage nur auf 290 Stück belief.[33] Für Druckpapier, von dem erstmals am 11.12.1677 die Rede ist, wurde „Steffan Probst per Regal Pappier zu denen Raths Calendern und Rathhauß Kupffer 4 fl 21 x honoriert.[34]

Entwurf: Das Blatt ist seit 1958 im Besitz der Staatlichen Graphischen Sammlung in München unter Inv.-Nr. 1958:30 (Abb. 6). Feder und Pinsel, schwarze Tusche, weiß gehöht auf blauem, braun abgetöntem Papier, 208 × 310 mm. Nach Jürgen Glaesemer[35] zeigen die Figuren von Victoria und Minerva sowie einiger Putten Spuren einer Korrekturübermalung in deckendem Blaugrau. In unüblicher Weise ist die sehr exakte Stichausführung nach dieser Vorlage seitenrichtig.

Beschreibung: Die künstlerisch-kompositorische Qualität der bisherigen Kalenderköpfe war nicht sehr anspruchsvoll und hochstehend, was einigermaßen erstaunt, da Augsburg als Bildmedienstadt über genug erfahrene und routinierte Zeichner verfügte, die einen der

Abb. 6: Joseph Werner: *Delineation für das Kopfstück des Augsburger Ratskalenders 4. Typs,* 1675. Feder und Pinsel, Tusche.

Bedeutung der Stadt angemessenen eindrucksvollen Ratskalender hätten entwerfen können. Und selbst als man beim Vorgänger von 1662 mit *Matthäus Küsell* einen erfahrenen und qualifizierten Meister seines Faches mit dem Entwurf betraute, kam nur eine mittelmäßige Lösung heraus, so dass man geneigt ist anzunehmen, dass die beschränkten Vorstellungen und gestalterischen Vorgaben der Auftraggeber den Künstler mehr behinderten denn beflügelten. Und wenn nun der aus Bern stammende, in Italien und Paris ausgebildete Maler *Joseph Werner* (1637–1710), der sich zur Vollendung seiner Studien gerade in Augsburg aufhielt, vom Rat mit dem Entwurf seines wichtigsten und vornehmsten Repräsentationsgegenstandes betraut wurde, so scheint der hohe Auftraggeber zum Können der einheimischen Kräfte kein rechtes Zutrauen gehabt zu haben. Jedenfalls bekam Augsburg mit dem Wernerschen Entwurf erstmals einen ingeniösen Kalenderkopf, der nicht nur kompositorisch von großer Verdichtung und Einheitlichkeit gezeichnet ist, sondern auch mit seinen zahlreichen allegorisch-politischen Anspielungen eine intensive Ausdruckskraft entfaltet (Abb. 6, 7).

Es ist nicht von ungefähr, dass sich mit diesem Entwurf und dem danach ausgeführten Stich die Kunstgeschichte bereits wiederholt beschäftigt hat. Wohl erstmals geschah dies 1960, als Peter Halm den Entwurf unter der Bezeichnung „Allegorie auf Kaiser Leopold I." bei den Neuerwerbungen der Staatlichen Graphischen Sammlung München kurz vorstellte, jedoch ohne den Verwendungszweck gekannt zu haben.[36] Im Jahre 1968 wurde das Blatt dann in der Ausstellung „Augsburger Barock" gezeigt, unter Nr. 401 im Katalog hinreichend behandelt und in Abb. 184 wiedergegeben.[37] Damals war bereits bekannt, dass es sich um den Entwurf für den Augsburger Ratskalender handelt, dessen erstes Erscheinen jedoch fälschlich mit 1677 statt 1676 angegeben worden ist, was seitdem in der Literatur ebenso weiter kolportiert wird wie die irrige Interpretation des Stiches als „Titelkupfer", was für ein Buch angemessen wäre, nicht jedoch für das Kopfstück eines Wandkalenders, zumal es auch gar keinen Titel trägt oder illustriert. Beide Fehler übernahm Jürgen Glaesemer in seiner großen Monographie über: *Joseph Werner, S.* 137, wo das Blatt unter Nr. 49 samt seiner Ausführung (Nr. 49a sowie Nr. 191) wiedergegeben und sehr ausführlich erklärt ist.[38] 1990 berief sich *Jürgen Rapp* kurz auf Werners Stichvorlage in Zusammenhang mit seinen Ausführungen zum Nachfolger,[39] die uns noch beschäftigen werden, und 1997 wies Peter Prange nach, dass sich *Johann Andreas Thelott* (1655–1734) beim Widmungsblatt zum zweiten Teil von *Salomon Kleiners* Ansichten von Wien 1725 Werners Kalenderkopf zum Vorbild genommen hat.[40]

Wir legen der Beschreibung des Ratskalenders vierten Typs den ersten Jahrgang von 1676 zugrunde, der allen bisherigen Bearbeitern entgangen ist. Da das Blatt jedoch hart am Bildrand beschnitten ist, wird für die Maßangaben das Exemplar 1683 herangezogen, dessen aus drei Blättern zusammenmontiertes Frontispiz die Maße 84,4 x 31,3 cm (Bildgröße), 84,8 x 34,5 cm (Plattengröße) und 90,1 x 36,0 – 36,2 cm (Blattgröße) hat.

Almanach: Das Kalendarium ist in Typendruck gefertigt, zweifarbig schwarz und rot gedruckt und in das große freie, von Wappen umgebene Kalenderfeld eingeklebt.[41]

Am Kopf erscheint über die ganze Satzspiegelbreite der eigentliche Titel des Kalenders, der bei den meisten Offiziellen Wappenkalendern aus Gründen leichterer Änderungsmöglichkeit im Einsatzkalender, genannt Almanach, steht und nicht in der Kupferplatte eingestochen ist. Der meist mehrzeilige, verschiedene kalendariologische und astronomische Angaben aufweisende Titelblock beginnt mit dem in Fraktur gesetzten Wortlaut: „ALmanach auffs Schalt=Jahr nach der Geburt Jesu Christi 1676." Die Tagtafel zeigt vertikal angeordnet vier Reihen zu je drei Monatstabellen. Üblicherweise steht am Fuß das Impressum des Buchdruckers, das aber erst ab dem Jahrgang 1700 erscheint.

Frontispiz: Der in Kupferstich ausgeführte illustrative Teil des Kalenderblatts, das sogenannte Frontispiz, teilt sich beim vierten Typ des Augsburger Ratskalenders in zwei Teile: Die Kopfplatte und den Wappenrahmen.

Das *Kopfstück* hat die Maße 20,6 – 20,8 x 30,5 – 31,0 cm (Bild) und 21,2 – 21,3 x 31,2 – 31,8 cm (Platte) und ist unten links signiert: „Joseph Werner del:", unten rechts: „Matthaeus Küsel S. C. M. Sculpt: f.", was sich als „Sacrae Caesareae Maiestatis Sculptor fecit" auflöst. Es zeigt den thronenden Kaiser Leopold I. auf hohem, fünfstufigem Podest vor einem schweren und seitlich gerafften Vorhang, der einen schmalen Blick ins Freie freigibt und jeweils eine Rundsäule auf hohem Sockel sichtbar werden lässt, die nicht nur die Szenerie rahmt, sondern auch eine Anspielung an das Wappen der spanischen Habsburger mit der Devise „Plus ultra" darstellt. Zu Seiten des Kaisers haben sich Allegorien zur Huldigung eingefunden, deren Interpretation die Verse unterstützen, die in kursiver Antiqua in ein eigenes Schriftfeld[42] über dem Almanach eingestochen sind und besagen: „Imperium Obsequiumque ligat concordia Pacis; || Mercurium Ars, Triton promovet artis opus. || Haec AVGVSTANIS se Fascibus omnia subdunt; || Urbs MAJESTATI se, LEOPOLDE, Tuae." Rechts finden wir also die Exponenten der politischen, administrativen und militärischen Szene, links die Hauptvertreter von Handwerk, Künsten und Wissenschaften. Hier haben sich auch die Personifikationen der Flüsse Lech und Wertach am Schilfufer niedergelassen, mit einem Ruder deren Schiffbarkeit und mit einem Mühlrad deren Wasserkraft symbolisierend sowie den natürlichen Reichtum andeutend, der nach Glaesemer „als materielle Voraussetzung die Entwicklung der Kunst fördert (Mercurium Ars, Triton promovet artis opus)". Rechts daneben sind fünf Putten eifrig dabei, Gegenstände und Attribute von Handwerk, Kunst und Instrumentenbau herbeizuschleppen und dem Kaiser zu präsentieren, während darüber der Reichsadler zu Füßen des Herrschers aufmerksam auf den Genius späht, der von links herbeifliegt, um den Kaiser mit einem Lorbeerkranz zu krönen.

Auf der rechten Seite steht die Allegorie der Reichsgewalt mit der alten deutschen Kaiserkrone und dem Reichsschwert auf dem Kissen, davor kniet der Friedensgenius (Concordia Pacis), zu dessen Füßen ein Füllhorn Früchte, Ähren und Münzen ergießt, in der Linken einen Ölzweig und eine Schmuckkette haltend, an der er die Allegorien von Macht (Imperium) und Gehorsam (Obsequium) führt, welche die Stadtgöttin Cisa mit Mauerkrone dem Kaiser mit ausladendem Gestus empfiehlt. Davor verweist ein Putto mit dem Fortifikationsplan der Stadt auf Augsburgs Wehrhaftigkeit. Links davon steht gewappnet Minerva mit bekränztem Liktorenbündel, Schlüsselbund und Zepter als Personifikation der staatlichen Ordnungsmacht. Davor kniet am Boden die Allegorie des Gehorsams mit den „STATVT[A] || REI PV[BLICAE] || AUGU[STANAE]" unter dem Arm.

Die Mitte des Vordergrundes bestimmt die Heraldik: Oben aus einem Kapitell hervor wachsend der Augsburger Pyr, darunter die beiden Wappen der aktuellen Stadtpfleger, nach dem Augsburger Proporz jeweils ein Katholik und ein Protestant. Im vorliegenden Fall waren das rechts Leonhard Weiß und links Oktavian Langenmantel, deren vollständige Titulatur auf je einem Schriftband zu Seiten der Wappen erscheint.

Waren auf den bisherigen Kalenderköpfen nur sehr wenige oder gar keine Anspielungen zu finden, so bestimmen auf Werners Komposition nun die Allusionen die Szenerie in üppigem Maße.

Der Wappenrahmen wird diesmal von überwiegend querformatigen Wappenplatten gebildet, von denen 16 auf der linken Seite und 15 auf der rechten Seite erscheinen und den 24 patrizischen Räten, vier Mehrern und drei Kaufleuten zugehören, während oben fünf hochformatige Wappen die sog. Geheimen vorführen und unten sieben weitere hochformatige Wappen sich auf die Räte aus der Gemeinde beziehen.[43]

Gegenüber der früheren Praxis sind nun die Wappen einzeln zu einem Rahmen aneinandergereiht, so dass sich Änderungen innerhalb der Zusammensetzung, z. B. durch Tod eines Ratsherren und Nachrücken eines neuen Mitgliedes, relativ leicht durchführen ließen. Nachteil dabei war, dass sich die einzelnen Platten meist etwas verschoben, keine streng begrenzte Randlinie bil-

Josef H. Biller

deten, mühevoller einzufärben waren und bei schlecht passenden Kanten zu ungewollter Farbführung (in der Fachsprache: Schmitz genannt) und damit unsauberem Druckbild führten. Die formatmäßige Ungleichheit der Wappenplatten und die unvermeidliche Schmitzbildung werden das uneinheitliche und teilweise unästhetische Erscheinungsbild des Werner-Küsellschen Ratskalenders über seine ganze lange Laufzeit von 57 Jahren begleiten.

Almanach: Das Kalendarium wird im Normalfall vom Buchdrucker in Typenschrift gesetzt, in zwei Farbformen ausgezogen und dementsprechend in zwei Druckgängen für Schwarz und Rot auf dünnes Papier abgezogen. Die Auflage wird dann an den Buchbinder geliefert, der die Blätter auf die Größe des im Frontispiz freigeschlagenen Almanachfeldes knapp beschneidet und standgerecht darin einklebt (oder in der Fachsprache: einmontiert). Dieser Ablauf ist bei den frühen Jahrgängen angewendet, spätestens ab 1693 aber dahingehend geändert, dass der Buchdrucker den Almanach direkt in das Frontispiz eindruckt, mit dem Vorteil der Papierersparnis, aber der Gefahr von Passerdifferenzen vor allem beim zweifarbigen Druck, wobei sich die überlangen Frontispize schwieriger exakt manipulieren lassen.

Oben am Kopf des Almanachs ist regelmäßig der eigentliche Titel des Ratskalenders genannt, der beim ersten Jahrgang 1676 lautet: „ALmanach auffs Schalt=Jahr nach der Geburt Jesu Christi 1676", gefolgt von weiteren kalendariologischen Angaben. Danach folgen die Monatstabellen, jeweils in vier Reihen zu je drei Monaten, wobei bis zum Jahr 1700 jeweils der alte und neue Stil dargestellt wird.[44]

Erstaunlicherweise fehlt in den Jahrgängen bis 1699 das Impressum mit der Druckeradresse, die üblicherweise am Fuß des Almanachs erscheint, wie das ab 1700 auch der Fall ist, wo es beispielsweise heißt: „AUGSPURG / gedruckt bey Jacob Koppmayer / Stadt=Buchdr." Trotz der fehlenden Drucker-Nachweise auf den genannten Jahrgängen lassen sich aber die Namen der Buchdrucker über die Baumeister-Rechnungen und Roten Bücher feststellen, so dass damit die Statistik vervollkommnet werden kann.

Eine Eigenheit der Augsburger großen Ratskalender und teilweise auch der von den Druckern und Stechern verlegten Wandkalender ist die Angabe der Konfession, für welche das jeweilige Kalendarium bestimmt ist. Dieser Usus taucht bei den Ratskalendern erstmals 1683 auf, als unten rechts z. B. der Hinweis „Evangel:" erscheint, bei den anderen „Cath." Im Laufe der Zeit pendelte sich dieser Zusatz in verkürzter Form mit „C" für katholische und „E" oder „Ev." für evangelische Fassung ein.

Lieferanten: Entsprechend der bereits oben erwähnten langen Laufzeit von 58 Jahren ergibt sich bei den Lieferanten wiederholt ein Wechsel. So lieferte der Kupferdrucker *Jonas Kauffer* die Frontispize bis zum Jahrgang 1684,[45] dann im nächsten Jahr dessen *Witwe*,[46] gefolgt 1686 vom Stadtkupferdrucker *Johann Widenmann*, der bis 1698 nachweisbar[47] ist und vielleicht sogar bis 1700 gearbeitet hat, worauf *Johann Anton Kertschmeier* folgte,[48] dessen Tätigkeitsdauer jedoch nicht festzustellen

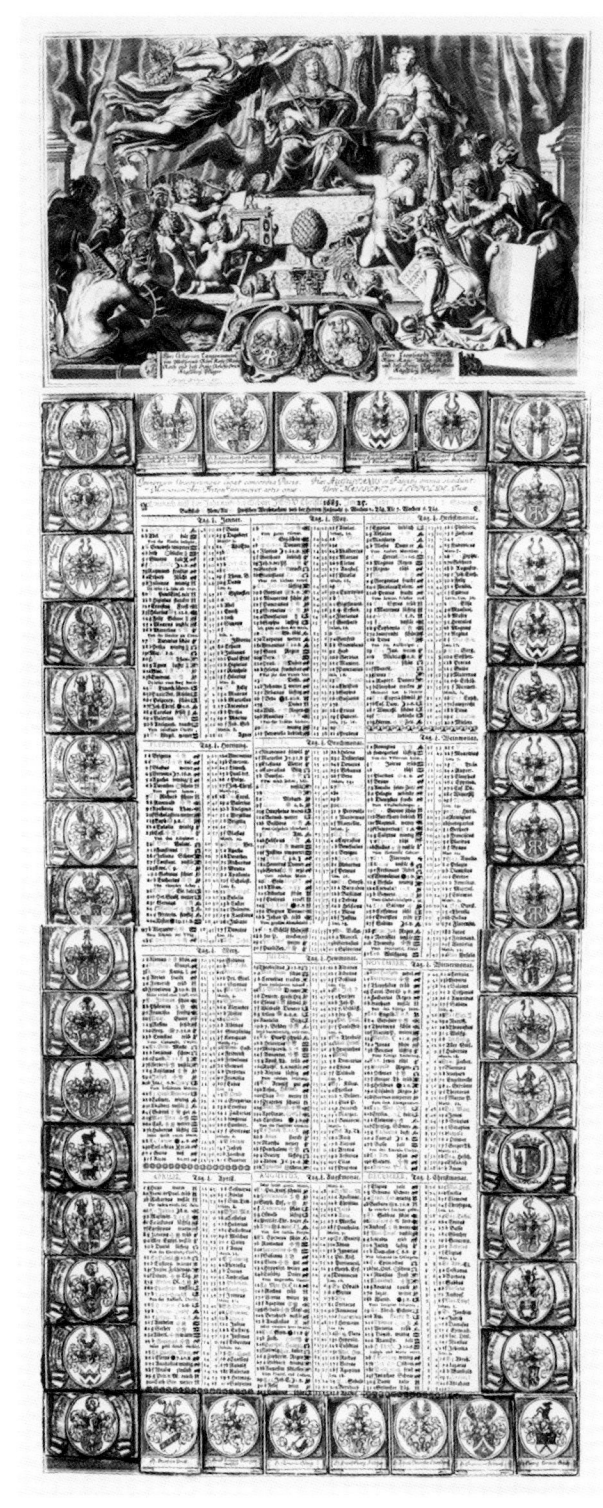

Abb. 7: *Augsburger Ratskalender auf das Jahr 1683. Kupferstich von Matthäus Küsell (Kopfstück nach Joseph Werner), fünfter Typ 1676–1732, mit Almanach von Simon Utzschneider*

ist. Den Almanachdruck besorgte anfangs der katholische Stadtbuchdrucker *Simon Utzschneider*[49] und ab spätestens 1690 der evangelische Kollege *Jakob Koppmayer* (1640–1701),[50] ab 1702 der Katholik *Mathias Metta* (ca. 1670–1705),[51] seit 1707 der Protestant *Andreas Maschenbauer* (1661–1727)[52] und ab 1728 der Katholik *Michael Labhart* (ca.1675–1744), der sowohl Stadtbuchdrucker wie auch „Hochfürstlich-bischöflicher Drucker" war.[53] Für Unterhalt und Änderungen der Platten war anfangs *Simon Grimm d. J.*[54], 1678 *Jonas Kauffer*[55] und ab 1679 dann *Hans Georg Bodenehr* (1631–1710)[56] zuständig, der spätestens 1706 durch dessen Sohn *Gabriel Bodenehr* (1673–1766)[57] abgelöst wurde und 1708 von *Johann Kapar Gutwein* (1661–1732)[58] nachgefolgt wurde. 17.2.1680 werden *Stefan Probst* für Papierlieferung bezahlt 1 fl 22 x.[59]

Auflagen: Die Anfangsauflage betrug 1676 300 Exemplare,[60] um schon im folgenden Jahr auf 230 Stück zu sinken,[61] aber 1678 wieder auf 300 zu steigen,[62] 1683 dagegen stark abzufallen auf 170 Drucke[63] und 1689 gar auf 150 Exemplare.[64] 1690 und 1692 erhöhte man auf 200 Stück,[65] bei welcher Zahl sich die Auflage ab 1696 bis 1707 einpendelte und bis 1723 meist hielt.[66] 1708 und 1709 lag man wieder bei den anfänglichen 300 Stück,[67] kehrte 1714[68] und 1724[69] bis 1731[70] wieder zu 250 Stück zurück. Anhand der in der Tabellenstatistik II nachweisbaren bzw. annehmbaren Jahresauflagen lässt sich eine Gesamtauflage dieses vierten Kupfertyps in der Laufzeit von 57 Jahren mit wohl 12382 Exemplaren mutmaßen.

Reparaturen und Aufstich: Am 4.12.1688 wurde der Stadtspengler mit 1.48 für das Löten der Kupfer honoriert.[71] Für eine offensichtlich größere „Veränder- und Ersetzung des Ratskalenders Kupfers" erhielt *Hans Georg Bodenehr* am 19.9.1682 den nicht unbeträchtlichen Betrag von 13 fl[72], der vielleicht sogar auf den Ersatz einer beschädigten Platte verweist. Wiederholt wird *Johann Caspar Gutwein* für Änderungen an den Platten bezahlt, so am 7.12. und 12.12.1716 mit 1.30 und 4.15,[73] am 11.12. und 18.12.1717 mit 4 fl und 11 fl. 24 x,[74] sowie am 6.11. und 28.11.1721, als sogar 8 fl bzw. 25 fl 36 x fällig werden, was wiederum auf eine größere Reparatur, allenfalls einen Aufstich hindeutet.[75]

Eine bestimmte Änderung lässt sich mit dem Wechsel des Herrschers in Verbindung bringen, dessen Gesichtszüge dann im Kaiserporträt verändert werden mussten, was aber nicht immer kontemporan erfolgt ist. So erscheint Kaiser Josef I., der ab 1705 regierte, erst im Jahrgang 1708 und überdies in leicht veränderter Sitzhaltung, nicht mehr frontal wie Leopold I. (Abb. 8a), sondern (vom Betrachter aus) leicht nach links gewandt, und mit veränderter Perücke (Abb. 8b): Man hatte dabei wohl die sowieso anstehende Renovierung der Platte

Abb. 8a–c: Die Aktualisierung des Kaiserporträts im Augsburger Ratskalender 4. Typs: Kaiser Leopold in den Jahrgängen 1676–1707 (a), Josef I. 1708–1712 (b) und Karl VI. 1713–1732 (c)

abgewartet, um beide Korrekturen gemeinsam durchzuführen. Weitere Kennzeichen dieser Änderungen sind das veränderte Muster des Teppichs auf den Thronstufen, das nun nicht mehr ornamentiert ist, sondern senkrecht schraffiert. Auch die Thronlehne ist nicht mehr oval gerahmt, sondern vertikal begrenzt und ziemlich unmotiviert mit Palmwedeln belegt. Darüber wölbt sich nun ein niedriger Baldachin, der bis in die obere Randlinie ausgreift. Die anschließende Draperie ist geglättet und vereinfacht. Dieser erhebliche Aufwand schlägt sich auch in den Kosten von 21 fl nieder, die dem Stadtkupferstecher *Johann Kaspar Gutwein* am 17.12.1707 bezahlt wurden.[76] Bei dieser Gelegenheit wurde auch der Rahmen der Kopfplatte geändert und zeigt nun eine fette Randlinie. Auch der nächste Kaiserwechsel schlug sich verspätet nieder: Hier wurde im Jahrgang 1713 in dem Vierzeiler über dem Almanach der Name des ab 1711 regierenden Karl VI. eingefügt, aber seine Gesichtszüge kaum merklich verändert, kenntlich eigentlich nur an der Aufhellung des Hintergrunds (Abb. 8c).[77]

Variante: Der Jahrgang 1708,[78] der ja auch Veränderungen in der Platte zeitigte, weist noch ein zusätzliches Kuriosum auf: Unter dem Almanach erscheint hier eine von *Johann Stridbeck d. J.* (1665–1714) gestochene Landkarte von Spanien eingeklebt, die somit auf den seit 1702 wütenden Spanischen Erbfolgekrieg hinweist und auf die Verstrickung des Hauses Habsburg in diese weltweite Auseinandersetzung, da der Bruder Kaiser Josefs, Erzherzog Karl, als spanischer Thronprätendent fungierte, aber nach dem Tode Josefs 1711 als Karl VI. die Nachfolge in Österreich antreten musste (Abb. 9). Die Karte weist keinen Titel auf und ist unten rechts signiert: „Johann Stridbeck Jun: fecit et Excudit Cum Gratia et Privil: Sac: Caes: Majest:" Das Blatt erweist sich jedoch als eine Landkarte, die Johann Stridbeck[79] in seiner 1704 zum Spanischen Erbfolgekrieg erschienenen Stichfolge „Curioses Staats und Kriegs Theatrum Dermahligen Begebenheiten in Hispanien" veröffentlicht hat.[80] Allerdings fehlt im Kalender die obere Titelleiste der Karte, die da lautet: COMPENDIOSA HISPANIÆ REPRAESENTATIO || Spanien || Mit Angraentzenden Ländern." Da Johann Stridbeck während der Besetzung Augsburgs durch kurbayerische Truppen 1703–1705 wegen der Gefahr, zum Kriegsdienst gezwungen zu werden, aus der Stadt geflohen und nach Frankfurt emigriert war, von wo er erst 1710 wieder zurückkehrte,[81] muss die in Augsburg zurückgelassene Druckplatte für den Abzug dieser Sonderauflage für den Ratskalender 1708 verwendet worden sein, da nicht anzunehmen ist, dass *Johann Stridbeck d. Ä.* (1640–1716), der den Verlag während der Abwesenheit seines Sohnes weiterführte, eine Auflage von 300 Abzügen auf Lager gehabt hätte. Es ist auch nicht daran zu denken, dass diese Kalenderversion mit Landkarte eine einmalige private Montage gewesen wäre, weil der Buchdrucker Andreas Maschenbauer extra einen niedrigeren Almanach fertigen musste, um Platz zu schaffen für die Einfügung der Landkarte.[82]

Preise: Die Gestehungskosten für den Auflagendruck blieben meist über längere Zeitperioden dieselben. So kostete der Druck des Frontispizes pro hundert Exemplare bei Einführung des Neuen Typs 1676 5 fl,[83] sank aber dann ab 1679 auf 4 fl,[84] die bis zum Ende der Laufzeit 1732 galten. Erstaunlicherweise verdiente der Buchdrucker für den Almanachdruck bedeutend mehr: Er bekam 1679 den Abzug mit 4 x honoriert, das macht auf das Hundert 6 fl 40 x,[85] im Jahr darauf nur mit 5 fl,[86] schließlich ab 1692 meist 12 fl 45 x pro 200 Stück,[87] wobei die festzustellenden Schwankungen meist auf zusätzliche Lieferungen von Torzetteln oder anderen Akzidenzen beruhen, deren Anteil nicht genau spezifiziert wird.

Auflagen: Vom ersten und dritten Jahrgang 1676 bzw. 1678 des vierten Typs wurden je 300 Exemplare gedruckt, eine Zahl, die auch in den Jahren 1708 und 1709 erreicht wurde. Zwischen 1681 und 1689 sank die Auflage vorübergehend auf 190, 180, 170, 162 oder gar 150 Drucke, um sich spätestens ab 1697 bei 200 einzupendeln, unterbrochen von den schon genannten beiden Jahren 1708 und 1709 mit einer Erhöhung auf 300 Exemplare und dem Erreichen der 250er-Marke im letzten Jahrzehnt der Laufzeit von 1722 bis 1732. Insgesamt erreichte das Auflagenvolumen des vierten Typs damit die hohe Zahl von 12044 Exemplaren.

Überliefert Exemplare: Von diesem vierten Typ des Kupferkalenders sind vergleichsweise viele komplette und fragmentierte Exemplare erhalten geblieben. Für die Zeit von 1676 bis 1680 überwiegend die Kopfstücke und ein Teil der Wappen im bekannten Klebeband der Staatsbibliohtek Augsburg (2° S 374), im Einzelnen alles unkolorierte Fragmente für folgende Jahrgänge: 1676: nur Wappen (S. 106–109), 1677: zwei Serien Kopf und Wappen (S. 110–115 und S. 116–121), sowie jeweils

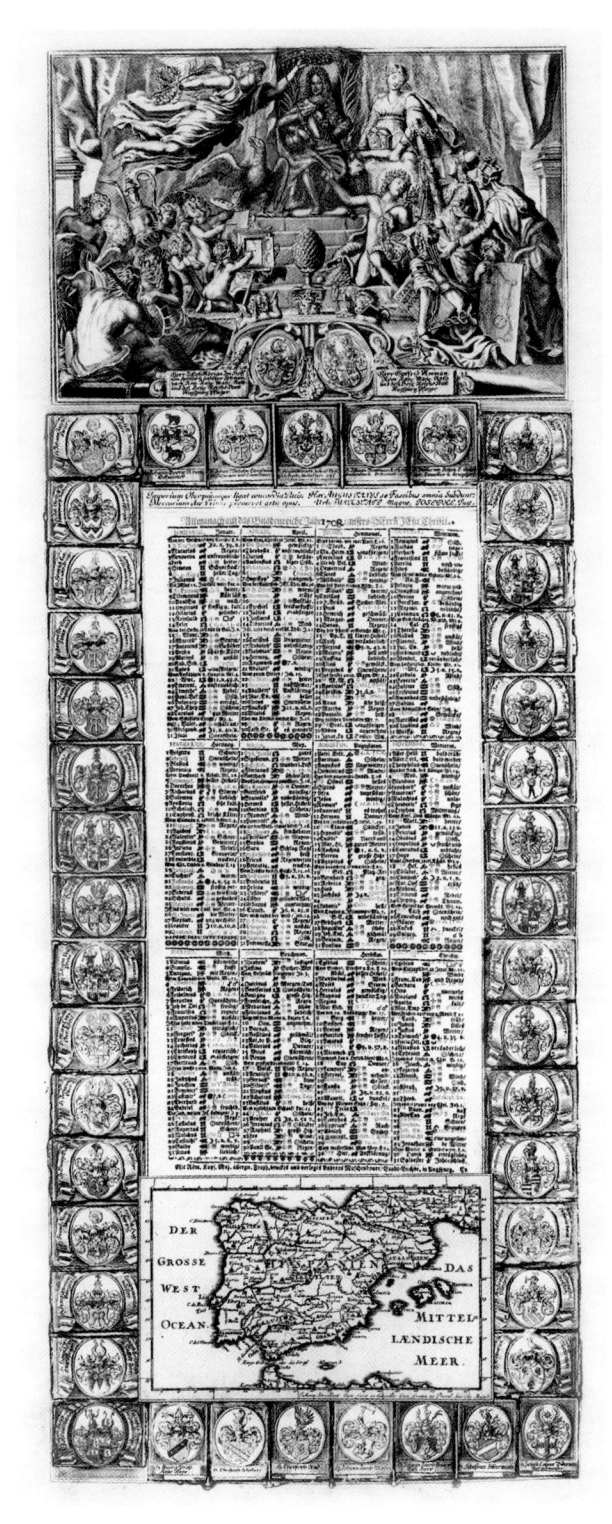

Abb. 9: *Augsburger Ratskalender auf das Jahr 1708 mit Spanienkarte von Johann Stridbeck d. J.*
Kupferstich von Matthäus Küsell, fünfter Typ 1676–1732, mit Almanach von Andreas Maschenbauer

Kopf und Wappen für die Jahrgänge 1678 (S. 122–127), 1679 (S. 128–133) und 1680 (S. 134–139).
Neben diesem Bestand existiert eine fast lückenlose Folge kompletter Jahrgänge evangelischer Version in Mappe Graph 32 der Staatsbibliothek Augsburg: 1676, 1677, 1679, 1680, 1683 (frühestes vollrandiges Exemplar),

Abb.10: *Originalrahmen für den 1733 eingeführten Ratskalender 5. Typs,* Holz, schwarz gebeizt, verglast mit Ratskalender-Jahrgang 1735

1694, 1696, 1697, 1700, 1701, 1702, 1703, 1707, 1708, 1710, 1711, 1713–1719, 1722–1732. Nur Kopfstück aus der Zeit 1676–1688 (Stadtpfleger Octavian Langenmantel und Leonhard Weiß) in Graph 7 Küsell 19; des Weiteren im Klebeband 2° Cod. h. 72 mit dem Titel „Augusta Vindelicorum" auf S. 2

An anderen Provenienzen finden sich die Jahrgänge 1691 (GNM Nürnberg, HB 18361) und 1732 (Städtische Sammlungen Fürth, Sammlung Gebhardt); nur Kopfstücke erhalten in der Benediktinerabtei Ottobeuren (Wiblingana Bd. 25/XVI, S. 27, aus der Zeit zwischen 1676 und 1688), sowie zwei Wappenleisten mit sieben bzw. acht Wappen unbekannten Jahrgangs (Wiblingana, Bd. 32, S. 58).

Literatur: Am ausführlichsten beschäftigte sich mit Werners Kalenderentwurf *Jürgen Glaesemer 1974*[88] nach der Erstveröffentlichung durch *Peter Halm 1960*[89] und Analyse im *Ausstellungskatalog* von 1968.[90] Peter Prange zog 1997 das Kopfstück des letzten Jahrgangs 1732 als Vergleich heran,[91] ein ähnliches unternahm Jürgen Rapp 1990[92] bei der Bearbeitung des Nachfolgetyps von Bergmüller-Sperling. Als Geschichtsdokument führten Friedrich Blendinger und Wolfgang Zorn 1976 das Wernersche Kopfstück vor,[93] als Kalenderbeispiel den Jahrgang 1732 die Ausstellung *Ein gutes neues Jahr. Glückwünsche, Almanache und Kalender aus den städtischen Sammlungen.* Schloß Burgfarrnbach, 10.1.–16.3.1986, S. 3, Kat.-Nr. 6, aus dem Besitz des Stadtarchivs Fürth. Drugulins Lagerkatalog von 1867 führt die Jahrgänge 1693, 1701 und 1731 auf, von denen der Verbleib des ersteren bisher nicht mehr bekannt geworden ist.[94]

Fünfter und letzter Typ des Kupferkalenders 1733–1802

Entstehung: Im Jahre 1732, fünf Jahre vor dem ersten Auftauchen der Rocaille in Augsburg und damit dem „offiziellen" Beginn des Rokokos in Deutschland, war das Frontispiz von 1676 mehr als veraltet und verlangte nach einer Neugestaltung. Üblicherweise beschäftigt sich ja der Stadtrat mit der Neuredaktion seines vornehmsten Repräsentationsmediums, doch finden sich dazu in den Geheimen Ratsprotokollen im Jahre 1732/33 keinerlei Hinweise, nur über die kleinen *Neu verbesserten Stadt- und Raths-Calender* im Quartformat deliberierte und resolvierte man wiederholt.[95] Allerdings kann man sich nicht vorstellen, dass über den großen Ratskalender nicht ähnliche Diskussionen vorgefallen sind, jedoch ist jene Quelle, die diese Vorgänge protokolliert, leider noch nicht aufgefunden worden. Doch in der Baumeisterrechnung von 1732/33 erscheint unter dem 15.5.1733 der Posten: „700 fl wegen neuem Rathskalender Kupfer".[96] Und im Haupt-Cassa-Buch des Einnehmeramts für 1732/33 finden wir noch genauere Spezifizierung der wesentlichen Ausgaben für die Neueinführung. Da lesen wir unter dem Konto „Wohllöbl. Bauamts gemeine Ausgaben" unter dem 15. Mai 1732 den Eintrag: „per den neu verfertigten allhiesigen Raths-Calender zu delineieren und in Kupfer zu bringen, H. Bergmüller Historien-Maler, und H. Hieron. Sperling, Kupferstecher allhier, laut Schein fl 700"[97] Und drei Tage zuvor, am 12.5.1733, werden dem Stecher für den Druck der Frontispize „per 170 neue Raths Calender Abdruck à 32 x H. Hieron. Sperling laut Schein act. 91 fl – 90 fl 40 x" bezahlt.[98] Im Roten Buch sind beide Posten seltsamerweise unter den Daten 14.5. und 10.6.1733 geführt.[99] Dazu noch „2 Lot weiße und rote Buchseiden pro 1733 -36 x" zum „Umwinden" der gerollten Belegexemplare für die Ratsherren.[100] Noch interessanter aber ist der Buchungstext vom 9.5.1733: „zahlt per 2 neu verfertigte Raths-Calender Rahmen, Eine in wohllöbl. Einnehmer Amt, die andere in die Stadt Cassiers Schreib Stuben 4 fl 30 x."[101] Demnach wurden für die passende Aufhängung und Vorstellung des jährlichen Ratskalenders für beide Ämter je ein eigener Rahmen gefertigt, von denen sich – das sei vorweggenommen – noch ein schön geschnitztes und schwarz gebeiztes Exemplar erhalten hat und im Zugang zum neuen Lesesaal der Staatsbibliothek Augsburg den Benützer empfängt (Abb. 10). Verwunderlich ist allerdings dabei, dass kein Rahmen für die Ratsstube erwähnt wird, wo man am ehesten eine würdige Präsentation des Ratskalenders erwarten möchte – ein Umstand, den man sich nur dadurch erklären möchte, dass hier bereits ein entsprechender Rahmen vorhanden war, in den sich der neue Wappenkalender einpassen ließ, der mit Blatthöhe von 140 bis 145 cm sichtlich größer war als der Vorgängertyp mit etwa 90 bis 95 cm Höhe.

Was wir aber vermissen sind die Ausgaben für den Druck der Almanache durch den Buchdrucker, was man sich nur so erklären kann, dass diese Gestehungskosten in den relativ hohen Ausgaben für den Lieferanten der Frontispize, den Kupferstecher und -drucker *Hieronymus Sperling* (1695–1777), enthalten sind.

Entwurf: Die Signaturen des Frontispizes scheinen auf den ersten Blick Entwurf durch *Johann Georg Bergmüller* (1688–1762) und Ausführung durch *Hieronymus Sperling* zweifelsfrei zu dokumentieren. Doch birgt zumindest die Invention des Kopfteils ein kleines Geheimnis, das erst durch das Angebot einer Vorzeichnung in der Auktion bei Christie's in London am 12. April 1983[102] gelüftet werden konnte. Da tauchte nämlich eine wundervolle Entwurfszeichnung just für die obere Platte des Augsburger Ratskalender-Frontispizes auf, die sofort von der Sammlung Ratjen erworben worden ist, dann lange Zeit in der Stiftung Ratjen in Vaduz sowie in der Staatlichen Graphischen Sammlung in München lagerte und inzwischen in der Wolfgang Ratjen Collection 2007 in der National Gallery Washington verwahrt ist (Abb. 11). Das hinreißend komponierte Blatt erweist sich mit den Maßen 55,6–56,1 x 45,0–45,6 cm praktisch deckungsgleich mit dem Bildformat der Kopfplatte von 55,7 x 45,0 cm. Es ist mit Feder in Schwarzbraun angelegt, grau laviert und mit weißer und blaugrauer Ölfarbe auf bräunlichem Papier gehöht. Das Blatt, obwohl seitenrichtig konzipiert und damit nur durch Nadelung seitenverkehrt auf die Kupferpatte übertragbar, fungierte offensichtlich als Ausführungsvorlage oder Delineation, obwohl nicht in Strichmanier ausgeführt, sondern malerisch nach Art einer Grisaille. Das Blatt trägt unten Mitte eine Beschriftung in Kurrent, die besagt – man lese und staune – „J. Holzer fecit 1732 || Sub Directione Dñi. J. G. Bergmiller."[103] Also war *Bergmüller* gar nicht der Schöpfer des Entwurfs, als der er sich in der Plattensignatur ausgibt. Doch ist diese Bezeichnung keine schäbige Anmaßung des Lehrers gegenüber seinem – wohl schon als genialisch erkannten – Schüler oder besser Werkstatt-Mitarbeiter, der er seit 1730 bis 1736 war. Aber als „Maler-Gehilfe" ohne Bürgerrecht und Beisitz durfte *Holzer* weder eigener Arbeit in Augsburg nachgehen noch eine eigene Wohnung unterhalten, sondern hatte bei seinem Meister in Kost und Logis zu wohnen. Um also seinen Mitarbeiter nicht in Konflikt mit der städtischen Gewerbeaufsicht geraten zu lassen, blieb *Bergmüller* als Inhaber dieses hochoffiziellen städtischen Auftrags nichts anderes übrig, als sich als allein ausführender Entwerfer auf dem Stich zu bekennen.

Die Beschäftigung mit der Kaiserallegorik auf dem großen Augsburger Ratskalender war die erste Konfrontation *Holzers* mit der Kunstaufgabe Wappenwandkalender. Es ist deshalb doppelt erstaunlich, wie gut er sich in diese Aufgabenstellung hineinversetzen und schon bei diesem ersten Mal eine reife Meisterleistung erbringen konnte.[104] Nur zwei Jahre später konnte er seine neuen Erfahrungen in diesem Metier beim Entwurf des Salzburger Hochstiftskalenders[105] einbringen sowie 1734 bis 1736 bei den Inventionen zu drei Historisch-allegorisch-emblematischen Wandkalendern des Verlages *Johann Andreas Pfeffels*.[106]

Beschreibung: Gegenüber dem vorhergehenden Typus, der eigentlich nur im Werner-Küsellschen Kopfblatt eine zeitnahe künstlerische Lösung aufgewiesen, aber im Almanachteil einer harmonischen Einheit entbehrt hatte, zeigt sich nun das Bergmüller-Sperlingsche Frontispiz von rundum geglückter Homogenität, bestechender Komposition und hoher stecherischer Qualität, wie man es von den routinierten Stechern Augsburgs erwarten durfte.

Wir legen unserer Beschreibung den vollrandigen Jahrgang 1735 (Abb. 12) der Staatsbibliothek Augsburg zugrunde (Graph 32/1735). Die Maße sind: 116,3 x 44,7–44,9 cm (Bild), 118,3 x 46,7 cm (Platten) und 145,5 x 61,0 cm (Blatt). Das Frontispiz besteht aus zwei Platten, deren Stoß unterhalb der ersten Wappenreihe der Pilaster verläuft, und ist signiert unten links: „JGB[ligiert]ergmüller delin." und unten rechts: „Hieronymus Sperling Sculpsit Aug. Vind." Sämtliche Wappen sind von eigener Sammelform gedruckt, ausgeschnitten

Abb. 11: Johann Holzer: *Ausführungsentwurf für den Augsburger Ratskalender 5. Typs*, 1732. Feder schwarzbraun und Pinsel, grau laviert, weiß und blaugrau gehöht

und in die Wappenschilde eingeklebt, ein zwar etwas umständliches, aber dennoch gegenüber der früheren unschönen Lösung ein rationelleres Verfahren, weil nun jede Veränderung in der Zusammensetzung des Rats leicht und noch dazu ästhetisch voll befriedigend darzustellen ist. Ähnliche praktische Erwägungen haben auch dem Einmontieren des Almanachs Vorzug gegeben.

Der Entwicklung der Kalenderkunst entsprechend zeigt sich das neue Modell in der typischen Dreigliederung von *Kopfblatt* mit historisch-allegorischer Szenerie, wappengerahmtem *Mittelteil* mit Almanachfeld und illusionistischem *Fußstück* mit Ausblick auf eine Stadtvedute, deren Rahmen Flussgötter flankieren. Dieser Dreiteilung soll auch die Beschreibung folgen, jedoch beginnend mit dem Mittelteil, weil der hier platzierte Almanach, wie üblich, den Titel des Kalenders aufweist.

Mittelteil (Almanachfeld):. Hier erscheint am Kopf des eingeklebten, zweifarbig schwarz und rot gedruckten Almanachs mit zwei Reihen von je sechs Monatstabellen in prachtvollen, mit Initialen hervorgehobenen Fraktur-Lettern der Titel: „Deß Heil: Röm. Reichs ‖ Stadt Augspurg ‖ Raths = Calender/ ‖ Oder Almanach auf das Gemein=Jahr nach der Gnadenreichen Geburt JEsu CHristi ‖ M. D CCXXXV.", gefolgt von drei Zeilen mit der bisherigen Regierungsdauer des Kaisers und astronomischen Angaben über Goldene Zahl, Sonnenzirkel, Römerzinszahl, Mondphasen, Sonntagsbuchstaben und

Abb. 12: *Augsburger Ratskalender auf das Jahr 1735*, Kupferstich von Hieronymus Sperling nach Johann Holzer (Kopfteil) und Johann Georg Bergmüller (Mittel- und Fußstück), fünfter Typ 1733–1802, mit Almanach von Johann Michael Labhart. Augsburg, Staatsbibliothek, Graph. 32/1735

der Zeitspanne zwischen Weihnachten und Herrenfastnacht. Der Festkalender ist auf die Bedürfnisse der Protestanten abgestimmt, was sich rechts unten mit den Versalien „A.C." für Augsburger Confession kundtut. In derselben Zeile davor steht das Impressum: „Augspurg, gedruckt bey Joh: Michael Labhart, Hoch-Fürstl: Bischöffl: und Stadt-Buchdr. auf U. L. Frauen Thor."

Über dem Almanachfeld erscheint in einer von zwei Putten gehaltenen Schriftkartusche wie schon beim Vorgänger die zehnzeilige gereimte Widmung an den Kaiser: „Imperium Obsequiumque || ligat Concordia Pacis; || Mercurium Ars Triton promovet || artis opus. || Haec AUGUSTANIS e Fascibus || Omnia subdunt; || Urbs || MAIESTATI CAROLE || Magne || Tuæ."

In dieses optische Zwischenglied, das vertikal die kompositorische Verbindung herstellt zwischen Kopfszene und Almanach, horizontal aber mit den Kapitellen der seitlichen Wappenpilaster, sind dann noch drei Wappen von Amtsträgern integriert, die zusammen mit den vier oberen Wappen der beiden Pilaster das höchste Gremium Stadtrats bilden, so wie überhaupt die wohlüberlegte Verteilung der Wappen im Frontispiz die Hierarchie des bestimmenden Inneren oder Kleinen Rates der Freien Reichsstadt widerspiegelt. Zuoberst links und rechts die beiden paritätisch gewählten Stadtpfleger, darunter links und rechts die zwei evangelischen der fünf Geheimen, nämlich Einnehmer und Hospitalpfleger, sowie in der Mitte die drei übrigen katholischen Geheimen, darunter ebenfalls ein Einnehmer und ein Hospitalpfleger. Ganz unten und im optischen „Gelenk" zum Fußteil die drei Wappen der Vertreter der Kaufleute, darunter die sieben Wappen der Vertreter der Gemeinde, von denen vier der katholischen und drei der protestantischen Seite angehörten. In den Pilastern sind paritätisch die übrigen 28 Ratsherren heraldisch vertreten, von denen je zwei die Funktion des Mehrers hatten.[107]

Kopfteil: Die Komposition dieser Szene folgt inhaltlich dem Wernerschen Vorläufer, vermeidet aber dessen Flächigkeit und zeichnerische Fülle zugunsten einer dramatischen Lichtregie und einer malerischen, ja spannungsgeladeneren Figureninszenierung. Oben in der Mitte thront wieder der geharnischte Kaiser mit den Gesichtszügen und der Perücke von Karl VI. (Abb. 13a), zu Füßen der doppelköpfige Adler und gekrönt von der von links aus gleißendem himmlischen Licht herbeischwebenden Viktorie. Rechts huldigen dem Kaiser, angeführt von dem ephebischen Genius des Friedens, die Allegorien des Stadtregimentes: vorne sitzend die Legislative mit dem Grundgesetz Augsburgs unter dem Arm, den „STATU[TA] || REIPUBL[ICAE] || AUGU[STANAE]", dahinter in römischem Feldherrenaufputz die Exekutive mit Liktorenbündel, begleitet von der – etwas schüchternen – Stadtgöttin Cisa mit Mauerkrone und Pinienzapfen-

aufsatz und im Hintergrund vom Imperium mit dem Kronenkissen in Händen. Rechts vorne weist ein Putto einen Plan mit dem charakteristischen Stadtgrundriss Augsburgs, das sich davor, als Bekrönung der Pilaster, mit dem Wappenbild des Pinienzapfens auf klassischem Kapitell darstellt. Links sind unter der Aufsicht von Merkur mit geflügeltem Helm und Caduceus als Gott des Handels und Gewerbefleißes flinke Putten in ihrer barocken Bestimmung als Ideenträger damit beschäftigt, Produkte der Kunst- und Handelsstadt vorzuführen: Tafelsilber, Taschen- und Tischuhr, Kupferplatte, Pinsel und Palette, Fernrohr und Geschmeide, Buch und Papier sowie aus einem Füllhorn quellend Münzen, Gold und Lorbeer.

Fußstück: Hier erscheint nun erstmals in der Augsburger Ratskalendertradition eine anderwärts schon längst eingeführte Vedute.[108] Allerdings vermeidet es der Entwerfer, hier eine kleinteilige Vogelschauansicht vorzuführen und damit die Wirkung seiner großzügigen Komposition zu mindern – wie dies bei anderen offiziellen Wappenkalendern nicht selten der Fall ist, wenn trockene Geometer und Feldmesser das Stadtprofil recht und schlecht konzipieren. Im vorliegenden Fall greift der Maler auf eine der großartigsten Stadtbilder zurück, auf die perspektivisch dramatisch verkürzte Ansicht von Rathaus, Perlachturm und Augustusbrunnen, die *Henrich Jonas Ostertag* (ca. 1706–1743) im Jahre 1711 gestochen hatte.[109] Zu beiden Seiten lagern die Flussgötter des Lech (links) mit Fischernetz, der Wertach (rechts) und dahinter der Singold. Diese Flussallegorien sind traditionelle Topoi von Kalenderveduten, und man kann mit großer Wahrscheinlichkeit annehmen, dass querformatige Fragmente mit Stadtansichten und begleitenden Flussgöttern von Wandkalendern stammen. Wie schon bei der Vedute so gab es auch für die Liegefigur der Wertach eine Vorlage, nämlich die Allegorie der Ceres im Hochstiftskalender von Eichstätt, den *Johann Kaspar Sing* (1651–1729) entworfen und *Karl Gustav ab Amling* (1651–1702) 1692 gestochen bzw. *Andreas Matthäus Wolfgang* (1660–1737) 1701 nachgestochen haben.[110] Das typisch Rokokohafte[111] aber gegenüber früheren oder ähnlichen Ansichten ist der Illusionismus, mit dem hier nicht eine Stadtansicht als Tafelbild vorgeführt wird, das wie ein Antependium vor dem Sockel des altarartigen Architekturarrangements lehnt, sondern ein realer Durchblick durch ein kartuschenumrahmtes Fenster.

Wirkung und Bedeutung des Frontispizes fasst *Jürgen Rapp* zusammen: „So durchzieht die gesamte Kalenderkomposition ein umfassendes Netz formaler und inhaltlicher Beziehungen. Die Kraft der idealen Mächte greift von oben in das Kalenderbild herein und gewinnt Ruhe und Stabilität in der verfaßten Autorität der Stadtregierung, deren sichere Basis wiederum das Bild der realen

Stadt und der sie umgebenden terrestrischen Elementarmächte abgibt. Von hier aus dringen dann wieder nach oben Staatsbekenntnis und Huldigung an die Majestät. In diesen ikonologischen Rahmen wird der geordnete Jahresablauf des Kalendariums eingespannt: in seiner Ordnung vollzieht sich der Alltag des Stadtbürgers."[112]

Lieferanten: Die jährliche Auflage an Frontispizen fertigte der Stadtkupferstecher *Hieronymus Sperling* (1695–1777), der ja auch 1732 die Platten gestochen hatte, bis zum Jahrgang 1772, dann übernahm *Josef Xaver Klauber* (1741–1813) diesen Auftrag bis zum unrühmlichen Ende des Ratskalenders in der Säkularisation 1802. Den Druck des Almanachs besorgte wie schon beim ersten Jahrgang 1733 weiterhin der katholische Stadtbuchdrucker *Johann Michael Labhart* (ca. 1675–1744) bis zu seinem Tod am 25. März 1744, worauf der Auftrag entsprechend dem Proporz an den evangelischen Stadtbuchdrucker *Andreas Brinhauser* (ca. 1703–1779) fiel, der den Almanach bis zum Jahrgang 1779 betreute. Für 1780 folgte ihm der katholische Stadtbuchdrucker *Josef Simon Hueber* (1723–1789), den wiederum 1791 der Protestant *Georg Friedrich Wilhelm Späth* (ca. 1760–1798) ablöste und schließlich den Auftrag ab 1798 bis 1802 *Josef Anton Hueber* (1758–1811) überlassen musste.

Nur zweimal in der gesamten Laufzeit wird der Verfasser des Manuskripts zur Ämterverteilung genannt: 1741/42 war dies der Kanzlist *Isaak Jakob Schleißner*, der am 13. Oktober 1742 „die vor- und dieß jährige Aemter-Beschreibung Eines gesamten Hoch Edlen und Hochweißen Raths pp zu den langen Raths-Herren-Calender, die jährliche Gebühr 45 x, per 2 Jahr, […] 1 fl 30 x" gezahlt erhielt,[113] und 1800 der Registrator Buchwanger, der für „Verfertigung des Beschriebs zum langen Ratskalender pro Ao 1801 30 x empfing.[114] Die Kolorierung eines Kupferkalenders ist höchst selten, nur einmal werden 1736 dem Ölmaler *Franz Sebastian Finkenzeller* „für 2 lange Raths-Calender vor die beiden Herren Stadtpfleger zu mahlen oder illuminieren" 12 fl bezahlt.[115]

Auflagen: Es fällt auf, dass die Erstauflage des neuen Ratskalenders 1733 nur 170 Exemplare betragen hat, nachdem der Vorgängertyp bei durchschnittlich 200 und 250 Stück gelegen war und erfahrungsgemäß Erstauflagen von neu eingeführten Typen höhere Auflagenzahlen erreichen als in der weiteren Laufzeit. Das mag mit besonderen Sparmaßnahmen zusammenhängen, mit denen der Augsburger Rat die Zahl der teuren Belegexemplare sowohl für die Ratsherren selber – für die leider keine Verteilerliste vorliegt – wie auch für die verschiedenen Dikasterien reduziert hat. Der Grund dazu war wohl, dass dem Wandkalender seit spätestens 1726 eine bedrohliche Konkurrenz erwachsen war in dem von Stadtbuchdrucker *Andreas Maschenbauer* (1661–1727) herausgebrachten „Augspurgischen Stadt- und Raths-Calender" im praktischen Quartformat.[116] Und schließlich machte sich *Maschenbauer* 1727 noch selber Konkurrenz durch sein Elaborat „Neuer || Augspurgischer || Raths- || und || Comptoir-Ca- || lender || MDCCXXVII", einen Wandkalender mit Kupfer-Frontispiz angeblich von *Elias Bäck* (1681–1747), in dem in den oberen Ecken die Wappen und Porträts beider Stadtpfleger eingefügt und die Holzschnitt-Wappen von 43 Ratsherren in das Feld eines riesigen Pinienzapfens, des Stadtpyrs, einmontiert sind.[117] Allerdings ist nicht bekannt, ab wann Maschenbauer dieses Produkt, an dem der Almanach unten angeklebt war, vertrieben hat; angesichts seines Todes Anfang 1727 muss es jedenfalls das letzte gewesen sein.

Dazu kam noch die Beschaffung von Kupferstich-Wandkalendern, „Calender Blätlein" und „Pult-Calendern mit Kupfer" von dem Kupferdrucker und Kunsthändler *Abraham Steißlinger* (1673–1751), die seit 1733 zu beobachten ist, also dem Jahr der Einführung des neuen Ratskalender-Typs von *Bergmüller-(Holzer)-Sperling*. 1737 bezog der Rat beispielsweise „54 Stück schöne Kupffer: oder Wand Calender vom Abraham Steißlinger […] das Stück à 6 x"[118]

Unter diesen Umständen beschränkte also der Rat die jährliche Auflage des großen Ratswappenkalenders auf anfangs 170,[119] dann ab 1736 auf 160 Abdrucke,[120] erhöhte vorübergehend 1775, 1776 und 1782 auf 180 Stück,[121] um dann gegen Ende der Laufzeit in den 1790er-Jahren zwischen 132 und 138 Exemplaren zu pendeln[122] und schließlich 1802 mit 120 Blatt zu enden.[123]

Änderungen, Reparaturen und Aufstich: Fast alle Jahre fielen kleine Änderungen an den Platten an, vor allem bei Namen und Titulaturen. Häufig wurde die Neuanfertigung von Wappen fällig, seltener die Änderung in den Chronostichen, Porträts und Wappen, die bei Regierungsantritt neuer Kaiser nötig werden. Dies war in der Laufzeit fünfmal der Fall, deshalb erscheinen ab:

- 1743–1745 Porträt Karl VII. (Abb. 13b), Änderungskosten 25 fl[124]
- 1746–1765 Franz I. (Franz Stephan von Lothringen, Gemahlin von Königin Maria Theresia; Abb. 13c), Kosten 50 fl 42 x[125]
- 1766–1790 Josef II. [1766–1773 erste Fassung, Kosten 25 fl[126] (Abb. 13d); 1774–1790 zweite Fassung mit veränderter Perücke (Abb. 13 e), Kosten in Renovationskosten enthalten]
- 1791–1792 Leopold II. (Abb. 13f), Kosten nicht ausgeworfen
- 1793–1802 Franz II. (Abb. 13g), Kosten ebenfalls nicht ausgeworfen.

Beim letzten Kaiserwechsel war die viermal in der Gesichtspartie geänderte Platte so dünn geworden, dass eine größere Änderung vorgenommen werden musste: Die

a) Karl VI. (1733–1742)   b) Karl VII. (1743–1745)   c) Franz I. (1746–1765)   d) Josef II. (1766–1773)

Sitzfigur wurde getilgt und dafür das Ovalporträt in die Thronnische eingefügt (vgl. dazu Abb. 13g).

Zusammen mit den Porträtveränderungen musste auch das Chronostichon in der Schriftkartusche über dem Almanach aktualisiert werden. Das erfolgte nach dem Tode Karls VI. am 20.10.1740 der Einfachheit halber durch eine Tektur, die gesondert gestochen, gedruckt und über den alten Text geklebt wurde. Diese Trauer-Inskription findet sich auf den Jahrgängen 1741 und 1742 und lautet: „aVgVstI || aD sVperos transLatI || CaroLI || effIgIeM VenerantVr || aVgVstanI." 1743 bis 1745 erscheint wieder die ursprüngliche Inschrift, da der neue Kaiser denselben Vornamen Karl besaß, und 1746 bis 1765 wurden im ursprünglichen Text nur die letzten drei Zeilen in „Francisci || Cæsaris || Imperio." geändert. Zwischen 1766 und 1776 wurde nur der Vorname durch: „Iosephi" ersetzt und ab 1777 die römische Zählung: „II" ergänzt. Ab 1791 war statt des Kaisernamens nur „Augusti" eingesetzt, was solche Änderungen in Zukunft überflüssig gemacht hätte, da diese Bezeichnung auf alle Kaiser gepasst hätte, nur war diese an sich geschickte Lösung alsbald obsolet geworden, weil das Erscheinen des Ratskalenders mit der Säkularisation bzw. Mediatisierung 1802 eingestellt wurde.

Ab Jahrgang 1754 machte sich durch kräftigeres Druckbild eine im Jahr zuvor durchgeführte Renovierung spürbar, bei der allerdings in der Signatur der Entwerfername in „JGBermüller" verschlimmbessert wurde. Der Aufstich kann aber nicht zu weitgehend gewesen sein, weil die Kosten dafür nur 56 fl betragen haben.[127] Eine Totalrenovation wurde 1773 durchgeführt, die 550 fl kostete und nach der die Jahrgänge ab 1774 nicht nur ein wieder sattes Druckbild aufwiesen, sondern auch durch eine zusätzliche Randlinie erkennbar sind.[128]

Kosten und Preise: Kosten für verschiedene Änderungsvorgänge sind in den vorhergehenden Abschnitten bereits teilweise genannt worden. Die laufenden Kosten für den Druck der Frontispize sind über lange Zeit hin – zumindest bis 1786, danach fehlen die Angaben – erstaunlicherweise konstant geblieben: Sie beliefen sich auf 32 x pro Abzug, was bei einer Auflage von 160 Exemplaren, wie sie beispielsweise von 1739 bis 1770 und von 1778 bis 1781 gedruckt wurden, jeweils mit 85 fl 20 x zu Buche schlug. Der Einzelpreis für den Almanachdruck wird leider nicht genannt und lässt sich auch aus der Gesamtsumme nicht ermitteln, da darin auch die Druckkosten für den Quartkalender enthalten sind.

Für die zwei Lot rote und weiße Seidenbänder, mit denen die „langen Raths Herren Calender einzubinden" waren, fielen 1742 40 x an,[129] 1776 hatte sich der Preis um 50 % erhöht: „per 2 Loth roth, und 2 Loth weisse Seiden à 30 x zu denen langen Raths-Calendern pro 1777 2 fl, |:nota: heur seynd die Catholl. mit weissen und die Evangel. mit rothen Seiden gebunden worden:|".[130]

Überlieferte Exemplare: Von diesem fünften und letzten Typ des Kupferkalenders hat sich von der Gesamtauflage von rund 33300 Drucken eine ungewöhnlich große Anzahl von Exemplaren erhalten, so dass praktisch jeder Jahrgang dokumentiert werden kann. Den größten Bestand weist dabei die Staatsbibliothek Augsburg in den Mappen Graph 32,3–4 auf, zum Teil sogar in Dubletten. Unter der beinahe kompletten Folge fehlt nur der Jahrgang 1759, der aber in den Städtischen Kunstsammlungen nachweisbar ist. In weiteren Beständen finden sich die Jahrgänge 1733 (Signaturen: P 463, 464), 1735 (ev., befindet sich im Originalrahmen im Gang vor dem Lesesaal), 1785 (unter Glasrahmen, im Keller); 1743–45 (2° Cod. h. 72, fol 3). Unter den Almanachen befinden sich mit einer Ausnahme (1742: Cath) nur evangelische Fassungen (Ev., A.C.). Außerdem in 2° Cod. h. 72, fol 3: Kopf- und Fußstück (Variante: 1743–45).

Die Städtischen Kunstsammlungen Augsburg besitzen in der Mappe Format IV die Jahrgänge 1759 (G 25237, 25257), 1780 (G 25258), 1783 (G 25135, 25259), 1785 (G 25262), 1786 (G 25236), 1792 (G 25238), 1793

e) Josef II. (1774–1790)    f) Leopold II. (1791–1792)    g) Franz II. (1793–1802)

Die Aktualisierung des Kaiserporträts im Augsburger Ratskalender fünften Typs (Ausschnitte)

(G 25260), 1799 (G 25239, 25240), 1802 (G 25234, 25261); sämtliche in evangelischer Fassung.

Die Evangelische Kapitelsbibliothek Augsburg besitzt die Jahrgänge 1747 und 1797.

Weitere auswärtige Provenienzen sind:
- Bamberg, Böttingerhaus (Frf. von Pölnitz) 1792
- Bamberg, Staatsbibliothek: 1742 (Cath., HVG 12/3)
- Basel, Staatsarchiv: Jahrgang 1733, katholische Fassung, gefirnist und eingefügt in Kopie des Originalrahmens des Basler Regimentskalenders (!)
- Berlin, Staatsbibliothek: 1753 (Einbl. 1753.1 gr)
- Coburg, Kunstsammlungen: 1760 (ev., III/266/25)
- Fürth, Stadtarchiv, Sammlung Gebhardt: 1802
- Lindau, Stadtmuseum: 1756
- London, British Library: 1733 (Tab.11747.e.3.[38]), 1776 (Tab.11747.e.3.[48])
- München, Bayerische Staatsbibliothek: 1755 (Einbl. XI, 1 fb)
- München, Bayerisches Hauptstaatsarchiv: 1765
- München, Bayerisches Nationalmuseum: 1751, 1790, 1791, 1793, 1794, 1797, 1798, 1799, 1800, 1801
- München, Staatliche Graphische Sammlung 1757 (Inv.-Nr. 1991: 6D)
- München, Stadtmuseum: 1768 (Ev., Maillinger-Sammlung 1/1041,1); 1780 (Ev., MS I/1306,1); 1787 (Ev., MS I/1321,1)
- Türkheim, Bürgermeisteramt: 1737
- Warthausen, Schloss von Koenig: 1768
- Wien, Albertina: Jahrgang 1733 (AC, Bestand: Historische Blätter/Supplement, Mappe: Kalender); 1783 (AC, Supplementa, Diverse Historische Blätter, Bd. 2)

Privatbesitz:
- Augsburg, Wolfgang Seitz: 1734 (kath. Fassung, in verglastem Rahmen)
- Dillingen, Karl Baumann (1986): 1792 (Ev.)
- München, Josef H. Biller: 1749 (Cath.)
- München, Dr. Walter Grasser: 1735
- München, Hans Roth: 1768

Resümee: Mit seinem Einsetzen im Jahre 1643 erhielt des *Heiligen Römischen Reiches Stadt Augsburg* erst verhältnismäßig spät das zeitnahe druckgraphische Medium eines Ratskalenders, was für eine Medienstadt wie die Schwäbische Metropole erstaunlich ist, wo seit 1481 die Schwarze Kunst unter *Johann Schönsperger d. Ä.* (Augsburg um 1455–1520) eine bedeutende Heimstätte fand und im Laufe der Zeit zu einer der bedeutendsten Druckorte Deutschlands heranwuchs, wie auch seit der Übersiedlung von *Dominikus Custos* von Antwerpen nach Augsburg kurz vor 1584 die Stadt an Lech und Wertach die druckgraphischen Künste erblühten und Augsburg zur Bilderfabrik Europas heranreifen ließen. Doppelt verwundert, dass die ersten beiden Kalendertypen noch im Holzschnitt gefertigt waren, zu einer Zeit, also andernorts bereits der Kupferstich seinen Siegeszug angetreten hatte.

Auch mit seinen ab 1657 endlich in Stichtechnik ausgeführten Kupferkalendern fand Augsburg erst nach mehreren Anläufen mit wenig befriedigenden Lösungen von *Wolfgang Kilian* (1657) und *Matthäus Küsell* (1662) mit seinem vierten Typ (1676–1732) zu einer qualitativ ansprechenden Frontispizform, deren ästhetische Wirkung aber durch allzu sehr praktikable Handhabung bevorzugende Komposition sichtlich beeinträchtigt war. Erst mit seinem fünften und letzten Typ fand Augsburg mit seinem Ratskalender nach Entwurf von *Johann Georg Bergmüller* und *Johann Holzer* Anschluss an den in der eigenen Stadt von angesehenen Stechern seit geraumer Zeit erreichten hohen künstlerischen Qualitätsstandard in der Gestaltung von Wappenwandkalendern. Es ist bezeichnend für den sparsamen Geist der Augsburger Ratsherren, dass sie diese 1733 am Ende der Régence erreichte Fassung ihres Wappenkalenders volle 71 Jahre lang bis zur Säkularisation 1802 beibehalten haben, ohne in einer großen Kraftanstrengung im Rokoko sich zu einer letzten Hochform durchzuringen, wie dies hervorragende Augsburger Künstler in Wappenkalendern etwa für die Domstifte Augsburg, Bamberg oder Eichstädt, um nur einige wenige zu nennen, bewiesen haben.

Die relativ späte Aufnahme der Kalendertradition und die für Reichsstädte typische Beschränkung auf vergleichsweise niedrige Druckauflagen hat für den Augsburger Ratskalender nicht jene hohen Stückzahlen erbracht wie etwa für die Hochstiftskalender, wo beispielsweise der Eichstätter Domherrenkalender an die 150000 Abzüge für die Zeit von 1562 bis 1803 erreicht hat.[131] Dem gegenüber erzielte der Augsburger Ratskalender in seiner Holzschnittausführung von 1643 bis 1656 eine Gesamtauflage von nur 1050 Blatt, in der Kupferfassung von 1657 bis 1802 eine solche von 33306 Stück, für beide Techniken insgesamt also von 34056 Exemplaren. Gemessen an den meisten anderen Herausgebern haben sich davon aber noch so viele Exemplare, die frühesten wenigstens in fragmentarischer Form, erhalten, dass im Großen und Ganzen jeder Jahrgang belegt werden kann.

Angesichts dieser geradezu optimalen Überlieferung ist es auch nicht verwunderlich, dass sich nicht nur sehr viele Jahrgänge in öffentlichen Sammlungen erhalten haben, sondern dass besonders der letzte Augsburger Ratskalender relativ häufig im Kunsthandel auftaucht, wobei leider nicht nachzuvollziehen ist, wohin sich die veräußerten Exemplare verstreut haben. Es ist jedenfalls anzunehmen, dass sich noch mehr Exemplare in öffentlichem und privatem Besitz befinden, als oben nachgewiesen werden konnte. Im Folgenden werden die Antiquariats- und Auktionsangebote chronologisch aufgeführt, um dadurch einen besseren Überblick über die Preisentwicklung auf dem Kunstmarkt zu ermöglichen, wobei allerdings zu berücksichtigen ist, dass es sich in Auktionskatalogen um Schätzpreise handelt, die nichts über die Höhe des Zuschlags aussagen können.

Ende 19. Jh.: Ludwig Rosenthal, München (Katalog 36: Genealogie und Heraldik, Nr. 91): 1801 RM 10
Ende 19. Jh.: Ludwig Rosenthal, München (Kat. XLVII, Nr. 1613): 1764 RM 4,65
1976: R. Wölfle, München (Bavarica Kat. 56, Nr. 1150): 1760 DM 1000
1979: R. Wölfle, München (Angebot 9.3.1979): 1735 DM 1200
1980: Antiquariat Bub, Würzburg (Kunst- und Graphikmarkt München): 1746 (Cath.) DM 3750
1980: R. Wölfle, München (Münchner Antiquarius 87, Nr. 436) 1794 DM 1800
1981: R. Wölfle, München (Kat. 48, Nr. 302): 1749
1981: R. Wölfle, München (Katalog 67/1981, Nr. 312): 1746 DM 1500
1984: Zisska & Kistner, München (Auktion 23/I, 26.–28.4.1984): 1735 DM 1800
1985: Konrad Meuschel, Bad Honnef (Katalog 63. Nr. 430): 1765 DM 2000
1988: Konrad Meuschel, Bad Honnef (Kat. 58: Bücher und Handschriften aus Barock und Aufklärung, Nr. 19): 1758 DM 1400
Ca. 1990: Konrad Meuschel, Bad Honnef (100 Bücher und Autographen): 1755 DM 2000
1990: Bruce McKittrick, Philadelphia (Catalogue XVIII/1990): 1749 $ 1900 / ca. DM 3000
1990: Konrad Meuschel, Bad Honnef (Stuttgarter Antiquariatsmesse): 1749 und 1755
1990: Zisska & Kistner, München, (Auktion 10.5.1990) 1790 (schlechter Zustand)
1991: Auktionshaus Granier, Bielefeld (Auktion 30/1991, Los 2419): 1737 DM 1500
1991: Hartung & Hartung, München, (Auktion 64/1991): 1757 (Ev.) DM 1500
1991: Michael Zeller, Lindau (Auktion 8.-10.12.1991, Los 4005): 1745 DM 2500
1993: Arno Winterberg, Heidelberg (Auktion Oktober 1993, Nr. 192): 1765 DM 1680 (Aufruf mit DM 1200, nicht verkauft).
2001: Armin Jedlitschka, Eichstätt (Liste 46, Nr. 2): 1764 DM 4500
2010: (Auktion 140/2010): 1749 (A.C.)

Literatur:

Josef H. Biller: Besprechung des Jahrgangs 1735 (HK 1) in: „Johann Holzer als Kalenderentwerfer." In: *Der Schlern*, 83. Jg., November 2009, H. 11, S. 128–151, hier S. 130–133, mit Abb. S. 131; Besprechung des Entwurfs von Johann Holzer (HK 1.1): S. 134 mit Abb.

Josef H. Biller: *Calendaria Augustana illustrata*. Augsburg 2013 (im Druck).

Adolf Dresler: „Wappenkalender". In: *Börsenblatt für den Deutschen Buchhandel* Nr. 74/1966: Jg. 1768 besprochen.

Adolf Dresler: „Unser Jahresbegleiter: Der Kalender (5)" In: *Graphik*, 23. Jg./1970, S. 34, 62. Buchdrucker Steißlinger fälschlich mit „Streiklinger" wiedergegeben.

Wilhelm Eduard Drugulin: *Historischer Bilderatlas*. 2. Band: *Chronik in Flugblättern*. Leipzig ca. 1867, Reprint Hildesheim 1964.

Alois Epple (Hrsg.): *Johann Georg Bergmüller 1688–1762. Zur 300. Wiederkehr seines Geburtsjahres*. Ausstellung im Schloß Türkheim. Weißenhorn 1988, S. 12.

Tilman Falk (Hrsg.): *Dialog über Jahrhunderte. Erwerbungen und Stiftungen 1990–2000.* München 2000. S. 40, Nr. 15 Ratskalender 1757, Abb. S. 41.

Karin Friedlmaier: *Johann Georg Bergmüller. Das druckgraphische Werk.* Diss. phil. masch. München 1995, Textband S. 87f, Katalogband S. 302, D 291.

Ein Gutes neues Jahr. Glückwünsche, Almanache und Kalender aus den Städtischen Sammlungen [Fürth]. Burg Farrnbach 10.1.1986–16.3.1986, S. 5, Nr. 7: Ratskalender 1802 aus dem Besitz des Stadtarchivs Fürth.

Joseph Aloys Mayer: *Katalog der Büchersammlung zur Kultur- und Kunstgeschichte Bayerns* (Kataloge des Bayerischen Nationalmuseums zu München 1). München 1887, S. 7 (1751, 1790, 1791, 1793, 1794, 1797, 1798, 1800, 1801); S. 8 (1751).

Joseph Aloys Mayer: *Katalog der Abbildungen und Handzeichnungen zur Kultur- und Kunstgeschichte Bayerns.* (Kataloge des Bayerischen Nationalmuseums zu München 2). München1887, S. 8 (1798, 1799,1800, 1801).

Jürgen Rapp: „J. Holzer fecit sub Directione Domini J. G. Bergmiller.' Johann Evangelist Holzer arbeitet für Johann Georg Bergmüller." In: *Pantheon* 48/1990, S. 81–109, hier S. 81–84 mit Abb. 6 (Jahrgang 1735) und Abb. 7 (Entwurf Holzers).

Max Schefold: *Alte Ansichten aus Bayerisch-Schwaben.* Katalogband. Weißenhorn 1985, Nr. 41306 (Vedute).

Georg Wilhelm Zapf: *Augsburger Bibliothek.* Augsburg 1795, S. 902.

---

1 Josef H. Biller: Die Wappenwandkalender des Hochstifts Augsburg 1519–1802. In: *Jahrbuch des Vereins für Augsburger Bistumsgeschichte e.V.* 32/1998 (S. 66–135), 33/1999 (S. 233–257), 34/2000 (S. 109–147) und 35/2001 (S. 93–132).

2 Josef H. Biller: Entwurf für das Kupferstich-Frontispiz eines Wappenkalenders des Kollegiatstifts St. Moritz in Augsburg (um 1760). In: *Matthäus Günther 1705–1788. Festliches Rokoko für Kirchen, Klöster, Residenzen.* Katalog der Gedächtnisausstellung zum 200. Todesjahr in Augsburg 1988. München 1988, S. 339–341, Kat.-Nr. 124 (mit Abb.). – Derselbe: Ein Kalenderentwurf für das Stift Sankt Moritz in Augsburg von Matthäus Günther. Zum Gedächtnis seines 200. Todesjahres 1988. In: *Ars Bavarica* 63/64, München 1991, S. 73–90.

3 Josef H. Biller: „Die offiziellen Wappenwandkalender des Heiligen Römischen Reiches. Erfassung, Erforschung und Katalogisierung." In: *Wolfenbütteler Barock-Nachrichten*, Jg. XIII, H 1/April 1986, S. 1–12.

4 Wie Anm. 1, 32. Jg./1998, Einführung S. 66–82.

5 RP Bd. 68/1640–43, S. 618. Die vorhergehenden Jahrgänge führen keine derartigen Einträge auf.

6 BR 1642/43.

7 BR 1644/45, 29.10.1644: 15 fl.

8 BR 1645/46, 18.11.1645, und BR 1647/48, fol 42, 4.11.1648.

9 RB 253 für 1641/42, am 29.11.1641; 258 für 1649/50, am 23.12.1649; 262, für 1653/54, am 18.12.1653.

10 BR 1645/46 am 16.9.1645 bzw. BR 1642/43.

11 Georg Wilhelm Zapf: *Augsburgische Bibliothek.* Augsburg 1795, S. 901 f.

12 Klebeband S. 9–12 mit Kopfleiste und 35 von regulär 43 Ratsherrenwappen.

13 RB 269, 14.1.1661.

14 Biller 1999, S. 242.

15 RB 265 (1656/57), 18.11.1656.

16 RB 265 (1656/57), 2. Rate: 2.12.1656, 3. Rate: 15.12.1656.

17 BR 246 (1656/57), Gemeine Ausgaben, ohne Pagina.

18 RB 265 (1656/57), 16.1.1657.

19 BR 246 (1656/57), Gemeine Ausgaben, unpaginiert.

20 RB 266 (1657/58), 8.1. und 12.1.1658.

21 RB 267 (1658/59), 16. und 9.12.1658.

22 RB 266 (1657/58), 17.1.1658; Nr. 268 (1659/60), 5.1.1660.

23 RB 270 (1661/62) 10.1.1662 bzw. 27.1.1662.

24 RB 272 (1963/64).

25 RB 277 (1668/69), 14.10.1668; RB 280 (1671/72) 6.10.1671; RB 281 (1672/73) 16.11.1672.

26 RB 275 (1666/67) 30.10.1666.

27 RB 277 (1668/69) 23.11.1668.

28 RB 277 (1668/69) 23.11.1668.

29 BR 263 (1673/74) und BR 264 (1674/75), jeweils Rubrik: Gemeine Ausgaben.

30 RB 275 (1666/67), 7.12. und 24.12.1666.

31 RB 275 (1666/67) 24.12.1666 18 x. Zur Verdeutlichung auch RB 289 (1680/81) 24.12.1680: „Seiden zu denen gerollten Rats-Calendern", und RB 393 (1776/77) 10.12.1776: „|:nota: heur seynd die Catholl. [scil. Kalender] mit weisen, und die Evangel. mit rothen Seiden gebunden worden:|".

32 Die Jahrgänge 1671 und 1673 auch erwähnt bei Ulrich Thieme und Felix Becker: *Allgemeines Lexikon der bildenden Künstler*, Bd. 22, Leipzig 1929, S. 74, s. v. Elias Küsell (J. Warncke); sowie: Hollstein's *German engravings, etchings and woodcuts ca. 1400–1700*, Bd. 19, 1976, S. 108, Nr. 3.

33 BR 265 (1675/76), Abt. 51 Gemeine Ausgaben, unpaginiert; und RB 284, unpaginiert.

34 BR 266 (1676/77), unpaginiert.

35 Jürgen Glaesemer: *Joseph Werner 1637–1710.* München (Prestel) 1974, S. 136 f.

36 Peter Halm: „Neuerwerbungen der Staatlichen Graphischen Sammlung." In: Münchner Jahrbuch III. F., Bd. XI/1960, S. 230.

37 *Augsburger Barock.* Ausstellung in Rathaus und Holbeinhaus Augsburg 15.6.–13.10.1968. S. 276, Kat.-Nr. 401, Abb. 184 (Bildteil).

38 Glaesemer (wie Anm. 35) mit Abb. des Entwurfs und der Ausführung vom Jahrgang 1677 sowie Kat.-Nr. 191 mit der gleichen Abb.

39 Jürgen Rapp: „J.Holzer fecit sub Directione Domini J. G. Bergmüller'. Johann Evangelist Holzer arbeitet für Johann Georg Bergmüller." In: *Pantheon* XLVIII, 1990, S. 81 f. mit Abb. S. 82.

40 Peter Prange: *Salomon Kleiner und die Kunst des Architekturprospekts.* Schwäbische Geschichtsquellen und Forschungen. Schriftenreihe des Historischen Vereins für Schwaben 17, Augsburg 1997, S. 174–176 mit Abb. 62 des Kalenderkopfs vom Jahrgang 1732 und einer ausführlichen Erklärung der Darstellung.

41 Bei den meisten späteren Jahrgängen ist der Almanach in das Kalenderfeld eingedruckt.

42 Im vorliegenden Jahrgang 1676 fehlt diese Platte, zitiert nach Exemplar 1677.

43 Mit Einführung der Parität seit dem Westfälischen Frieden 1648 bestand der Kleine oder Innere Rat, der sog. Magistrat – und nur dieser wird im Ratskalender repräsentiert! – aus je einem katholischen und protestantischen Stadtpfleger, drei katholischen und zwei evangelischen Geheimen oder Bürgermeistern,

je zwölf Patriziern und zwei Mehrern beider Konfessionen, sowie einem katholischen und zwei evangelischen Kaufleuten und vier bzw. drei Katholiken und Protestanten aus der Gemeinde. Diese 45 Wappen erscheinen im Normalfall auf allen Ratskalendern. Die 300 Mitglieder des Großen Rats fanden verständlicherweise keine Aufnahme in den Ratskalendern. Vgl. dazu Ingrid Bátory: *Die Reichsstadt Augsburg im 18. Jahrhundert. Verfassung, Finanzen und Reformversuche.* Veröffentlichungen des Max-Planck-Instituts für Geschichte 22. Göttingen 1969, S. 42.

44 Im Laufe von rund 1600 Jahren hatte sich zwischen dem Julianischen Kalender und der tatsächlichen Tageszählung nach dem Sonnenjahr eine Differenz von zehn Tagen ergeben, die durch die Kalenderreform durch Papst Gregor XIII. im Jahre 1582 und den Ausfall von zehn Tagen berichtigt wurde. Aus prinzipiellen antipapistischen Gründen übernahmen aber die meisten protestantischen Länder oder Städte diese Reform noch nicht sofort, sondern bequemten sich erst im Jahre 1700 dazu. Das führte dazu, dass im konfessionell gespaltenen Deutschland zwei Kalendersysteme herrschten und im öffentlichen Leben und Wirtschaftsverkehr beide Daten angegeben werden mussten, was meist mit den Initialen A. S. für Alten Stil und N. S. für Neuen Stil unterschieden wurde. Obwohl nun die überwiegend protestantische Stadt Augsburg den Neuen Kalender bereits am 14. Juni 1584 übernommen hatte, zitierte man in den Kalendern bis 1700 beide Stile, da diese Kalender ja auch außerhalb des Stadtgebietes Verbreitung fanden.

45 BR 265 (1675/76) bis BR 273 (1683/84).
46 BR 274 (1684/85), 10.11.1684.
47 BR 286 (1697/98), 24.12.1697.
48 BR 290 (1700/01), 31.12.1700.
49 BR 265 (1675/76), 25.1.1676.
50 BR 284 (1690/91), 2.12.1690.
51 BR 291 (1701/02), 24.12.1701.
52 BR 296 (1706/07), 18.12.1706.
53 Impressum im Almanach des Jahrgangs 1728 (SBAug Graph 32/1728), in BR nicht genannt.
54 BR 265 (1675/76), 23.11.1675.
55 BR 267 (1677/78), 23.10. und 17.11.1676.
56 BR 268 (1678/79).
57 BR 295 (1705/06), 24.12.1705.
58 BR 297 (1707/08), 17.12.1679.
59 BR 269 (1679/80), 17.2.1680.
60 BR 265 (1675/76), 25.1.1676.
61 BR 266 (1676/77), 5.12.1676.
62 BR 267 (1677/78), 13.11.1677.
63 BR 271 (1682/83), 17.10.1682.
64 BR 277 (1688/89), 11.12.1688.
65 BR 278 (1689/90), 31.12.1689, und BR 280 (1691/92), 24.11.1689.
66 BR 284 (1695/96), 24.12.1695), und BR 296 (1706/07), 18.12.1706), sowie BR 339 (1722/23), 27.11.1722.
67 BR 297 (1707/08), 31.12.1707, und BR 298 (1708/09), 15.12.1708.
68 BR 330 (1713/14), 27.11.1713.
69 BR 340 (1723/24), 29.11.1723.
70 BR 347 (1730/31), 24.12.1730.
71 BR 277 (1688/89), 4.12.1688.
72 RB 291 (1682/83), 19.9.1682.
73 BR 333 (1716/17).
74 BR 334 (1717/18).
75 BR 338 (1721/22).
76 BR 297 (1707/08).
77 SBAug, Graph 32/1713.
78 SBAug, Graph 32/1708.
79 Zu Johann Stridbeck siehe Josef H. Biller: „Leben und Werk der Kupferstecher Johann Stridbeck Vater und Sohn". In: *Theatrum der Vornehmsten Kirchen, Clöster, Pallaest und Gebeude in Churfürstlicher Residentz Stadt München.* Textband, München (Bruckmann) 1966, S. 35–51, hier S. 35–42.
80 Ebenda S. 49.
81 Dazu ebenda S. 40 f.
82 Die Landkarte fand nach Erwerb des Verlags Stridbeck 1717 durch Gabriel Bodenehr eine weitere Verwendung in dessen *Atlas Curieux,* wo der Stich nun mit der Pagina 7 und der auf Gabriel Bodenehr geänderten Signatur wiederholt im Verlauf des 18. Jahrhunderts erschien. Vgl. Biller 1966 (wie Anm. 79), S. 42.
83 BR 265 (1675/76).
84 BR 268 (1678/79).
85 BR 268 (1678/79).
86 BR 269 (1679/80).
87 BR 280 (1691/92).
88 Vgl. Anmerkung 35.
89 Vgl. Anmerkung 36.
90 Vgl. Anmerkung 37.
91 Vgl. Anmerkung 40.
92 Vgl. Anmerkung 39.
93 Friedrich Blendinger und Wolfgang Zorn: *Augsburg. Geschichte in Bilddokumenten.* München 1976, S. 93, Abb. 266.
94 Wilhelm Eduard Drugulin: *Historischer Bilderatlas.* Bd. 2: *Chronik in Flugblättern.* Leipzig 1867.
95 StadtA Augsburg, GRP 1732, Nr. I, 5.2.1732 (S. 6), 9.12.1732 (S. 112), 11.12.1732 (S. 113 f), 13.12.1732 (S. 116).
96 BR 322 (1732/33).
97 Haupt-Cassa-Buch des Einnehmer-Amts, Nr. 1 1732/33 (neu: Nr. 58), fol. 116.
98 Ebenda.
99 RB 349 (1732/33).
100 Ebenda, 30.4.1733.
101 Ebenda, 9.5.1733.
102 Auktionskatalog, S, 111, Los 171, mit Abb. S. 110.
103 Erstmals dieses Blatt ausführlich gewürdigt zu haben ist das Verdienst von Jürgen Rapp: „,J.Holzer fecit sub Directione Domini J.G.Bergmiller.' Johann Evangelist Holzer arbeitet für Johann Georg Bergmüller." In: *Pantheon* 48/1990, S. 81–108, hier S. 86–88 und Abb. 6.
104 Josef H. Biller: „Johann Holzer als Kalenderentwerfer." In Sondernummer: *Johann Evangelist Holzer(1709–1740)* der Monatszeitschrift für Südtiroler Landeskunde *Der Schlern,* 83. Jg., H. 11/November 2009, S. 128–151, hier S. 128–134 mit Abb. S. 134.
105 Ebenda, S. 134–141.
106 Ebenda, S.142–150.
107 Zum Aufbau des Augsburger Inneren Rates vgl. Ingrid Bátory: *Die Reichsstadt Augsburg im 18. Jahrhundert.* Verfassung, Finanzen und Reformversuche. (Veröffentlichungen des Max-Planck-Instituts für Geschichte 22), Göttingen 1969, S. 42.
108 Max Schefold: *Alte Ansichten aus Bayerisch Schwaben.* Katalogband, Weißenhorn (Konrad) 1985, Nr. 41306.
109 Schefold Nr. 41276 „Curia Reipublicae Augustanae", Kupferstich, 52 x 80 cm.
110 Vgl. dazu Josef H. Biller: „Die Hochstiftskalender des Fürstbistums Eichstätt 1562–1803." Teil 2: „Der Kupferstich- oder Große Kalender." In: *Sammelblatt des Historischen Vereins Eichstätt* 76, 1983, S. 35–92, hier S. 50, 54 und Abb. 12. S. hier auch weitere Plagiatsnachweise.
111 Wie bei keiner anderen Stilrichtung lässt sich deren Einsetzen mit dem Auftauchen des Leitornaments, der Rocaille festlegen, die in Augsburg erstmals 1738 auftaucht. Freilich sind rokokohafte Tendenzen schon im voraufgehenden Stil der Régence erkennbar wie auf dem vorliegenden Kalenderfrontispiz, das jedoch noch keine echte Rocaille aufweist. Vgl. dazu Hermann Bauer: *Rocaille.* Zur Herkunft und zum Wesen eines Ornament-

Motivs.(Neue Münchner Beiträge zur Kunstgeschichte, 4), Berlin (de Gruyter) 1962, S. 39.
112 Rapp 1990 (wie Anm. 103), S. 83.
113 RB 359 (1742/43), 13.10.1742.
114 HGB 407 (1800–1805), 15.11.1800.
115 RB 352 (1735/36), 5.1.1736.
116 Volker Bauer: *Repertorium territorialer Amtskalender und Amtshandbücher im Alten Reich. Adreß-. Hof-, Staatskalender und Staatshandbücher des 18. Jahrhunderts. Bd. 2: Heutiges Bayern und Österreich, Liechtenstein.* (Ius commune. Veröffentlichungen des Max-Planck-Instituts für Europäische Rechtsgeschichte Frankfurt am Main, Sonderhefte: Studien zur Europäischen Rechtsgeschichte 123) Frankfurt am Main (Klostermann) 1999, S. 56: 29 B Augsburgischer Stadt- und Ratskalender 1726–1806. Die Entstehung dieses seit 1726 nachweisbaren Erzeugnisses ist noch nicht befriedigend geklärt. Es mag sein, dass es sich anfänglich um ein Privatunternehmen des Stadtbuchdruckers Maschenbauer gehandelt hat, der ja auch die Almanache für den Wandkalender des Stadtrats lieferte. Spätestens seit dem Übergang des Stadtbuchdruckeramts an Johann Michael Labhart 1727 nach dem Tod von Maschenbauer am 18. oder 19. Februar 1727 muss dieser Druck offiziellen Charakter angenommen haben, da am 4. Oktober 1727 Labhart beim Stadtrat einkommt, ihm „die Druckung des Stadt und Raths Calenders" einzuräumen, was ihm auch von der Stadtkanzlei erlaubt wurde (RP 1727, S. 695). Dieser Quartkalender wird im weiteren Verlauf jeweils von den konfessionell wechselnden Stadtbuchdruckern betreut. Unter Labharts Ägide wurde der Titel in „Augspurgischer Neu- und Verbesserter Stadt- und Raths-Calender" geändert. Er hatte einen Umfang von nur 23 Blatt und zeigte neben einem Kupfertitel mit den Porträts und Wappen der beiden Stadtpfleger die Wappen der Inneren Ratsherren in Holzschnitt. 1736 stach dazu Hieronymus Sperling, der ja auch für den Druck der Wandkalender zuständig war, ein neues Titelkupfer für 60 fl, von denen aber der Verleger Labhart die Hälfte übernahm [RP 62 (1736/36), 11.2.1736].
117 Augsburg, Städtische Kunstsammlungen, Format IV G 20577. Format des Gesamtblatts: Ca. 81,3 x 43,7–44,0 cm, Bildgröße: 77,1 x 40,2 cm; Kopfteil (Kupferstich) 53,4 x 40,2 cm, Fußteil (zweifarbiger Typendruck) 23,2 x 40,6 cm (Satzspiegel). Es bliebe zu prüfen, ob die Holzschnitt-Wappen mit jenen im Quartkalender identisch sind.
118 Haupt-Cassa-Buch des Einnehmer-Amts, Nr. 6 1736/37 (neu: Nr. 63), fol. 111: 26.10.1736.
119 BR 349 (1732/33), 10.6.1733, 90 fl 40 x.
120 BR 352 (1735/36), 5.1.1736, 113 fl 50 x.
121 HCB 7/100 (1774/75), fol. 122: 13.1.1775; HCB 8/101 (775/76), fol. 122: 22.12.1775; HCB 14/107 (1781/82), fol. 122: 28.12.1781.
122 HCB 2/120 (1794/95), fol. 135: 26.12.1794; HCB 4/122 (1796/97), fol. 135: 2.12.1795.
123 HCB 9/127 (1801/02), fol. 103: 25.12.1801.
124 HCB 11/68 (1742/43), fol. 122 f, 28.12.1742.
125 HCB 14/71 (1745/46), fol 122 f, 31.12.1745.
126 HCB 34/91 (1765/66), fol 122, 31.1.1766.
127 HCB 23/80 (1754/55), fol 122, 3.1.1755.
128 HCB 6/99 (1773/74), fol 122, 24.12.1773.
129 RB 359 (1742/43), 22.12.1742.
130 HGB 393, (1776/77), 10.12.1776.
131 Josef H. Biller: „Die Hochstiftskalender des Fürstbistums Eichstätt 1562–1803." In: *Sammelblatt des Historischen Vereins Eichstätt* 72/1982, S. 29–76, und 73/1983, S. 35–93, hier S. 77.

Josef H. Biller

Statistik: Entwerfer, Stecher, Kupfer- und Buchdrucker sowie Auflagenzahlen

I Holzschnittkalender 1643–1656

Typ	Jahrgang	Auflage	Buchdrucker bzw. Verleger	Bemerkungen
1	1643	[50]	Marx Anton Hannas Holzschnitt von Monogrammist I.C.	Inoffizielle Ausgabe: Dedikationsexemplare gegen Verehrung
1	1644	[50]		
1	1645	[50]		
	1646	50	Marx Anton Hannas Holzschnitt von unbekanntem Formschneider, evtl. Hannas selbst?	
	1647	[50]		
	1648	50		
	1649	[50]		
2	1650	[50/150]?	Andreas Aperger	Offizielle Ausgabe: Druckauftrag des Stadtrats
2	1651	[50/150]?		
2	1652	[50/150]?		
2	1653	[50/150]?		
2	1654	[50/150]?		
2	1655	[50/150]?		
2	1656	[50/150]?		

(00) = Nicht belegte, aber vermutliche Auflage   [00] = Nicht belegte und fragliche Auflage

II Kupferkalender 1657–1802

Typ	Jahrgang	Auflage	Kupferkalender (Frontispiz)				Almanach
			Entwerfer	Stecher	Stecher (Betreuer)	Kupferdrucker	Buchdrucker
1	1657	250					Andreas Aperger
1	1658	300					Andreas Aperger
1	1659	300	Wolfgang Kilian?	Wolfgang Kilian	Wolfgang Kilian	Johann Schultes d. J.	
1	1660					Johann Schultes d. J.	
1	1661					Johann Schultes d. J.	Veronika Aperger
1	1662					Johann Schultes d. J.	Veronika Aperger
2	1663		Matthäus Küsell	Matthäus Küsell	Matthäus Küsell	Johann Schultes d. J.	Veronika Aperger
2	1664		Matthäus Küsell			Johann Schultes d. J.	Simon Utzschneider
3	1665	300		Elias Küsell	Elias Küsell	Jonas Kauffer	Simon Utzschneider

Typ	Jahr-gang	Auflage	Kupferkalender (Frontispiz)			Almanach	
			Entwerfer	Stecher	Stecher (Betreuer)	Kupferdrucker	Buchdrucker
3	1666	350					
	1667						
	1668	260			Elias Küsell		
	1669	260					
	1670	260	Matthäus Küsell	Elias Küsell			
	1671	270					
	1672	260			1671 Simon Grimm d.J.		
	1673	260					
	1674	240			1674 Aufstich		
	1675	240			Simon Grimm d.J.	Jonas Kauffer	
	1676	300					
	1677	230					
	1678	300					Simon Utzschneider
	1679	200			Hans Georg Bodenehr		
	1680	200					
	1681	180					
	1682	(180)					
	1683	170			1683 Reparatur		
4	1684	170	Joseph Werner	Matthäus Küsell		Jonas Kauffer Witwe	
	1685	170					
	1686	170			Hans Georg Bodenehr		
	1687	190					
	1688	170					
	1689	150			Platte löten durch Stadtspengler	Johann Widenmann	
	1690	200					
	1691	190			Hans Georg Bodenehr		
	1692	200					Jakob Koppmayer
	1693	162					

Typ	Jahr-gang	Auflage	Kupferkalender (Frontispiz)			Almanach	
			Entwerfer	Stecher	Stecher (Betreuer)	Kupferdrucker	Buchdrucker
						Kupferdrucker	Buchdrucker
4	1694	(200)				Johann Widenmann	Jakob Koppmayer
	1695	(200)					
	1696	(200)					
	1697	200					
	1698	200					
	1699	200			Hans Georg Bodenehr		
	1700	200		Matthäus Küsell			
	1701	200					
	1702	200					
	1703	200					
	1704	200					Mathias Metta
	1705	200					
	1706	200			Gabriel Bodenehr		
	1707	200	Joseph Werner				
	1708	300		*Renovierung mit zusätzlicher Vedute*			
	1709	300					
	1710	200					
	1711	(200)				Johann Anton Kertschmeier	
	1712	(200)					
	1713	[200]					
	1714	250			Johann Kaspar Gutwein		Andreas Maschenbauer
	1715	200		Matthäus Küsell			
	1716	200					
	1717	200					
	1718	200					
	1719	200					
	1720	[200]					
	1721	200					

Typ	Jahr-gang	Auflage	Kupferkalender (Frontispiz)				Almanach
			Entwerfer	Stecher	Stecher (Betreuer)	Kupferdrucker	Buchdrucker
	1722	250			1722 Repar./ Aufstich		
	1723	200					
	1724	250					Andreas Maschenbauer
	1725	250					
	1726	250					
4	1727	250	Joseph Werner	Matthäus Küsell	Johann Kaspar Gutwein	Johann Anton Kertschmeier	
	1728	250					
	1729	250					
	1730	(250)					
	1731	250					
	1732	(250)					
	1733	170					
	1734	[170]					
	1735	176					
	1736	160					Johann Michael Labhart
	1737	160					
	1738	170					
	1739	160					
	1740	160					
5	1741	160	J. G. Bergmüller und J. Holzer	Hieronymus Sperling	Hieronymus Sperling	Hieronymus Sperling	
	1742	160					
	1743	160					
	1744	160					
	1745	160					
	1746	160					
	1747	160					Andreas Brinhauser
	1748	160					
	1749	160					

Typ	Jahr-gang	Auflage	Kupferkalender (Frontispiz)				Almanach
			Entwerfer	Stecher	Stecher (Betreuer)	Kupferdrucker	Buchdrucker
5	1750	160					
	1751	160					
	1752	160			Hieronymus Sperling		
	1753	160					
	1754	[160]					
	1755	160			1755 Aufstich		
	1756	160					
	1757	160					
	1758	160					
	1759	160					
	1760	160					
	1761	160		Hieronymus Sperling			
	1762	160				Hieronymus Sperling	
	1763	160	J. G. Bergmüller und J. Holzer				Andreas Brinhauser
	1764	160					
	1765	160			Hieronymus Sperling		
	1766	160					
	1767	160					
	1768	160					
	1769	160					
	1770	160					
	1771	160					
	1772	160					
	1773	160					
	1774	160		1774 Aufstich			
	1775	180					
	1776	180		Hieronymus Sperling † 1777	Josef Xaver Klauber	Josef Xaver Klauber	
	1777	164					

Typ	Jahr-gang	Auflage	Kupferkalender (Frontispiz)	Kupferkalender (Frontispiz)		Kupferdrucker	Almanach
			Entwerfer	Stecher	Stecher (Betreuer)		Buchdrucker
	1778	160					Andreas Brinhauser
	1779	160					
	1780	160			Josef Xaver Klauber	Josef Xaver Klauber	
	1781	160					
	1782	180					
	1783	160					
	1784	160					
	1785	[160]					Josef Simon Hueber
	1786	110					
	1787	132					
	1788	[132]					
	1789	[132]					
5	1790	[132]	J. G. Bergmüller und J. Holzer	Hieronymus Sperling † 1777			
	1791	[132]					
	1792	[132]			Franz Josef Klauber	Franz Josef Klauber	
	1793	[132]					
	1794	102					Georg Wilhelm Friedrich Späth
	1795	132					
	1796	132					
	1797	138					
	1798	136					
	1799	136					
	1800	(136)					Josef Anton Hueber
	1801	[136]					
	1802	120			Josef Xaver Klauber	Josef Xaver Klauber	

(00) = Nicht belegte, aber vermutliche Auflage   [00] = Nicht belegte und fragliche Auflage

Abb. 1: Tobias Gabriel Beck: *Bildnis des Jeremias Wolff*, Kupferstich

Ein Bildnis des Augsburger Kunstverlegers Jeremias Wolff

Peter Prange

Es war der Jubilar *Wolfgang Seitz*, der die Aufmerksamkeit des Verfassers auf den Augsburger Kunstverleger *Jeremias Wolff* (1663–1724) richtete. Als der Autor dieser Zeilen sich zu Beginn der neunziger Jahre des vergangenen Jahrhunderts mit den Architekturansichten von *Salomon Kleiner* beschäftigte[1], rückten neben künstlerischen auch die kommerziellen Aspekte von Kleiners Kunst in sein Blickfeld, denn durch den Kunstverlag des *Jeremias Wolff* hatten Kleiners Architekturansichten europaweite Verbreitung gefunden. Eine nicht leicht erreichbare, nur als Typoskript erschienene Studie des Jubilars[2] bildete dabei den Ausgangspunkt für eigene Recherchen zu Kleiner und seinem Verleger Wolff. Auch wenn dies letztlich nur ein Teilaspekt bleiben musste, erschloss sich dem Verfasser die immense Bedeutung des Kunstverlags Wolff und seiner Erben für den Augsburger Graphikmarkt nachdrücklich. Deshalb ist es eine willkommene Gelegenheit, an dieser Stelle zu dem Augsburger Kunstverleger zurückzukehren und ein bisher unbekanntes Bildnis von *Jeremias Wolff* in aller gebotenen Kürze vorzustellen.

Jeremias Wolff war neben *Johann Andreas Pfeffel* und *Martin Engelbrecht* der erfolgreichste Kunstverleger in Augsburg in der ersten Hälfte des 18. Jahrhunderts. Obwohl Wolff ursprünglich kein gelernter Kupferstecher war – zunächst war er als Uhrmacher tätig[3] –, hat er nach Gründung seiner Kunsthandlung spätestens 1697 innerhalb eines Jahrzehnts den wichtigsten Kunstverlag Augsburgs aufgebaut und wurde integraler Bestandteil der Bilderfabrik Augsburg.

In Wolffs Verlag entstand eine bis heute unüberschaubare Menge an Stichserien und illustrierten Büchern historischen und religiösen Inhalts, aber auch emblematische Werke, Landkarten und Porträts. Ein besonderer Schwerpunkt des Verlagsprogramms lag auf ornamentalen Vorlageblättern für das Kunsthandwerk, doch berühmt wurde Wolff durch seine prachtvollen und graphisch aufwendig gestalteten Ansichtenwerke und Architekturbücher, die von Augsburg aus in ganz Europa Verbreitung fanden. Zu seinen berühmtesten Publikationen gehören die Traktate von *Leonhard Christoph Sturm* und der „Fürstliche Baumeister" von *Paul Decker*[4]; erst nach Wolffs Tod hat sein Nachfolger *Johann Balthasar Probst* die Vedutenwerke von *Salomon Kleiner* – Ansichten von den Schönbornschlössern, vom Wiener Belvedere und vom Augsburger Rathaus – sowie *Matthias Diesels* „Erlustierende Augen-Weyde" herausgegeben.[5]

Nachdem *Adolf Spamer* in seiner breit angelegten Abhandlung über das Andachtsbild erstmals Quellenmaterial zu Wolff präsentiert hatte[6], war es der Jubilar, der in der bereits erwähnten ungedruckten Studie das wissenschaftliche Interesse auf Wolff lenkte und wichtige Aspekte der Familien- und Verlagsgeschichte offenlegte.[7] Darauf fußend hat zuletzt *Werner Schwarz* in einer ausführlichen Werkanalyse[8] und einer monographischen Studie Wolffs besondere Stellung im Augsburger Verlagswesen herausgearbeitet.[9]

Bereits die Zeitgenossen hatten Wolffs Bedeutung für das Augsburger Verlagswesen erkannt; für dessen frühen Biographen *Georg Christoph Kilian* war Wolff „unstreitig der stärckste und meritirteste" unter den Augsburger Kunsthändlern[10] – eine Einschätzung, die schon bald nach seinem Tod der Nürnberger Kupferstecher *Tobias Gabriel Beck* vertreten hatte, der Wolff auf einem posthumen Bildnis als „Bibliopola et Philothecarius Augustae Vindelicorum bene meritus" bezeichnete (Abb. 1).[11] Becks Bildnis zeigt den Verleger als nach links gewendete Büste in einem Ädikularahmen, den Blick auf den Betrachter gerichtet. Becks Porträtkopf geht zurück auf einen 1717 entstandenen Kupferstich, den der Augsburger *Johann Daniel Herz d. Ä.* Jeremias Wolf „zu Bezeugung Pflicht=schuldigster Danckbarkeit verfertigte und […] seinem werthesten Herrn und Freund" gewidmet hatte (Abb. 2).[12] Beck hat den Porträtkopf nach Herz kopiert, ohne allerdings dessen feine, die verschiedenen Stofflichkeiten unterscheidende Stecherarbeit zu erreichen.

Das Bildnis von *Herz* aus dem Jahre 1717 zeigt *Wolff* im Alter von 54 Jahren auf dem Höhepunkt seines geschäftlichen Erfolgs und in entsprechend selbstbewusster Pose. Wolf steht als Halbfigur vor einer Brüstung, auf der links zwei Säulenschäfte mit klassischen Kanneluren erscheinen, rechts dagegen öffnet sich der Blick nach außen auf vier Zypressen. Wolff blickt den Betrachter frontal und leicht distanziert, doch auch selbstbewusst an, seine rechte Hand ist in die Hüfte gestützt, während er die linke Schulter nach vorne dreht. Sein linker Arm greift nach vorne zur Ecke eines Tisches, auf dem ein

Abb. 2: Johann Daniel Herz d. Ä.: *Bildnis des Jeremias Wolff*, Kupferstich und Radierung

Abb. 3: Johann Daniel Herz d. Ä. : *Bildnis des Kunsthändlers Jeremias Wolff*, um 1717, Rötel und schwarze Kreide

Kupferstichblatt liegt, auf dem zwei nur spärlich bekleidete Figuren erkennbar sind; der Rest wird von seiner voluminösen, zu groß geratenen Hand verdeckt. Sie liegt in vorderster Ebene und kommt dem Betrachter am nächsten, sie wird für ihn greifbar in einem Sinne, der auf die Bedeutung der Hand für die Künste im Allgemeinen und die Kupferstecherkunst im Speziellen verweist. Diese gleichsam kunsttheoretische Intention wird überlagert durch die pathetische Pose, mit der der seidig schimmernde Mantel um Arm und Schultern geschlungen ist, auch die beiden Säulen – gemeinhin ein Zeichen der Stärke – steigern das Pathos.[13]

Im Kupferstichkabinett der Hamburger Kunsthalle befindet sich eine Vorzeichnung zu dem Kupferstich, die allerdings diesem gegenüber einige Unterschiede aufweist (Abb. 3).[14] Das Blatt stammt aus dem Besitz des Hamburger Kunsthändlers und -sammlers *Georg Ernst Harzen,* der eine größere Sammlung von Künstlerbildnissen angelegt hatte[15]; die Zeichnung kam 1869 zusammen mit Harzens Vermächtnis in den Besitz der Kunsthalle und ist die einzige bisher bekannte Bildniszeichnung von Wolff.

Das Blatt ist unbezeichnet, doch besteht an der Autorschaft von Herz kein Zweifel. Dieser versieht seine Zeichnungen zwar zumeist mit dem charakteristischen Monogramm „JDH", doch erweist beispielsweise der Vergleich mit der Darstellung eines auf einem Stein sitzenden männlichen Aktes von Herz aus dem Jahr 1719 für die Hamburger Zeichnung dieselbe Hand (Abb. 4).[16] Das Hamburger Blatt entspricht in den Grundzügen der Komposition dem Kupferstich, ist allerdings seitenverkehrt angelegt: *Wolff* wendet sich nach rechts, wo hinter ihm die beiden Säulenschäfte erscheinen und vorne der Tisch angedeutet ist, auf dem seine linke Hand ein Schriftstück umfasst. Der Hintergrund links dagegen bleibt nur angedeutet, unklar ist, ob es sich um eine Draperie handeln könnte. Gegenüber dem Stich fallen auch die voluminösen Falten des um die Schulter geschlungenen Mantels auf, in dem der Körper nahezu zu verschwinden scheint. Auf dem Stich sind sie beruhigter und mehr der Körperform angepasst, wie die Darstellung insgesamt etwas repräsentativer und würdevoller wirkt. Während auf der Zeichnung die Balustrade und die Säulen in Aufsicht dargestellt sind, erscheinen sie auf dem Stich in Untersicht, was die Gestalt Wolffs dem Betrachter gegenüber mehr distanziert. Die gesamte Komposition erscheint optisch etwas gelängt, die Brüstung ein wenig höher angesetzt, wozu auch die kannelierten Säulen genauso wie die Aufsicht auf seine Hand gehören, die den Eindruck der ernsten und energischen Komposition unterstützen. Nachträgliche Einträge in schwarzer Kreide auf der Zeichnung, die die Konturen im Bereich des Mantels verändern, könnten bereits erste Korrekturen in diesem Sinne sein.

Die charakteristischen Unterschiede belegen, dass es sich bei der Zeichnung nicht um die endgültige Stichvorlage handelt. Auf der Rückseite des Hamburger Blattes ist der flüchtige Druck einer Stadtzeile sichtbar – offensichtlich handelt es sich dabei um eine Art Probedruck oder einen verunglückten Druck, dessen Rückseite Herz für seine Portraitzeichnung verwendet hat. An dem Blatt finden sich keine Spuren, die darauf hinweisen könnten, es sei zur Übertragung verwendet worden, weshalb eine zweite, dem Stich entsprechende Vorzeichnung wahrscheinlich ist, doch kann deren Existenz bisher nur angenommen werden.

---

1 Peter Prange: *Salomon Kleiner und die Kunst des Architekturprospekts.* Augsburg 1997.
2 Wolfgang Seitz: *Studienmaterial zur Verlagsgeschichte des Augsburger Kunstverlegers Jeremias Wolff und seiner Nachfolger anhand der Imperial-Quer-Folio (ca. 36:100 cm) grossen Serie Europäischer Stadtansichten der Verlage Wolff u. Probst nach Zeichnungen des F. B. Werner, Elias Bäck, I. F. Saur u. a.* Typoskript, Augsburg 1967.
3 Paul von Stetten: *Kunst- Gewerb- und Handwerksgeschichte der Reichsstadt Augsburg.* Augsburg 1779, S. 395.
4 Zu Wolffs Architekturpublikationen allgemein siehe Dietrich Erben: „Augsburg als Verlagsort von Architekturpublikationen im 17. und 18. Jahrhundert." In: *Augsburger Buchdruck und Verlagswesen von den Anfängen bis zur Gegenwart,* hrsg. von Helmut Gier und Johannes Janota, Wiesbaden 1997, S. 973–978.
5 Vgl. Prange 1997 (wie Anm. 1).
6 Adolf Spamer: *Das kleine Andachtsbild vom 16. bis zum 20. Jahrhundert,* München 1930, S. 186, 193, 216–217, 221–222, 224, 232–233.
7 Seitz 1967 (wie Anm. 2).
8 Werner Schwarz: „Repraesentatio Belli – eine Kupferstichfolge zum Spanischen Erbfolgekrieg."In: *Zeitschrift des Historischen Vereins für Schwaben* 84, 1991, S. 129–184.
9 Werner Schwarz: „Vom „stimpelnden" Uhrmacher zum Kunstverleger: Jeremias Wolff und seine Nachfolger." In: Gier/Janota 1997 (wie Anm. 4), S. 587–619.
10 Georg Christoph Kilian: *Künstlerviten,* Staats- und Stadtbibliothek Augsburg, 2° Cod. h. 30, Bl. 81 v, zitiert nach Schwarz 1997 (wie Anm. 9), S. 587.
11 Tobias Gabriel Beck, *Bildnis des Jeremias Wolff,* Kupferstich, 305 x 184 mm (Blatt). Wolffs Bildnis war in einer von Friedrich Roth-Scholtz zusammengestellten Sammlung von Bildnissen berühmter Buchdrucker und –händler des 15. bis 18. Jahrhunderts erschienen, vgl. Friedrich Roth-Scholtz: *Icones bibliopolarum et typographorum de republica litteraria bene meritorum ab incunabulis typographiae ad nostra usque tempora edidit Fridericus Roth-Scholtzius Norimbergae 1726–1742,* 3 Bde., hier Bd. 3, Blatt 30, vgl. auch Hans Wolfgang Singer: *Allgemeiner Bildniskatalog,* Leipzig 1934, Bd. 13, S. 167, Nr. 98313. Auf ein weiteres Bildnis von Wolff, ein Schabkunstblatt des Nürnbergers *Georg Held,* hat Schwarz 1997 (wie Anm. 9), S. 590, Abb. 2, aufmerksam gemacht
12 Johann Daniel Herz, *Bildnis des Jeremias Wolff,* Kupferstich, Radierung, 399 x 259 mm (Blatt), vgl. Singer 1934 (wie Anm. 11), S. 167, Nr. 98312.
13 Ob mit den aus den Säulen abgebröckelten Stücken sich bereits der Beginn des Verfalls, die Vergänglichkeit alles Irdischen ankündigt, wie Schwarz 1997 (wie Anm. 9), S. 588, vermutet, erscheint dagegen fraglich.

Abb. 4: Johann Daniel Herz d. Ä., *Männlicher Akt, auf einem Stein sitzend, in der Linken einen Stab haltend*, 1719, Rötel auf Bütten

14 Johann Daniel Herz d. Ä., *Bildnis des Kunsthändlers Jeremias Wolff, um 1717*, Rötel und schwarze Kreide, 307 x 229 mm, Hamburger Kunsthalle, Kupferstichkabinett, Inv.-Nr. 23392, vgl. Peter Prange: *Deutsche Zeichnungen 1450–1800. Die Sammlungen der Hamburger Kunsthalle Kupferstichkabinett*, Bd. 1, hrsg. von Hubertus Gaßner und Andreas Stolzenburg, Köln–Weimar–Wien 2007, S. 184, Nr. 386 mit Abb.

15 *Catalogue d'une Collection de Portraits*, fol. 185, Nr. 113: „Joh Dan Hertz Mi corps Dessin à la sanguine Gr in Folio", Hamburger Kunsthalle, Kupferstichkabinett.

16 Johann Daniel Herz d. Ä.: *Männlicher Akt, auf einem Stein sitzend, in der Linken einen Stab haltend*, Rötel auf Bütten, 541 x 374 mm, vgl. Galerie Gerda Bassenge, Berlin, Auktion 4.6.2010, Nr. 6249, Abb. Ich danke Ruth Baljöhr, Berlin, die mir die Abbildung zur Verfügung stellte.

Stichserien von Bergmüllerfresken in Augsburger Kirchen

Alois Epple

Bei der Bombardierung Augsburgs 1944 wurden auch Fresken nach Entwürfen Johann Georg Bergmüllers beschädigt oder zerstört. Schon zuvor ruinierte die Profanation Augsburger Kirchen in Folge der Säkularisation Fresken dieses Barockmalers. Von manchen dieser stark beschädigten oder zerstörten Fresken gibt es heute nur noch schlechte SW-Fotos, von vier Freskenzyklen Bergmüllers in Augsburger Kirchen jedoch sind Kupferstichserien erhalten.

Zwei Freskenfolgen hat der Verfasser bereits früher veröffentlicht, sind aber hier der Vollständigkeit und des besseren Überblicks halber nochmals aufgeführt.

Marienkapelle im Augsburger Dom[1]

Im Mai 1721 legte Johann Georg Bergmüller verschiedene Konzepte zur Ausmalung der nach den Plänen Gabriel de Gabrielis (1671–1747) neu erbauten Marienkapelle im Augsburger Dom vor. Das theologische Programm des Freskenzyklus dürften die Hochstiftsgeistlichen formuliert haben, die ikonographische Umsetzung überließ man anscheinend dem jungen Bergmüller. Im Juli des gleichen Jahres wurden Bergmüllers etwas abgeänderte Entwürfe genehmigt und schon am 22. September 1721 konnte Bergmüller seine Fresken mit *Sacellum hoc pingebat Joan Georg Bergmüller Ao 1721* signieren.

Nach Bergmüllers Freskenentwürfen – drei haben sich erhalten[2] – stach Hieronymus Sperling (1695–1777), wohl zeitgleich mit der Freskierung, sechs Blätter und Bergmüller fügte diese Stiche seinem Lehrwerk „Anthropometria" hinzu.[3] Wie der Vergleich der drei erhaltenen Freskenentwürfe[4] Bergmüllers mit den entsprechenden Sperling-Stichen zeigt, drehte der junge Stecher die Vorlage nicht um, so dass die Stiche spiegelbildlich zu den Entwürfen und damit auch zu den Fresken sind.

Blatt 1 (Abb. 1): In der Kartusche unten wird auf *Joanem Georgium Bergmüller Pictorem et Inventorem* als Entwerfer und Freskanten des Freskenzyklus in der Marienkapelle im Augsburger Dom hingewiesen. Der Stich zeigt eine von Carlo Maratta (1625–1713) beeinflusste „Himmelfahrt Mariens"[5] in einem runden Profilrahmen, da das entsprechende Fresko in die Kuppellaterne gemalt war.

Blatt 2 (Abb. 2): Die „Geburt Mariens" wird kombiniert mit der Allegorie des Herbstes (Baccus) – die Kirche feiert Mariä Geburt am 8. September – und einem entsprechenden Text aus dem „Hohen Lied"[6]. Auch hier lässt sich Marattas Vorbild benennen.[7]

Blatt 3 (Abb. 3): „Mariä Verkündigung" feiert die Kirche neun Monate vor Weihnachten. Entsprechend zeigt sich hier, neben dem Auftritt Gabriels bei Maria, auch die Frühlingsgöttin Venus. Ein Frühlingstext aus dem „Hohen Lied" spricht von Turteltauben und Blumen auf den Fluren.

Blatt 4 (Abb. 4): Die „Heimsuchung Mariens" bei ihrer Base Elisabeth orientiert sich hier an dem gleichthematischen Gemälde von Rubens (1577–1640), welches über einen Stich von Nicolaes Visscher (1618–1679) weite Verbreitung fand.[8] Da dieses Fest auf den 2. Juli fällt, liegt im Vordergrund Ceres, die Göttin des Sommers, und auf der Tafel, die sie hält, steht wieder ein entsprechendes Zitat aus dem „Hohen Lied".

Blatt 5 (Abb. 5): Das Fest der „Unbefleckten Empfängnis", wie sie auf dem Stich dargestellt ist, wird am 8. Dezember gefeiert. Dementsprechend ist Chronos links unten dargestellt und ein passendes Zitat aus Jesus Sirach in der Kartusche beigegeben

Blatt 6 (Abb. 6): In vier Zeilen, den vier Jahreszeiten entsprechend, sind je drei Tierkreisembleme angeordnet. Auch die Embleme wurden an der Kuppel der Marienkapelle al fresco um die entsprechenden Marienfresken gruppiert.

Bergmüllers Fresken in der Marienkapelle wurden am 25. Februar 1944 durch Bombardierung teils schwer beschädigt, teils ganz zerstört. Später verschwanden Freskenreste unter Tünche. Als man 1986 unter die Überstreichung schaute stellte sich heraus, dass ca. 30 % der Fresken erhalten waren. Deshalb entschloss man sich, Bergmüllers Fresken zu rekonstruieren. Hierzu zog man vor allem die Stichserie heran.

Während bei vier Marien-Fresken noch Reste vorhanden waren, welches die Rekonstruktion erleichterte, war das Fresko „Maria Himmelfahrt" bei der Bombardierung gänzlich zerstört worden. Bei der Rekonstruktion war man deshalb allein auf den Stich angewiesen. Man vergaß aber, den Stich zu spiegeln. Vergleicht man näm-

Alois Epple

Icones cum Emblematibus in Sacello B. M. V. noviter erecto in Ecclesiâ Cathedrali Augustanâ vivis coloribus in fresco depictæ, æri incisæ, et venales apud me Joanem Georgium Bergmüller Pictorem et Inventorem.

Bergmüller inv. pinx. et exc. Aug. Vind. Cum Priv. Sac. Cæs. Maj. H. Sperling sculpsit.

Abb. 1–4: Johann Georg Bergmüller (1688–1762) / Hieronymus Sperling (1695–1777):
Stichserie zum Freskenzyklus „Marienleben" in der Marienkapelle im Augsburger Dom, um 1721
Die Formatangaben beziehen sich auf die Bildgrößen, die Technik ist jeweils Kupferstich und Radierung
Abb. 1: Blatt 1: *Mariä Himmelfahrt*, Kupferstich, 269 × 211 mm

Stichserien von Bergmüllerfresken in Augsburger Kirchen

Abb. 2: Blatt 2: *Mariä Geburt*, Kupferstich,
268×210 mm

Abb. 3: Blatt 3: *Mariä Verkündigung*, Kupferstich,
270×210 mm

Abb. 4: Blatt 4: *Mariä Heimsuchung*, Kupferstich,
270×211 mm

Abb. 5: Blatt 5: *Maria Immaculata*, Kupferstich,
269×211 mm

Alois Epple

Abb. 6: Blatt 6: *Tableau mit Zwölf Tierkreis-Emblemen*, Kupferstich, 273 x 213 mm

lich das heutige Fresko mit dem Stich und mit Bergmüllers Entwurfzeichnung, so zeigt sich die Falschseitigkeit dieses Freskos heute.

Bergmüllers Stichserie wurde besonders häufig von Malern für ihre eigenen Freskenaufträge als Vorlagen genommen,[9] da Szenen aus dem Marienleben in katholischen Kirchen gefragt waren und Bergmüller hier eine theologisch interessante und künstlerisch ansprechende Formulierung dieser marianischen Themen gefunden hatte.

Dominikanerkirche St. Magdalena

Über die kleinflächigen Fresken in der Augsburger Dominikanerkirche St. Magdalena schreibt Paul von Stetten: „Die Deckenstücke […] hat Aloys.[ius] Mack, nach Bergmüllerischen Zeichnungen, ausgeführt. Jene stellen die Geheimnisse des Rosenkranzes vor."[10] Sie wurden 1723/24 gemalt. Bergmüller dürfte die Entwürfe kurz zuvor gezeichnet und zeitnahe gestochen haben.[11] Hierbei kehrte er seine Entwürfe auf den Kupferplatten nicht um. Die 15 Rosenkranzstiche ergänzte er durch ein Titelblatt mit der „Rosenkranzübergabe".

Titelblatt (Abb. 7): Unter Maria, welche dem hl. Dominikus einen Rosenkranz überreicht, mit ihrem Kind, das der hl. Katharina von Siena einen Kranz aus Rosen aufs Haupt setzt, ist zu lesen: „Quindecim / Mysteria / S.S.Rosarii / Noviter / Et Graphice Figu / rata / ab / Inventore" und „Bergmüller Aug. Vind. Pictore".

Blatt 1 (Abb. 8): Das erste Gesetz des Freudenreichen Rosenkranzes betrachtet, wie hier zu sehen, den „Englischen Gruß" Gabriels an Maria. Auf einer Treppenstufe liest man die Beschriftung. *JGB*(lig.)*ergmiller fec. et exc. Aug. Vind.*

Blatt 2 (Abb. 9): Das Blatt, welches den „Besuch Mariens bei ihrer Base Elisabeth" zeigt, ist an gleicher Stelle und mit gleichem Inhalt wie Blatt 1 beschriftet.[12] Der Stich hat die gleichen Motive wie Blatt 4 der Serie für die Augsburger Marienkapelle (Abb. 4). Da das entsprechende Fresko in der Dominikanerkirche jedoch relativ kleinformatig und in großer Höhe war, ist es „gezoomt". Joseph und die Dienerin sind angeschnitten.

Blatt 3 (Abb. 10): Die „Geburt Christi" und die Anbetung der Hirten beschriftet Bergmüller nur noch mit ligiertem *JGB*.

Blatt 4 (Abb. 11): Auch dieses Blatt, welches die „Aufopferung Jesu im Tempel" zeigt, ist nur mit *JGB* (lig.) signiert.[13] Besonders bei „Simeon mit Kind und Maria" dürfte sich Bergmüller an ein Bild von Boullongne (1654–1733), welches er wohl über einen Stich kannte, erinnert haben.[14] Später wiederholt Bergmüller diese Dreiergruppe ähnlich im entsprechenden Rosenkranzbild für Ellwangen.[15]

Blatt 5 (Abb. 12): Auch dieses letzte Blatt des Freudenreichen Rosenkranzes signiert Bergmüller nur mit *JGB* (lig.). Es zeigt den Zwölfjährigen, wie er von seinen Eltern, mit Schriftgelehrten diskutierend, im Tempel gefunden wird. Der Schriftgelehrte rechts vorn könnte Bergmüller einem Stich nach einem Bild von Jean André (1662–1753) entnommen haben.[16]

Blatt 6–12 (Abb. 13–19): Diese sieben Stiche zeigen die Gesetze des Schmerzhaften und die beiden ersten des Glorreichen Rosenkranzes. Bergmüller beschriftet jeden Stich mit *JGB* (lig.). Besonders ein Vergleich mit den entsprechenden Bildern des „Ellwanger Rosenkranzes" zeigen, dass Bergmüller den Augsburger Rosenkranz recht konventionell entwarf.[17]

Blatt 13 (Abb. 20): Der wieder mit *JGB* (lig.) beschriftete Stich zeigt „Pfingsten". Bergmüller fertigt um 1730 einen recht ähnlichen Entwurf für Ochsenhausen.[18]

Blatt 14 (Abb. 21): Auch bei diesem, wieder mit *JGB* (lig.) beschrifteten Stich, zeigt Bergmüller eine „Himmelfahrt Mariä" wie er sie schon ähnlich in der Marienkapelle im Augsburger Dom freskierte.

Abb. 7–22: Johann Georg Bergmüller (1688–1762): *Stichserie zu den Rosenkranzfresken in der Dominikanerkirche St. Magdalena zu Augsburg*, um 1723/24

Stichserien von Bergmüllerfresken in Augsburger Kirchen

Abb. 7: Titelblatt: *Übergabe des Rosenkranzes an die Heiligen Dominikus und Katharina von Siena*, Kupferstich, 175×203 mm

Abb. 8: Blatt 1: Freudenreicher Rosenkranz: *Jesus, den du ... vom Heiligen Geist empfangen hast*, Kupferstich, 175×203 mm

Abb. 9: Blatt 2: Freudenreicher Rosenkranz: *Jesus, den du ... zu Elisabeth getragen hast*, Kupferstich, 175×203 mm

Abb. 10: Blatt 3: Freudenreicher Rosenkranz: *Jesus, den du ... geboren hast*, Kupferstich, 175×203 mm

Abb. 11: Blatt 4: Freudenreicher Rosenkranz: *Jesus, den du ... im Tempel aufgeopfert hast*, Kupferstich, 175×203 mm

Abb. 12: Blatt 5:Freudenreicher Rosenkranz: *Jesus, den du ... im Tempel wiedergefunden hast*, Kupferstich, 175×203 mm

Abb. 13: Blatt 6: Schmerzensreicher Rosenkranz: *Jesus, der für uns Blut geschwitzt hat*, Kupferstich, 175×203 mm

Abb. 14: Blatt 7: Schmerzensreicher Rosenkranz: *Jesus, der für uns gegeißelt worden ist*, Kupferstich, 175×203 mm

Abb. 15: Blatt 8: Schmerzensreicher Rosenkranz: *Jesus, der für uns mit Dornen gekrönt worden ist*, Kupferstich, 175×203 m

Abb. 16: Blatt 9: Schmerzensreicher Rosenkranz: *Jesus, der für uns das schwere Kreuz getragen hat*, Kupferstich, 175×203 mm

Abb. 17: Blatt 10: Schmerzensreicher Rosenkranz: *Jesus, der für uns gekreuzigt worden ist*, Kupferstich, 175×203 mm

Abb. 18: Blatt 11: Glorreicher Rosenkranz: *Jesus, der von den Toten auferstanden ist*, Kupferstich, 175×203 mm

Abb. 19: Blatt 12: Glorreicher Rosenkranz: *Jesus, der in den Himmel aufgefahren ist*, Kupferstich, 175×203 mm

Abb. 20: Blatt 13: Glorreicher Rosenkranz: *Jesus, der uns den Heiligen Geist gesandt hat*, Kupferstich, 175×203 mm

Abb. 21: Blatt 14: Glorreicher Rosenkranz: *Jesus, der dich ... in den Himmel aufgenommen hat*, Kupferstich, 175×203 mm

Abb. 22: Blatt 15: Glorreicher Rosenkranz: *Jesus, der dich ... im Himmel gekrönt hat*, Kupferstich, 175×203 mm

Blatt 15 (Abb 22): Die „Krönung Mariens" durch die hl. Dreifaltigkeit beweist, dass Bergmüller beim Stechen seinen Entwurf nicht umkehrte, so dass der Stich das Fresko seitenverkehrt wiedergibt. Christus sitzt hier nämlich nicht zur Rechten Gottvaters.

Nach der Säkularisation 1807 wurde die Dominikanerkirche St. Magdalena zum Salpeterlager, Baumagazin und Militärdepot degradiert,[19] worunter die Fresken litten. Hinzu kamen noch unglückliche Restaurierungen, so dass, will man sich heute eine genauere Vorstellung vom ursprünglichen Aussehen der Fresken machen, auch diese Stiche berücksichtigt werden müssen.

Auch diese Stichserie fand eine weite Verbreitung unter Barockmalern und so kann man heute in etlichen Kirchen Fresken anderer Maler sehen, welche auf diese Bergmüllersche Bilderfindung zurückgehen[20]. Bergmüller selber malte sie noch um 1754 als Medaillons in sein Altarbild „Rosenkranzspende" für Lindau.[21]

Dominikanerinnenkirche St. Katharina

Im Jahre 1726 begannen unter der Priorin Maximiliana Gräfin Ruepp von Falkenstein (1716–1746) „Verschönerungsarbeiten" in der zweischiffigen Klosterkirche St. Katharina. Johann Georg Bergmüller erhielt den Auftrag, an die Kirchendecke Fresken und für die Seitenaltäre Tafelbilder zu malen.[22] Für Bergmüller war dieser Auftrag eine Visitenkarte, konnte man doch absehen, dass der fast 70-jährige katholische Akademiedirektor Johann Rieger (1655–1730) bald das Zeitliche segnen und Augsburg einen neuen katholischen Direktor benötigen würde. Der Maler Bergmüller steigerte die Bedeutung dieses Auftrags noch dadurch, dass er nach den Freskenentwürfen eine Stichserie verfertigte und sie der Priorin des Katharinenklosters dedizierte.

In Folge der Säkularisation kam die Kirche in Staatsbesitz, gingen die Altarbilder verloren und wurden die Fresken immer wieder übertüncht.[23] Haffner schreibt 1937[24], dass nur noch „spärliche Reste" der Fresken vorhanden sind; Diedrich[25] findet Mitte der 1950er-Jahre nichts mehr an Freskenresten. Im Frühjahr 1999 stieß man, im Zuge einer Untersuchung für eine vorgesehene Sanierung des ehemaligen Kirchenraumes, unter achtlagigen Tünchen stellenweise wieder auf Bergmüllers Fresken. Man konnte sich jedoch nicht entschließen, diese Überweißelungen abzunehmen. Man war sich nicht sicher, wie viel von Bergmüllers Fresken wieder zum Vorschein kommen und in welchem Zustand sie sein würden.[26]

Man wusste, dass Bergmüllers Freskenentwürfe gestochen waren und zwei Stiche waren auch bekannt.[27] Man ging jedoch davon aus, dass „die einzige vollständige Ausgabe [der Stichserie] in der Kunstbibliothek Berlin im Krieg verloren ging"[28]. Tatsächlich hat sich die ganze achtblättrige Stichserie jedoch erhalten. Die einzelnen Blätter zeigen teilweise Übereinstimmung mit Paul von Stettens Kurzbeschreibung[29], teilweise mit den Freskenresten, welche 1999 zum Vorschein kamen.

Blatt 1 (Abb. 23): Auf dem Widmungsblatt an „Plurimum Reverendae ac Religiosissimae Dominae Dominae || Mariæ Maximilianæ de Ruepp et Falckenstein", sowie „toti Venerabili et Virgineo Coe[nobi]tui D.D. || Matribus Oberservandissimis", datiert 1728, erwähnt Bergmüller, dass er die Fresken gemalt und diese Radierungen selber gefertigt hat. Das Blatt zeigt ein Engelkonzert. Das entsprechende Fresko müsste thematisch, nach der Wiedergabe der Architektur auf dem Stich und nach der zweischiffigen Raumsituation, über den rückwärtigen Orgelemporen gemalt gewesen sein.[30]

Blatt 2 (Abb 24): Paul von Stetten schreibt, dass das Fresko „im Chor […] die heilige Dreifaltigkeit und die heilige Katharina in der Glorie"[31] zeigt, wie auf diesem Stich zu sehen. In einem runden, vierpassförmigen Feld kniet die hl. Katharina mit ihren Attributen vor dem personifizierten Glauben unter der Dreifaltigkeit, und der Erzengel Michael schleudert mit Blitzen Unglauben und Teufel – alles typische Bergmüllermotive – aus dem Rahmen.[32] Allerdings sitzt hier Christus links von Gott Vater und nicht, wie es im Credo heißt, zur Rechten des Vaters. Im Fresko war die Situation wohl richtig darge-

Abb. 23–33: Johann Georg Bergmüller (1688–1762): Stichserie der von verschiedenen Stechern nach Bergmüllers Entwürfen gravierten *Freskenentwürfen in der Dominikanerkirche St. Katharina in Augsburg*, um 1728 bzw. 1730–1740

Abb. 23: Blatt 1: Widmungsblatt mit *Fresko über der Orgelempore*, 1728

Abb. 24: Blatt 2: *Hl. Dreifaltigkeit und Hl. Katharina in der Glorie*, Kupferstich, 385×290 mm

Stichserien von Bergmüllerfresken in Augsburger Kirchen

Abb. 25: Blatt 3: *Ornamentale Gestaltung der Chordecke*, Kupferstich, 385 x 290 mm

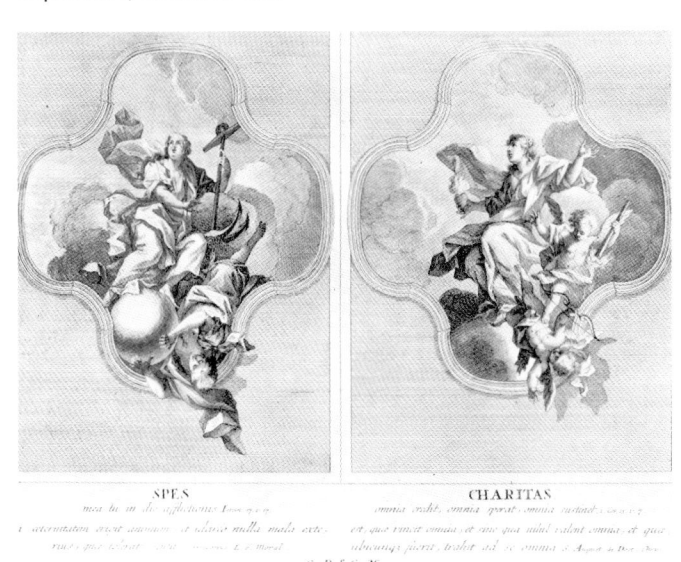

Abb. 26: Blatt 4: *Die Tugenden Spes und Charitas*, Kupferstich, 378 x 290 mm,

Abb. 27: Blatt 5: *Ornamentale Gestaltung der Chordecke*, Kupferstich, 290 x 378 mm

Abb. 28: Blatt 6a: *Justitia*, Kupferstich, 290 x 192 mm

Abb. 29: Blatt 6b (rechte Hälfte): *Fortitudo*, Kupferstich, 290 x 192 mm

stellt, beim Stechen spiegelte jedoch Bergmüller seinen Freskenentwurf nicht.

Blatt 3 (Abb. 25): Der Stich zeigt etwa ein Viertel der damals schon etwas altmodischen[33] ornamentalen Gestaltung der Chordecke, welche in der Katharinenkirche gemalt und nicht aus Gipsstuck war. Rechts unten lässt sich noch der gestürzte „Irrglaube" von Blatt 2 erkennen. Durch Spiegelung ergibt sich aus der Symmetrie die ornamentale Bemalung des ganzen Deckenfeldes. Leer bleibt das mittlere Bildfeld, in welches damit das Fresko von Blatt 2 gehört.

Blatt 4 (Abb. 26): Das Blatt zeigt, jeweils in einem Vierpassrahmen, zwei Tugenden: Auf der linken Hälfte sieht man, wie die personifizierte „Spes", die „Desperatio" aus dem Bild weist. Auf der rechten Hälfte stößt ein englischer Begleiter der personifizierten „Charitas" Amor aus dem Rahmen.

Blatt 5 (Abb. 27): Wie Blatt 3, so zeigt sich auch hier die ornamentale Gestaltung eines Deckenfeldes[34] mit einem leeren Bildfeld. Wie die 1999 aufgedeckten Freskenreste einer gemalten Scheinarchitektur zeigten, hatten die beiden vorderen und die beiden hinteren Freskenfelder der Katharinenkirche jeweils diese Bemalung. Wie sich aus den übereinstimmenden Rahmenformen ergibt, gehören in das leere Bildfeld die Darstellungen der „Spes" und der „Charitas" (Blatt 4) sowie der „Prudentia" (Blatt 8a) und der „Temperantia" (Blatt 8b).

Blatt 6: Diesen Stich kenne ich nur in zwei Hälften zerschnitten.

Blatt 6a (Abb. 28): Die linke Hälfte ist rechts unten mit „C.P." (Cum Privilegio), dem ersten Teil des Privilegvermerks, beschriftet. „Justitia" stößt die Lüge aus dem kreisrunden Bildfeld.

Blatt 6b (Abb. 29): Die rechte Hälfte ist links unten mit dem zweiten Teil des Privilegvermerks „S.C.M." (Sacrae Caesareae Majestatis) beschriftet. „Fortitudo" hat ihren Fuß auf ein zerbrochenes Rad gesetzt, neben dem ein Schwert liegt. Beides sind die Attribute der hl. Katharina, der Kirchenpatronin. Ihr Starkmut überstand auch Folter und Angst vor dem Tod.

Blatt 7 (Abb. 30): Wie Blatt 3 und 5, so zeigt sich auch hier die ornamentale Gestaltung eines Deckenfeldes mit einem runden, leeren Bildfeld. Wie die 1999 aufgedeckten Freskenreste zeigten, hatten die beiden mittleren Freskenfelder der Katharinenkirche jeweils diese Bemalung. Wie sich aus den übereinstimmenden Rahmenformen ergibt, gehören in das leere Bildfeld die Darstellungen der „Justitia" (Blatt 6a) und der „Fortitudo" (Blatt 6b).

Blatt 8 (Abb. 31 und 32): Auch diesen Stich kenne ich nur in zwei Hälften zerschnitten. Wieder ist eine Hälfte unten beschriftet mit „C.P." und die andere mit „S.C.M.". Dies beweist, dass beide Blätter einmal als ein Blatt gedruckt wurden. Die eine Blatthälfte zeigt in einem Vierpassrahmen die „Prudentia" mit ihren Attributen, die andere Blatthälfte die „Temperantia". Beide gehörten in die Rahmenfelder von Blatt 5.

Die Verteilung der einzelnen Tugenden über die sechs Deckenfelder der ehemaligen Katharinenkirche ergibt sich aus den aufgedeckten Freskenresten, den Rahmenformen und der Nummerierung der Stiche. Danach zeigte die Katharinenkirche folgende Verteilung der Fresken:

Chor	Blatt 2 + 3	
Langhaus	Blatt 5 + 4a	Blatt 5 + 4b
	Blatt 7 + 6a	Blatt 7 + 6b
	Blatt 5 + 8a	Blatt 5 + 8b
Orgelempore	Blatt 1	

Augustinerchorherrenkirche Katholisch Heilig Kreuz[35]

Bis 1732 malte Johann Georg Bergmüller etliche kleinfeldrige Fresken an die Stichkappentonne der Augustinerchorherrenkirche Kath. Heilig Kreuz. Mit dem Entwerfen dieses Großauftrages dürfte er schon Jahre vorher begonnen haben. An die beiden Chordecken hatte Bergmüller die Verehrung des wunderbarlichen Gutes von Heilig Kreuz und wohl ein Dutzend kleiner Fresken, welche vielleicht „alttestamentliche Vorbilder des Erlösers" zeigen,[36] zu malen (Abb. 55). Die Decken der drei Schiffe des Langhauses waren versehen mit je sechs Fresken zu den Themen „Geschichte des Heiligen Kreuzes" (Mittelschiff), „Jesu letzte Worte am Kreuz" (rechtes Seitenschiff) und „Kreuzweg" (linkes Seitenschiff). Die Fresken waren mit Schriftbändern umgeben, auf denen die biblischen Texte standen.

1944 wurde die Kirche so schwer beschädigt, dass wegen akuter Einsturzgefahr die ganze Decke durch eine Gussbetonschale ersetzt werden musste und so auch Freskenreste verloren gingen. Das ehemalige Aussehen der Chorfresken sowie die Texte der Spruchbänder zeigen heute wenige sw-Fotos (Abb. 55). Von den Deckenfresken gibt es eine Nachzeichnung[37] und 19 Stiche.

Die Stiche wurden mit einem Dedikationsblatt und einer Widmung an den regierenden Abt, zu einer Serie zusammengefasst, die erst 1740 beim Verlag Jeremias Wolffs Erben heraus kam[38].

Blatt D (Abb. 34) wurde, nach der Beschriftung unten links, von Christian Friedrich Rudolph (1692–1754) gestochen. Es zeigt das Doppelwappen von Heilig Kreuz und von Abt Johann Baptist Dantzer (1734–1758).

Blatt W (Abb. 35): Unten steht, dass die Stichserie am 14. Juni 1740 von Jeremias Wolffs Erben in Augsburg herausgegeben wurde. Der lateinische Text erinnert an den Vorgänger von Abt Dantzer, unter dem die Kirche barockisiert und durch die *artificiosa manu celeberrimi*

Stichserien von Bergmüllerfresken in Augsburger Kirchen

Abb. 30: Blatt 7 (linke Hälfte): *Ornamentale Gestaltung eines Deckenfeldes*, um 1728, Kupferstich, 290×192 mm

Abb. 31: Blatt 8a (rechte Hälfte): *Prudentia*, um 1728, Kupferstich, 290×192 mm

Abb. 32: Blatt 8b (linke Hälfte): *Temperantia*, um 1728, Kupferstich, 290×192 mm

Abb. 33: 1999 aufgedeckte Freskenreste in der ehemaligen Katharinenkirche

Alois Epple

Abb. 34–55: Stichserie verschiedener Stecher nach den Fresken Johann Georg Bergmüllers (1688–1762) in der Augustinerchorherrenkirche Katholisch Heilig Kreuz 1726–1732, erschienen 1740 im Verlag Jeremias Wolffs Erben

Abb. 34: Blatt D: Gestochenes Dedikationsblatt, wohl um 1740, Kupferstich von Christian Friedrich Rudolph (1692–1754), 223×310 mm

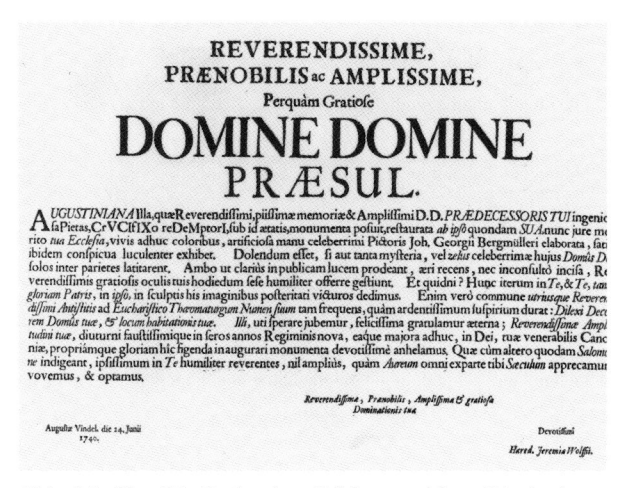

Abb. 35: Blatt W: Gedrucktes Widmungsblatt, 24. Juni 1740, Typendruck

Abb. 36: Blatt 1: *Verehrung des Wunderbarlichen Gutes durch Engel, Gesunde und Kranke*, wohl 1730–1740, Kupferstich, 427×340 mm

Abb. 37: Blatt 2: *Verurteilung durch Pilatus*, wohl 1730–1737, Kupferstich von Johann David Curiger, 222×341 mm

Abb. 38: Blatt 3: *Christus fällt unter dem Kreuz*, wohl 1730–1740 Kupferstich, 248×314 mm

Stichserien von Bergmüllerfresken in Augsburger Kirchen

Abb. 39: Blatt 4: *Simon von Cyrene hilft Christus das Kreuz tragen*, wohl 1730-1740, Kupferstich, 244 x 316 mm

Abb. 40: Blatt 5: *Die weinenden Frauen und Veronika, Christus das Schweißtuch reichend*, wohl 1730–1740, Kupferstich, 254 x 341 mm

Abb. 41: Blatt 6: *Christus wird ans Kreuz genagelt*, wohl 1730–1740, Kupferstich, 245 x 313 mm

Abb. 42: Blatt 7: *Kreuzaufrichtung*, wohl 1730–1740, Kupferstich, 252 x 298 mm

Abb. 43: Blatt 8: „*Frau, siehe da deinen Sohn*", wohl 1730–1740, Kupferstich von Johann Daniel Herz, 417 x 333 mm

Abb. 44: Blatt 9: „*Vater vergib ihnen, denn sie wissen nicht, was sie tun*", wohl 1730–1740, Kupferstich, 243 x 304 mm

Alois Epple

Abb. 45: Blatt 10: „Heute noch wirst du mit mir im Paradiese sein", wohl 1730–1740, Kupferstich, 246 × 315 mm

Abb. 46: Blatt 11: „Mein Gott, mein Gott, warum hast du mich verlassen?", 1732, Kupferstich von Johann Georg Rummel?, 244 × 334 mm

Abb. 47: Blatt 12: „Mich dürstet", wohl 1730–1740, Kupferstich, 218 × 326 mm

Abb. 48: Blatt 13: „Es ist vollbracht", wohl 1730–1737, Kupferstich von Johann David Curiger, 233 × 314 mm

Abb. 49: Blatt 14: „Vater, in deine Hände befehle ich meinen Geist", wohl 1730–1740, Kupferstich, 243 × 313 mm

Abb. 50: Blatt 15: Kreuzabnahme, wohl 1730–1740, Kupferstich von Johann Daniel Herz, 388 × 322 mm

Stichserien von Bergmüllerfresken in Augsburger Kirchen

Abb. 51: Blatt 16: *Jüngstes Gericht*, wohl 1730–1740, Kupferstich, 418×349 mm

Abb. 52: Blatt 17: *Kreuzauffindung*, wohl 1730–1740, Kupferstich von Jakob Wangner?, 382×323 mm

Abb. 53: Blatt 18: *Kreuzerhöhung*, wohl 1730–1740, Kupferstich, 426×347 mm,

Abb. 54: Blatt 19: *Verehrung des Kreuzes*, wohl 1730–1740, Kupferstich, 414×339 mm

Abb. 55: *Die beiden Chordecken in Katholisch Heilig Kreuz zu Augsburg vor der Zerstörung 1944*

Pictoris Joh. Georgii Bergmülleri elaborata wurde. Dann wird erwähnt, dass es Bergmüllers Fresken verdienen, über diese Stichserie einer größeren Öffentlichkeit bekannt gemacht zu werden.

Blatt 1 (Abb. 36) zeigt das Fresko einer Chorkuppel: Die „Verehrung des Wunderbarlichen Gutes durch Engel, Gesunde und Kranke."

Bätter 2–7 (Abb. 37–42): Diese Stiche geben die Deckenfresken im linken Seitenschiff von Kath. Heilig Kreuz wieder. Sie zeigen Szenen aus dem „Kreuzweg Christi", angefangen von seiner „Verurteilung durch Pilatus" bis zur „Kreuzaufrichtung". Thematisch zur Darstellung passende Texte waren in der Kirche auf Spruchbändern beim Fresko zu lesen. Blatt 2 ist mit *Joh. David Curiger sculps.*[39] beschriftet.

Blatt 8 (Abb. 43): Dieser Stich zeigt ein Bergmüllerfresko im Mittelschiff. Es beinhaltet eines der letzten Worte Christi am Kreuz. Beschriftet ist dieser Stich links unten mit *Ioh. Daniel Herz sculp.*

Blätter 9–14 (Abb. 44–49): Die thematische Fortsetzung des vorhergehenden Freskos bzw. Stiches fand sich im rechten Seitenschiff. Dort waren die restlichen sechs „Letzten Worte Christi am Kreuz" zu sehen. Blatt 11 ist im Beil signiert *JGR 1732*, vielleicht aufzulösen mit Johann Georg Rummel (1713–1796). Blatt 13 ist wieder beschriftet mit *Joh. David Curiger sculps.*

Blätter 15–19 (Abb. 50–54): Diese Stiche zeigen die restlichen fünf Fresken des Mittelschiffes, beginnend mit der „Kreuzabnahme", über das „Weltgericht" im Zeichen des Kreuzes, die „Kreuzauffindung", „Kreuzerhöhung" und abschließend die himmlische „Verehrung des Kreuzes". Der 15. Stich ist wieder signiert mit *Ioh. Daniel Herz sculp.* Blatt 17 mit *I. Wang f.*, was sich wohl auf *Jakob Wangner* (ca. 1703–1781) beziehen dürfte.

Wie die Nachzeichnung zeigt, wurden diese Stiche beim Stechen umgedreht, so dass der Stich und das entsprechende Fresko seitengleich waren.

Das Interesse des Verlags an einem großen Absatz der Stiche scheint wohl nicht erreicht worden zu sein. Bisher konnten nur wenige Fresken anderer Maler, welche Stiche dieser Serie zur Vorlage haben, nachgewiesen werden. So wurde der Stich mit der „Verehrung des Kreuzes durch musizierende Engel" von einem unbekannten Maler für ein Fresko in der Weingutkapelle in Gaggers bei Meran als Vorbild genommen.

Resümee

Nach vier Freskenzyklen von Johann Georg Bergmüller in Augsburger Kirchen gibt es Stichserien, teils von Bergmüller selber, teils von anderen Stechern, teils im richtigen Sinn, teils seitenverkehrt. Da Bergmüller noch weitere Fresken in Augsburger Kirchen malte stellt sich die Frage, warum gerade diese Fresken gestochen wurden? Es handelt sich hier jeweils um mehrere kleinfeldrige Freskenszenen zu einem Thema. So entstanden Stichserien zu den Themen „Marienleben", „Rosenkranzgeheimnisse", „Tugenden" und „Geschichte des Heiligen Kreuzes".

Bergmüller verstand es, diese ikonographisch teils recht schwierigen Themen originell darzustellen. Diese Serien dienten etlichen Malern als Vorlage für eigene Fresken. Am häufigsten wurden die beiden Marienserien „nachgemalt", entsprechend den Wünschen der katholischen Auftraggeber.

In Augsburg wurden viele Fresken durch Profanierung infolge Säkularisation und Bombardierung während des Krieges beschädigt, verschwanden unter mehreren Tünchschichten oder gingen ganz verloren. So geben diese Stichserien oft den einzigen, wenn auch unfarbigen Eindruck, wie Bergmüllers Fresken ursprünglich aussahen.

Abgekürzt zitierte Literatur:

Augsburger Barock: Ausstellungskatalog *Augsburger Barock*, Augsburg 1968.

Berg Rekonstruktion: Karin Berg: „Zur Rekonstruktion der Deckengemälde in der Marienkapelle des Augsburger Domes 1986." In: *Jahrbuch der*

Bayerischen Denkmalpflege, Bd. 40, München 1989, S. 221–242.

Biller Thesenblätter: Josef H. Biller: „Der Bestand an Thesenblättern im Englischen Institut zu Mindelheim." In: Rosi Ritter (Hrsg.): *Mutig Welten erschließen*, Lindenberg 2001, S. 187–191.

Diedrich Fresken: Hans Heinrich Diedrich: *Die Fresken des Johann Georg Bergmiller.* Phil. Diss., Mainz 1959.

Epple Zimmermann: Alois Epple (Hrsg.): *Dominikus Zimmermann – Zur 300. Wiederkehr seines Geburtsjahres.* München 1985, S. 36.

Epple Heilig Kreuz: Alois Epple: „Die Fresken von Johann Georg Bergmüller in Katholisch Heilig Kreuz in Augsburg." In: *Jahrbuch des Vereins für Augsburger Bistumsgeschichte*, 28. Jg. 1994, S. 301–320.

Epple Maratta: Alois Epple: „Maratta und Conca als Vorlagen für Asam und Bergmüller." In: *Materialien zur Bergmüller-Forschung*, Heft 5, 2005, S. 32–34.

Epple Kirchhaslach: Alois Epple: „Das Hochaltarbild in Kirchhaslach." In: *Materialien zur Bergmüller-Forschung*, Heft 7, 2007, S. 24–30.

Epple Vorlagen: Alois Epple: „Vorlagen für Bergmüller". In: *Materialien zur Bergmüller-Forschung*, Heft 8, 2008, S. 44–46.

Epple Stiche: Alois Epple: „Französische Stiche von Johann Georg Bergmüller." In: *Materialien zur Bergmüller-Forschung*, Heft 9, 2009, S. 37–38.

Epple-Straßer Bergmüller: Alois Epple, Josef Straßer: *Johann Georg Bergmüller – Die Gemälde.* Lindenberg 2012.

Friedlmaier Marienleben: Karin Friedlmaier: „Fünf Szenen aus dem Marienleben". In: Alois Epple (Hrsg.): *Johann Georg Bergmüller, Zur 300. Wiederkehr seines Geburtsjahres.* Weißenhorn 1988, S. 78–87.

Friedlmaier Bergmüller: Karin Friedlmaier: *Johann Georg Bergmüller. Das druckgraphische Werk*, (Phil. Diss. München 1995), Marburg (Edition Wissenschaft, Reihe Kunstgeschichte 10) 1998.

Haffner Katharina: Hanneliese Haffner: *Das Dominikanerinnenkloster St. Katharina in Augsburg im 18. Jahrhundert.* Augsburg 1938.

Hagen Augsburg: Bernt von Hagen, Angelika Wegener-Hüssen: *Stadt Augsburg – Denkmäler in Bayern*, Bd. VII.83, München 1994.

Katalog Berlin: *Katalog der Ornamentstichsammlung der staatl. Kunstbibliothek Berlin*, Berlin 1939.

Riedmüller Heiligkreuzkirche: Leopold Riedmüller: *Geschichte des Wunderbarlichen Gutes und der Heiligkreuzkirche in Augsburg*, Augsburg 1899.

Schawe Deckengemälde: Martin Schawe: „Die Deckengemälde Johann Georg Bergmüllers (1688–1762) in der Augsburger Katharinenkirche".

In: *Bayerische Staatsgemäldesammlungen Jahresbericht 1999–2000*, S. 27–31.

Stetten Beschreibung: Paul von Stetten: *Beschreibung der Reichs-Stadt Augsburg.* Augsburg 1788.

Straßer Zeichnungen: Josef Straßer: *Johann Georg Bergmüller – Die Zeichnungen.* Salzburg 2004.

---

1 Auszüge aus den Sitzungsprotokollen des Hochstifts Augsburg, Bergmüllers Freskierung betreffend, in: Karin Berg: „Zur Rekonstruktion der Deckengemälde in der Marienkapelle des Augsburger Domes 1986." In: *Jahrbuch der Bayerischen Denkmalpflege*, Bd. 40, München 1989, S. 221–242.
2 Josef Strasser: *Johann Georg Bergmüller – Die Zeichnungen.* Salzburg 2004, S. 62–67, 141, Z 18, Z 19, Z 20.
3 Karin Friedlmaier: „Fünf Szenen aus dem Marienleben." In: Alois Epple (Hrsg.): *Johann Georg Bergmüller. Zur 300. Wiederkehr seines Geburtsjahres.* Weißenhorn 1988, S. 78–87. Die Anthropometria kam zwar 1721 heraus, ob Bergmüller jedoch diese Stiche schon der Erstausgabe beiheftete, ist nicht erwiesen. Karin Friedlmaier: *Johann Georg Bergmüller. Das druckgraphische Werk*, (Phil. Diss. München 1995), Marburg (Edition Wissenschaft, Reihe Kunstgeschichte 10) 1998, D 119–D 124.
4 Abgebildet bei Straßer Zeichnungen, Z 18, Z 19, Z 20.
5 Friedlmaier Bergmüller, D 111 und D 118 (rechter Engel). Epple: *Maratta und Conca als Vorlagen für Asam und Bergmüller*, S. 33. Alois Epple:" Das Hochaltarbild in Kirchhaslach." In: *Materialien zur Bergmüllerforschung*, Heft 7, 2007, S. 29.
6 Gegenüber der Entwurfzeichnung wurde der Text im Stich verlängert und anders lokalisiert.
7 Kupferstich „Mariens Geburt" von Carlo Maratta, Herzog August Bibliothek Wolfenbüttel (Graph. A1:1666).
8 Dieser Stich befindet sich z. B. im Ostfriesischen Landesmuseum Emden (Inv.-Nr. GS Kunst 10109).
9 In Alois Epple (Hrsg.): *Materialien zur Bergmüllerforschung*, findet sich jährlich ein Kapitel über Fresken verschiedener Maler nach Bergmüllerstichen. So orientierte sich an ihr auch Johann Georg Wolcker (1700–1766), als er in Stams die Fresken malte.
10 Paul von Stetten: *Beschreibung der Reichs-Stadt Augsburg*, S. 168.
11 Alle Stiche wurden abgebildet und vom Autor ausführlich beschrieben in der Monatszeitschrift *Der Fels*, Januar 2011 bis Mai 2012. Vgl. auch Friedlmaier Bergmüller, D 172–D 187.
12 Eine Zeichnung, welche bisher als Entwurf für Fresko bzw. Stich galt, wurde von Straßer abgeschrieben: Straßer Zeichnungen, S. 154, Za 11.
13 Eine Zeichnung, welche bisher als Entwurf für Fresko bzw. Stich galt, wurde ebenfalls von Straßer abgeschrieben: Straßer Zeichnungen, S. 154, Za 12.
14 Alois Epple: „Vorlagen für Bergmüller." In: *Materialien zur Bergmüller-Forschung*, Heft 9, 2009, S. 45.
15 Alois Epple, Josef Straßer: *Johann Georg Bergmüller – Die Gemälde.* Lindenberg 2012, G 146.
16 Epple Vorlagen, S. 44.
17 Epple-Straßer Gemälde, G_{vf} 148 – G_f 152.
18 Dieser Entwurf wurde um 1730 von Bergmüller gestochen und 1787 von Johann Joseph Huber (1737–1815) als Vorlage für ein Fresko in der Klosterkirche zu Ochsenhausen verwendet.
19 Bernt von Hagen, Angelika Wegener-Hüssen: *Stadt Augsburg. Denkmäler in Bayern*, Bd. VII.83, München 1994, S. 126.
20 Vgl. Anm. 5.
21 Epple-Straßer Gemälde, G 209.
22 Ebenda, G_v 107, G_v 108.

23 Besonders die Umnutzung dieser Kirche in eine Zweiggalerie der Bayerischen Staatsgemäldesammlungen 1835 nahm wenig Rücksicht auf die Fresken.
24 Hanneliese Haffner: *Das Dominikanerinnenkloster St. Katharina in Augsburg im 18. Jahrhundert.* Augsburg 1938, S. 92.
25 Hans Heinrich Diedrich: *Die Fresken des Johann Georg Bergmiller.* Phil. Diss, Mainz 1959, S. 72.
26 Martin Schawe: „Die Deckengemälde Johann Georg Bergmüllers (1688–1762) in der Augsburger Katharinenkirche." In: *Bayerische Staatsgemäldesammlungen Jahresbericht 1999–2000,* S. 27–31.
27 Beide Stiche sind abgebildet ebenda S. 26, 29; vgl. Friedlmaier Bergmüller, D 125, D 126. Im Ausstellungskatalog *Augsburger Barock,* Augsburg 1968, ist ein Stich auf S. 169, Nr. 186, beschrieben.
28 Schawe Deckengemälde, S. 28; Katalog der Ornamentstichsammlung der staatl. Kunstbibliothek Berlin, Berlin 1939, Nr. 3962, S. 494.
29 Paul von Stetten: *Beschreibung der Reichs-Stadt Augsburg.* Augsburg 1788, S. 165.
30 Die Kapellenrückwand mit den Emporen sieht man auf einem Stich von Dominikus Zimmermann, abgebildet in Alois Epple: *Dominikus Zimmermann – Zur 300. Wiederkehr seines Geburtstages.* München 1985, S. 36, Kat.-Nr. 03.
31 Stetten Beschreibung, S. 165.
32 Katharina mit Glaube und Irrglaube kommt ähnlich wieder bei einem weiteren Bergmüllerstich vor, abgebildet bei Josef H. Biller: „Der Bestand an Thesenblättern im Englischen Institut zu Mindelheim." In: Rosi Ritter (Hrsg.): *Mutig Welten erschließen. 300 Jahre Englische Fräulein in Mindelheim.* Lindenberg 2001, S. 187–190, hier S. 189, Abb. 208.
33 Stengeliger Akanthus, Palmwedel und schweres Gebälk waren damals in Süddeutschland nicht mehr up to date. Zu dieser Zeit stuckierte man Bandel- und Gitterwerk. Ähnliche Stuckdekorationsvorschläge einer Viertel-Decke, unter hauptsächlicher Berücksichtigung des Übergangs von der Decke zur Wand, zeigt Bergmüllers Stichserie: „Sechserley Französische arth oder gattungen / schöner Plafunds / welche sowohl die Mahler als Stucatorer / können Applicieren [...]", bei Friedlmeier Bergmüller, D 351– D 377, und bei Alois Epple: „Französische Stiche" von Johann Georg Bergmüller." In: *Materialien zur Bergmüller-Forschung,* Heft 9, 2009, S. 37 f.
34 Sehr ähnlich malte Bergmüller die Decke im Treppenhaus der Bischöflichen Residenz in Augsburg.
35 Alois Epple: „Die Fresken von Johann Georg Bergmüller in Katholisch Heilig Kreuz in Augsburg." In: *Jahrbuch des Vereins für Augsburger Bistumsgeschichte,* 28. Jg., 1994, S. 301–320.
36 Leopold Riedmüller: *Geschichte des Wunderbarlichen Gutes und der Heiligkreuzkirche in Augsburg.* Augsburg 1899.
37 Straßer Zeichnungen, Za 58.
38 Staatsbibliothek Augsburg, 4° Aug. 103.
39 Zu Curiger vgl. Josef H. Biller: „Das tragische Ende eines Frühvollendeten. Der Münchner Kupferstecher Johann David Curiger (1707–1737): Herkunft, Leben und Werk. In: Oberbayerisches Archiv, 137. Bd. 2013 (im Druck).

Joseph Carmine (1749 – nach 1822) – vom italienischen Bilderhändler zum Augsburger Kunstverleger

Michael Ritter

Im Laufe des 18. Jahrhunderts war den etablierten deutschen Zentren der Graphikproduktion durch die künstlerisch zwar wenig anspruchsvollen, jedoch bunt kolorierten und äußerst billigen Holzschnitte und Kupferstiche des italienischen Verlages *Remondini* eine immer größere Konkurrenz erwachsen. Diese Blätter fanden ihre massenhafte Verbreitung vornehmlich durch Wanderhändler, die sie zu Fuß vom Verlagssitz in der venezianischen Stadt Bassano del Grappa bis nach Frankreich, England und Skandinavien, nach Russland und in das Osmanische Reich, insbesondere aber auch in alle Gebiete des Heiligen Römischen Reiches Deutscher Nation trugen. Die meisten dieser Bilderkrämer kamen aus drei Bergdörfern – Pieve Tesino, Cinte Tesino und Castello Tesino – im Tesinotal, einem Seitental des Suganertales (Valsugana) in der heutigen italienischen Provinz Trentino. Nach dem Abschluss der Feldarbeit und Heuernte zogen sie alljährlich im Herbst zu Hunderten[1] los, um erst im Frühjahr darauf wieder in ihre Heimatdörfer zurückzukehren. Zum Schutz vor Wetter- und Transportschäden auf ihren langen, beschwerlichen und entbehrungsreichen Wanderungen bewahrten sie ihre Bilder in einem ca. 20 bis 25 kg schweren, flachen Holzkoffer auf, den sie mit einem Lederriemen über die Schulter hingen.[2] Angekommen in ihrem Zielgebiet, verkauften sie ihre Waren meist von Haus zu Haus, sie besuchten aber auch Wochen- und Jahrmärkte, begaben sich gezielt zu kaufkräftigen Kunden in Klöstern, Adels- und Bürgerhäusern oder lieferten Bestellungen vom Vorjahr aus. Unterwegs versorgten sie sich über eingerichtete Warenlager bzw. Kontaktpersonen in verschiedenen Orten mit Nachschub an frischen Blättern, die ihnen vom Verlag *Remondini* hinterhergeschickt wurden.

Diese italienische Bilderflut löste bei den damaligen Kupferstechern und Kunstverlegern in Graphikmetropolen wie Augsburg oder Nürnberg größte Besorgnis aus, mussten sie dadurch doch erhebliche Einbußen im Absatz ihrer eigenen Erzeugnisse befürchten. So kam es im Laufe des 18. Jahrhunderts nicht nur zu wiederholten Bittgesuchen der örtlichen Graphikproduzenten an die Obrigkeit den Remondini-Handel einzuschränken, sondern sogar zu heftigen juristischen Auseinandersetzungen, insbesondere dann, wenn festgestellt wurde, dass es sich bei manchen Blättern der Wanderhändler um Kopien eigener Werke handelte.

Eine noch weitere Zuspitzung fanden diese Streitigkeiten, als nach dem endgültigen Ende des Remondini-Booms ab den 1780er-Jahren mehrere dieser Bilderhändler versuchten, sich in den etablierten Kunstzentren von Paris bis Sankt Petersburg, wo sie ohnehin oftmals schon Warenniederlagen unterhielten, dauerhaft niederzulassen. Vielerorts gelang es ihnen tatsächlich das Bürgerrecht zu erwerben und eigene Kunstverlage zu gründen, von denen die meisten zwar eher kurzlebig waren, manche dagegen doch zu äußerst erfolgreichen Unternehmen heranwuchsen, die über Jahrzehnte hinweg den örtlichen Kunsthandel mitprägen sollten. Auch in Augsburg konnten die einheimischen Kupferstecher und Kunsthändler letztlich nicht verhindern, dass sich einige dieser Wanderhändler in ihrer Stadt ansässig machten und eigene Kunsthandlungen gründeten. Es waren dies *Santo Tessari, Vincenz Zanna* und *Dominicus Fietta*[3] aus dem bereits genannnten Bergdorf Pieve Tesino, das damals noch zur Grafschaft Tirol gehörte, sowie *Joseph Carmine.*

Ein ergiebiges Forschungsfeld

„Jedermann kennt die Bilder- und Landkarten-Händler, die im Land herum ihre Waaren, Bildnisse von Heiligen, Bildnisse von Kaisern und Königen und Kriegsschauplätzen feil tragen", so beginnt der Dichter und Pädagoge Johann Peter Hebel (1760–1826) die Kalendergeschichte „Pieve" in seinem Sammelband *Schatzkästlein des rheinischen Hausfreundes* (Stuttgart 1811).[4] Diese starke Präsenz in der öffentlichen Wahrnehmung mag ein wesentlicher Grund dafür gewesen sein, dass der Wanderhandel mit Druckgraphik als ein besonderes Element transalpiner Kultur- und Handelsbeziehungen schon damals in landeskundlichen Beschreibungen[5], Lexika[6] oder Reiseberichten[7] literarische Aufmerksamkeit fand. Insbesondere seit den 1980er-Jahren wurden diese

Erkenntnisse durch weitere Untersuchungen – vornehmlich aus volkskundlicher Perspektive – vertieft.[8] Aus den zeitgenössischen Darstellungen sowie aus den neuen fachwissenschaftlichen Studien lässt sich mittlerweile ein ebenso anschauliches wie verlässliches Bild von der Lebens- und Wirtschaftsweise der Bilderhändler gewinnen.

Ganz anders erweist sich die Situation dagegen, wenn man den forschenden Blick auf einzelne Bilder- bzw. Kunsthändler fokussiert. Hier ist das Wissen um biographische Daten, familiäre und prosopographische Beziehungen, um Handelskontakte und Niederlassungen, um Art, Umfang, Entwicklung und inhaltliche Schwerpunkte der jeweiligen Verlage, aber auch um viele andere Aspekte nach wie vor sehr lückenhaft. So finden beispielsweise die „welschen" Bilderhändler in Augsburg zwar wiederholt knappe Erwähnung in den genannten Überblicksdarstellungen zum neuzeitlichen Bilderhandel in Europa sowie in speziell druckgeschichtlicher Literatur, vornehmlich in Studien zu Andachtsbildern[9] und Guckkastenblättern[10]. Eingehende Studien fehlen bisher jedoch fast gänzlich, lediglich zu *Dominicus Fietta*, dem eine Ansässigmachung in Augsburg verweigert wurde, weshalb er sich vor den Toren der Stadt im vorderösterreichischen Dorf Kriegshaber niederließ, liegt eine erste kurze personen- und verlagsgeschichtliche Gesamtdarstellung vor.[11]

Am wenigsten biographische Kenntnisse hatte man bislang von *Joseph Carmine*, nicht einmal sein Geburtsjahr oder sein Herkunftsort waren bekannt. Dabei kann man gerade zu seiner Ansässigmachung in Augsburg auf das mit Abstand reichste archivalische Quellenmaterial zurückgreifen. In den sogenannten Kupferstecherakten des Stadtarchivs Augsburg sind nämlich die Auseinandersetzungen zwischen ihm und den einheimischen Kunstverlegern ausführlichst dokumentiert.[12] Diese Akten wurden zwar schon vom Volkskundler Adolf Spamer für sein Werk *Das kleine Andachtsbild* (München 1930) eingesehen, jedoch fand der Carmine-Streit nur in wenigen Sätzen Eingang in dieses grundlegende Werk.[13] Auf diesen knappen Ausführungen – einschließlich der darin enthaltenen Irrtümer – beruhen die rudimentären biographischen Angaben zu Carmine in der späteren Literatur. Eine eingehende wissenschaftliche Auswertung dieses höchst interessanten Konfliktes hat bisher nicht stattgefunden. Dies ist umso erstaunlicher, als sich hierzu in den Akten des Zensuramtes weiteres umfangreiches, die Kupferstecherakten inhaltlich ergänzendes archivalisches Material befindet,[14] das von der druckgeschichtlichen Forschung bisher sogar gänzlich unbeachtet blieb.

Der Umstand dieser ungewöhnlich reichen, weitgehend unerschlossenen Quellenlage gab den Anstoß zu einer näheren Beschäftigung mit der Person und dem Werk *Joseph Carmines*. Da die Problematik um dessen Niederlassung in Augsburg exemplarisch für vergleichbare Fälle in anderen europäischen Graphikzentren sein dürfte, seien in diesem Beitrag die Auseinandersetzungen zwischen ihm und den ortsansässigen Kunstverlegern ausführlich dargestellt. Auch sollen nachfolgend erstmals biographische Daten zur *Familie Carmine* sowie ein kurzer Abriss der Verlagsgeschichte geliefert werden. Um zudem einen Einblick in Sortiment und Umfang dieses Kunstverlages zu geben, wird in einem zweiten Aufsatz ein Verzeichnis der Guckkastenblätter angefügt. Es soll ein weiteres Verlagssegment veranschaulichen, nachdem bereits ein Aufsatz über die Landkarten *Carmines* diesem Beitrag vorausgeschickt wurde.[15]

Von Traffiume nach Augsburg

Giuseppe Maria Domenico Carmine wurde am 23. März 1749 als Sohn von *Francesco Sebastiano* und *Francesca Carmine* in Traffiume, einem Dorf im engen Tal des Cannobino über dem nordwestlichen Ufer des Lago Maggiore, geboren.[16] Noch heute ist der Familienname *Carmine* in dem kleinen Ort, der zur piemontesischen Gemeinde Cannobio gehört, sehr häufig.[17]

So wie viele junge Männer aus den ärmlichen Gebirgstälern der Südalpen entschied sich offensichtlich auch *Giuseppe Carmine*, sein Glück als Wanderhändler in der Ferne zu suchen. Wann er sich für diesen Lebensweg entschied und wohin ihn dieser anfänglich führte, lässt sich nicht mehr ermitteln. Jedenfalls hielt er sich spätestens seit den frühen 1770er-Jahren in Prag auf, wo er sich als Bilderhändler für *Johann Heinrich Balzer* (1736–1799) seinen Lebensunterhalt verdiente. Möglicherweise begann diese Zusammenarbeit, als *Balzer* 1771 mit seiner Kupferstecherwerkstatt und seinem Verlag von Lysá nad Labem (Lissa an der Elbe) nach Prag übersiedelte. Warum sich *Carmine* auf den Handel mit Balzer-Stichen konzentrierte, darüber lassen sich letztlich nur Vermutungen anstellen. Der Vertrieb von Remondini-Blättern dürfte ihm wohl verwehrt gewesen sein, da dieser sich fest in Händen der Händler aus dem Tesinotal befand, die darauf achteten, dass ihnen dieses Geschäft nicht durch auswärtige Konkurrenten streitig gemacht wurde. *Balzer* war als aufstrebender Kunstverleger hierzu die wohl beste Alternative, die der europäische Kunstmarkt zur damaligen Zeit für einen Bilderhändler zu bieten hatte. Sein Erfolg beruhte nämlich nicht zuletzt darauf, dass er das Remondini-Modell weitgehend kopierte: Mit niedrigen Preisen und einer guten handwerklichen Qualität seiner Blätter, wenngleich es sich vornehmlich um Nachstiche von Arbeiten anderer Kunstverlage in ganz Europa – darunter auch in Augsburg – handelte, baute er sein Unternehmen zusammen mit seinen Brüdern und Söhnen zu einer äußerst produktiven Kupferste-

Joseph Carmine (1749 – nach 1822) – vom italienischen Bilderhändler zum Augsburger Kunstverleger

Gezeichnet v. C. Brand Prof. Gestochen v. C. Brand Pr.

Kupferstichhändler.   Vendeur d'Estampes.

Abb. 1: Kupferstichhändler, Blatt aus einer Folge mit Wiener Kaufrufen, gezeichnet und gestochen von Johann Christian Brand, Wien um 1775, ca. 25 x 36 cm

cherwerkstatt und einem florierenden Graphikhandel aus. Dabei ergaben sich zweifellos auch für *Carmine* beste Voraussetzungen für den eigenen wirtschaftlichen Aufstieg, der schon nach wenigen Jahren in eine „gottlob gesegnete Handlung" münden sollte.[18]

Im Jahr 1775 heiratete *Joseph Carmine* – er hatte mittlerweile seinen italienischen Vornamen Giuseppe durch die eingedeutschte Version Joseph ersetzt – in Prag die gebürtige Augsburgerin *Anna Maria Francisca Kolb*[19], die in der böhmischen Residenzstadt seit mehreren Jahren bei ihrem Onkel, einem Kaufmann, in Diensten stand.[20] Schon 1778 entschloss sich die Ehefrau jedoch in ihre Vaterstadt zurückzukehren, wofür sie dort erneut das Bürgerrecht erwerben musste, das sie durch ihre auswärtige Verehelichung verloren hatte. Im diesbezüglichen Gesuch an den Stadtmagistrat von Augsburg wurde *Joseph Carmine* als Handelsmann bezeichnet, der selbst „zur Zeit sich hier ansässig zu machen nicht gesinnet"[21] sei, ohne jedoch ausschließen zu wollen, dass er dies irgendwann einmal vielleicht doch beabsichtigen werde. Das Gesuch der Ehefrau wurde gegen eine Steuernachzahlung in Höhe von 9 Gulden 30 Kreuzer bewilligt.

Beschwerde gegen Carmine

Erneut aktenkundig wird *Joseph Carmine* erst wieder 1784, als der Streit zwischen ihm und den Augsburger Konkurrenten losbrach. Wann zuvor er ganz in die schwäbische Reichsstadt übersiedelt war, ist nicht überliefert. Bekannt ist lediglich, dass er schon seit der Rückkehr seiner Ehefrau „jährlich zwey mal mit zerschiedenen Kupferstichen von Prag anhero gekommen"[22] war, um hier seine mitgeführten Balzer-Blätter in grosso an die „italienischen" Landkrämer zu veräußern, welche sie dann auf ihren Wanderzügen abzusetzen suchten. Als Kommissionär und Zwischenhändler *Balzers* hatte *Carmine* zu diesem Zweck ein Warenlager in der Stadt eingerichtet. In Augsburg erwarb er aber auch einheimische Kupferstiche, mit denen er anschließend nach Prag zurückreiste.

Dies alles war soweit übliche Praxis von Bilderhändlern, wie sie auch die Remondini-Händler ausübten. *Carmine* jedoch scheint sein Lager immer mehr zu einem dauerhaften Kunsthandel ausgebaut zu haben, ohne dass er hierfür eine obrigkeitliche Genehmigung vom Stadtmagistrat erworben hätte. Dies musste natürlich den Protest der ortsansässigen Kunstverleger provozieren. Tatsächlich lässt die diesbezügliche Aktenlage den Eindruck gewinnen, dass *Carmine* sich gewissermaßen auf Schleichwegen als Kunsthändler in Augsburg zu etablieren versuchte. Nach den heftigen Auseinandersetzungen, die bereits 1766/67 zwischen städtischen Kunstverlegern und Remondini-Vertretern stattgefunden hatten,[23] hatte er sich wohl schon im Voraus ausmalen können, dass ein reguläres Gesuch um Ansässigmachung als Kunsthändler abschlägig beschieden werden würde. In dieser Hinsicht könnte die Wiedererwerbung des Bürgerrechts durch seine Ehefrau ein wohl überlegter Schachzug gewesen sein, um letztlich selbst in Augsburg Fuß zu fassen. Seine damalige Aussage, dass er derzeit nicht gesinnt sei sich hier niederzulassen, scheint jedenfalls nicht lange von Bestand gewesen zu sein. Die rückwirkende Bewilligung zur Wiederansässigmachung der Ehefrau zahlte sich nämlich für *Carmine* durchaus aus, sicherte sie doch auch ihm das Bürger- und Bleiberecht, obschon die ortsansässigen Kunstverleger die Rechtmäßigkeit dieses Vorgangs immer wieder in Frage stellten.

Joseph Carmine hatte mittlerweile „in dem ehemaligen Friederich Probstischen Hauße"[24] Wohnung bezogen. Dieses prächtige Gebäude in der prominenten Maximilianstraße (heutige Hausnr. 47) war zweifellos eine klug gewählte Adresse in bester Geschäftslage, zumal es schon durch seinen kurz zuvor verstorbenen Vorbesitzer, den Kunstverleger *Johann Friedrich Probst* (1721–1781), als Kunsthandelshaus eingeführt war. Allein schon diese Wohnungswahl legt nahe, dass es von Anfang an *Carmines* Absicht war, sich in Augsburg nicht nur mit einem balzerischen Warenlager zu begnügen, sondern hier einen eigenen Graphikverlag aufzubauen.

Konnten die einheimischen Konkurrenten *Carmine* also schon nicht mehr gänzlich loswerden, so wollten sie ihn doch zumindest an der Ausübung des Kunsthandels hindern. Am 5. November 1784 richteten 20 Augsburger „Kunstgenoßen" eine Beschwerde an das Kunst-, Gewerbe- und Handwerksgericht.[25] Darin monierten sie „mit dem größten befremden", dass *Carmine*

„sich habe beyfallen lassen, sich des Geschäftes eines Kunstverlegers zu unterziehen, und die Etablirung eines Kunstverlags anzumassen, zu dem Ende nicht nur Kupferstechen, und drucken, und die Kupferstiche mahlen zu lassen, sondern auch sogar /: wozu nicht einmal ein hiesiger Kunstverleger gegen den andern berechtiget ist:/ Blätter und Stücke hiesiger Kunstverleger und Erfinder zu verfertigen."

Carmine treibe also nicht nur einen Kunsthandel, sondern auch noch das Kupferstichgewerbe widerrechtlich. Sei schon sein Aufenthaltsrecht in der Stadt zumindest fragwürdig, so sei dennoch „ganz gewiß und erweißlich, daß derselbe weder ein Künstler, noch zu Etablierung und Führung eines Kunstverlags fähig, vielweniger auf irgend eine Art berechtiget ist." Neben diesen direkten Angriffen gegen *Carmine* führten die Kunstgenossen auch noch die grundsätzlichen Sorgen ins Feld, dass ihnen „bey den gegenwärtigen […] sehr ungünstigen und

Abb. 2: Als sich Joseph Carmine in Augsburg niederließ, bezog er das ehemalige Verlagshaus des Kunsthändlers Johann Friedrich Probst in der Maximilianstraße. Die prominente Lage des Gebäudes zwischen Herkules- und Merkurbrunnen veranschaulicht eine Luftaufnahme aus dem frühen 20. Jahrhundert.

leyder so bald nicht zu hofen stehenden beßern Zeiten" durch zwar schlechte aber billige Nachstiche, wie sie auch *Carmine* führe, ein schwerer wirtschaftlicher Schaden entstünde, aber auch, dass

„dergleichen eingeschlichene Beyspiele mehrere Nachfolger nach sich ziehen könnten, wodurch die bisher beobachtete Ordnung bey diesem Nahrungszweig zerrüttet, und der dem Augsburgischen Vaterlande [...] seit Jahrhunderten Ehre und Vortheil bringende Kunsthandel unvermeidlich zu Grunde gerichtet werden müßte."

Beschlossen wurde die Eingabe mit der Bitte, *Carmines* „höchst nachtheiliges Unternehmen [...] gänzl. Niederzulegen."

Diese schwerwiegenden Vorwürfe hatten zur Folge, dass *Carmine* schon eine gute Woche danach, am 15. November 1784, vor das genannte Kunst-, Gewerbe- und Handwerksgericht geladen wurde, wo ihm die Beschwerdeschrift der Kunsthändler zur Einsicht und Stellungnahme vorgelegt wurde. Hier – so klagte *Carmine* wenige Tage später in einer eigenen schriftlichen Eingabe an das Gericht[26] – habe er sich zwar gerechtfertigt, doch sei er „in der Rede-Kunst nicht genug geübet", als dass er seine Argumente ausreichend hätte darlegen können. Tatsächlich scheint sein Auftritt vor Gericht wenig überzeugend gewesen zu sein, denn noch am selben Tag, bevor er von der Anhörung wieder nach Hause kam, war ein Gerichtsdiener bei ihm gewesen und hatte „sämmtliche Kupfer Platten und von meinen sämmtlichen Verlags Artikeln abdrücke hinweggenommen". Zudem wurde ihm jeglicher weitere Warenverkehr untersagt.

Dies war ein extrem harter, ja, existenzgefährdender Schlag, den der Betroffene selbstverständlich umgehend rückgängig zu machen suchte. In schriftlichen Gesuchen sowie bei einer weiteren Vorladung vor Gericht bat er dringlich um eine rasche Freigabe der konfiszierten Druckplatten und Kupferstiche.[27] Gleichzeitig bemühte er sich, die ihm gemachten Vorwürfe zu entkräften ohne dabei zu verhehlen, dass er für sich sehr wohl in Anspruch nahm als rechtmäßiger Bürger und Kunsthändler Augsburgs zu gelten und er infolgedessen eine gleichberechtigte Behandlung gegenüber seinen Widersachern erwarte. Aus dieser Überzeugung heraus erwiderte er, dass die hiesigen Kunstverleger keinerlei Vorrecht auf eine ausschließliche Ausübung des Kunsthandels in Augsburg hätten, denn auch er sei ein hier niedergelassener Handelsmann, weshalb ihm nicht verwehrt werden könne, dass er ebenfalls seiner erlernten Tätigkeit nachginge, umso mehr als er hierin eine langjährige Erfahrung besitze und hierfür auch seine Steuern entrichte und seine sonstigen Verpflichtungen erfülle. Dass er kein Künstler sei, dies räume er gerne ein, allerdings sei „zu Führung eines Kunstverlags eigene Kunst-Übung nicht nöthig", wie man nicht zuletzt am Beispiel einiger seiner Ankläger ersehen könne.

Auch die Vorhaltung, er würde dem Geschäft seiner Konkurrenten Schaden zufügen, ließ *Carmine* nicht gelten. Im Gegenteil habe er schon als Prager Bilderhändler mit den hiesigen Kunstgenossen „öffentlich und ehrlich gehandelt" und sein bar mitgebrachtes Geld sowie seine Einnahmen aus dem Verkauf der Balzer-Stiche in den Ankauf Augsburger Blätter reinvestiert und das Geld somit in der Stadt belassen. Aber auch als Kunsthändler sei er dem örtlichen Kunstfleiß mehr zuträglich als schädlich, da er die Kupferstecher, Drucker und Illuministen „mit bestellter Arbeit in Thätigkeit verseze" und damit „die bürgerl. Nahrung hier befördern helfe". Alle beschlagnahmten Kupferplatten seien nämlich in Augsburg gestochen und gedruckt worden, einige davon habe er selbst in Auftrag gegeben, andere habe er von hiesigen Kunstgenossen angekauft.

Zweifellos waren die hier sehr verkürzt wiedergegebenen Argumente in *Carmines* Gegendarstellung nachvollziehbar und berechtigt. Nichtsdestotrotz hatte seine Apologie zwei maßgebliche Schwachpunkte. Zum einen befanden sich unter den konfiszierten Kupferstichen, die er aus Prag mitgebracht hatte, wohl tatsächlich mehrere Kopien von Augsburger Blättern. Zwar gab er hierzu an, dass er sie „ehrlich erkauft, keinesweegs aber copiren und nachstechen lassen" habe, gleichwohl dürfte ihm als erfahrenem Kunsthändler, der das Warensortiment der Augsburger Verlage sicherlich bestens kannte, durchaus bewusst gewesen sein, dass er mit Plagiaten handelte und dabei in Einzelfällen vermutlich sogar gegen kaiserliche Druckprivilegien verstieß. Zum anderen konnte *Carmine* nicht leugnen, dass er zwar seit einiger Zeit einen Kunstverlag führte, hierfür aber faktisch bislang keinerlei obrigkeitliche Genehmigung besaß. Ob er tatsächlich angenommen hatte, dass dieses bewusste oder unbewusste Versäumnis unbehelligt bliebe, sei dahingestellt. Jedenfalls war daraus nun ein erhebliches Problem geworden, weshalb er nun nicht mehr umhin konnte, den Stadtmagistrat um die für den Kunsthandel erforderliche Kramergerechtigkeit zu bitten. Es klingt letztlich wenig glaubhaft, wenn er in einem seiner Schreiben betont, dass er sich „niemals geweigert haben würde, die Krammer gerechtigkeit allhier zu empfangen, wenn mir derselben verhältnüsse und Nothwendigkeit gewesen wäre".[28]

Der Streit eskaliert

Die heikle Situation spitzte sich für *Carmine* immer weiter zu. Ohne seine Kupferstiche und Druckplatten musste er „nicht nur allein brod und Nahrungsloß hier sizen bleiben, sondern auch meine auswartige geschäfte, Märkte und Messen versaumen, sohin meine aufblühende Kundschaft so zu sagen in der wiege ersticken sehen." Er beklagte sich bitter über die „aus diesen willkührlichen Eingriffen und Verfügungen sich ergebenden Schäden und Kösten" und bat darum, dass man ihm bis zur endgültigen Entscheidung sein Warenlager zumindest kurzfristig freigeben möge, damit er den anstehenden Ulmer Markt besuchen könne, der für ihn von hoher geschäftlicher Bedeutung war.[29] Per Senatsdekret vom 4. Dezember 1784 wurde dieser Bitte *Carmines* tatsächlich stattgegeben, wenngleich die Beschlagnahme lediglich für den genannten „auswärtigen Verkauf" aufgehoben wurde und sowohl die Druckplatten als auch die „als würckliche Nachstich hiesiger Blätter" identifizierten Kupferstiche bei Gericht blieben.[30]

Hatte die Auseinandersetzung zwischen *Carmine* und den Kunstverlegern bis dahin noch weitgehend aus einem relativ sachlichen Austausch von Argumenten und Standpunkten bestanden, so wurde der Ton nun entschieden rauer, die gegenseitigen Attacken wurden schärfer. Der Teilerfolg *Carmines* durch die bedingte Freigabe seiner Waren durch den Senat rief umgehend seine Widersacher auf den Plan. Schon zwei Tage später, am 6. Dezember, wählten sie aus dem konfiszierten Warenlager „400 Stück Bilder" aus, die sie als Nachstiche hiesiger Arbeiten reklamierten, um deren endgültige Verwahrung bei Gericht zu fordern. *Carmine* war darüber aufs Äußerste erbost, hatte er doch die Kupferplatten dieser Motive – so seine Aussage – rechtmäßig vom Augsburger Kupferstecher *Joseph Marianus* erworben. Dennoch wurde schon am Tag danach eine weitere Gerichtssitzung abgehalten, bei der die Kunstverleger eine weitere „voluminose Beschwerdschrifft" vorlegten, die dem Beklagten zuvor lediglich für 24 Stunden zur Einsicht gewährt worden war. Dennoch gelang es den Kunstgenossen auch damit nicht, die Angelegenheit endgültig für sich zu entscheiden. Die Gerichtsverordneten blieben in der Sitzung uneins und man ging unverrichteter Dinge auseinander.

In dieser neuerlichen Eingabe[31] wiederholten die Kunstverleger im Wesentlichen die bereits genannten Vorwürfe. Aus einzelnen Passagen geht aber auch hervor, dass *Carmine* offensichtlich gute Kontakte zu den Wanderhändlern aus Pieve Tesino unterhielt, an die er seit mehreren Jahren balzerische wie auch eigene Kupferstiche und sogar Verlagsware der Kläger verkauft hatte. Zwein von ihnen, *Antonio Giuseppe Buffa* und *Pietro Dette Molinari*, soll er sogar erst kurz zuvor angeboten haben, „Compagnie mit ihm als hiesiger Burger und Handelsmann zu machen". Bemerkenswert ist diese jüngste Beschwerde der Kunstgenossen aber nicht nur wegen dieser zusätzlichen verlagsgeschichtlichen Informationen, sondern vor allem, weil sie weitaus mehr als vorangegangene Klageschriften angereichert ist mit abfälligen Unterstellungen und geradezu diffamierenden pauschalen Behauptungen. So könne es beispielsweise nicht angehen, dass „jeder Extraneus [Fremde], der das hiesige Bürgerrecht verlangt, sich ein jedes selbst beliebiges Gewerbe eigen machen dürfte", denn ansonsten gäbe es

> „italienische Landkrämer in menge, und eben soviel weibervolk in Augsburg das sich eine Ehre daraus machen wird jenen das Burgerrecht anzuheurathen und Frauen Kunstverlegerinnen zu werden".

Carmine selbst wurde vorgeworfen, die Augsburger Kunsthändler nach ihren gängigsten Artikeln auszuspionieren, um diese dann durch „ellende Copisten", „Schmierer" und „Pfuscher" nachstechen und nachdrucken zu lassen. Dadurch könne sein „Winkel Verlag" diese Blätter zum halben Preis verkaufen im Gegensatz zu den hiesigen Kunstverlegern,

Abb. 3: Dörfliche Szene; Kupferstich von Johann Balzer (38 x 26 cm) nach einem Gemälde von Norbert Grund. Das 1777 herausgegebene Blatt nennt als Verlagsorte Prag, Wien und Augsburg, wobei sich letztere Ortsangabe auf Carmine bezieht, wenngleich er namentlich nicht genannt ist.

„welche Invention und Zeichnungen theuer bezahlen und eigene druckbresse mit teuern Kosten führen und unterhalten, dabey noch zum theil sehr zahlreiche Familien [...] ernähren müssen".

Auch habe der „Usurpante" *Carmine* ein Mitverschulden daran, dass die italienischen Landkrämer ihre Zahlungsrückstände bei ihnen nicht begleichen würden.

Nach all diesen massiven Vorwürfen aber auch nach den jüngsten juristischen Entwicklungen, die ihn wohl an der Unparteilichkeit des Gerichts zweifeln ließen, wandte sich *Carmine* nun in einer aufgebrachten Gegendarstellung direkt an die oberste städtische Instanz, also an die Stadtpfleger (Bürgermeister) und Stadträte, mit der dringenden Bitte „um Beendigung dieses lediglich aus Brodneid angezettelten Handels".[32] Bitterlichst beklagte er sich darin über die zumeist aus „Schmähungen und unerprobten Vorwürffen" bestehenden Beschwerden seiner Ankläger. Monat und Jahr gehe nun zu Ende und seine Sache sei immer noch unerledigt, er werde

„nicht wie ein Bürger sondern wie ein galeren-Sclave behandelt". Die bereits entstandenen Kosten und Schäden würden sich stetig vervielfältigen.

Erneut sah er sich also gezwungen, zu den drei Hauptvorwürfen der Kunstverleger ausführlich Stellung zu nehmen. Die Behauptung, dass er deren Arbeiten nachstechen ließe, sei nachweislich falsch, da sich keine solchen Kupferplatten bei ihm hätten auffinden lassen außer denjenigen, die er rechtmäßig bei *Marianus* erworben hatte. Tatsächlich vorhandene Kopien unter seinen Kupferstichen habe er unwissentlich andernorts gekauft. Dem zweiten zentralen Vorwurf, nämlich auswärtige Blätter in Kommission zu führen, setzte er entgegen, dass ihm „kein Verbot bekannt [sei], kraft welchem auswärtige Waaren hier nicht verkauft werden dürfen". Auch die hiesigen Kunstverleger würden schließlich ihre Kupferstiche nach Österreich, Böhmen und in andere Gebiete verschicken, anderseits aber verlangen, dass „keine Waare gegengeliefert werden solle". Und endlich kanzelte er auch noch die Beschwerde der Kunstgenossen, dass er auch stechen, drucken und malen lasse, mit der lapidaren Bemerkung ab, dass sie ihm damit etwas zum Vorwurf machen würden, was „sie selbsten thun, und thun müssen, wenn sie ihren Beruf erfüllen wollen." Im Fortgang seines Schreibens verstieg sich *Carmine* schließlich sogar noch zu einer Drohung: Er überlege ernsthaft „allerhöchsten Orts" Anzeige gegen die Kunstverleger zu erstatten, zumalen er

> „Papiere in Handen habe, daß es die hiesige HH. Kunstgenossen und Verleger gereuen dörfte mich auf derley unartige Weiße behandelt zu haben; Es würde mir Leid thun meine Mitbürgern in Verlegenheit, Schaden, und Verdruß zu versezen."

Zum Abschluss wiederholte er noch einmal seine Bitte um Rückgabe seiner Platten und Drucke sowie um Erteilung der Kramergerechtigkeit, damit ihm „der Kunsthandel gleich andern hiesigen Verlegern treiben zu dörfen erlaubt werden möchte".

Vergleichsbemühungen

Nachdem die Auseinandersetzung bis zu diesem Zeitpunkt Schlag auf Schlag geführt worden war – alle schriftlichen Eingaben und Gerichtstermine waren innerhalb von nur etwa fünf Wochen erfolgt –, trat nun eine kurze äußere Ruhephase ein. Hinter den Kulissen aber nutzten die Verordneten des Kunst-, Gewerbe und Handwerksgerichts die Zeit, um über eine Lösung dieses schwierigen und auch weitreichenden Falles, der durchaus Präzedenzcharakter besaß, zu beraten. Am 18. April 1785 legten sie dem Stadtmagistrat einen Bericht über den Stand der Angelegenheit sowie einen Vorschlag auf außergerichtliche Einigung vor.[33] Demnach führe *Carmine* bereits seit acht Jahren[34] eine – wenngleich nicht ermächtigte – Kunsthandlung. Da er nichts anderes gelernt habe, und da ihm als Bürger seine Rechte nicht verwehrt werden dürften, empfahlen sie dem Magistrat, ihm den Kramergerechtigkeitsschein auszustellen. Allerdings solle man ihm Einschränkungen auferlegen, wie sie kurz zuvor auch für *Santo Tessari* erlassen worden waren. Auch dieser Wanderhändler aus Pieve Tesino hatte nämlich inzwischen in Augsburg um das Bürgerrecht und eine Handelskonzession ersucht. *Tessari* scheint jedoch aus dem Carmine-Streit, den er gewiss mit großer Aufmerksamkeit verfolgt hatte, die Lehre gezogen zu haben, besser nicht mit der Maximalforderung auf einen gleichberechtigten Kunstverlag aufzutreten, sondern sich mit den auferlegten Beschränkungen zu begnügen, wonach er keine kopierten Arbeiten anderer Augsburger Stecher und Verleger und auch keine Remondini-Bilder vertreiben dürfe. Aus taktischen Gründen war diese Zurückhaltung sicherlich klug gewesen, da seine Ansässigmachung – zumindest nach Aktenlage – in kurzer Zeit ohne heftigen Streit mit den Kunstgenossen und ohne ein langwieriges und aufreibendes Gerichtsverfahren über die Bühne ging.

So bestellte das Gericht am 31. Mai 1785 in der Hoffnung, dass auch *Carmine* eine solche Regelung akzeptieren würde, die gegnerischen Parteien zu einem Vergleichstermin ein, nachdem beide Seiten schon vorab dahingehende Vorschläge zugeleitet worden waren. *Carmine* ließ sich dabei durch seinen Anwalt Schmid vertreten, woran er sicherlich gut tut, nicht nur wegen dessen höherer Rechts- und Sprachkompetenz, sondern auch wegen seines wohl leicht erregbaren Temperaments, nachdem ihm schon im früheren Prozessverlauf ein unverschämter Ton vorgeworfen worden war. Hätte er sich zu einer unbedachten Äußerung oder gar zu einer Respektlosigkeit gegenüber dem Gericht hinreißen lassen, so wäre dies dem Ausgang seines Verfahrens kaum zuträglich gewesen.

Tatsächlich konnte bei dieser Verhandlung – so das Gerichtsprotokoll[35] – in wesentlichen Punkten „in amicabili" eine Einigung erzielt werden. *Carmine* erklärte sich bereit, auf die Rückgabe derjenigen konfiszierten Kupferplatten und -stiche zu verzichten, die als Kopien von Augsburger Arbeiten befunden worden waren. Zudem sicherte er zu, dass er auch künftig keine solchen Blätter stechen oder verlegen lassen werde. Und schließlich akzeptierte er auch noch eine Entschädigungszahlung in Höhe von 30 Gulden, bei der jedoch unklar bleibt, ob sie – wie von den Kunstgenossen gefordert – zur Deckung der Gerichtskosten oder als Ausgleichszahlung für deren entstandenen wirtschaftlichen Schaden verwendet werden sollte. Im Gegenzug sollte *Carmine* dafür die übrigen beschlagnahmten Platten und Drucke zurückerhalten und nun auch endlich die lange erbetene Kramergerechtigkeit zugesprochen erhalten.

Doch bei all diesem gegenseitigen Entgegenkommen: im entscheidenden Punkt blieben beide Parteien unversöhnlich. Die Kunstgenossen weigerten sich nämlich nach wie vor, *Carmine* als ihresgleichen anzuerkennen, wo er doch „kein Kunstverwandter, sondern ein bloser Kramer seye". Wäre der Betroffene allerdings in dieser Sache nachgiebig gewesen, hätte er also auf den Status eines Kunstverlegers verzichtet, so wäre er wie *Santo Tessari* nur noch ein einfacher Bilderhändler mit beschränkten Rechten gewesen, zumal die Kunstgenossen gefordert hatten, dass er sich auch noch „vor jetzt, und immer der Comission, und Niederlage aller balzeri. Prager Waaren, und Copien unter geschärfter Strafe enthalten"[36] müsse, ebenso wie *Tessari* keine Remondini-Ware verkaufen dürfe. Fast schon wie Herablassung klingt es da, wenn die Kontrahenten *Carmine* anboten, dass „sie ihm Credit und Provision wie andern geben" würden, falls er „mit der hiesigen Kunstverleger Waar auswärts handlen wolle".

Dieser geschäftlichen Degradierung konnte und wollte *Carmine* trotz Zuratens seines Anwalts und trotz der Empfehlung des Gerichts weitere Prozesskosten zu vermeiden, nicht zustimmen. In der Tat war das Argument der Gegner, dass es ihm an der nötigen Qualifikation zur Führung eines Kunstverlags ermangle, mehr als fadenscheinig, schließlich konnte *Carmine* mittlerweile auf eine langjährige Erfahrung in diesem Metier zurückblicken. Und dass er kein Künstler war und auch keine Ausbildung im Verlagswesen vorweisen konnte, darin war er unter den Kunstverlegern nicht alleine. Wirft man nämlich einen Blick in deren Biographien so zeigt sich beispielsweise, dass *Johann Martin Will* ursprünglich ein Mühlknecht und *Marianus* ein Wirt war.

Carmine lenkt ein

Nach dem geplatzten Vergleich vergingen erneut Monate, bis wieder Bewegung in die Angelegenheit geriet. Im Oktober 1785 ging ein Brief *Johann Balzers* beim Stadtmagistrat ein, in welchem er heftig gegen die Forderung der Augsburger Kunstverleger protestierte, dass *Carmine* seine (also Balzers) Waren nicht mehr in der Stadt verkaufen dürfe. Zu Recht verlangte der Prager Kunsthändler daher, dass der Verkauf seiner Stiche in Augsburg nicht verwehrt werden könne, wenn andererseits Augsburger Blätter in allen anderen Städten des Reichs angeboten werden dürften.

Am 5. November 1785, also auf den Tag genau ein Jahr, nachdem die erste Beschwerdeschrift der Kunstgenossen gegen ihn bei Gericht eingegangen war, wandte sich *Carmine* ein weiteres Mal an den Stadtrat.[37] Der wirtschaftliche Schaden, der ihm durch die mittlerweile einjährige Versiegelung der Druckplatten und Kupferstiche entstanden war, dürfte enorm gewesen sein. Eine gütliche Lösung war nicht in Sicht, zu sehr hatten sich beide Parteien in ihren Positionen verschanzt. Aber nachdem ihm am 27. Oktober 1785 per Ratsdekret ein uneingeschränkter Kunsthandel erneut versagt worden war, sah *Carmine* sich nun doch zum Einlenken gezwungen. Er kündigte an, dass er die Konditionen, wie sie *Tessari* auferlegt wurden, anerkennen werde, zumal er nach Einsicht in dessen Aufnahmedekret mit Erleichterung festgestellt habe, dass dessen Einschränkungen gar nicht so gravierend seien, wie er „durch die Anmassungen der hiesigen Kunstverleger glauben gemacht worden". So meinte er nämlich aus der Tessari-Konzession herauslesen zu können, dass ihm sehr wohl erlaubt sei, stechen, drucken und malen zu lassen sowie auswärtige Waren zu führen. Unter „gehorsamster Abbittung des bisherigen Misverständniß" bat er daher darum, ihm die Kramergerechtigkeit unter denselben Bedingungen angedeihen zu lassen. Er versprach sogar, dass er „der hiesigen Handels Stadt Ehre machen" und weder seinen Mitbürgern noch den Kunstgenossen Anlass zu Beschwerden geben werde.

Damit war der Knoten in der Auseinandersetzung endlich zerschlagen. Dennoch ließ sich die Stadt noch etwas Zeit mit ihrer Antwort. Erst nach einer weiteren Eingabe *Carmines*[38] am 31. Januar 1786 mit der Bitte um baldige Entschließung, wurde der Fall zum Abschluss gebracht. Per Senatsdekret[39] vom 16. Februar 1786 wurde ihm „die Kramersgerechtgkeit unter den nemlichen Bedingungen, wie solche Santo Tessari erhalten, bewilliget", wonach ihm „der Kunsthandel mit allen femden, französischen, englischen, böhmischen und andern Kupferstichen, unbenommen bleibt." Die zweite Hoffnung *Carmines* blieb dagegen unerfüllt, indem ihm auferlegt wurde,

> „daß er sich des Malens, Stechens, und Selbstdruckens einiger Kupferstiche, besonders aber des Nachstichs und Verkaufs der Nachstiche, und der Spedition hiesiger Artikel der Kunstverleger, zu enthalten habe."

Der Sozietätsvertrag mit Gleich

Auch wenn der Ausgang der Auseinandersetzung mit den Kunstgenossen für *Carmine* letztlich keine Niederlage bedeutete, so dürfte er dennoch unbefriedigend für ihn gewesen sein. Zwar hatte er sich endgültig das Bürgerrecht und die Kramergerechtigkeit sowie große Zugeständnisse für seinen Bilderhandel erstritten und auch über die beschlagnahmten Waren konnte er nun großteils wieder verfügen, doch das Bestreben einen uneingeschränkten Kunstverlag zu führen, war ohne Erfolg geblieben. Aber noch hatte *Carmine* ein As im Ärmel, das er zwei Jahre später ausspielen sollte, und das ihn endlich an dieses Ziel bringen sollte.

Am 2. Mai 1788 schloss er nämlich einen „Handlungs Societäts Contract"[40] mit dem Augsburger Kupferstecher *Franz Xaver Joseph Gleich*. Der Inhalt dieses Vertrages ist dokumentiert, da eine solche Fusionierung dem Stadtmagistrat zur Zustimmung vorgelegt werden musste. Demnach brachte *Carmine* in das neue gemeinsame Unternehmen einen Geldbetrag in Höhe von 1000 Gulden ein, im Gegenzug verpflichtete sich *Gleich*

> „ein Waaren Laager von eben demselben Werth an theils verfertigten – theils noch zu verfertigende eigenen u. anderen Kunst Waaren anzuschaffen und dieselben beständig zu unterhalten".

Ferner sollte *Gleich* „gegen einen conventionellen Arbeits Lohn" Zeichnung, Stich und Druck der Blätter an-

Abb. 4: „Das Glück und die Hoffnung Oesterreichs". Kaiser Leopold II. im Kreis seiner Familie; bei Carmine erschienener Kupferstich von Joseph Gleich, Augsburg um 1790, ca. 36 x 24 cm.

fertigen, *Carmine* hingegen den Handel betreiben sowie die Bücher und die Korrespondenz führen. Von dem Zusammenschluss ausgenommen war jedoch der im Ratsdekret vom Oktober 1785 gewährte Bilderhandel mit ausländischen, vor allem böhmischen, französischen und englischen Kupferstichen, den sich *Carmine* als ein „separates Negotium" – also auf eigene Rechnung – vorbehielt.

Zwar protestierten die Kunstgenossen auch gegen diese Sozietät, doch konnten sie letztlich keine triftigen Argumente zu ihrer Ablehnung vorbringen. Somit stimmte das Kunst-, Gewerbs- und Handwerksgericht in Anerkennung von *Carmines* guten Geschäftsverhältnissen und *Gleichs* Kunstfleiß und Geschicklichkeit dem zunächst auf 10 Jahre geschlossenen Vertrag wohlwollend zu. Damit war *Carmine* nun also doch noch zu einem vollwertigen Kunstverleger aufgestiegen. Denn dass er der eigentliche Inhaber und Leiter dieses Gemeinschaftsunternehmens war, daran kann kein Zweifel bestehen, wird doch *Gleich* in dem Vertrag als Lohnempfänger ausgewiesen, was faktisch nichts anderes bedeutet, als dass er ein Angestellter war. Immerhin sollten auf den gemeinsamen Kupferstichen – zumindest in den 1790er-Jahren – beide Namen gleichberechtigt nebeneinanderstehen.

Der Kupferstecher *Franz Xaver Joseph Gleich* (1752–1824) – in zeitgenössischen Quellen sowie auf seinen eigenen Stichen wird er meist nur Joseph genannt – hatte sich auf die Herstellung von Heiligenbildchen spezialisiert. Da solche Motive vornehmlich unter der ländlich-katholischen Bevölkerung Abnehmer fanden, war er sicherlich mehr als andere Stecher darauf angewiesen, dass seine Ware von wandernden Bilderhändlern verbreitet wurde. An einem offenen Streit mit diesen Vertriebspartnern konnte ihm also keineswegs gelegen sein, im Gegenteil konnte die Partnerschaft mit einem potenten Zwischenhändler, wie es sein neuer „Associé" war, dem Absatz seiner Andachtsbilder nur förderlich sein. Andererseits konnte auch Carmine aus diesem Zusammenschluss doppelten Vorteil ziehen, denn er war dadurch – wie bereits erwähnt – nicht nur in den Rang eines Kunstverlegers aufgestiegen, sondern er hatte sich auch noch ein Verlagssortiment angeeignet, das ihm als Lieferant der Wanderhändler ziemlichen Gewinn versprach.

Abb. 5: Der preußische König Friedrich Wilhelm II. (1744–1797); Porträtstich von Joseph Gleich, erschienen bei Carmine, Augsburg um 1790, 10 x 15 cm.

Die Sozietät von *Carmine* und *Gleich* darf also durchaus als eine symbiotische Beziehung betrachtet werden. So kann es nicht verwundern, dass sich auch die beiden aus Pieve Tesino zugewanderten Bilderhändler dieses Geschäftsmodell zum Vorbild nahmen: *Santo Tessari* wurde 1798 zum Kunstverleger, indem er den Verlag von *Gottfried Beck* aufkaufte, und *Vincenz Zanna* erwarb 1804 den Kunstverlag von *Anton Klauber*. Überhaupt scheint die geschlossene Gegnerschaft der Kunstgenossen in den 1790er-Jahren allmählich immer mehr aufgebrochen zu sein. Vielleicht hatten sie ohnehin niemals so unverbrüchlich beisammengestanden, wie sie sich gaben. Auch ist zu beachten, dass neben den 20 namentlich genannten Klägern noch weitere Kupferstecher und Kunstverleger in Augsburg lebten und arbeiteten, die sich nie in die Phalanx der Streitführer eingereiht hatten.

Das Verlagsprogramm

Die Kenntnisse über Art und Umfang von *Carmines* Verlag sind bislang leider noch sehr lückenhaft. Als Bilderhändler führte er vornehmlich Blätter von *Johann Balzer*.

Dabei macht es den Eindruck, dass er wohl weitaus mehr war als ein bloßer Auf- und Weiterverkäufer von dessen Kupferstichen, und eher als eine Art Handelsvertreter, Subunternehmer oder gar Filialleiter – um Begriffe aus dem heutigen Wirtschaftsleben zu bemühen – bezeichnet werden müsste. So besagen die Quellen nämlich nicht nur, dass *Carmine Balzers* „Niederläger und Comissionaere in Augsburg" war, sondern auch, dass er „an die Landkrämer […] balzerische Catalogi" ausgab.[41] Noch bemerkenswerter aber ist eine von *Johann Balzer* gestochene und herausgegebene Kupferstichserie mit Landschaftsmotiven nach Gemälden von *Norbert Joseph Carl Grund* (1717–1767). Auf ihnen ist nämlich zu lesen, sie seien „verlegt in Paris, Augspurg, Wien, Prag und Leipzig". Nachdem *Balzers* Firma aber seit 1771 ausschließlich in der böhmischen Residenzstadt ansässig war, können sich die anderen genannten Verlagsorte lediglich auf dort ansässige Geschäftspartner beziehen. Es steht zweifelsfrei fest, dass in Augsburg damit niemand anderes als *Carmine* gemeint sein kann. Diese Verlagsanmaßung wurde ihm von den Kunstgenossen im Verlaufe des Rechtsstreites sogar explizit vorgeworfen.[42]

Carmine bot zwar das gesamte Kupferstichsortiment des Prager Verlegers an, ein Schwerpunkt dürfte jedoch auf der religiösen Graphik gelegen haben. Nach Adolf Spamer vertrieb er nämlich „in großer Menge buntkolorierte, meist schlecht gestochene, aber billige Andachtsbildchen"[43]. Welche quantitative Dimension dieses Verlagssegment tatsächlich besaß, darüber gibt es bislang leider keinerlei Erkenntnisse. Jedenfalls wurde es durch den Ankauf der Kupferplatten von *Marianus* sowie durch die spätere Partnerschaft mit *Gleich* noch weiter gestärkt.

Ebenfalls noch als Bilderhändler stieg *Carmine* in den Verkauf von Landkarten ein, wenngleich dies nie ein zentraler Geschäftszweig wurde.[44] Eine genauere Untersuchung der 15 bislang bekannten Karten ergab, dass elf davon Neudrucke von Karten des Amsterdamer Verlages *Ottens* sind. Diese Offizin war spätestens 1783, drei Jahre nach dem Tod von *Josua Ottens* Witwe *Johanna de Lint*, endgültig erloschen. Einen Teil von deren Kupferplatten erwarb der Bilderhändler *Antonio Buffa* – ebenfalls aus Pieve Tesino –, dessen Familie sich in den 1780er-Jahren dauerhaft in der holländischen Metropole niedergelassen hatte. Um den Jahreswechsel 1784/85 hielt sich *Buffa* in Augsburg auf, wo er die „mehr als ein hundert Stücke bestehende von Amsterdam mitgebrachte, wie auch die noch nachkomende Kupferb[l]atten"[45] offensichtlich an *Carmine* verkaufte. Dieser ersetzte den Namen des Vorbesitzers durch seinen eigenen und ließ ansonsten weitgehend unveränderte Neudrucke davon anfertigen. Da die Kupferplatten teilweise schon viele Jahrzehnte alt waren und dadurch ein sichtlich überholtes Kartenbild zeigten, dürften sie vermutlich zu einem

Michael Ritter

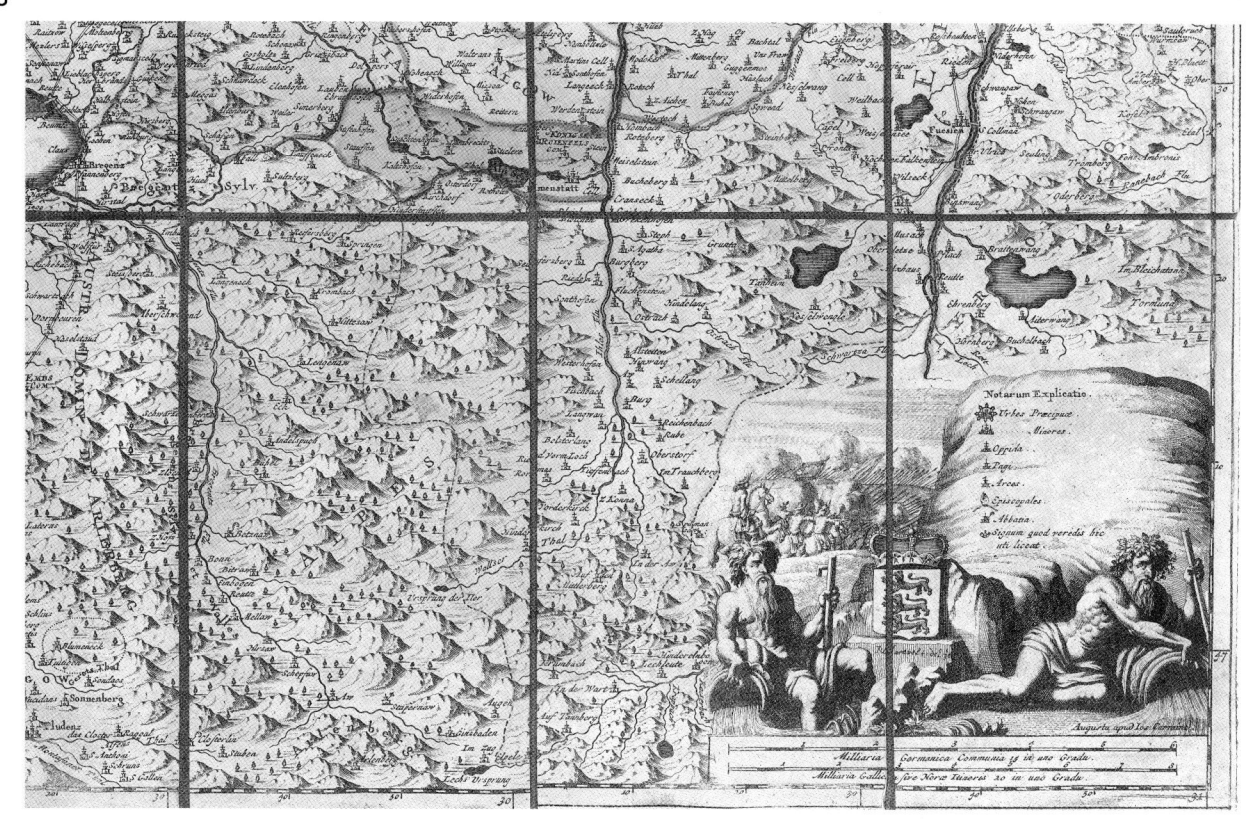

Abb. 6: Die Kupferplatten der vierblättrigen Schwabenkarte „Totius S.R.I. Circuli Suevici Tabula" (93 x 116 cm) gelangten um 1785 von Amsterdam nach Augsburg, wo sie Carmine unter seinem eigenen Namen neu herausgab. Der Ausschnitt zeigt die Kartusche in der rechten unteren Ecke mit der Kartenlegende.

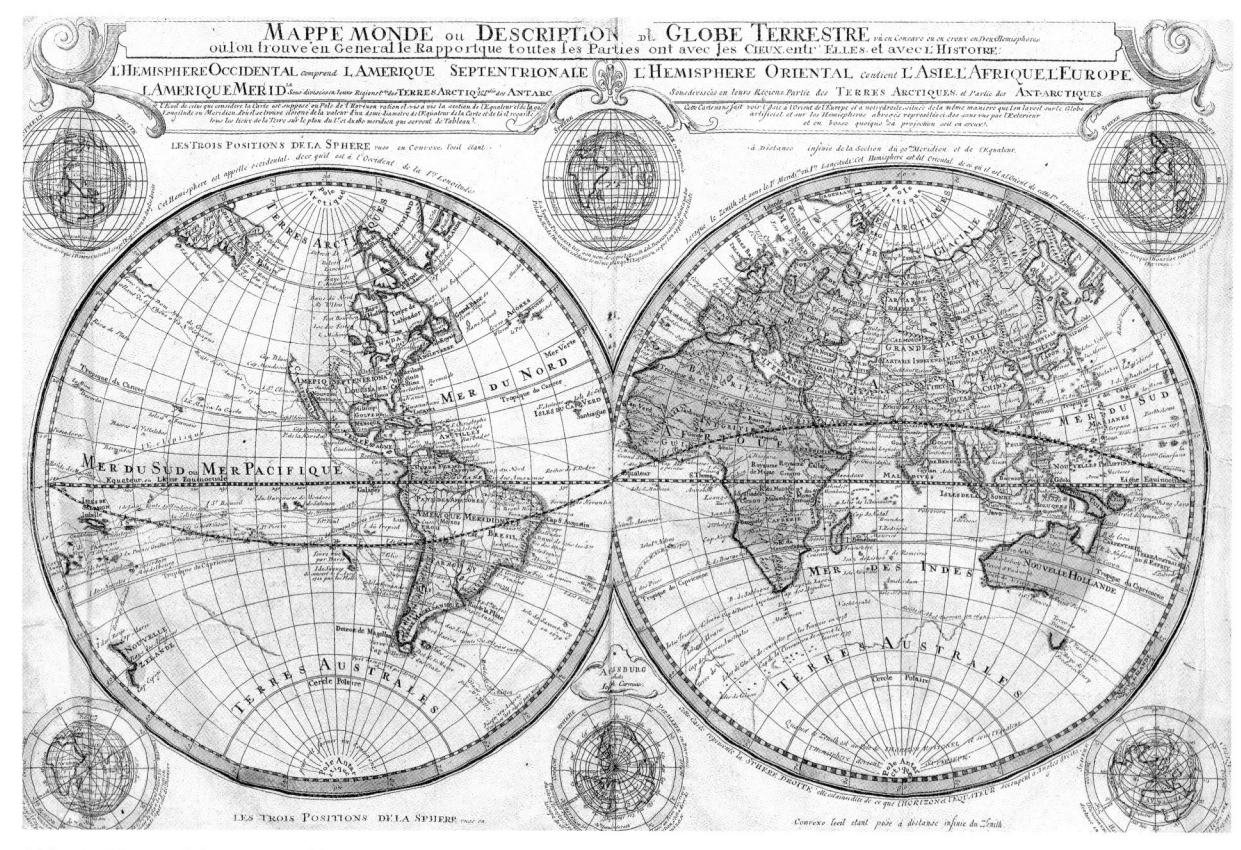

Abb. 7: Die zweiblättrige Weltkarte „Mappe Monde" (67 x 45 cm) wurde ursprünglich von Hendrik de Leth in Amsterdam gefertigt. Sie wurde von Carmine um 1785 neu herausgegeben, obwohl der geographische Kenntnisstand der Karte zu diesem Zeitpunkt bereits seit rund 50 Jahren überholt war.

Joseph Carmine (1749 – nach 1822) – vom italienischen Bilderhändler zum Augsburger Kunstverleger

VUE D'ASTMANNSHAUSEN AVEC LES CHATEAUX DE BAUZ-ET FALKENBERG AU RHIN.

Abb. 8: Die von Joseph Ignaz Hörmann radierte Serie mit Ansichten vom Rhein zählt zu den ansprechendsten Verlagswerken Carmines. Hierzu gehört auch der romantische Blick auf Assmannshausen mit den Burgen Rheinstein (zuvor Vautsberg) und Falkenberg, 56 x 42 cm.

günstigen Preis erhältlich gewesen sein. Die fehlende Aktualität dürfte dabei den Absatz jedenfalls nicht allzu sehr beeinträchtigt haben, da auch Landkarten von den Wanderhändlern zu einem erheblichen Teil beim wenig gebildeten „Bauren Volck" abgesetzt wurden.

Das bis heute bekannteste Verlagssegment *Carmines* sind seine Guckkastenblätter, die er bis um 1828 produzierte. In diesem Bereich scheint er die größte eigene Produktivität entwickelt zu haben, denn bibliographische Recherchen lassen insgesamt rund 200 derartige Kupferstiche nachweisen, wenngleich er auch diesen Bestand durch den Ankauf von Druckplatten des um 1790 erloschenen Verlags der sogenannten Kaiserlich Franciscischen Akademie erweiterte. Ein Verzeichnis aller derzeit bekannten Guckkastenstiche, von denen die meisten mehrblättrige Serien mit Ansichten von Städten sind, ist diesem Aufsatz als eigener Beitrag angefügt.

Über die sonstige Verlagsproduktion *Carmines* gibt es bislang keinerlei Dokumentation. Eher zufällig erfasste Einzelnachweise lassen zumindest ein breites thematisches Spektrum erkennen. So erschienen in seinem Verlag beispielsweise Porträts von bedeutenden Zeitgenossen, manche davon gestochen von *Joseph Gleich*. Sie zeigen unter anderem König Friedrich Wilhelm II. von Preußen, Kaiser Leopold II. und Napoleon Bonaparte. Unter den Landschaftsmotiven sticht eine Serie mit Ansichten vom Rhein hervor. Die meist aquarellierten Radierungen des Augsburger Künstlers *Joseph Ignaz Hörmann* nach Vorlagen von *F. Frisch* entstanden wohl in der Zeit um 1810. Darüber hinaus produzierte *Carmine* auch noch Blätter zu aktuellen zeitgeschichtlichen Ereignissen wie zum Beispiel eine Ansicht der Belagerung von Mainz im Jahr 1793, Ornamentstiche, gegenständliche Motive wie Vasen und Blumenbouquets, ein Bilderbuch und sicherlich noch viele weitere Sujets.

Die Entwicklung des Verlags

Als *Joseph Carmine* sein italienisches Heimatdorf verließ, um Bilderhändler zu werden, schlug er einen beruflichen Lebensweg ein, der wohl in hohem Maße seinen persönlichen Fähigkeiten entsprach. Schon in Prag konnte er sich trotz sprachlicher Barrieren zu einem wichtigen Geschäftspartner *Balzers* hocharbeiten und von sich sagen, dass er eine „gesegnete Handlung"[46] führe. Und dass er bei seiner Niederlassung in Augsburg das stattliche Wohnhaus in der Maximilianstraße bezog, darf ebenfalls als Indiz für einen gewissen Wohlstand gesehen werden. Darüber hinaus belegt der wiederholte Ankauf von Kupferplatten – von *Marianus*, *Ottens* in Amsterdam, der Kaiserlich Franciscischen Akademie und vermutlich noch weiteren bislang unbekannten Vorbesitzern –, dass

DAS VON IMHOFFISCHE HAUS AM OBSTMARKT IN AUGSBURG.

Druck u. Verlag v. G.G. Lange in Darmstadt.

Abb. 9: Spätestens ab 1792 bewohnte Carmine das sogenannte Imhofhaus an der Ecke Hoher Weg/Obstmarkt. Der vom Verlag Lange in Darmstadt herausgegebene Stahlstich (16 x 11 cm) zeigt den zinnenbekrönten Renaissancebau um das Jahr 1830.

er über beträchtliche frei verfügbare Investitionsmittel verfügte. Aber auch den stattliche Betrag von 1000 Gulden – er entspricht einer heutigen Kaufkraft von immerhin mehreren 10 000 Euro – zur Übernahme der Offizin von *Gleich* konnte er wohl nur deswegen aufbringen, weil seine damaligen „Verhältnisse in aller Ordnung"[47] standen. Zu Beginn des 19. Jahrhunderts dürfte er mehrere Stecher, Drucker und Illuministen mit der Anfertigung seiner verschiedenen Einzelblätter und Stichserien beauftragt haben.

Carmines Kunstverlag dürfte aber auch über den eigentlichen Graphikhandel hinaus ein Warenumschlagplatz für Wanderhändler gewesen sein. Zwischen 1804 und 1814 erscheint er nämlich mehrfach in den Geschäftsbüchern der Oberammergauer Unternehmer *Georg* und *Andreas Lang*, die Holzschnitzereien produzierten und vertrieben. Teilweise trat *Carmine* darin – wie übrigens auch *Tessari* – als Mittelsmann zur Weiterbeförderung der Sendungen an die eigentlichen Abnehmer auf. So erhielt er von *Lang* Kisten mit Schnitzarbeiten im Wert von bis zu 195 Gulden zur Weiterleitung an *Sebastiano Avanzo* in Brüssel, an die Firma *Tesaro & Co.* in Genf, an *Buffa & Co* (ohne Ortsangabe, wohl Amsterdam) sowie an einen nicht namentlich genannten Kunden in den Niederlanden.[48] *Carmine* wird in den Geschäftsbüchern aber auch selbst als Kunde aufgeführt, was insofern von Bedeutung ist, als dies den bislang frühesten Beleg für eine Ausweitung des Kupferstichverlages auf andere kunsthandwerkliche Produkte darstellt.[49]

Auch persönlich und gesellschaftlich hatten sich die Dinge gut entwickelt. 1788 wurde sein Sohn *Joseph Anton* geboren,[50] der ihm als Verlagsinhaber nachfolgen sollte, weitere Kinder folgten. Spätestens 1792 zog er mit seiner Familie in das sogenannte Imhofhaus um, einen mächtigen Renaissancebau an der Ecke Obstmarkt/Hoher Weg.[51] Hier befand sich auch die Adresse des Gemeinschaftsverlags mit *Gleich*, der jedoch fast ausschließlich unter dem Namen *Carmines* firmierte. Eine besondere Ehre wurde dem Zuwanderer 1797 mit der Aufnahme in den Großen Rat, „dem zwar politisch fast bedeutungslosen, aber doch prestigeträchtigen Kontrollgremium der Stadt"[52] zuteil. Im Jahr 1800 nahm er beim Augsburger Bürgermilitär den Rang eines 1. Feldwebels in der Scharfschützen-Kompanie ein.[53]

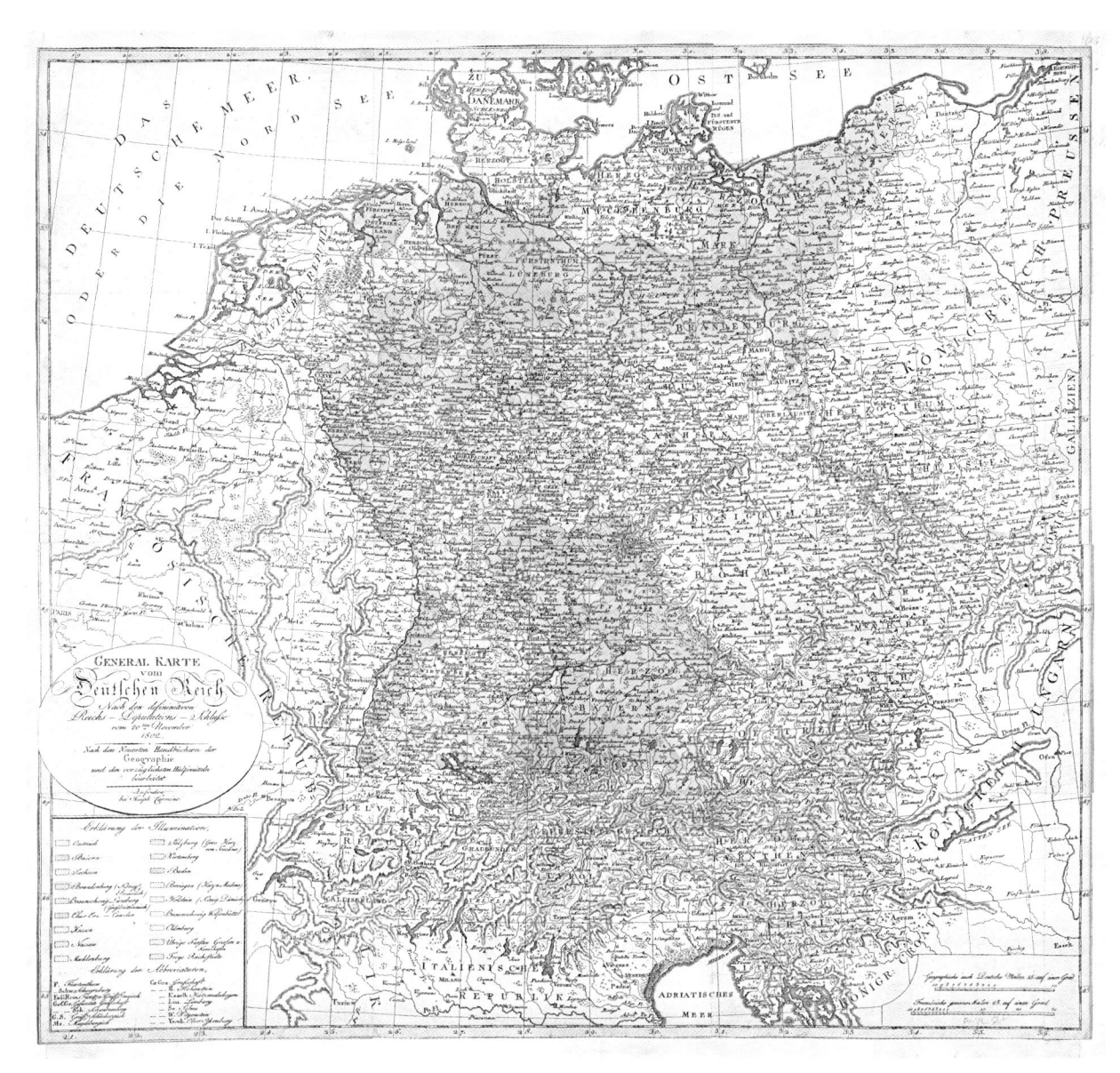

Abb. 10: Mit der „General Karte vom Deutschen Reich" reagierte Carmine umgehend auf die territorialpolitische Neugliederung Deutschlands im Zuge des Reichsdeputationshauptschlusses, Augsburg 1802/03, 63×57 cm.

Doch obschon *Carmine* mittlerweile ein etablierter Kunstverleger war, geriet er im Jahr 1816 noch einmal mit dem Gesetz in Konflikt: Diesmal forderten allerdings nicht die Kunstverleger, sondern die konzessionierten Kupferdrucker die Wahrung ihrer Rechte ein.[54] Ihre Klagen richteten sich gleich gegen drei Personengruppen: zum einen gegen die Kupferstecher, die selbst Verlagsware druckten, obwohl sie auf ihren Pressen eigentlich nur Probeabdrucke machen dürften, zum zweiten gegen die Kunsthändler, die unerlaubt Kommissionsarbeiten annahmen und im eigenen Haus druckten, und schließlich gegen die Betreiber von sogenannten „Winkelpressen", die in ihren Hinterzimmern Kupferstiche druckten, obwohl sie eigentlich ganz anderen Berufsgruppen angehörten. Konkretisiert wurde diese grundsätzliche Klage, indem gegen drei Personen Anzeige erstattet wurde: gegen den Tabakfabrikanten Wirth, gegen die „Pfuscherin" Burghart, der schon mehrmals solche Druckarbeiten untersagt worden waren, sowie gegen *Joseph Carmine*.

Am 8. Oktober 1816 wurde der Kunsthändler von der königlichen Polizeidirektion – die ehemalige freie Reichsstadt Augsburg war mittlerweile an das Königreich Bayern übergegangen – zur Vernehmung vorgeladen. Er gab zu, Kommissionsware drucken zu lassen, da er glaube, als Kunsthändler hierzu berechtigt zu sein. Zudem sehe er ohnehin „keinen Grund, Bestellungen, so an ihn kommen, abzuweisen". Die Polizeibehörde folgte jedoch diesen in der Tat wenig überzeugenden Argumenten nicht und wies ihn in die Schranken seiner Befugnisse zurück. Unter Androhung von Strafe bei erneuter Zuwiderhandlung wurde er aufgefordert, Anfragen auf Kommissionsdrucke zukünftig an die konzessionierten Kupferdrucker weiterzuleiten.

Michael Ritter

Niedergang und Ende des Verlags

Warum *Carmine* damals noch einmal gegen Recht und Ordnung verstieß, wissen wir nicht. Es ist aber nicht auszuschließen, dass er deswegen Druckaufträge ausführte, weil sein Kunstverlag in diesen schwierigen Zeiten nicht mehr in ausreichendem Maße Gewinne abwarf. Durch die Napoleonischen Kriege war nämlich der internationale Bilderhandel fast gänzlich zusammengebrochen, wodurch *Carmine* die Wanderhändler als Hauptabnehmer seiner Erzeugnisse verloren haben dürfte. Diese massive Geschäftseinbuße konnte auch nicht durch die Erweiterung des Verlages auf andere Kunsthandwerksprodukte aufgefangen werden. Zudem hatte Augsburg seit dem späten 18. Jahrhundert durch den Tod bedeutender Künstler und das Erlöschen großer Kunstverlage zunehmend seine einstige Bedeutung als „Bilderfabrik Europas" eingebüßt, wodurch sich mittlerweile andere Städte in das Zentrum des internationalen Graphikhandels geschoben hatten. Zu solch erschwerten äußeren Rahmenbedingen kamen möglicherweise auch noch verlegerische Fehlentscheidungen hinzu. So versäumte *Carmine* beispielsweise – wie auch viele andere Augsburger Kunstgenossen – den Umstieg auf die neue, überlegene Drucktechnik der Lithographie. Und auch mit der Schwerpunktproduktion von Guckkastenbildern hatte er vielleicht auf das falsche Pferd gesetzt, war doch die Blütezeit dieser optischen Attraktion spätestens seit Beginn des 19. Jahrhunderts überschritten. Überhaupt war es für die eigenen Kupferstiche *Carmines*, die – wie zum Beispiel die Guckkastenblätter, die Landkarten und die Andachtsbildchen – oft nur von nachrangiger künstlerischer und inhaltlicher Qualität waren, weitaus schwerer in Augsburg als bei der ländlichen Bevölkerung Käufer zu finden, da sie hier nicht nur vor einem kunstbeflissenen Kundenkreis bestehen, sondern sich auch noch gegen die meist höherwertigen Blätter der innerstädtischen Konkurrenten durchsetzen mussten. Zusätzlich erschwerend dürfte für *Carmine* der schlechte Ruf gewesen sein, den die Kunstgenossen über ihn verbreiteten.

1818 konnte *Joseph Carmine* seinem Sohn *Joseph Anton* immerhin noch die beträchtliche Summe von 2000 Gulden vermachen, damit dieser eine Konzession zur Ansässigmachung als Handelsmann erhielt und damit als Teilhaber in das väterliche Unternehmen aufgenommen werden konnte.[55] Wenige Wochen später folgte die Hochzeit des Sohnes mit der Augsburger Kaufmannstochter *Catharina Hahn*.[56] Im Jahr darauf kam deren erstes Kind zu Welt, es starb aber auch Joseph Carmines Ehefrau *Anna Maria* im Alter von 71 Jahren an Ermattungsfieber nach einer vorangegangenen Lungenentzündung.[57] Doch auch bei ihm selbst machten sich die Jahre mehr und mehr bemerkbar. 1823 zog er sich

Abb. 11: Putto mit Blumengirlande über einem Blumenkorb, erschienen wohl vor 1800, 17 x 25 cm

„wegen hohem Alter" endgültig aus dem Geschäftsleben zurück und übertrug den Kunstverlag zur Gänze auf seinen Sohn.[58] Dieser verpflichtete sich, „daß er seinen verwittibten Vater lebenslänglich in Kost und Wohnung behalten" werde. *Joseph Carmine* bedankte sich bei der Übergabe sogar noch persönlich in einem Umlaufschreiben bei all seinen langjährigen Geschäftspartnern für das „während so viellen Jahren geschenkte Zutrauen".

Dieses schriftliche Dokument ist das letzte Lebenszeichen, das wir von dem mittlerweile 74 Jahre alten *Joseph Carmine* besitzen. Wann und wo er schließlich starb, konnte bislang trotz mehrjähriger intensiver Recherchen nicht in Erfahrung gebracht werden. Zwar konnten die entsprechenden Sterbematrikel der Augsburger Dompfarrei nicht eingesehen werden, da sie im Zweiten Weltkrieg vernichtet wurden, aber sein Tod ist auch nicht in den Verstorbenenlisten verzeichnet, die in den damaligen Augsburger Zeitungen veröffentlicht wurden. Auch sonst konnte sein Todesjahr in keiner der vielen eingesehenen Augsburger Quellen ausfindig gemacht werden. Dies legte die Vermutung nahe, dass Carmine – so wie es bei italienischen Wanderhändlern, die Niederlassungen im Ausland geführt hatten, sehr häufig nachgewiesen werden kann[59] – in sein Heimatdorf zurückkehrte, um dort seine letzten Lebensjahre zu verbringen. Doch auch

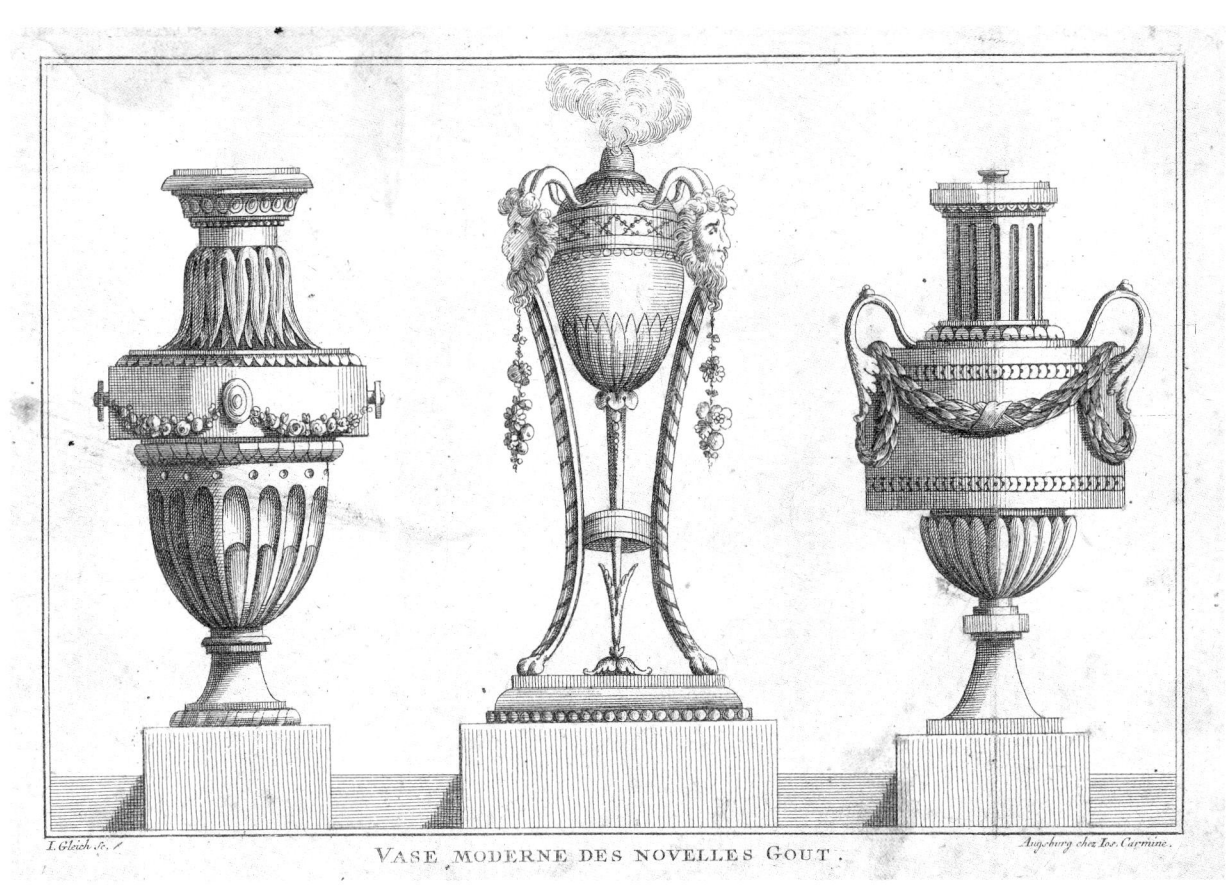

Abb. 12: „Vase moderne des nouvelles gout". Joseph Gleich stach für Carmine mehrere Kupferstichfolgen mit Einrichtungsgegenständen, darunter auch eine Serie mit modernen Vasen, 26 x 17 cm

in Traffiume blieb die Suche nach dem Todesdatum vergeblich; nach Auskunft des dortigen Pfarrers ist *Giuseppe Carmine* in den entsprechenden Kirchenbüchern nicht nachweisbar. Damit bleibt also ungeklärt, ob *Carmine* in Augsburg, in Traffiume oder in einem sonstigen Ort – etwa auf der Heimreise von Schwaben nach Oberitalien – starb.

In Augsburg stand es nach der Geschäftsübergabe an den Sohn bereits nicht mehr zum Besten um den Kunstverlag. Zwar führte *Joseph Anton Carmine* das Unternehmen weiter fort, doch war dessen rascher und unaufhaltsamer Niedergang in den 1820er-Jahren nicht mehr aufzuhalten. Bereits 1827 scheint sich *Carmine* eine Nebentätigkeit gesucht und aushilfsweise Schreibarbeiten für die Augsburger Stadtverwaltung erledigt zu haben.[60] Zwei Jahre später, 1829, war er gezwungen, einen Sprachlehrer als Untermieter in seine Wohnung aufzunehmen.[61] 1831 bewarb er sich dann mehrfach beim Stadtmagistrat um eine dauerhafte Beschäftigung als Diurnist (Amtsschreiber), nachdem er sich zuvor bereits vergeblich um die Stellen eines Pedells in der katholischen Studienanstalt, eines Krankenhausverwalters sowie eines Kassiers bei der Erbgerichtskasse bemüht hatte. Seine neuerlichen Anstellungsgesuche sind ein eindringliches Zeugnis für die wirtschaftliche Not, in der

er sich mittlerweile befand.[62] Beinahe flehentlich bittet er darin angesichts „dem hohen Grade von Dürftigkeit, in der ich mit meiner zahlreichen Familie notorisch mich befinde", eine frei gewordene Schreiberstelle mit ihm als „akkuraten, fleißigen und sohin brauchbaren" Arbeiter zu besetzen. Verzweifelt beschreibt er seine äußerst angespannten wirtschaftlichen Verhältnisse „ohne irgend einen Erwerb, ohne Vermögen bei einem Geschäft, das nothwendig ein Betriebs-Kapital fordert, bei gänzlicher erschöpfter Unterstützung von Seite einiger Verwandten, bei dem unablässigen Bestreben um Verbesserung meiner unglücklichen Lage, ohne dieselbe erreichen zu können." Nur noch bei einer Anstellung durch die Stadt habe er Hoffnung, seine Familie selbst ernähren zu können und nicht „der Gemeinde zur Last fallen zu müssen." Offenbar blieben diese bedrückenden Worte nicht ungehört, denn tatsächlich wurde er vom Stadtmagistrat nach einer Probezeit von 50 Tagen fest als Diurnist angestellt. Das damit verbundene Einkommen Carmines dürfte jedoch sehr bescheiden gewesen sein, da er sich 1833 und 1835 aufgrund seiner weiterhin bestehenden Bedürftigkeit die Bitte um „eine kleine Gehaltserhöhung" erlaubte.

Zumindest nominell bestand der Kunstverlag zu dieser Zeit immer noch fort. Die letzte datierbare Neuerscheinung ist ein kleiner Kupferstich mit dem Porträt des soeben gewählten Papstes Gregor XVI., den er 1831 in einer Augsburger Zeitung inserierte.[63] Auch wird sein Unternehmen in den 1830er-Jahren noch wiederholt unter den bestehenden Kunst- und Landkartenhandlungen aufgeführt,[64] doch dürfte es sich dabei nur noch um den Abverkauf des Warenlagers gehandelt haben.

Schlussbemerkung

Von den vielen italienischen Wanderhändlern, die sich im späten 18. und frühen 19. Jahrhundert dauerhaft in verschiedenen europäischen Städten niederließen, um dort einen stationären Bilder- oder Kunsthandel zu betreiben, gelang es nur sehr wenigen[65] – etwa *Buffa* in Amsterdam, *Artaria* in Wien, *Daziaro* in Moskau und Sankt Petersburg, oder später (ab 1840) *Pasqualini* in Brünn – sich einen lang anhaltenden geschäftlichen Erfolg zu sichern.[66] Die meisten anderen dagegen bildeten nur eine kurze Episode in der Geschichte des Druck- und Verlagswesens, so auch *Carmine*, *Tessari*, *Zanna* und *Fietta* in Augsburg. Die für *Carmine* genannten Gründe für das langfristige Scheitern seines Unternehmens – insbesondere der Zusammenbruch des internationalen Wanderhandelsnetzes und die nachrangige künstlerische Qualität vieler Blätter – dürften letztlich auch bei manch anderer Verlagsgründung für den ausbleibenden oder allenfalls kurzlebigen wirtschaftlichen Erfolg verantwortlich gewesen sein. Aufstieg und Niedergang der Firma *Carmine* haben in dieser Hinsicht also durchaus exemplarischen Charakter für den europäischen Bilderhandel um 1800.

Bleibt die Frage, inwieweit auch *Carmines* Streit mit den Augsburger Kunstverlegern exemplarisch war. War deren massives Vorgehen gegen den zugezogenen Konkurrenten eher Regel- oder Einzelfall im damaligen Umgang mit Zuwanderern innerhalb des eigenen Gewerbes? War *Carmine* tatsächlich ein „Usurpante", der sich widerrechtlich eine privilegierte Stellung im städtischen Kunsthandel anmaßen wollte, oder traf doch eher die gegenteilige Behauptung zu, dass die Kunstgenossen aus bloßem „Brotneid" gegen ihn vorgingen? Nun, endgültige Antworten auf derart komplexe Fragen werden sich mit einer zeitlichen Distanz von 200 Jahren kaum noch finden lassen. Um sich einer Bewertung dieser Auseinandersetzung jedoch zumindest anzunähern, seien abschließend noch ein paar grundsätzliche Aussagen zum Wanderhandel der damaligen Zeit getroffen.

Der Volkskundler Wolfgang Brückner publizierte jüngst zwei zusammenfassende Aufsätze[67] zu dieser Thematik, die verdeutlichen, dass der Begriff des Hausierens

„im 18. Jahrhundert zu einem gesellschaftlichen Schimpfwort geworden war oder zumindest an den Schreibtischen und in den Verwaltungsstuben nur un-

ter ganz bestimmten moralischen Kategorien bedacht werden konnte."[68]

Demgemäß wurden damals die Bemühungen verstärkt, den Hausierhandel zu verbieten bzw. ihn zumindest stark einzuschränken. Zugleich nahmen die Vorurteile zu, wonach Wanderhändler etwa die Menschen zum Kauf unnötiger Dinge verführen, das Geld außer Landes ziehen und die öffentliche Ordnung stören würden, so wie sich überhaupt liederliche Personen unter ihnen befänden. Die positiven Begleiterscheinungen des Hausierwesens wurden dabei meist viel zu wenig gewürdigt, obschon es unbestritten ist,

„dass der Bilderhandel insgesamt einen bedeutenden Wirtschaftsfaktor darstellte, der nicht nur hohe Umsätze erzielte, sondern auch Tausenden von Menschen Arbeit und Brot verschaffte".[69]

Bereits 1835 hatte der preußische Regierungsrat Heinrich Christian Freiherr von Ulmenstein die meisten der üblichen Vorwürfe städtischer Kunstverleger gegen wandernde Bilderhändler entkräftet, ja, er bezog eine geradezu konträre Position zu den Augsburger Kunstgenossen, wenn er konstatierte:

„Fast jeder sogenannte Bilderhändler ist Kunstkenner in seiner Art und spricht mit Enthusiasmus von den gelungensten Artikeln seines Handels. Es ist kaum zu glauben, wie sehr Kunstkenntnisse, die doch dem Deutschen noch hin und wieder mehr oder minder abgehen, durch solche Leute verbreitet werden".[70]

Nach Ulmenstein sei es nicht wahr, dass die Wanderhändler den Kaufleuten vor Ort durch Konkurrenz „die Nahrung entziehen" würden, vielmehr würden sie den Handel sogar beleben. Daher sei es

„ein bloßer Vorwand der einheimischen Kaufleute, wenn diese behaupten, sie könnten mit dem Hausirer nicht Preis halten, der so manche Schwierigkeiten zu überwinden und so vielfache Staats- und andere Lasten zu entrichten hat."[71]

Der Hausierhandel könne damit sogar „als die Controle, als der Prüfstein jedes örtlichen Handels angesehen werden".

Auch eine neuere historische Untersuchung zu den sogenannten Savoyarden – also den Wanderhändlern und -handwerkern aus den Gebirgstälern der Südalpen zwischen Genfer See und Lombardei – belegt für die oberdeutschen Städte Augsburg, Freiburg und Konstanz, dass dort gerade im 17. und 18. Jahrhundert einheimische Gewerbetreibende immer wieder bemüht waren, die Aufnahme von „Welschen" zu verhindern, da sie dadurch schweren wirtschaftlichen Schaden nehmen würden. Dabei vertrat der Stadtmagistrat von Augsburg in der Frage der Bürgerrechtsbewilligung gewöhnlich

> „eine utilitaristische Politik, die […] das Bürgerrecht einerseits ‚äußerst liberal' gewährte, andererseits […] den ärmeren Migranten […] den begehrten bürgerlichen Status und außerdem die Heiratsmöglichkeiten verweigerte."[72]

Da also bevorzugt erfolgreiche Händler aufgenommen wurden, kann es nicht verwundern, dass im Jahr 1745 rund 42 % der katholischen Kaufleute Augsburgs eine welsche Abstammung hatten, 1805 waren es immer noch 33 %.[73] Sie trugen maßgeblich zur wirtschaftlichen Prosperität der Stadt bei.

Eine ähnlich geartete Zuwanderungspolitik lässt sich auch im speziellen Fall der Ansässigmachung *Joseph Carmines* beobachten. Die Stadt ließ in den ersten Jahren den damals durchaus wohlhabenden Bilderhändler offenbar auch ohne entsprechende Konzession in seinen Geschäften gewähren, und auch in der später von den Kunstgenossen angestoßenen Klage versuchte sie zu vermitteln. Für *Carmine* hätten also trotz aller widrigen Zeitumstände durchaus Chancen auf die Etablierung eines langfristig erfolgreichen Kunstverlages bestanden, wäre er nicht auf Druck der innerstädtischen Konkurrenten immer wieder in seiner Entfaltungsmöglichkeit eingeschränkt worden.

---

1 Allein im Jahr 1781 waren 170 Händlergruppen für den Verlag Remondini unterwegs. Zitiert nach Oskar Moser: „Die Bilderhändler von Tesino und der Verlag Remondini zu Bassano im alten Venetien". In: *Österreichische Zeitschrift für Volkskunde*. Neue Serie 40 (1986), H. 4, S. 309–327; hier S. 320.

2 Moser: „Die Bilderhändler von Tesino" (wie Anm. 1), S. 318.

3 *Fietta* ließ sich vor den Toren der Stadt Augsburg im damals vorderösterreichischen Dorf Kriegshaber nieder, das später nach Augsburg eingemeindet wurde.

4 Johann Peter Hebel: *Schatzkästlein des rheinischen Hausfreundes*. Stuttgart 1811; hier zitiert nach der zweiten Auflage, Stuttgart und Tübingen 1818, S. 145–146.

5 Siehe v. a. Andreas Alois di Pauli: „Ueber die Tesineser und ihren Bilderhandel". In: *Der Sammler für Geschichte und Statistik von Tirol* 1 (1806), S. 36–47. – Lorenz Hübner [Autor ermittelt]: „Der Tiroler Bilderhändler". In: *Königlich-Baierisches Wochenblatt von München* 8. (1807), Nr. 1 (2. Januar 1807), Sp. 5–8.

6 Siehe z. B. *Allgemeine deutsche Real-Encyklopädie für die gebildeten Stände. (Conversations-Lexikon)*. In 12 Bänden. Leipzig [7]1827; hier Bd. 11, S. 271 (Lemma „Tirol").

7 Georg von Martens: *Reise nach Venedig*. 2 Bde., Ulm 1824; hier Bd. 2, S. 342–343.

8 Siehe v. a. Rudolf Schenda: „Der Bilderhändler und seine Kunden im Mitteleuropa des 19. Jahrhunderts". In: *Ethnologia Europaea* 14 (1984), S. 163–176. – Moser: „Die Bilderhändler von Tesino" (wie Anm. 1), S. 309–327. – Elda Fietta Ielen: *Con la cassela in spalla: gli ambulanti di Tesino*. Ivrea (Torino) 1987. – Aus neuerer Zeit sind vor allem zwei Tagungsbände mit zahlreichen einschlägigen Aufsätzen hervorzuheben: Christa Pieske, Konrad Vanja, Sigrid Nagy (Hrsg.): *Arbeitskreis Bild Druck Papier. Tagungsband Bassano 2001.* (Arbeitskreis Bild Druck Papier 6), Münster u. a. 2003. – Alberto Milano (Hrsg.): *Commercio delle stampe e diffusione delle immagini nei secoli XVIII e XIX. Bilderhandel und Bildverbreitung im 18. und 19. Jahrhundert*. Rovereto 2008.

9 Siehe z. B. Adolf Spamer: *Das kleine Andachtsbild vom XIV. bis zum XX. Jahrhundert*. München 1930.

10 Wolfgang Seitz: „Augsburg, capitale della grafica in Germania, come centro di produzione delle vedute ottiche". In: Carlo Alberto Zotti Minici (Hrsg.): *Il Mondo Nuovo. Le meraviglie della visione dal '700 alla nascita del cinema*. Milano 1988, S. 69–75. – Wolfgang Seitz: *Die Augsburger Guckkasten-Verlage. Eine Reise durch die Städte des 18. Jahrhunderts. Ausstellung vom 12. Juni bis 12. Juli 1991*. (Ausstellungskatalog der Kreissparkasse Augsburg), Augsburg 1991. – Wolfgang Seitz: „Die Guckkastenblätter". In: Georg Füsslin u. a.: *Der Guckkasten. Einblick – Durchblick – Ausblick*. Stuttgart 1995, S. 24–35.

11 Alberto Milano: „Domenico Fietta, publisher from Tesino and the production of prints in Augsburg between 1790 and 1810". In: Alberto Milano (Hrsg.): *Commercio delle stampe e diffusione delle immagini nei secoli XVIII e XIX. Bilderhandel und Bildverbreitung im 18. und 19. Jahrhundert*. Rovereto 2008, S. 225–232.

12 Stadtarchiv Augsburg, Handwerkerakten, Kupferstecher I, fol 256–307, Kupferstecher II, fol 317–362, sowie Kupferstecher III, fol 108–113, 120–143 und 155–158.

13 Spamer, *Andachtsbild* (wie Anm. 9), S. 227–228, 237 und 256–257.

14 Stadtarchiv Augsburg, Reichsstadt, Censuramt, XX, 16 und XX, 18 (beide Bestände sind unpaginiert).

15 Michael Ritter: „Die Landkarten des Augsburger Kunstverlegers Joseph Carmine (1749– nach 1822)". In: *Cartographica Helvetica*. Fachzeitschrift für Kartengeschichte 44 (2011), S. 43–49.

16 Archiv hlavního Města Prahy (Stadtarchiv Prag), Sign. AMP PPL IV – 12474. Angaben bestätigt von Don Luigi Destri, Pfarrer von Cannobio.

17 Möglicherweise leitet er sich von dem nur wenige Kilometer von Traffiume entfernten und ebenfalls nach Cannobio eingemeindeten Gebirgsdorf namens „Carmine" her.

18 Stadtarchiv Augsburg, Handwerkerakten, Kupferstecher I, fol 266v.

19 Sie wurde am 9. Oktober 1748 als Tochter von Lorenz Anton und Maria Anna Kolb geboren (Archiv des Bistums Augsburg, Dompfarrei, Taufmatrikeln 1725–1751, S. 561). In den zeitgenössischen Quellen erscheint sie auch unter den Namensvarianten Maria Anna Francisca und Maria Theresia Francisca.

20 Archiv Hlavního Města Prahy, Sign. AMP PPL IV – 12474.

21 Stadtarchiv Augsburg, Handwerkerakten, Kupferstecher I, fol 266v.

22 Stadtarchiv Augsburg, Handwerkerakten, Kupferstecher I, fol 262v.

23 Stadtarchiv Augsburg, Handwerkerakten, Kupferstecher I, fol 118–229.

24 Stadtarchiv Augsburg, Handwerkerakten, Kupferstecher I, fol 258r.

25 Stadtarchiv Augsburg, Handwerkerakten, Kupferstecher I, fol 258–261.

26 Stadtarchiv Augsburg, Handwerkerakten, Kupferstecher I, fol 269–270.

27 Stadtarchiv Augsburg, Handwerkerakten, Kupferstecher I, fol 262–265 und 269–274.

28 Stadtarchiv Augsburg, Handwerkerakten, Kupferstecher I, fol 269v.

29 Stadtarchiv Augsburg, Handwerkerakten, Kupferstecher I, fol 273–274.
30 Stadtarchiv Augsburg, Handwerkerakten, Kupferstecher I, fol 275r.
31 Stadtarchiv Augsburg, Handwerkerakten, Kupferstecher I, fol 282–288.
32 Stadtarchiv Augsburg, Handwerkerakten, Kupferstecher I, fol 276–279.
33 Stadtarchiv Augsburg, Reichsstadt, Censuramt, XX, 16.
34 An anderer Stelle ist von „mehr als sechs Jahren" die Rede.
35 Stadtarchiv Augsburg, Handwerkerakten, Kupferstecher I, fol 294–297.
36 Stadtarchiv Augsburg, Handwerkerakten, Kupferstecher I, fol 301v.
37 Stadtarchiv Augsburg, Handwerkerakten, Kupferstecher I, fol 300–303.
38 Stadtarchiv Augsburg, Handwerkerakten, Kupferstecher I, fol 304.
39 Stadtarchiv Augsburg, Handwerkerakten, Kupferstecher II, fol 112–113.
40 Stadtarchiv Augsburg, Handwerkerakten, Kupferstecher III, fol 120–143.
41 Stadtarchiv Augsburg, Handwerkerakten, Kupferstecher I, fol 285r.
42 Stadtarchiv Augsburg, Handwerkerakten, Kupferstecher I, fol 285r.
43 Spamer, *Andachtsbild* (wie Anm. 9), S. 227.
44 Siehe hierzu ausführlich Ritter: „Landkarten" (wie Anm. 15).
45 Stadtarchiv Augsburg, Handwerkerakten, Kupferstecher I, fol 286v.
46 Stadtarchiv Augsburg, Reichsstadt, Censuramt, XX, 16.
47 Stadtarchiv Augsburg, Handwerkerakten, Kupferstecher I, fol 316r.
48 Gertraud Zull: *Oberammergauer Schnitzereien. Gewerbe und Handel in der ersten Hälfte des 19. Jahrhunderts.* (Bayerische Schriften zur Volkskunde 4), München 1995, S. 326. Der Autorin sei herzlich gedankt für die freundliche Bereitstellung von Auszügen aus ihrer Auswertung der Geschäftsbücher der Fa. Lang.
49 Weitere diesbezügliche Hinweise finden sich 1824 in zwei Zeitungsinseraten *Carmines*, in denen er „ganz feine Florentiner Wachs-Masken" sowie die „ganz neuen Wiener-Billetten […] zu bevorstehendem Weihnachts- und Neujahrsfest" anbot (siehe *Augsburgische Ordinari Postzeitung*, Nr. 9, vom 10.01.1824 und Nr. 306, vom 22.12.1824). Mit „Billetten" sind die im Biedermeier außerordentlich beliebten, meist kunstvoll gestalteten Freundschafts- und Glückwunschbilletts gemeint, die insbesondere in Wien hergestellt wurden, z. B. von dem damals weithin bekannten Kunstverleger *Joseph Eder* (1760–1835).
50 Archiv des Bistums Augsburg, Dompfarrei, Taufmatrikeln 1782–1794, S. 263.
51 In den verschiedenen zeitgenössischen Quellen wird die Adresse wechselweise mit den Literanummern D 83 und D 84 angegeben.
52 Frank Möller: „Drucker und Verleger in der Bürgergesellschaft Augsburgs, 1780–1880". In: Helmut Gier, Johannes Janota (Hrsg.): *Augsburger Buchdruck und Verlagswesen von den Anfängen bis zur Gegenwart.* Wiesbaden 1997, S. 1003–1018, hier S. 1007.
53 *Liste des sämmtlichen Bürgermilitärs in Augsburg, welches zur Zeit der französischen Invasion die Wachtdienste geleistet hat*, Augsburg 1800 (ohne Pag.).
54 Stadtarchiv Augsburg, Handwerkerakten, Kupferstecher II, fol 317–362.
55 Stadtarchiv Augsburg, Bestand P 1, Nr. C 16.
56 Stadtarchiv Augsburg, Bestand Familienbögen, Carmine.
57 Sie starb am 11. Dezember 1819. Archiv des Bistums Augsburg, Dompfarrei, Sterbematrikeln 1807–1823, S. 507–508, Nr. 140.
58 Stadtarchiv Augsburg, Bestand P 1, Nr. C 16.
59 Di Pauli, „Ueber die Tesineser" (wie Anm. 5), S. 44.
60 Stadtarchiv Augsburg, Familienbögen, Carmine.
61 *Intelligenz-Blatt und wochentlicher Anzeiger von Augsburg*, Nr. 61 (vom 5. August 1829), S. 289.
62 Stadtarchiv Augsburg, Bestand Stadtkommissariat, Nr. 829.
63 *Tagblatt für die Kreishauptstadt Augsburg*, Nr. 51, (vom 20. Februar 1831), S. 220.
64 Siehe z. B. Franz Eugen Freiherr von Seida und Landensberg: *Neuestes Taschenbuch von Augsburg. Oder: Topographisch-statistische Beschreibung der Stadt und ihrer Merkwürdigkeiten.* Augsburg 1830, S. 412–413. – Carl Jäger: *Geschichte der Stadt Augsburg von ihrem Anfang bis auf die neuesten Zeiten.* Darmstadt 1837, S. 185–186.
65 Nach Schenda, „Der Bilderhändler" (wie Anm. 8), S. 170, gelang es nur etwa einem von 1000 Kolporteuren, eine städtische Bildergalerie zu erlangen.
66 Vgl. hierzu Elda Fietta: „Die Organisation des Tesiner Handels in Europa". In: Milano, *Commercio delle stampe* (wie Anm. 8), S. 169–176.
67 Wolfgang Brückner: „Der Wanderhandel im Diskurs der Aufklärung". In: *Bayerisches Jahrbuch für Volkskunde 2007*, S. 161–168. – Ders.: „Die Kolportage im Wirtschaftsystem der Protoindustrialisierung". In: Milano, *Commercio delle stampe* (wie Anm. 8), S. 37–45.
68 Brückner, „Der Wanderhandel" (wie Anm. 66), S. 168.
69 Schenda, „Der Bilderhändler" (wie Anm. 8), S. 170.
70 Heinrich Christian von Ulmenstein: „Ueber einige Zweige des Handelsverkehres und insbesondere über den Hausirhandel". In: *Archiv der politischen Oekonomie und Polizeiwissenschaft*, Bd. 1, Heidelberg 1835, S. 207–236, hier S. 220.
71 Von Ulmenstein, „Ueber einige Zweige" (wie Anm. 70), S. 229.
72 Martin Zürn: „Savoyarden in Oberdeutschland. Zur Integration einer ethnischen Minderheit in Augsburg, Freiburg und Konstanz". In: Carl A. Hoffmann und Rolf Kießling (Hrsg.): *Kommunikation und Region* (Forum Suevicum. Beiträge zur Geschichte Ostschwabens und der benachbarten Regionen 4), Konstanz 2001, S. 391–419, hier S. 416.
73 Zürn, „Savoyarden" (wie Anm. 72), S. 398.

Die Guckkastenblätter des Augsburger Kunstverlegers Joseph Carmine

Beschreibung und Gesamtverzeichnis

Michael Ritter in Zusammenarbeit mit
Sixt von Kapff, Joachim von Prittwitz und Wolfgang Seitz[1]

Guckkastenblätter

In Augsburg, der viel zitierten „Bilderfabrik Europas", wurden allein im 18. Jahrhundert Tausende und Abertausende von Kupferstichen gefertigt. Die Stecher und Verleger deckten dabei alle Themen, Typen und Techniken ab, die in der Graphikproduktion der damaligen Zeit nur irgendwie erdenklich waren: Es befanden sich darunter – um nur eine Auswahl zu nennen – künstlerische Motive und Gebrauchsgraphik, religiöse und weltliche Themen, Landschaften und Stadtansichten, Karten und Kalender, Darstellungen von Kriegsereignissen und Sensationen, Porträts und genealogische Schaubilder, botanische und zoologische Stichfolgen, Notendrucke und Ornamentstiche, Karikaturen und Allegorien, Kinderbilder und Ausschneidebögen, Buchillustrationen und wissenschaftliche Tafelwerke. Und selbstverständlich wurden auch Guckkastenblätter in dieser Druck- und Verlagsmetropole hergestellt.

Die Blütezeit der Guckkastenbilder liegt im 18. Jahrhundert.[2] Damals zogen die Vorführer (Guckkästner) kreuz und quer durchs Land, insbesondere von Jahrmarkt zu Jahrmarkt, um gegen ein geringes Entgelt einen Blick in ihre hölzernen Kästen werfen zu lassen. Durch eine eingebaute Linse, einen Spiegel und eine besondere Beleuchtungstechnik sowie durch eine Überbetonung der Perspektive in der zeichnerischen Darstellung erzielten die gezeigten Szenen eine stark dreidimensionale Wirkung. Aufgrund der gespiegelten Betrachtung mussten die Bilder und Texte (zumindest die Überschriften) jedoch seitenverkehrt angefertigt werden. Gezeigt wurden überwiegend Ansichten von Städten und Ländern der ganzen Welt, daneben aber auch historische und militärische Ereignisse, biblische und mythologische Szenen und vieles mehr. Ihre besondere Attraktivität bezogen Guckkastenbilder daraus, dass sie mit ihrer optisch reizvollen Mischung aus Illusion und Realität die Schaulust der Menschen bedienten und deren Sehnsucht nach fernen Welten befriedigten.

Die Herstellung von Guckkastenblättern nahm um 1720 in London ihren Anfang, gefolgt von Paris (um 1740) und Augsburg, der einzigen deutschen Stadt, die sich dieser Sonderform des Kupferstiches zuwandte. Seinen Höhepunkt erlebte dieses frühe Massenmedium in den 1780er-Jahren, danach nahm das allgemeine Interesse und damit auch die Produktion rasch ab.

In Augsburg begann die Herstellung um 1760,[3] als sich der Kupferstecher und Kunstverleger *Georg Balthasar Probst* (1732–1801) auf diesen Graphiktypus spezialisierte. Mit mehr als 400 Blättern von meist hoher künstlerischer Qualität zählt Probst zu den bedeutendsten Verlegern von Guckkastenbildern.[4] Um 1770 stieg auch die vom Kunstverleger *Johann Daniel Herz d. J.* (1722–1792) gegründete, eher kommerziell ausgerichtete *Kaiserlich Franciscische Akademie* – auch bezeichnet als *Académie Imperiale* und später als *Akademische Kunsthandlung* – in dieses Kupferstichsegment ein. Sie stellte rund 500 ebenfalls sehr ansprechende Blätter her. Um 1790 folgte *Dominicus Fietta*, ein zugewanderter Bilderhändler aus Pieve Tesino (heute in der italienischen Provinz Trentino gelegen), der sich 1788/89, nach seinen erfolglosen Bemühungen um eine Ansässigmachung in Augsburg, unmittelbar vor den Toren der schwäbischen Reichsstadt im damals vorderösterreichischen Dorf Kriegshaber als Kunstverleger niederließ. *Fietta* dürfte bis zur Liquidierung seines Unternehmens im Jahr 1808 rund 80 Guckkastenblätter herausgebracht haben. Und schließlich wandte sich auch noch *Joseph Carmine* diesem speziellen Bildtypus zu.

Die Guckkastenblätter Carmines

Wann *Carmine* in die Produktion von Guckkastenblättern einstieg, ist bislang nicht bekannt; es gibt hierzu weder irgendwelche archivalischen Hinweise, noch sind seine Stiche – mit Ausnahme der Ansicht Moskaus während des Stadtbrandes von 1812 – datiert. Die bereits biedermeierliche Kleidung der dargestellten Figuren lässt jedoch vermuten, dass er erst um 1800 mit der Herstellung begann, diese dann aber zumindest bis 1828 aufrecht erhielt, wie das Blatt *Ansicht von der neuen Börse ... in Augsburg* belegt, welche genau in diesem Jahr errichtet wurde.

Warum er sich noch so spät diesem Graphikbereich zuwandte und ihn sogar zu einem Kernbereich seines Kunstverlages ausbaute, obwohl der Höhepunkt des Guckkastenbooms zu dieser Zeit bereits längst überschritten war, entzieht sich ebenfalls unserer Kenntnis. Möglicherweise gab den Anstoß, dass er ein größeres Kontingent an Kupferplatten von Guckkastenblättern der in den frühen 1790er-Jahren erloschenen *Kaiserlich Franciscischen Akademie* erwerben konnte. Vielleicht hegte *Carmine* die Hoffnung, mit diesem Bestand eine verlegerische Nische bedienen zu können, in der er sich nicht mehr gegen Konkurrenten behaupten musste, da deren Guckkastenproduktion eingestellt war. Eine solche Überlegung könnte zweifelsohne ein gewichtiges Argument in seinen unternehmerischen Entscheidungen gespielt haben, denn wie ein Vergleich mit den Blättern von *Probst* und der *Akademie* belegt, sind *Carmines* Stiche von merklich geringerer Qualität. Sie sind künstlerisch und handwerklich schlechter ausgeführt, die Zeichnungen sind schwerfälliger, oftmals sind die Perspektiven und Größenverhältnisse verzerrt, Menschen und Tiere wirken teilweise etwas plump und das grelle, farblich kaum differenzierte Kolorit ist grob aufgetragen. Auch Aktualisierungen seiner Blätter nahm *Carmine* kaum vor. Nachweisbar sind solche nachträglichen Korrekturen lediglich bei der Ansicht von Zürich sowie auf zwei Blättern von Augsburg, wo sie aber auch unabdingbar waren, wären doch hier am Verlagsort eventuelle Fehler sofort aufgefallen. Bei der Darstellung der anderen Orte griff *Carmine* auf Kupferstiche vieler anderer Verleger zurück, die er teilweise sehr vorlagengetreu, teilweise aber auch stark vereinfacht nachstechen ließ.

Trotz aller inhaltlichen und gestalterischen Mängel dürfte sich das Geschäft mit den Guckkastenbildern für *Carmine* – zumindest anfangs – rentiert haben, ist doch zu berücksichtigen, dass sie nicht für ein eingehendes Studium durch Kunstkenner oder Graphiksammler entworfen waren, sondern in der Regel nur für eine kurze Betrachtung durch Menschen aus dem einfachen Volk dienen sollten. Zudem ließ sich die fehlende künstlerische Qualität durch die illusionistische Darbietung, das besondere öffentliche Ambiente (üblicherweise eine Jahrmarktssituation) sowie durch das Präsentationsgeschick des Guckkästners wohl weitgehend auffangen. Dennoch darf aus der Tatsache, dass die meisten Blätter heute nur noch in sehr geringen Stückzahlen erhalten sind und sich von einigen Blättern bislang sogar kein einziges Exemplar nachweisen lässt, der Schluss gezogen werden, dass die Auflagenhöhe von *Carmines* Guckkastenbildern letztlich wohl ziemlich niedrig gewesen sein dürfte.

Typologie der Guckkastenblätter Carmines

Nach derzeitigem Kenntnisstand erschienen im Verlag von *Joseph Carmine* insgesamt rund 210 Guckkastenbilder, wobei allerdings die Existenz von knapp 20 Blättern lediglich vermutet wird. Trotz jahrzehntelanger Forschungs- und Sammeltätigkeit der vier Autoren dieses Verzeichnisses will mit diesen Zahlen jedoch kein Anspruch auf Vollständigkeit erhoben werden. Aufgrund der Seltenheit vieler Carmine-Blätter kann nicht ausgeschlossen werden, dass einzelne Ansichten bislang unentdeckt geblieben sind. So gibt es beispielsweise einen vagen Hinweis auf ein Guckkastenblatt von Konstanz, der sich jedoch trotz intensiver diesbezüglicher Recherchen nicht bestätigen ließ, weshalb auf eine Aufnahme in diesen Katalog verzichtet wurde.[5] Dennoch kann mit großer Wahrscheinlichkeit angenommen werden, dass das vorliegende Verzeichnis mehr als 90 % der jemals erschienenen Guckkastenblätter *Carmines* erfasst.

Im Hinblick auf die dargestellten Motive konzentrierte sich *Carmine* – im Gegensatz zu anderen Guckkastenverlegern – ausschließlich auf Ansichten von Städten und baulichen Sehenswürdigkeiten (Schlösser, Burgen, Gärten u. ä.). Seine Blätter zeigen Gesamtansichten der Orte (teilweise aus mehreren Himmelsrichtungen), aber auch innerörtliche Architekturensembles (Straßen, Plätze, Häfen usw.) und Einzelbauwerke (Kirchen, Tore, Brücken usw.).

In der Regel erschienen zu den einzelnen Städten Stichfolgen, die entweder aus vier (z. B. Brüssel, Köln, Lübeck) oder acht Blättern (z. B. Amsterdam, Augsburg, London) bestanden. Umfangreicher waren lediglich die Serien zu Gent (12 Blätter) und Rom (16 Blätter). In quantitativer Hinsicht machen diese Städteserien insgesamt rund drei Viertel der Guckkastenblätter *Carmines* aus. Das restliche Viertel nehmen Stichfolgen ein, bei denen sich jeweils mehrere Städte zu Ländergruppen zusammenfassen lassen. Sie bestehen meist aus vier Blättern (z. B. Schlösser in Sachsen, Residenzorte in Persien), in zwei Fällen aber auch aus acht (Schweizer Städte) und 16 Blättern (Russland-Serie mit Motiven aus Moskau und Sankt Petersburg). Einschränkend ist hierbei jedoch zu bemerken, dass im Falle von Italien, Sachsen, Schlesien und den Niederlanden die Zusammengehörigkeit der einzelnen Stadtansichten zu Ländergruppen lediglich vermutet wird.

Wie bereits die genannten Stückzahlen veranschaulichen, liegt den Städte- und Länderserien *Carmines* üblicherweise ein Viererrhythmus in der Blattzahl zugrunde. Dies bedeutet, dass die Stichfolgen entweder aus vier

Die Guckkastenblätter des Augsburger Kunstverlegers Joseph Carmine

Abb. 1: Ein Kind wirft einen Blick in einen Guckkasten, dahinter der Guckkästner. Detail aus dem Guckkastenblatt aus der Städteserie zu Gent (Blattnr. 9)

Abb. 2: Aufwendig gestalteter Guckkasten mit Einblick von zwei Seiten. Der Betrachter wird dabei durch ein übergeworfenes Tuch vom Sonnenlicht abgeschirmt, um die Wirkung der Illumination im Guckkasten zu verstärken. Detail aus der Ansicht von Messina.

Blättern oder einem Vielfachen davon (8/12/16) bestanden. Dies hatte technisch-ökonomische Ursachen, da bei einem einzelnen Druckvorgang jeweils vier Kupferplatten gleichzeitig in die Presse gelegt und anschließend abgezogen werden konnten. Der Viererrhythmus lässt sich zwar nicht für alle Stichfolgen eindeutig belegen, doch ist er so signifikant, dass er ein wichtiges Kriterium für die vermutete Existenz von bislang unbekannten Blättern bildete. Wenn beispielsweise von Livorno sechs Blätter mit den Nummern 1, 2, 3, 4, 6 und 7 nachweisbar sind, so wurde daraus der Schluss gezogen, dass wohl nicht nur die fehlende Nummer 5, sondern auch die Nummer 8 existiert, da mit ihr der Viererrhythmus wieder vervollständigt wäre.

Die Texte auf *Carmines* Guckkastenblättern folgen keinem durchgehend einheitlichen Prinzip. Meistenteils sind unter dem Bildmotiv ein- oder zweizeilige Kurzbeschreibungen in den drei Sprachen Italienisch, Deutsch und Französisch angebracht. Auf den Stichfolgen von Amsterdam bzw. London ist der italienische durch einen niederländischen bzw. englischen Text ersetzt. Anders verhält es sich mit den Stichen, die von den Kupferplatten aus dem Vorbesitz der *Franciscischen Akademie* gedruckt wurden. Hier beließ *Carmine* in der Regel die bereits vorhandenen zweisprachigen Bildbeschreibungen in Deutsch und Französisch.

Die Verlagsadresse „Augsburg bey Ios. Carmine" ist gewöhnlich mittig unterhalb der mehrsprachigen Legende angebracht. Zudem ist auf den meisten Blättern in einer Kopfzeile über dem Bildmotiv in spiegelverkehrter Schrift der dargestellte Ort genannt, versehen mit dem Zusatz „Prospect" (z. B. „Prospect von Mailand", „Prager Prospect"). Ausnahmen hiervon bilden beispielsweise die Serien von Brüssel („Ansicht bey …") und Paris („Pespective de …") sowie die Blätter aus dem Vorbesitz der *Franciscischen Akademie*, auf denen meist die Variante „Vue de …" belassen wurde. Ebenfalls nur auf einigen Akademie-Blättern haben sich die zusätzliche Angabe „Collection des Prospects" (z. B. Prag, Rom) in der linken oberen Ecke sowie die Nennung des Zeichners (links unten) und des Stechers (rechts unten) erhalten. Leider gibt kein einziges der von *Carmine* selbst in Auftrag gegebenen Guckkastenblätter den ausführenden Künstler an, weshalb es bislang völlig im Dunkeln liegt, wen er hierfür als Mitarbeiter gewinnen konnte.

Eine einheitliche Blattnummerierung weisen *Carmines* Guckkastenstiche ebenfalls nicht auf; bei einer achtblättrigen Stichfolge zu einer Stadt können beispielsweise folgende Varianten in der Vergabe von Blattnummern auftreten:
- die Serie ist mit den Nummern 1 bis 8 durchgezählt (z. B. Livorno),
- es sind zweimal die Blattnummern 1 bis 4 vergeben (z. B. Amsterdam),
- vier Blätter sind nummmeriert (1 bis 4), die anderen vier sind ohne Nummern (z. B. Augsburg)
- alle acht Blätter sind unnummeriert (z. B. Rom)

In Einzelfällen scheint diese ohnehin schon große Variabilität in den Blattnummern noch weiter erhöht worden zu sein, indem *Carmine* bereits vorhandene Nummern abänderte. So kann bei manchen Blättern nachgewiesen werden, dass sie sowohl in einer nummerierten wie auch in einer unnummerierten Fassung existieren (z. B. Mailand).

Um die dargestellten typologischen Unterschiede der Guckkastenblätter *Carmines* noch deutlicher herauszustellen, als dies in einer bloßen Beschreibung möglich ist, sollen die wesentlichen Merkmale nachfolgend in einer Übersichtstabelle veranschaulicht werden. Die Blätter sind dabei in zwei Hauptgruppen unterteilt, zum einen in die genannten Stichfolgen zu einzelnen Städten und zum anderen in die Länderserien. In der zweiten Spalte wird kenntlich gemacht, ob es sich bei der jeweilige Stichfolge um eine Originalausgabe *Carmines* (Ca) oder um Neudrucke von Kupferplatten handelt, die zuvor bereits bei der *Franciscischen Akademie* erschienen waren (Ak). Die nächsten beiden Spalten geben an, aus wie vielen zugehörigen Blättern die Serie besteht und auf welche Weise diese nummeriert sind. Und in den beiden letzten Spalten ist vermerkt, in welchen Sprachen die Bildlegende verfasst ist und welchen Wortlaut der (meist) spiegelschriftliche Kopftitel besitzt.

Taf. VII und Taf. VIII: Augsburg, o. Nr.: Ansicht von dem neuen Hall-Gebäude und dem Spazier Platze (beide Fassungen: mit und ohne Spazierplatz)

Tafeln zu Michael Ritter: Die Guckkastenblätter des Augsburger Kunstverlegers Joseph Carmine

Taf. IX: Berlin, Nr. 4: Ansicht des Brandenburger=Thors

Taf. X: Gent, Nr. 9: Ansicht des Getreids=Marckt

Städteserien

Motiv	Erstausgabe	Zahl der Blätter	Blattnummern	Sprachen	Kopftitel
Amsterdam	Ca	8	2 x 1–4	NL–D–F	Prospect von …
Augsburg	Ca	8	1–4 und o. Nr.	I–D–F	Prospect von …
Berlin	Ca	8	2 x 1–4	F–D–I	Prospect von …
Brüssel	Ca	4	1–4	F–D–I	Ansicht bey …
Dresden	Ca	4 (?)	1–4	I–D–F	Prospect von …
Gent	Ca	12	1–12	F–D–I	Prospect von …
Genua	Ca	4 (?)	1–4	I–D–F	Prospect von …
Hohenheim	Ca	8	1–8	I–D–F	–
Köln	Ca	4	1–4	I–D–F	–
Livorno	Ca	8	1–8	I–D–F	Prospect von …
London	Ca	8	1–8	E–D–F	Prospect von …
Lübeck	Ca	4	1–4	D–F	Prospect von …
Mailand	Ca	8 (?)	2 x 1–4	I–D–F	Prospect von …
Malta	Ak	4 (?)	1–4	D–F	Vue de …
Neapel	Ca	4	1–4	D–I–F	Prospect von …
Paris	Ca	8	2 x 1–4	F–D–I	Perspective de …
Prag	Ca	8	1–6	F–D–I	Prager Prospect
			1–2	I–D–F	Prospect von …
Rom	Ak	8 (?)	o. Nr.	F	Vue de …
	Ca	8	2 x 1–4	I–D–F	Römischer Prospect
Salzburg	Ca	8	2 x 1–4	I–D–F	Prospect von …
Stockholm	Ak	4 (+4?)	o. Nr. und Nr. 1	D–F	Prospect von …
Venedig	Ak	4	o. Nr.	D–F	Vue(s) du …
	Ca	4	1–4	I–D–F	Prospect von …
Wien	Ca	8 +1	2 x 1–4 und ?	I–D–F	Prospect von …

Länderserien

Motiv	Erstausgabe	Zahl der Blätter	Blattnummern	Sprachen	Kopftitel	Zugehörige Orte
Italien	Ak	4 (?)	1–4	D–F	Vue de …	Messina, Tarent und ?
Niederlande	Ak	4 (?)	2–3	I–D–F	Prospect von …	Haarlem, Middelburg
			o. Nr.	D–F	(franz. Titel)	Rotterdam
Persien	Ca	4	1–4	I–D–F	Prospect von …	Isphahan, Schiras
Russland	Ca/Ak	16 +1	1–12 u. o. Nr.	D–F	–	Moskau, St. Petersburg
			13–16	D–F	Russischer Prospect	

Motiv	Erstausgabe	Zahl der Blätter	Blattnummern	Sprachen	Kopftitel	Zugehörige Orte
Sachsen	Ca/Ak	4 (?)	1–4	I–D–F	Prospect von …	Königstein, Pillnitz, Pirna, Wörlitz
Schlesien	Ca	4 (?)	4	I–D–F	Prospect von …	Hirschberg, Warmbrunn
Schweiz	Ak	8 (?)	2 x 1–4	I–D–F	Prospect/Vue	Basel, Bern, Genf, Luzern, Neuchatel, Solothurn, Zürich und ?

Vorbemerkungen zum Gesamtverzeichnis

Das nachfolgende Verzeichnis listet erst die Städte-, dann die Länderserien jeweils in alphabetischer Reihenfolge auf. Die bibliographische Beschreibung einer Serie beginnt jeweils mit kurzen einleitenden Anmerkungen, dann folgen die Titel der zugehörigen Blätter in aufsteigender Reihenfolge gemäß ihrer Blattnummer (so vorhanden). Um den Umfang dieser Publikation nicht über Gebühr auszudehnen, werden nur einige wenige Blätter abgebildet. Auf Formatangaben wurde verzichtet, da Guckkastenblätter eine weitgehend normierte Größe von ca. 28 cm Höhe und ca. 40 cm Breite (Maße des Bildmotivs ohne beigefügte Texte) haben.

Die Texte auf den Guckkastenblättern (mehrsprachige Titel, Überschriften, evtl. Stecherangaben, Blattnummern usw.) werden vollständig wiedergegeben. Lediglich auf die permanente Wiederholung der stereotypen Verlagsangabe „Augsburg bey Ios. Carmine" wurde verzichtet. Die Texte sind buchstabengetreu zitiert, die spiegelverkehrten Überschriften wurden leserichtig wiedergegeben. In Fällen, bei denen der exakte Wortlaut nicht durch Autopsie am originalen Blatt ermittelt werden konnte, wurde auf die ungesicherte Richtigkeit der Textwiedergabe hingewiesen. Der originale Zeilenfall der Texte wurde beibehalten; andernfalls ist er durch Trennstriche kenntlich gemacht.

Amsterdam

Insgesamt acht Blätter, bestehend aus zwei Serien à vier Blätter jeweils mit den Blattnummern 1 bis 4. Eine Zuordnung der Blätter zur jeweiligen Serie ist nach derzeitigem Kenntnisstand nicht möglich. Alle Blätter in Titelkopfleiste bezeichnet mit *PROSPECT VON AMSTERDAM*.

1 *Gezicht van de Reguliers of Munts=Tooren van de Cingel te zien, tot Amsterdam.*
Ansicht von dem Münz Thurm an der Seite des Cingel in Amsterdam.
Vue de la Tour des Moñoyes, au Coté du Cingel à Amsterdam.

1 *Gezicht van het Stadhuis de nieuwe Kerk en de Waag op den Dam tot Amsterdam.*
Ansicht von dem Rathhaus der neuen Kirche und der Waag auf dem Dam in Amsterdam.
Vue de la Maison de Ville, l'eglise neuve et le poids sur le dam à Amsterdam.

2 *Gezicht van het Stadhuys van agteren met de Onvolmaakte=Tooren, naar het Post=Comtoir te zien, tot Amsterdam.*
Ansicht des Rathhauses von der iñern Seite des Posthauses in Amsterdam.
Vue de la Maison de Ville par derrierre et le Comtoir des Postes, à Amsterdam.

2 *Gezicht van de Züder=Kerck | tot Amsterdam.*
Ansicht von der Kirche gegen Mittag | in Amsterdam.
Vue de l'Eglise meridional | à Amsterdam.

3 *De Binnen Amstel, na de Muns=Tooren te zien tot Amsterdam.*
Ansicht des Fluss Amstel ohnweit des Müntz Thurns in Amsterdam.
La Riviere d'Amstel, pres la tour des | Monnoyes à Amsterdam.

3 *De Oudekerk te Amsterdam.*
Ansicht der Alten Kirche in Amsterdam.
La Vielle Eglis te Amsterdam.

Abb. 3: Amsterdam, Nr. 3: Ansicht des Flusses Amstel

4 *Gezicht van het Mañen=Tuchthuys, of Rasphuys,*
   tot Amstertam.
   Ansicht des Zuchthauses genant Rasphuis,
   in Amsterdam.
   Vue de la Maison de Correction pour les Hommes,
   nommée Rasphuis, à Amsterdam.

4 *T. Rockin de Nieuwe=Zyds Kapel en Beurs | te Amsterdam.*
   Ansicht des Rockin, der neuen Kapelle und
   der Borse in Amsterdam.
   Vué du Rockin la nouvelle Capelle
   et la Bourse a Amsterdam.

Augsburg

Insgesamt acht Blätter, bestehend aus zwei Serien à vier Blätter, davon eine Serie nummeriert 1 bis 4, die andere ohne Blattnummern. Alle Blätter in Titelkopfleiste bezeichnet mit *PROSPECT VON AUGSBURG*.

1 *Veduta della Piazza Ludovico ed contrada Carolina*
   in Augusta.
   Ansicht des Ludwigs Platz und der Carolinen Strasse
   in Augsburg.
   Vué de la Place Louis ed Rue Caroline a Augsbourg.

2 *Veduta della Piazza ed Chiessa St Giacomo in Augusta.*
   Ansicht der St. Iacobs=Kirche und Strasse | in Augsburg.
   Vué de la Places ed Eglise St. Iaque a Augsbourg.

3 *Veduta del Ospitale commune sino la Chiesa*
   St. Maximiliano in Augusta.
   Ansicht des allgemeinen Krankenhauss bis zur
   St. Maximilians Kirche in Augsburg.
   Vué del Opitale commune jusque al Eglise
   St. Maximilian a Augsbourg.

4 *Veduta della Piazza St. Mauritio in Augusta.*
   Ansicht des St. Moritz Platz in Augsburg.
   Vué de la Places St. Mauritie a Augsbourg.

o. Nr. *Veduta della nova Dogana ed Piazza di Pasegio*
        Sin alla Chiesa di St Ulrico ed Afra in Augusta.
        Ansicht von dem neuen Hall-Gebäude und dem
        Spazier Platze bis zur Kirche von St Ulrich
        und Afra in Augsburg.
        Vue de la nouelle Douanie et Places de Promenade
        jusqr a l'Eglise de St Ulrich et Afra a Augsbourg.
        Anmerkung: Von diesem Blatt gibt es zwei unterschiedliche Ausführungen:
        1. Fassung: Darstellung des Spazier-Platzes mit Bäumen und Einfriedung. Die Situation entstand nach Abbruch der dort befindlichen Gebäudezeile mit Siegelhaus, Wein- und Salzstadel im Jahr 1809.
        2. Fassung: Der Spazier-Platz ist entfernt, die Fläche stattdessen gepflastert. Die Begrünung wurde bereits nach wenigen Jahren wieder entfernt, da der Platz für Festivitäten und für den Getreidehandel benötigt wurde. (s. Taf. VII und Taf. VIII, S. 181).

o. Nr. *Veduta del Arsenale ed Casa di Polizia in Augusta.*
        Ansicht vom Zeughaus und dem Polizey-
        Gebäude in Augsburg.
        Vue de l'Arsenal et la Maison de Police | a Augsbourg.
        Anmerkung: Auch von diesem Blatt gibt es zwei unterschiedliche Ausführungen:
        1. Fassung: Gebäude rechts mit Satteldach und Gauben.
        2. Fassung: Gebäude rechts nach baulicher Veränderung mit Flachdach.

o. Nr. *Veduta della nova Borsa ed fianco della grand*
        Guardia ed Chiesa di St Maurizio in Augusta.
        Ansicht von der neuen Börse, nebst einem Theile der
        Hauptwache und der St Moriz Kirche in Augsburg.
        Vue de la novele Bours et un Partier de la grand
        Garde, et l'Eglise de St Maurice a Augsbourg.
        Anmerkung: Die Börse wurde erst im Jahr 1828 errichtet, daher vermutlich eines der letzten Guckkastenblätter *Carmines*.

o. Nr. *Veduta della Residenza ed fianco del Domo*
        e Piazza nova in Augusta.
        Ansicht von der Residenz, und einem Seitentheile
        der Dom-Kirche nebst dem neuen Platze in Augsburg.
        Vue de la Residenze et un Partier du Duome
        et nouel Places a Augsbourg.

Abb. 4: Augsburg, Nr. 1: Ansicht des Ludwigs Platz

Abb. 5: Berlin, Nr. 2: Die beyde Thürme auf dem Gendarmen Platz

Berlin

Insgesamt acht Blätter, bestehend aus zwei Serien à vier Blätter, jeweils durchnummeriert 1 bis 4. Eine Zuordnung der Einzelblätter zur jeweiligen Serie ist nach derzeitigem Kenntnisstand nicht möglich. Alle Blätter in Titelkopfleiste bezeichnet mit *PROSPECT VON BERLIN*.

1 *L'Arsenal et le Palais du Roi | a Berlin.*
Das Zeughaus und der Palast des Königs | in Berlin.
L'Arsenale et il Palazo des Re | a Berlina.

1 *Vue del' Eglise de St: Pierre en face*
de la rue des Freres à Berlin.
Ansicht der Peter Kirche am Ende
der Brüderstrasse in Berlin.
Veduta dela Chiesa di St: Pietro al Fine
dela Strata di Fratelli a Berlina.

2 *Les deux Domes de la place des Gensdarmes | a Berlin.*
Die beyde Thürme auf dem Gendarmen Platz | a Berlin.
Le due Tore sur la Piazza de Gensdarmes | a Berlina.

2 *Vue du Grand Pont et du Chateau | Royal à Berlin.*
Ansicht der langen Brücke und des
königlichen Schlosses in Berlin.
Veduta del grand Ponte e del Castelo | Royale a Berlina.

3 *Vue du Hotel dela Monnoie de Berlin.*
Ansicht des neuen Münzgebäude in Berlin.
Veduta dela Casa di Moneta à Berlina.

3 *Vue du Place dé l'Opera | a Berlina.*
Ansicht des Opern=Plazes | à Berlin.
Veduta dela Piazza del Opera | a Berlina.

4 *Vué dela Porte de Brandebourg | a Berlin.*
Ansicht des Brandenburger=Thors in Berlin.
Veduta dela Porta di Brandebourgo | a Berlina
(s. Taf. IX, S. 182).

4 *Vue dela Place d'Alexandre à Berlin.*
Ansicht des Alexanders Platzes in Berlin.
Veduta dela Piazza d'Alexandro a Berlina.

Brüssel

Insgesamt vier Blätter, durchnummeriert 1 bis 4.
Alle Blätter in Titelkopfleiste bezeichnet mit *ANSICHT BEY BRÜSSEL*.

1 *Vue du Palais Imperial &. Royal pres | de Bruxelles.*
Ansicht des Kaiserl. und Königl. Pallastes | bey Brüssel.
Veduta del Palazzo Imperiale et Reale | apreso Brusele.

2 *Vue du Palais Imperial &. Royal pres | de Bruxelles.*
Ansicht des Kaiserl. und Königl. Pallastes | bey Brüssel.
Veduta del Palazzo Imperiale et Reale | apreso Brusele.
Anmerkung: Die beiden titelgleichen Blätter zeigen das belgische Königsschloss Laken zum einen von der Straßenseite (Nr. 1) und zum anderen von der rückwärtigen Gartenseite (Nr. 2, Abb. 35).

3 *Vue de l'Orangerie dans le Parc I.^{al} &. R.^{al}*
Pres de Bruxelles.
Ansicht des Gewächs-Hauses in dem
Kaiserl. Königl. Lustwalde bey Brüssel.
Veduta dela Orangeria I. &. R. in Parc | apreso Brusele.

3 *Vue du Temple de l'Amitié, dans le*
Parc I.^{al} &: R.^{al} pres de Bruxelles.
Ansicht des Freundschafts Tempel in dem
Kais. Königl. Lustgarten bey Brüssel.
Veduta del Tempio d'Amicia in Parc | apreso Brusele.

Dresden

Eventuell vierblättrige Serie. Die beiden Gesamtansichten der Stadt (Nr. 1 und 2) gehören zweifelsfrei zusammen und auch das Blatt mit dem Reisewitzschen Garten (Nr. 3) dürfte wohl dieser Serie zuzuordnen sein. Die Existenz eines vierten Blattes ist fraglich.

1 *Capitale, e Residènza di Dresden, | verso Settintrione.*
Die Residenz-Stadt Dresden, | gegen Mitternacht.
La Capitale, et Residence des Dresden, | vers le nord.
Titel in Kopfleiste: *PROSPECT VON DRESDEN*.

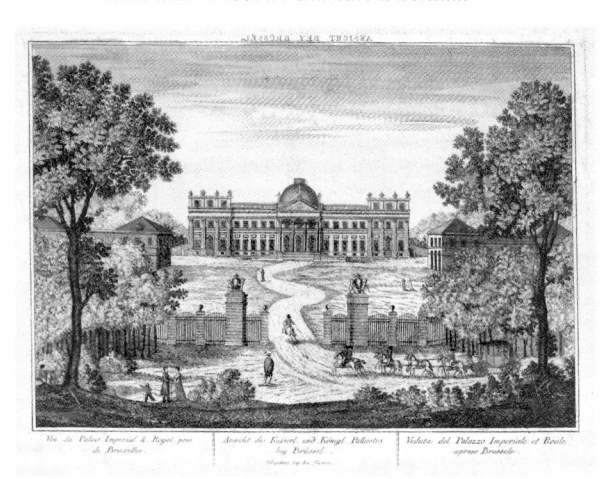

Abb. 6: Brüssel, Nr. 1: Ansicht des Kaiserl. und Königl. Pallastes (Straßenseite)

Abb. 7: Dresden, Nr. 1: Die Residenz-Stadt Dresden, gegen Mitternacht

2 *Capitale, e Residènza di Dresden, | verso Levante.*
   Die Residenz-Stadt Dresden, | gegen Morgen.
   La Capitale, et Residence des Dresden, | vers l'Orient.
   Titel in Kopfleiste: PROSPECT VON DRESDEN.

3 *Veduta del Giardino di Reisewitsch, al Fondo | di Plauen.*
   Ansicht des Reisewitschen Gartens, im Plauischen | Grunde.
   Vue du Jardin Reisewitsch, au fond de Plauen.
   Titel in Kopfleiste: PROSPECT VON REISE-WITSCH.
   Anmerkung: Der Reisewitzsche Garten lag in Löbtau, am Stadtrand von Dresden, und war im 18. Jahrhundert ein beliebtes Ausflugsziel der Dresdner Bevölkerung. Das Blatt bezieht sich also nicht auf die ebenfalls in Sachsen, jedoch über 100 km entfernte Stadt Plauen im Vogtland.

Gent

Insgesamt 12 Blätter, durchnummeriert 1 bis 12.
Alle Blätter in Titelkopfleiste bezeichnet mit PROSPECT VON GAND.

1 *Vué de l'Hotel de Ville et du Beffroy | de Gand (flandre).*
   Ansicht des Rathhausses und des Beffroy=Thurn | in Gand.
   Veduta della Casa di Citta ed della Tore Beffroy a Gand.
   Anmerkung: links unten zusätzliche Legende: *1. la tour de Beffroy, ou la Prison Civille. 2. Hotel de Ville.*

2 *Vue de la Porte de Bruges et de l'arrive de Barque a Gand (flandre).*
   Ansicht des Thor von Bruges und die Ankunft des Schiffs in Gand.
   Veduta della Porta di Bruges ed l'arrivó della Barca a Gand.
   Anmerkung: links unten zusätzliche Legende: *1. Porte de Bruges. 2. Manufactur. 3. Barque de Bruges.*

3 *Vue de la Maison de force, et du Canal Coupure a Gand (flandre).*
   Ansicht des Zucht=Straffhauss und des Canal Coupure in Gand.
   Veduta dela Casa di forza ed del Canale | Coupure a Gand.
   Anmerkung: links unten zusätzliche Legende:
   1. Maison de force. 2. Canal dela Coupure.

4 *Vue dela Maison de force et d'Ekerghem prise dela Porte de Bruges a Gand (flandre).*
   Ansicht des Zucht=Straffhauss und von Ekerghem vom Bruges thor genohmen in Gand.
   Veduta della Casa di forza ed d Ekerghem pressa della Porta di Bruges a Gand.
   Anmerkung: links unten zusätzliche Legende:
   1. Maison de force. 2. Ekerhem.

5 *Vue du Marché au Vendredi et de l'Eglise St. Iacob a Gand en flandre.*
   Ansicht des Freytags=Marckt an der | Kirche St. Iacob in Gand.
   Veduta del Mercato di Venerdi ed della Chiessa St. Giacomo a Gand.
   Anmerkung: links unten zusätzliche Legende:
   1. St. Iacob. 2. Toroalte.

6 *Vue de l'Entrepot et d'une Partie du Canal de Gand en flandre.*
   Ansicht der Waarenniederlage und einem Theil des Canal in Gand.
   Veduta del Desposito Comerciale ed d'una Partita del Canale di Gand.
   Anmerkung: links unten zusätzliche Legende:
   1. Le Bassin. 2. L Entrepot du Comerce.

7 *Vue de la Place d'Armes ed du Société Bourgeoise de Gand en flendre.*
   Ansicht des Waffenplatzes und der Bürgerlichen Gesellschaft in Gand.
   Veduta della Piazza d'Armé ed della Societá Borgesse a Gand.
   Anmerkung: links unten zusätzliche Legende: *1. Place d'Armes. 2. Theater. 3. Societe Bourgeoise. 4. Hotel de Pays Bas.*

8 *Vue du Quai de la Tour Rouge et d'une Partie de la Citadelle de Gand en flandre.*
   Ansicht der Schifflände am rothen Thurn, und ein Theil der Citadelle von Gand.
   Veduta del Porto della Torre rossa ed una Partita della Citadella di Gand.
   Anmerkung: links unten zusätzliche Legende:
   1. La Citadelle. 2. Le Quai.

9 *Vué du Marché aus Grains et de l'Eglise St: Nicolas a Gand en flendre.*
   Ansicht des Getreids=Marckt und der St: Nicolaus Kirche in Gand.
   Veduta del Mercato die Granni ed Chiessa St: Nicolo a Gand.
   Anmerkung: links unten zusätzliche Legende:
   1. St. Nicolas. 2. Le Beffroy. (s. Taf. X, S. 182).

10 *Vué de la Douane, St: Michel et les Domniquains a Gand en flendre.*

Abb. 8: Gent, Nr. 3: Ansicht des Zucht=Straffhauss

*Ansicht der Mauth, der St: Michels Kirche
und den Domenicaner in Gand.
Veduta della Dogana, St: Michele ed dei
Domenicani a Gand.*
Anmerkung: links unten zusätzliche Legende: *1. La
Douane. 2. St: Michel. 3. Les Domniquains 4. Riviere.*

11 *Vue de l'Eglise St: Pierre a Gand en flendre.
Ansicht der St: Peterskirche in Gand.
Veduta dell Chiessa St: Pietro a Gand.*
Anmerkung: links unten zusätzliche Legende:
1. St. Pierre. 2. Caserne Militaire.
(Titelaufnahme lediglich nach Literaturangaben)

12 *Vué du Jardin Botanique et du Colege
Royale a Gand en flendre.
Ansicht des Botanischen Gartens und des
Königl. Colegium in Gand.
Veduta del Giardino Botanico ed | Collegio Reale a Gand.*
Anmerkung: links unten zusätzliche Legende:
1. St. Iacob. 2. Eglise du College.
(Titelaufnahme lediglich nach Literaturangaben)

Genua

Insgesamt wohl vier Blätter, durchnummeriert 1 bis 4, bislang jedoch nur zwei Blätter bekannt. Beide in der Titelkopfleiste bezeichnet mit *PROSPECT VON GENUA*.

1 *Veduta del Palazzo Villamena della Parte del Mare | a Genua.
Ansicht des Palastes Villamena an der Meerseite | zu Genua.
Vué du Pallais Villamene du Cote de la Mer | a Gene.*

2 (?) Nach einer nicht mehr verifizierbaren Notiz von W. Seitz zeigt das Blatt den Meerhafen von Genua.

3 (?) *Veduta del Palazzo Villamena a Genua.
Ansicht des Pallastes Villamena zu Genua.
Vué du Pallais Villamene a Gene.*

4 Nach einer nicht mehr verifizierbaren Notiz von W. Seitz zeigt das Blatt die Anfahrt und Landung von Schiffen im Hafen von Genua.

Hohenheim (bei Stuttgart)

Insgesamt acht Blätter, durchnummeriert 1 bis 8. Alle Blätter ohne Kopfleistentitel.

1 *Veduta del Castelo Reale Hochenheim
apresso Stuttgarda.
Ansicht des Königlichen Lustschlosses
Hochenheim bey Stuttgardt.
Vué du Chateau Roial Hochenheim pres | de Stuttgardt.*

2 *Veduta del Tempie di Sybillen nel Giardino
Englese apresso Hochenheim.
Ansicht des Sybillen=Tempel im Englischen
Garten bey Hochenheim.
Vué du Tempel des Sybillen dens le Jardin
Englese pres de Hochenheim.*

3 *Vué du Bain Romain dans le Jardin
Englese pres de Hochenheim.
Ansicht des Römischen Bad im Englischen
Garten bey Hochenheim.
Veduta del Bagno Romano nel Giardino
Inglese apreso Hochenheim.*

4 *Veduta del Angolo Solitario nel Giardino Inglese
di Hochenheim.
Ansicht des Winkel Plazes in den Englisch Anlagen
zu Hohenheim.
Vué du Boudoir dan le Jardin Anglois | de Hochenheim.*

5 *Veduta della Carcere Romano nel Giardino Inglese
di Hohenheim.
Ansicht des Römischen Gefängniss in den englischen
Gar= | ten zu Hohenheim bey Stuttgart.
Vue de la Prison Romaine dans le Jardin Anglese
a Hohenheim.*

6 *Veduta della Fabbrica circolare nel Giardino Inglese
di Hohenheim.
Ansicht des Zirkelbau in den englischen Garten
zu Hohenheim.
Vue de la Maison Circolaire dans les Jardin Anglese
a Hohenheim.*

Abb. 9: Genua, Nr. 1: Ansicht des Palastes Villamena an der Meerseite

Abb. 10: Hohenheim, Nr. 5: Ansicht des Römischen Gefängniss

7   *Veduta del Eremitaggio nel Giardino Inglese
    di Hohenheim.*
    *Ansicht der Einsiedelei in der englischen Garten
    zu Hohenheim.*
    *Vué del'Eremitage dans les Jardin Angleise
    a Hohenheim.*

8   *Veduta del Vilagio Plieningen dietro del Castello
    di Hohenheim.*
    *Ansicht des Dorf's Plieningen im Rücken des
    Schlosses Hohenheim.*
    *Vue du Vilage de Plieningen derrier le Chateau
    de Hohenheim.*

Köln

Insgesamt vier Blätter, durchnummeriert 1 bis 4.
Alle Blätter ohne Kopfleistentitel.

1   *Veduta della Piazza del Domo a Cologna.*
    Ansicht des Dom-Platzes in Cölln.
    Vué de la Plaçe du Dom a Cologne.

2   *Veduta dela Casa di Citta a Cologna.*
    Ansicht des Rathhauses in Cölln.
    Vue de la Maison de Ville a Cologne.

3   *Veduta della Piazza St. Gereone a Cologna.*
    Ansicht des St. Gereons Platz in Cölln.
    Vué de la Plaçe St. Gereon a Cologne.

4   *Veduta del Mercato del Fieno a Cologna.*
    Ansicht des Heumarkts in Cölln.
    Vué du Marché au Foin a Cologne.

Livorno

Insgesamt acht Blätter, durchnummeriert 1 bis 8.
Alle Blätter in Titelkopfleiste bezeichnet mit *PROSPECT VON LIVORN*. Nennung des Zeichners (*Ant. Piemontesi del.*) über dem französischen Titel.

1   *Veduta della Piazza de S.ᵗ Antonio in Livorno.*
    Ansicht des S.ᵗ Antonius Platz in Livorn.
    Vue de la Places S.ᵗ Antoine a Livorne.

2   *Veduta di Venezia Nova e Chiesa S.ᵗ Antonio al Canal
    Grande in Livorno.*
    *Ansicht von neu Venedig und S.ᵗ Antonius Kirche am
    grossen Canal in Livorn.*
    *Vue de Venise nouveau ed Eglise S.ᵗ Antoine au Canal
    grande a Livorne.*

3   *Veduta del Palazo del Console D'Olanda in Venezia
    Nova in Livorno.*
    *Ansicht des Palastes des Holländischen Consuls in neu
    Venedig in Livorn.*
    *Vue du Palais du Consule d'Olandes a Venise
    nouveau a Livorne.*

4   *Veduta della Via de S.ᵗ Luccia alla parte della
    Forteza Nova in Livorno.*
    *Ansicht von S.ᵗ Luccia Strasse von der Seite der
    neuen Festung in Livorn.*
    *Vue della Route de S.ᵗ Luccie du Coté della Fortesse
    nouveau a Livorne.*

5   Für dieses Blatt ist bislang kein Nachweis möglich,
    seine Existenz wird jedoch vermutet.

6   *Veduta del Corso & Via del Faglio | in Livorno.*
    Ansicht der Strasse und des Spaziergangs Faglio | in Livorn.
    Vué du Route a du Promenade Faglio | a Livorn.

7   *Veduta del Palazzo del Grand Duca della Casa de
    Comunita ed della Dogana in Livorn.*
    *Ansicht des Gros Herzoglichen Palast, des
    Rathhaus und der Hall in Livorn.*
    *Vué du Palais du Grand Dué della Maison, du
    Comun ed-du Douane a Livorn.*

8   Blatt bisher nicht bekannt. Nach einer nicht mehr
    verifizierbaren Notiz von W. Seitz zeigt das Blatt
    eventuell ebenfalls den Großherzoglichen Palast.

Abb. 11: Köln, Nr. 1: Ansicht des Dom-Platzes

Abb. 12: Livorno, Nr. 6: Ansicht der Strasse und des Spaziergangs Faglio

London

Insgesamt acht Blätter, durchnummeriert 1 bis 8.
Alle in Titelkopfleiste bezeichnet mit *PROSPECT VON LONDON*.

1 *A View of the Custom House, with part | of the Tower.*
Ansicht des Mauth-Hauses, nebst einem Theil des Thurms (Citadelle) von London.
Vüe de la Douane, avec une partie de la Tour de Londres.

2 *A View of the South East Prospect of London from the Tower to London Bridge.*
Ansicht von London von der Sud-West Seite des Thurms (Citadelle) bis zur Londner Brücke.
Vüe de Londres sur du côté de Sud-Est depuis la Tour jusqu'au Pont de Londres.

3 *A Vien of Westmünster Bridge.*
Ansicht der Westmünster Brucke.
Vue du Pont de Westmünster.

4 *A View of Marybone Gardens, shewing the Grand Walk and the Orchestra, with the Musik.*
Ansicht der Gärten von Marybone, wo die | grosse Allée und das Orchester mit den | Musicanten vorgestellt Sind.
Vüe des Jardins de Marybone, ou Sont représentés la grande Allée et l'Orchestre, awec les Musiciens.

5 *A View of the Foundling Hospital.*
Ansicht des Findel-Hauses.
Vüe de l'Hôpital des Enfans Trouvés.

6 *A View of the Royal Hospital at Greenwich.*
Ansicht des Königlichen Hospitals zu Greenwich.
Vue de l'Hôpital Royale de Greenwich (s. Taf. XI, S. 199).

7 *A Vien of the Royal Hospital at Chelsea & the Rotunda in Ranelagh Gardens.*
Ansicht des Königlichen Hospitals von Chelsea und von Rotunda im Ranelagh'schen Garten.
Vue de l'Hôpital Royale de Chelsea et de la Rotunde des Jardins de Ranelagh.

8 *A View of Vaux Hall Gardens, shewing the Grand Walk at the entrance of the Garden, & the Orchestra, with the Musick.*
Ansicht der Gärten von Vaux Hall, von wo aus man die grosse Allée bey dem Eingang des Gartens, und das Orchester mit Musicanten Sieht.
Vüe des Jardins de Vaux Hall, ou l'ou voit la Grand Allée à l'Entrée du Jardin, et l'Orquestre avec les Musiciens.

Lübeck

Insgesamt vier Blätter, durchnummeriert 1 bis 4.
Alle in Titelkopfleiste bezeichnet mit *PROSPECT VON LÜBECK*.

1 *Ansicht der Hanseestadt Lübeck | gegen Aufgang.*
Vue de la Ville de Lübeck du Coté | de Ost.

2 *Ansicht der Hanseestadt Lübeck | gegen Mittag.*
Vue de la Ville de Lübeck du Coté | de Sud.

3 *Ansicht der Hanseestadt Lübeck an der Trave | gegen Abend.*
Vue de la Ville de Lübeck du Coté | de West.

4 *Ansicht der Hanseestadt Lübeck | gegen Mitternacht.*
Vue de la Ville de Lübeck du Coté | de Nord.

Mailand

Insgesamt wohl acht Blätter, bestehend aus zwei Serien à vier Blätter, beide möglicherweise existierend in einer nummerierten und in einer (späteren?) unnummerierten Version. Alle Blätter in Titelkopfleiste bezeichnet mit *PROSPECT VON MAILAND*.

1 *Veduta del Corso della Porta Riconoscenza alla parte di S.ᵗ Babila in Milano.*

Abb. 13: London, Nr. 2: Ansicht von London von der Sud-West Seite

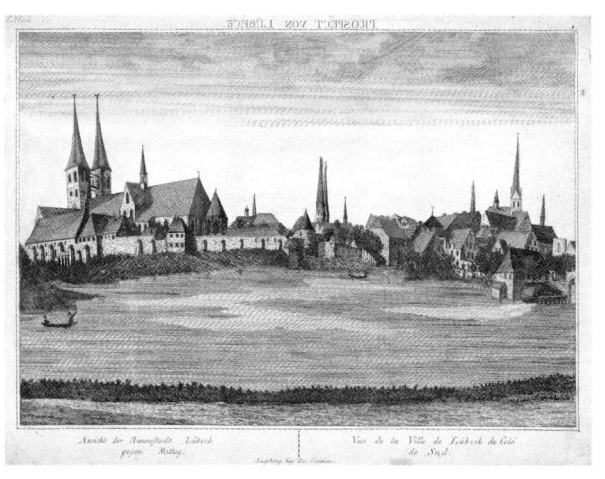

Abb. 14: Lübeck, Nr. 2: Ansicht der Hanseestadt Lübeck gegen Mittag

*Ansicht des Spaziergang am Thor Riconoscenza
bey St. Babila in Mailand.
Vue de la Promenade de la Porte Riconoscens
après St. Babila a Milan.*
Anmerkung: Das Blatt existiert auch in einer Fassung
ohne Blattnummer.

2 *Veduta della Villa Bonaparte presa dai Giardini
Publici di Milano.
Ansicht des Lustschloss Bonaparte genohmen
von den öffentlichen Gärten in Mailand.
Vue de la Ville Bonaparte pris du Jardines
Publique a Milan.*
Anmerkung: Das Blatt existiert auch in einer Fassung
ohne Blattnummer.

3 *Veduta della Piazza del Teatro | a Milano.
Ansicht des Theater Platzes | in Mailand.
Vue de la Place du Teatre | a Milan.*
Anmerkung: Das Blatt existiert auch in einer Fassung
ohne Blattnummer.

3 *Veduta della Chiesa di S.ᵗ Angelo | in Milano.
Ansicht der S.ᵗ Angelo Kirche | in Mailand.
Vue de l'Eglise du S.ᵗ Ange | a Milan.*
Anmerkung: Das Blatt existiert auch in einer Fassung
ohne Blattnummer.

4 *Veduta della Piazza d'Armi al Foro Bonaparte
in Milano.
Ansicht des Waffen=Platz am Foro Bonaparte
in Mailand.
Vue de la Place d'Armés au Foro Bonaparte
a Milan.*
Anmerkung: Das Blatt existiert evtl. auch in einer
Fassung ohne Blattnummer.

4 *Veduta del Ponte della Porta Marenco | in Milano.
Ansicht der Brücke des Marenco Thor | in Mailand.
Vue du Pont de la Porte Marenco | a Milan.*
Anmerkung: Das Blatt existiert evtl. auch in einer
Fassung ohne Blattnummer.

o. Nr. *Veduta della Piazza del Duomo col
Palazzo Reale in Milano.
Ansicht des Dom Platzes mit der
Königlichen Residens in Mailand.
Vué de la Place du Catetrale avec
Palais Royal a Milan.*
Anmerkung: Das Blatt existiert evtl. auch in einer
Fassung mit Blattnummer 1 oder 2.

? *Ansicht des Rathhaus Platzes in Mailand.*
Anmerkung: Diese Titelaufnahme erfolgte lediglich
nach einer unvollständigen Notiz. Das Blatt existiert
evtl. in zwei Fassungen (mit und ohne Blattnummer).

Malta

Insgesamt wohl vier Blätter, durchnummeriert 1 bis 4.
Wechselnde Kopfleistentitel. *Carmine* verwendete für
diese Stichfolge Druckplatten der *Kaiserlich Franciscischen Akademie* in Augsburg. Er veränderte lediglich die
Blattnummern in der Kopf- sowie die Adressangaben in
der Fußleiste. Die Nennung der Zeichner bzw. Stecher
beließ er auf den Blättern.

1 *Ansicht des Eingangs in das inere | des Hafens von Malta.
Vue de l'Entrée en de l'intérieur | du Port de Malte.*
Titel in Kopfleiste: *VUE DU PORT DE MALTE.*
Anmerkung: Links unter dem Bild Nennung des
Zeichners (*dessinée d'apres nature par Chasteler.*),
rechts unter dem Bild Nennung des Stechers (*gravée
par Kauffman*).

2 *Ansicht der Insel und des Seehafens | von Malta.
Vue de l'Isle et du Port | de Malte.*
Titel in Kopfleiste: *VUE DE L'ISLE ET DU PORT
DE MALTE.*
Anmerkung: Rechts unter dem Bild Nennung des
Stechers (*Kauffman sc.*).

3 *Ansicht der Stadt u. des Seehafens von Malta
aufgenom̄en im Grund des Seehafens und
auf den Höhen der Korradins Felsen.*

Abb. 15: Mailand, o. Nr.: Ansicht des Dom Platzes

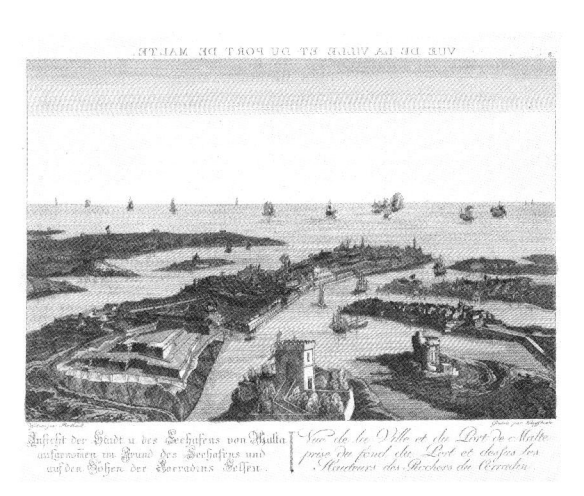

Abb. 16: Malta, Nr. 3: Ansicht der Stadt u. des Seehafens

Vue de la Ville er du Port de Malte | prise du fond du Port et dessus les | Hauteurs des Rochers du Corradin. Titel in Kopfleiste: *VUE DE LA VILLE ET DU PORT DE MALTE.* Anmerkung: Links unter dem Bild Nennung des Zeichners (*dessinee par Berthault.*), rechts unter dem Bild Nennung des Stechers (*Gravée par Kauffman.*).

4 *Ansicht von der Festung Manoel und der Lazareth Insel, in dem Theil des Seehafens von Malta genant Marsa Musciette. Vue du Fort Manoel et de l'Isle du Lazareth, dans la partie du Port de Malte appellée Marsa Musciette.* Titel in Kopfleiste: *VUE DU PORT DE MALTE.* Anmerkung: Links unter dem Bild Nennung des Zeichners (*Dessinée par Despres.*), rechts unter dem Bild Nennung des Stechers (*Gravé par Kaufmann.*).

Neapel

Insgesamt vier Blätter, durchnummeriert 1 bis 4. Alle Blätter in Titelkopfleiste bezeichnet mit *PROSPECT VON NEAPEL*.

1 *Der gegen Soñen Aufgang liegende Platz von Neapel. Piazza di Napoli verso Oriente. Place de Naples du Côté de l'Orient.*

2 *See Hafen von Neapel gegen die Seite des Vice-Königlichen Palastes. Porto di Napoli verso il Palazzo | del Vice-Ré. Port de Naples du Côté du Palais | du Vice-Roi.*

3 *Das Ufer an dem Spanischen Platz in Neapel. Riva alla Piazza di Spagna in Napoli. Bord a la Place d'espagne a Naples.*

4 *Das Ufer an dem Lustgarten des Vice-Königs in Neapel. Riva al Giardino del Vice-Re in Napoli. Bord au jardin du Vice-Roy de Naples.*

Paris

Insgesamt acht Blätter, bestehend aus zwei Serien à vier Blätter – eine mit Kirchen, die andere mit Palästen –, jeweils durchnummeriert 1 bis 4. Alle Blätter in Titelkopfleiste bezeichnet mit *PERSPECTIVE DE PARIS*.

1 *Vue de l'Eglise Cathedrale de notre Dame. Ansicht der Hauptkirche von unser Frau. Vedutta della Chiesa Cathedrale della Madonna.*

1 *Vue du Palais des Thuilleries. Ansicht von dem Pallast der Thuillerien. Vedutta del Palazo di Thuillerie.*

2 *Vue de l'Eglise Saint Germain. Ansicht von der Kirche des heil. Germanus. Vedutta della Chiesa Santo Germano.*

2 *Vue du Palais Royal du Côte du Jardin. Ansicht des Königl: Pallastes von Seite des Gartens. Vedutta del Palazo Reale dalla parte del Giartino.*

3 *Vue de l'Eglise Cathedrale de la Sorbonne. Ansicht von der Cathedral-Kirche, Sorbonne genant. Vedutta della Chiesa Cathedrala la Sorbonne.*

3 *Vue du Palais des Thuilleries di Côte du Jardin. Ansicht der Thuillerien Seitwärts des Gartens. Vedutta di Thuillerie della parte del Giartino.*

4 *Vue de la Rüe S^e Honore et de | l'Eglise de Lassomption. Ansicht der St Honorius Gasse, und von der Himelfahrts Kirche. Vedutta della Contrada de St. Honoré, ed la Chiesa Del'Assonta.*

4 *Vue du Palais des quatres Nations. Ansicht von dem Pallast der vier Nationen. Vedutta del Palazzo della quatro Natione.*

Abb. 17: Neapel, Nr. 3: Das Ufer an dem Spanischen Platz

Abb. 18: Paris, Nr. 2: Ansicht des Königl: Pallastes von Seite des Gartens

Prag

Insgesamt acht Blätter, mit den ungewöhnlichen Nummernfolgen 1 bis 6 sowie 1 bis 2. *Carmine* verwendete für die Stichfolge mit den Nummern 1 bis 6 Druckplatten der *Franciscischen Akademie*. Diese Serie ist kenntlich am Kopfleistentitel *PRAGER PROSPECT*. Bei den beiden anderen Blättern (Altstädter Rathaus und Altstädter Theinplatz), die den abweichenden Kopleistentitel *PROSPECT VON PRAG.* tragen, handelt es sich dagegen um seitenverkehrte Nachstiche *Carmines* von Blättern der *Akademie*. Ob diese Nachstiche erforderlich waren, weil *Carmine* die beiden entsprechenden Druckplatten der *Akademie* nicht hatte erwerben können, oder aber, weil er die Druckplatten zwar erworben hatte, diese aber schadhaft und daher nicht mehr zu verwenden waren, lässt sich nicht mehr feststellen. Jedenfalls war *Carmine* gezwungen, eine eigene Stichserie zu Prag anfertigen zu lassen, von der jedoch möglicherweise nur die ersten beiden Blätter (daher die Blattnummern 1 bis 2) erschienen.

1 *Vu de l'Eglise des PP Croisée de l'Eglise de S. Salvator. et du Colege jadis. des Jesuites prés du Pont à la ville de Prague jusqueau Palais Pachta.*
Prospect der Creutzhern Kirche der S.t Salvator Kirche dem emaligen | Jesuiten Colegio beÿ der Bricken in der Altstadt Prag bis zum | Pachtischen Palais.
Titel in Kopfleiste: *PRAGER PROSPECT*.

1 *Veduta del Palazzo di Citta Vechia | in Praga.*
Ansicht des Altstädter Rathhauses | in Prag.
Vue de la Maison de la Vieille Ville | a Prague.
Titel in Kopfleiste: *PROSPECT VON PRAG*.
Anmerkung: Als Vorlage diente Carmine ein Blatt der *Franciscischen Akademie*, das er jedoch seitenverkehrt nachstach (s. Taf. XIII, S. 200).

2 *Vue dune partie du Theatre du Kotzen & du Convent des | PP= Carmes – et de la grande rue du Caroline jusques á la | Monoÿ dans la Vilelle de Prague.*
Prospect Eines Theils der Kotzen mit dem Theater; des Klosters der | pp- Carmeliter; der grosse Carolinen gasse bis zu der Münze in | der alt Stadt Prag.
Titel in Kopfleiste: *PRAGER PROSPECT*.

2 *Veduta della Piazza Thein, e Chiesa in Citta Vechia in Praga.*
Ansicht des Altstädter Thein=Platzes und der Kirche in Prag.
Vue de la Place Thein et l'Eglise de la Vieille Ville a Prague.
Titel in Kopfleiste: *PROSPECT VON PRAG*.
Anmerkung: Als Vorlage diente Carmine ein Blatt der *Franciscischen Akademie*, das er jedoch seitenverkehrt nachstach.

3 *Vue del' Eglise du Couvent, et de la rüe Irlndois jusques aux remprts de la ville neuve de Prague.*
Prospect der Kirchen, und des Klosters, samt der Strasse der | Hiberner, bis zu der Schantz in der Neystadt Prag.
Titel in Kopfleiste: *PRAGER PROSPECT*.

4 *Vue du Rosmark du coté la Statué de S: Wenceslaus jasgues á la vieille Ville de Prague.*
Prospect des Roßmarkts in der Neustadt Prag von der Statuen des H: Wenceslaui bis zu der Altstadt.
Titel in Kopfleiste: *PRAGER PROSPECT*.

5 *Vue del entrée au Palais Roÿal et de la Residence del' Strchereque jusques al'ancien Manege de la Cour a Prague.*
Prospect des Eingangs in die königliche Burg, und der Erzbischöfl: | Residenz bis zur alten Reitschul in Prag.
Titel in Kopfleiste: *PRAGER PROSPECT*.

6 *Vue de la Residence Archeveqve et de la grande place du Hradschin jusqueau Palais de Toscanea Prague.*
Prospect der Erzbischl: Residenz und des Grossen Platzes auf dem Hardschin bis zu dem Toscanisch: Palais in Prag.
Titel in Kopfleiste: *PRAGER PROSPECT*.

Abb. 19: Prag, Nr. 1: Ansicht des Altstädter Rathhauses

Abb. 20: Rom, Nr. 1: Ansicht des vortrefflichen Platzes Navona

Rom

Carmine brachte zwei verschiedene Rom-Serien, bestehend aus jeweils 8 Blättern, heraus. Die erste, nicht nummerierte Serie wurde von Kupferplatten der *Franciscischen Akademie* gedruckt. Die Titel in Kopf- und Fußleiste blieben unverändert, auch beließ *Carmine* die Angabe *Collection des Prospects* (links oben) sowie die Nennung des Zeichners (*Barbault delin.*, links unten) und des Stechers (*Gravé par Balth. Frederic Leizelt*, rechts unten) auf den einzelnen Blättern. Den Namen der *Akademie* ersetzte er jeweils durch seinen eigenen (rechts unten).

Die zweite Rom-Serie, die *Carmine* selbst stechen ließ, besteht aus zweimal vier Blättern, jeweils durchnummeriert 1 bis 4. Alle Blätter in Titelkopfleiste bezeichnet mit *RÖMISCHER PROSPECT*.

o. Nr. *Vuë du la Place Colonne a Rome.*
Titel in Kopfleiste: *VUË DE LA PLACE COLONNE A ROME.*
Anmerkung: Unter dem Fußleistentitel Legende:
1. Colonne Antonine. 2. Palais Chigi. 3. Palais bâti par Innocent XII. pour la residence des Juges. 4. Residence de Monseigneur Vicegerent.

o. Nr. *Palais Corsini.*
Titel in Kopfleiste: *PALAIS CORSINI.*
Anmerkung: Unter dem Fußleistentitel Legende:
1. Petit Palais Farnese. 2. Eglise et Monastere de S. Jacques. 3. Porte du S. Esprit. 4. Eglise et Monastere de Regina Cœli. 5. Eglise et Monastere delle Scalette.

o. Nr. *Vuë de la Place de St Jean de Lateran du côté de l'Hôpital.*
Titel in Kopfleiste: *VUE DE LA PLACE DE S.^{T} IEAN DE LATERAN.*
Anmerkung: Unter dem Fußleistentitel Legende:
1. Echelle Sainte. 2. Palais ou habitoient les Papes et qu'on a reduit en couvent pour les Pauvres filles. 3. Portique lateral de l'Eglise. 4. Obelisque élevé par Siste V.

o. Nr. *Vuë du Palais Sacchetti à Rome.*
Titel in Kopfleiste: *VUË DU PALAIS SACCHETTI À ROME.*
Anmerkung: Unter dem Fußleistentitel Legende:
1. Ruë Giulia. 2. Eglise de St Blaise de la Pagnote. 3. Eglise de Ste Marie du Suffrage. 4. Prisons neuves. 5. Eglise du St Esprit des Napolitains. 6. Eglise | de la Mort. 7. Arc du Palais Farnese.

o. Nr. *Vuë du Palais Colonne di Sciarra à Rome.*
Titel in Kopfleiste: *VUË DU PALAIS COLONNE DI SCIARRA A ROME.*
Anmerkung: Unter dem Fußleistentitel Legende:
1. Arc de Carboniani, 2. Rue du Cours, 3. Obelisque de la Place du Peuple. 4. Palais Bichi.

o. Nr. *Vuë du la Place de la Colonne de Trajane à Rome.*
Titel in Kopfleiste: *VUË DE LA PLACE DE LA COLONNE TRAIANE À ROME.*
Anmerkung: Unter dem Fußleistentitel Legende:
1. Colonne Trajane. 2. Eglise du Nom de Marie. 3. Eglise de Ste Marie de Lorete.

o. Nr. *Vuë de la Place du Peuple à Rome.*
Titel in Kopfleiste: *VUË DE LA PLACE DU PEUPLE À ROME.*
Anmerkung: Unter dem Fußleistentitel Legende:
1. Eglise de la Vierge des miracles. 2. Eglise de Ste Marie du Monte Santo. 3. Ruë du Cours. 4. Ruë qui conduit a place d'Espagne. 5. Ruë qui conduit a Ripotta.

o. Nr. Blatt bisher nicht bekannt. Seine Existenz wird jedoch vermutet.

1 *Veduta della magnifica Piazza Navona, nella quale anticamente vi era il famoso Circo Agonale.*
Ansicht des vortrefflichen Platzes Navona, der ehemals der Platz der Kämpfer des Circus war.
Vue de la magnifique Place Navone, qui etait anciennement le Fameux Cirque Agonale.

1 *Veduta del Panteon d'Agrippa in oggi Chiesa di St. Maria ad Martyres comunemente d.^{a} la Rotunda.*
Ansicht des Pantheon des Agrippa, heut zu Tage der Kirche der heil. Maria zu den Martyrern, gemeinhin la Rotunda genañt.
Vue du Pantheon d'Agrippa aujourdhui l'Eglise de St. Mariæ ad Martyres coñunemeñte apelle la Rotunde.

2 *Veduta del Tempetto di Bramante nel Chiostro di S. Pietro in Montorio nel quale Sito il S. Apostolo ricevé il Martyrio*
Ansicht der kleinen Kirche von Bramanta im Kloster des heil. Peter in Montorio, wo der heil. Apostel gemartert worden.
Vue du petit Temple de Bramante dans le Cloitre de St. Piere sur le Montorio, oú le St. Ap.^{tre} a recut le mart.

2 *Veduta della Basilica di S. Giovanni in Laterano chiamata Bas.^{ca} Costantiniana da Costan.^{no} che la fundo.*
Ansicht der Kirche des heil. Iohañ von Lateran, genannt Constantinische von dem Stifter derselben.

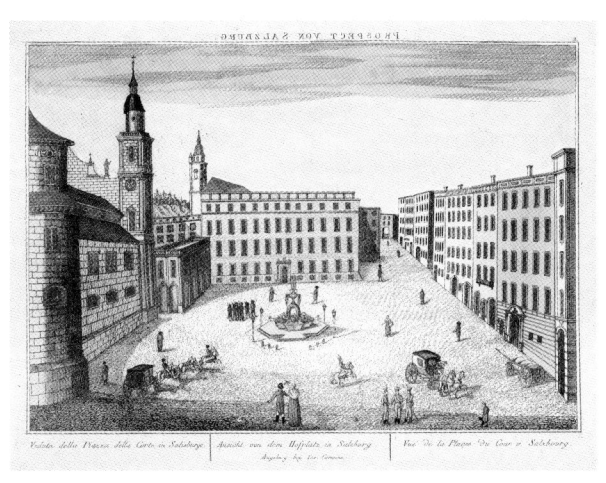

Abb. 21: Salzburg, Nr. 2: Ansicht von dem Hofplatz

Vue de la Basilique de S.t Iean de Latran appellée Basilique Constaninienne de Constantin qui l'à fondée.

3 *Veduta del Campidoglio Romano.*
Ansicht des Römischen Capitoliums.
Vue du Capitole Romaine.

3 *Veduta della Basilica di S. Lorenzo fuori le mura, edificata da Constantino Magno Sopra al Cimiterio di S. Ciriaca.*
Ansicht der Hauptkirche des heil. Lorenz ausser der Stadt, erbaut | von Constantin dem Grossem auf dem Freythof der heil. Ciriaca.
Vue de la Basilique de St. Laurent hors de murs batie par Constantin le Grand sur le Cimetiere de St. Ciriaque.

4 *Veduta della Piazza del Popolo nel di cui mezzo si vede un grande Obelisco Egizio, e lateral.^{te} le due Chiese uniformi.*
Ansicht des Volksplatzes, in dessen Mitte ein grosser Egyptischer Obelisk zu Sehen, und an beyden Seiten zwo gleich gebaute Kirchen.
Vue de la Place du Peuple au milieu de la quelle on voit un grand Obelisque Egyptien aux cotes deux Eglises Semblebles.

4 *Ansicht des Platzes und der St. Peter Kirche im Vatican, errichtet von Constantin dem Großen, dessen Grabstätte sie war.*
Anmerkung: Unvollständige Titelaufnahme nach Literaturangaben.

Salzburg

Insgesamt acht Blätter, bestehend aus zwei Serien à vier Blätter, jeweils durchnummeriert von 1 bis 4. Alle Blätter in Titelkopfleiste bezeichnet mit *PROSPECT VON SALZBURG*. Aufgrund verschiedener Merkmale (z. B. Häufigkeit der Blätter, Unterschiede zwischen Blättern mit heller und dunkler Pflasterung) lässt sich vermuten, dass die erste Viererserie aus den Motiven Domkirche, Hofkirche, Universitätskirche und Kapitelplatz besteht.

Abb. 22: Stockholm, o.Nr.: Die Graff Pippers Strasse

1 *Veduta del Domo in Salisburgo.*
Ansicht von der Dom Kirche in Salzburg.
Vué du Duome a Salzbourg.

1 *Veduta della Piazza Mirabel in Salisburgo.*
Ansicht des Mirabel=Platz in Salzburg.
Vue de la Places Mirabel a Salzbourg.

2 *Veduta della Piazza della Corte in Salisburgo.*
Ansicht von dem Hofplatz in Salzburg.
Vué de la Plaçes du Cour a Salzbourg.

2 *Veduta della Piazza del Mercato in Salisburgo.*
Ansicht des Markt-Platz in Salzburg.
Vué de la Plaçes du Marche a Salzbourg.

3 *Veduta della Chiesa della Universita in Salisburgo.*
Ansicht von der Universitæts Kirche in Salzburg.
Vué de l'Eglise de la Université a Salzbourg.

3 *Veduta del Ospitale di St: Giovane in Salisburgo.*
Ansicht des St: Iohañes Spital in Salzburg.
Vue del Hopital du St: Iean a Salzbourg.
Anmerkung: Das einzige bekannte Exemplar dieses Blattes ist oben so knapprandig beschnitten, dass keine Blattnummer erhalten ist; es trägt jedoch vermutlich die Nummer 3.

4 *Veduta della Piazza del Capitolo presso il Domo | in Salisburgo.*
Ansicht von dem Capitel=Platz neben dem Dom in Salzburg.
Vué de la Plaçes du Chapitre pres du Duome | a Salzbourg.

4 *Veduta della Porta Klaußen […] | in Salisburgo.*
Ansicht des Klaußen oder Frauenthor | in Salzburg.
Vue de la Porte Klaußen ou Porte des femmes | a Salzbourg.
Anmerkung: Titelaufnahme lediglich nach schlechter Abbildungsvorlage.

Stockholm

Serie aus vier Blättern, ohne Nummerierung. *Carmine* verwendete hierfür Druckplatten der *Franciscischen Akademie*. Er entfernte die Angabe *Collection des Prospects* (links oben), beließ jedoch den zweisprachigen Titel in der Fußleiste sowie die Nennung des Stechers (*Hauer*, rechts unten). Die Adresse der *Akademie* ersetzte er durch seine eigene, und auch der Kopfleistentitel wurde vereinheitlicht zu *PROSPECT VON STOCKHOLM*.

o. Nr. *Der Banco in Stockholm.*
Banque des Marchands a Stockholm.
Anmerkung: Das ursprüngliche Blatt der Akademie trug den Kopfleistentitel *BANQUE DES MARCHANDS A STOCKHOLM*.

o. Nr. *Das Zeughauss in Stockholm.*
L'Arsenal a Stockholm.

Anmerkung: Das ursprüngliche Blatt der Akademie trug den Kopfleistentitel *L'ARSENAL A STOCKHOLM*.

o. Nr. *Die S.ᵗ Catharinen Kirche | in Stockholm.*
Vuë de l'Eglise de S.ᵗ Catharine | a Stockholm.
Anmerkung: Das ursprüngliche Blatt der Akademie trug den Kopfleistentitel *VUE DE L'EGLISE DE S.ᵗ CATHARINE A STOCKHOLM*.

o. Nr. *Die Graff Pippers Strasse in Stockholm gegen dem Meerhaven.*
La Rue de Comte Pippers a Stockholm | vers la Pont.
Anmerkung: Das ursprüngliche Blatt der Akademie trug den Kopfleistentitel *LA RUE DE COMTE PIPPERS A STOCKHOLM*.

Zusätzlich zu dieser Serie ist ein einzelnes Blatt bekannt, welches das westlich von Stockholm gelegene Königsschloss Drottningholm zeigt und ebenfalls aus dem Vorbesitz der *Franciscischen Akademie* stammt. Auf ihm hat sich die Angabe *Collection des Prospects* (links oben) erhalten. Die eingestochene Nummer 4 (rechts oben) lässt vermuten, dass es zusammen mit drei weiteren Akademie-Ansichten von schwedischen Residenzen (Karlberg in Solna, Salsta bei Uppsala und Drottningholm von der Gartenseite) eine zusätzliche Viererserie bildet.

4 *Das Trottingholmische Palatium in der Lustigsten Gegendt.*
Seconde Vuë de Drottingholm Palais | de S. M. le Roi de Suede avec | les environs tres plaisans.
Titel in Kopfleiste: *SECONDE VUË DE DROTTINGHOLM*.

Venedig

Insgesamt acht Blätter, bestehend aus zwei Serien à vier Blätter. Für die unnummerierte Serie verwendete *Carmine* Kupferplatten aus dem Vorbesitz der *Franciscischen Akademie*, bei denen er lediglich die Adresse ersetzte.

Die Titel in Kopf- und Fußleiste, die Angabe *Collection des Prospects* (links oben) sowie die Nennung des Malers (*Canaleti Pinx.*, links unten), des Zeichners (*Jos. Baudin del.*, links unten) und des Stechers (*F. Leizelt Sculps.*, rechts unten) beließ er dagegen unverändert.

Die nummerierte Serie (1 bis 4) ist in der Titelkopfleiste einheitlich bezeichnet mit *PROSPECT VON VENEDIG*.

o. Nr. *Prospect Von dem großen Canal in Venedig.*
Vue du Grand Canal de Venise.
Titel in Kopfleiste: *VUE DU GRAND CANAL DE VENISE* (s. Taf. XII, S. 199).

o. Nr. *Prospect des Untern Theils Vom großen Canal = in Venedig.*
Vue du Continent du Bas du Grand Canal = | a Venise.
Titel in Kopfleiste: *VUE DU CONTINENT DU BAS DU GRAND CANAL A VENISE* (s. Abb. 36).

o. Nr. *Prospect der Gebäude bey der Realte in Venedig.*
Vuës des Edifices, du Realte de Venisi.
Titel in Kopfleiste: *VUES DES EDIFICES DU REALTE DE VENISE*.

o. Nr. *Prospect der Realte Brüggen in Venedig.*
Vue du Pont Realte de Venise.
Titel in Kopfleiste: *VUES DU PONT REALTE DE VENISE*.

1 *Veduta della grand Piazza di S.ᵃ Marco | in Venezia.*
Ansicht des grossen Marcus Platzes | in Venedig.
Vue de la grand Place de St. Marc | a Venise.

2 *Veduta della Chiesa di St. Giorgio Maggiore.*
Ansicht der Kirche des heiligen Georg | des Grössern.
Vue de L'Eglise de St. George Major.

3 *Veduta della Chiesa di St. Simeone Apostolo.*
Ansicht der Kirche des heiligen Apostels Simeon.
Vue de L'Eglise de L'Apostre St. Simeon.

Abb. 23: Venedig, Nr. 1: Ansicht des grossen Marcus Platzes

Abb. 24: Wien, Nr. 3: Ansicht der Kirche und des Klosters zu Maria Hielf

4 *Veduta della Chiesa del SS.^{mo} Rosario.*
   Ansicht der Kirche von heiligen Rosenkranz.
   Vue de L'Eglise du St. Rosaire.

Wien

Insgesamt mindestens acht Blätter, bestehend aus zwei Serien à vier Blätter, jeweils durchnummeriert 1 bis 4. Alle Blätter in der Titelkopfleiste bezeichnet mit PROSPECT VON WIEN. Darüber hinaus ist eine weitere Carmine-Ansicht von Wien (*Ansicht des Schotten=Platzes*) bekannt, deren einziges bekanntes Exemplar jedoch so knapprandig beschnitten ist, dass eine eventuelle Blattnummer nicht ersichtlich ist. Es ist daher nicht möglich zu entscheiden, ob es sich hierbei um ein singuläres Ergänzungsblatt handelt oder ob noch eine dritte Wien-Serie existiert.

1 *Veduta della Canceleria Imp: ed Rea: di Quera ed Chiesa di Garnigione al Hof.*
   Ansicht der K: K: Hofkriegskanzley und Garnisons=Kirche am Hof.
   Vue de la Chancellerie I: & Ro de Guere ed Eglise de la Guarnison sur le Hof.

1 *[...] Vienne.*
   Ansicht des Hohenmarkts in Wien.
   Vue du Haut Marché a Vienne.
   Anmerkung: Das einzige bekannte Exemplar dieses Blattes ist am linken Rand so stark beschnitten, dass ein Teil der Darstellung sowie der Beginn des italienischen Textes fehlt.

2 *Veduta della Parochia ed dei Collegi dei Padre delle Scole pie a Josephstadt.*
   Ansicht der Pfarr Kirche und der beyden Collegien der Väter der fromen Schulen in der Josephstadt.
   Vué d'Eglise paroisse ed du deux Colleges des Peres des Ecoles pieuses dans la Josephstadt.

2 *Veduta del Kohlmarkt in Vienna.*
   Ansicht des Kohlmarkts in Wien.
   Vue du Kohlmarkt a Vienne.

3 *Vedutta del Graben verso il Kohlmarkt | in Wien.*
   Ansicht vom Graben gegen dem Kohlmarkt | in Wien.
   Vue du Graben vers le Kohlmarkt | a Vienne.

3 *Veduta della Chiesa ed Convento a Maria Hielf nel Foborgo detto Leimgrube.*
   Ansicht der Kirche und des Klosters zu Maria Hielf in der Vorstadt Leimgrube.
   Vué del'Eglise ed Couvent a Maria Hielf au Fauxbourg dit Leimgrube.

4 *Veduta della Chiesa parochiale d'Augustiniani ed Piazza nova nel Foborgo detto Landstrasse.*
   Ansicht von der Augustiner Pfarr=Kirche und dem neuen Platz auf der Landstrasse.
   Vué del Eglise paroisse des Augustins ed de la Place neuve au Fauxbourg dit Landstrasse.

4 *Vedutta della Piazza et Chiesa di St Michele e Theatro Nationale in Vienne.*
   Ansicht des Michaeler Platzes, der Kirche, und des K. K. National Theaters in Wien.
   Vue de la Place et l'Eglise de St Michel et Theatre Nationale a Vienne.

(?) *Veduta della Piazza ed Chiesa dei | Scozzi a Vienna.*
   Ansicht des Schotten=Platzes und | Kirche in Wien.
   Vue de la Place ed Eglise des | Ecossais a Vienne.
   Anmerkung: Das vorliegendem Blatt ist so knapprandig beschnitten, dass eine Blattnummer nicht erkennbar ist.

Italien

Messina, Tarent

Die Tatsache, dass die beiden Blätter mit den Nummern 1 und 2 versehen wurden, legt die Vermutung nahe, dass sie als Ansichtspaar zu italienischen Städten zusammengehören. Ob diese Kleinserie ursprünglich sogar aus vier Blättern bestand oder zumindest zu einer Viererfolge ausgebaut werden sollte, ist nicht bekannt. Jedenfalls konnte bislang kein Hinweis auf die fehlenden Num-

Abb. 25: Italien, Nr. 1: Ansicht des Königlichen Platzes zu Messina

Abb. 26: Niederlande, Nr. 2: Ansicht der Brücken über die Maass in Rotterdam

mern 3 und 4 gefunden werden. Für die nachweisbaren Ansichten von Messina und Tarent verwendete *Carmine* Druckplatten der *Francisischen Akademie*. Er veränderte lediglich die jeweilige Blattnummer in der Kopf- sowie die Adressangabe in der Fußleiste. Die Nennung des Zeichners und Stechers behielt er dagegen bei.

1 *Ansicht des Königlichen Platzes zu Messina | nebst einem Theil des Seehafens und dem | Palast des Vice Königs.*
Vuë de la Place Royale de Messine | avec une partie du Port et du Palai c | des Vice-Roi c.
Titel in Kopfleiste: *VUE DE LA PLACE ROYALE DE MESSINE.*
Anmerkung: Nennung des Zeichners (*Dessine par Despréz.*, links unten) und des Stechers (*A. Dusch. Scul.*, rechts unten).

2 *Ansicht der Stadt und des Seehafens | von Tarent.*
Vue de la Ville et du Golfe | de Tarente.
Titel in Kopfleiste: *VUE DE LA VILLE ET DU GOLFE DE TARENTE.*
Anmerkung: Nennung des Zeichners (*Chastelet del.*, links unten) und des Stechers (*Ludwig Gradman sc.*, rechts unten).

Niederlande
Haarlem, Middelburg, Rotterdam

Die vorliegenden Blätter gehören möglicherweise zu einer Serie mit niederländischen Städten, bestehend aus vier Blättern, von denen zwei nummeriert und zwei unnummeriert sind. *Carmine* verwendete hierfür Druckplatten der *Francisischen Akademie*, deren Namen er durch seinen eigenen ersetzte (rechts unten). Die originalen Texte blieben wechselweise erhalten oder wurden ersetzt bzw. gelöscht.

o. Nr. *Die Abteÿ auf dem Hoff von Zeeland Zu Middelburg von innen.*
L'Abbaÿe dans la cour de Zélande à Middelbourg par dédans.
Titel in Kopfleiste: *L'ABBAYE DANS LA COUR DE ZÉLANDE À MIDDELBOURG PAR DÉDANS.*
Anmerkung: Links oben Angabe *Collection des Prospects*, rechts unten Stechernennung (*Balth. Fried. Leizel sculps*). Alle Texte wurden unverändert vom Blatt der *Akademie* übernommen.

o. Nr. *Die alte Kirch in Middelburg.*
L'Ancienne Eglise à Middelbourg.
Titel in Kopfleiste: *L ANCIENNE EGLISE À MIDDELBOURG.*
Anmerkung: Links oben Angabe *Collection des Prospects*, links unten Stechernennung (*F. Leizelt sculps.*), rechts unten Zeichnernennung (*C Pronk del. ad viv*). Alle Texte wurden unverändert vom Blatt der *Akademie* übernommen.

2 *Veduta dei Ponte sopra la Maass | a Rotterdam.*
Ansicht der Brücken über die Maass | in Rotterdam.
Vuë des Ponts sur la Meusse | a Rotterdam.
Titel in Kopfleiste: *PROSPECT VON ROTTERDAM.*
Anmerkung: *Carmine* veränderte bei diesem Blatt der *Akademie* den originalen Wortlaut der Titel in der Kopfleiste (*VUË DES PONTS SUR LA MEUSE A ROTERDAM.*) und in der Fußleiste (*Prospect der Brüggen über die Maass | in Rotterdam* bzw. *Vuë des Ponts sur la Meuse a | Roterdam.*). Zudem entfernte er die Angabe *Collection des Prospects* (links oben) sowie die Nennung des Zeichners (*Sayer delin.*, links unten) bzw. des Stechers (*Gravé par George Godofroid Winckler*, rechts unten). Stattdessen fügte er die Blattnummer hinzu. Zwar gibt der Titel vor, eine Situation in Rotterdam zu zeigen, tatsächlich jedoch stellt das Motiv eine Szene auf der Sparne in Haarlem dar. Das Blatt ist nämlich, abgesehen von einigen Details im Bildhintergrund, eine Kopie des 1764 erschienenen Kupferstiches *GESIGT over het SPAARNE by de Brouwery het Dubbelt Anker binnen HAARLEM.* von Johannes Swertner (s. Taf. XIV, S. 200).

3 *Veduta del Ponte Melck sopra la Sparne | a Haarlem.*
Ansicht der Melckbruck über die Sparne | in Haarlem.
Vue du Pont dit Melck sur la Sparne | a Haarlem.

Abb. 27: Persien, Nr. 3: Ansicht des Königlichen Seehafens zu Siras

Abb. 28: Russland, Nr. 8: Prospect der Kirche Basilieblagenne in Moscau

Taf. XI: London, Nr. 6: Ansicht des Königlichen Hospitals zu Greenwich

Taf. XII: Venedig, o. Nr.: Prospect Von dem großen Canal

Tafeln zu Michael Ritter: Die Guckkastenblätter des Augsburger Kunstverlegers Joseph Carmine

Taf. XIII: Prag, Nr. 1: Ansicht des Altstädter Rathhauses (Vorlage der Akademie)

Taf. XIV: Niederlande Rotterdam, Nr. 2: Ansicht der Brücken über die Maass (Vorlage der Akademie)

Titel in Kopfleiste: *PROSPECT VON HAARLEM*.
Anmerkung: Bei diesem ursprünglichen Akademie-Blatt veränderte *Carmine* die Titel in der Kopf- und in der Fußleiste, zudem entfernte er die Angabe *Collection des Prospects* (links oben) sowie die Nennung des Zeichners bzw. des Stechers. Als Vorlage diente ein Kupferstich von Johannes Swertner aus dem Jahr 1764.

Persien
Isphahan, Schiras

Insgesamt vier Blätter, durchnummeriert von 1 bis 4. Alle Blätter mit einheitlichem Kopfleistentitel *PROSPECT VON PERSIEN*. Als Vorlage für die Blätter 1 und 2 diente *Carmine* eine Serie der *Franciscischen Akademie*, die er vereinfacht nachstach. Bei den Blättern 3 und 4 beruhen zwar die Randbauten auf Vorlagen der *Akademie*, die Mittelteile schuf *Carmine* jedoch gänzlich neu.

1   *Veduta del Palazzo reale e Moschea di Persia.*
    Ansicht des Königlichen Pallastes und der Moschee in Persien.
    Vue du Palais royale & Moschée de Perse.

2   *Veduta delle Loggie e Fontane Reale d'Ispahan in Persia.*
    Ansicht der Königlichen Lustgänge und Spring= Brunnen von Ispahan in Persien.
    Vue des Promenades et des Fontaines d'Ispahan | a Perse.

3   *Veduta del Porto reale in Siras in Persia.*
    Ansicht des Königlichen Seehafens zu Siras in Persien.
    Vue di Port royale en Siras a Perse.
    Anmerkung: Inhaltlich ist das Motiv eines Seehafens unmöglich, da Schiras weit im Landesinneren Persiens liegt.

4   *Veduta della Piazza reale in Siras in Persia.*
    Ansicht des Königlichen Platzes zu Siras in Persien.
    Vue de la Place royale en Siras a Perse.

Russland
Moskau, Sankt Petersburg

Insgesamt sind 17 Blätter mit Motiven aus Russland bekannt. Eines davon ist jedoch eine völlige Ausnahme unter allen Guckkastenblättern Carmines, da es keine bloße Stadtansicht, sondern den Brand Moskaus im Jahr 1812 zeigt. Es wurde also ereignisbezogen hergestellt und ist damit dieser Serie eigentlich nicht zugehörig. Damit verbleiben 16 Russland-Blätter, von denen 13 als nummerierte Exemplare nachweisbar sind (Nr. 2, 4, 5 und 7 bis 16). Nachdem belegt ist, dass die Russland-Stiche in zwei Fassungen existieren (mit und ohne Blattnummern), darf angenommen werden, dass die drei Blätter, die bisher lediglich als unnummerierte Exemplare bekannt sind, auch als nummerierte Ausgaben existieren und dabei vermutlich die fehlenden Ziffern 1, 3 und 6 tragen.

Die Russland-Blätter zeigen wechselweise Motive aus Moskau und Sankt Petersburg. Lediglich die Blätter 13 bis 16 tragen den Kopfleistentitel *RUSSISCHER PROSPECT*.

1   Vermutlich ein Blatt der Serie, das bislang nur in einer unnummerierten Version nachweisbar ist.

2   *Die Kaiserliche Academie der Wissenschaften in Petersburg.*
    L'Académie Imperial des Sciences a Petersburg.

3   Vermutlich ein Blatt der Serie, das bislang nur in einer unnummerierten Version nachweisbar ist.

4   *Die Fontanka beim Kaiserl. Garten in Petersburg.*
    La Fontaine du jardin Imperial a Petersbourg.

5   *Prospect des Paschkoffschen Hauses in Moscau.*
    La Vue de la Maison Paschkoffs a Moscau.
    Anmerkung: Die Blattnummer konnte nicht mit letzter Sicherheit identifiziert werden.

6   Vermutlich ein Blatt der Serie, das bislang nur in einer unnummerierten Version nachweisbar ist.

Abb. 29: Russland, o.Nr.: Ansicht des Krimlins, oder der Festung von Moscau und der Stadt im Brande. 1812

Abb. 30: Sachsen, Nr. 2: Ansicht von dem Lust=Schloss Pillnitz

7 *Prospect des Kalomensköe, eines Kaiserl. alten Somer Palast bei Moscau.*
La Vue de Kalomensköe d'un vieus Palais Impérial d'été prés Moscau.
Anmerkung: Es ist auch eine Fassung ohne Blattnummer nachweisbar.

8 *Prospect der Kirche Basilieblagenne in Moscau.*
La Vue de l'Église Basilieblagenne a Moscau.

9 *Der Kremlin, oder die Festung von Moscau.*
Le Kremlin, ou la Forteresse de Moscau.

10 *Das Kloster Troizen beÿ Moscau.*
Le Convent Troizen prés Moscau.

11 *Die rothe Ehrenpforten in Moscau.*
La Porte d'honneur rouche a Moscau.
Anmerkung: Es ist auch eine Fassung ohne Blattnummer nachweisbar.

12 *Das Kaiserliche Somer Schloss Petrosski bei Moscau.*
Le Palais dété Imperiale Petrosski prés Moscau.

13 *Peterhoff, Kaiserlicher Land Palast bey Petersburg.*
Peterhoff, Palais Imperial de Campagne près Petersbourg.
Titel in Kopfleiste: *RUSSISCHER PROSPECT.*

14 *Sarskoëselo, Kaiserlicher Sommer-Palast ohnweit Petersburg.*
Sarskoeselo Palais d'Ète de l'Empereur pas loin de Petersbourg.
Titel in Kopfleiste: *RUSSISCHER PROSPECT.*

15 *Abbildung einer Russischen National Schlittenfahrt.*
Representation d'une partie de Traineau Russe.
Titel in Kopfleiste: *RUSSISCHER PROSPECT.*

16 *Prospect einer Moscovischen Barriere.*
Vüe d'un Barriere Moscovite.
Titel in Kopfleiste: *RUSSISCHER PROSPECT.*

o. Nr. *Prospect des alten Palastes der Czare im Kreml zu Moscau.*
La Vue du vieux Palais Czar a Kreml prés Moscau.

o. Nr. *Did Grotte im Kaiserlichen Garten zu Petersburg.*
La Grotte dans le jardin Imperial a Petersburg.

o. Nr. *Spiel der gemeinen Russen auf den Strassen.*
Les jeux des Russe commun dans les Rues.

o. Nr. *Vedutta del Krimlins, o Si a Fortezza di Moscovia, ed la Citta Bruciando. A.° 1812.*
Ansicht des Krimlins, oder der Festung von Moscau und der Stadt im Brande. 1812.
Vue de Krimlin ou de la Citadelle de Moscau avec une Parthie de la Ville bruilland. A.° 1812.
Anmerkung: Dies ist das einzige bekannte Guckkastenblatt *Carmines*, das auf ein besonderes Ereignis – den Brand von Moskau während der Besetzung der Stadt durch Napoleons Truppen im September 1812 – Bezug nimmt und dadurch auch eine Datierung trägt.

Sachsen

Königstein, Pillnitz, Pirna (Sonnenstein), Wörlitz
Die vierblättrige Serie zeigt Burgen und Schlösser in Sachsen. *Carmine* verwendete hierfür – außer bei Wörlitz – Druckplatten der *Franciscischen Akademie*, wobei er die Texte in der Kopf- und Fußleiste abänderte und die Nennung des Stechers Johann Christoph Nabholz löschte. Von den Ansichten von Sonnenstein (Nr. 1) und Pillnitz (Nr. 2) ließ er selbst Nachstiche anfertigen; vermutlich waren die Druckplatten der *Akademie* stark abgenutzt oder schadhaft geworden und daher für weitere Drucke nicht mehr verwendbar.

1 *Veduta della Fortezza Sonnenstein ed della Citta Pirna in Sassonia.*
Ansicht von der Festung Sonnenstein und der Stadt Pirna in Sachsen.
Vué de la Forteresse Sonnenstein et de la Ville de Pirne en Saxe.
Titel in Kopfleiste: *PROSPECT VON SONNENSTEIN.*

Abb. 31: Sachsen, Nr. 2: Ansicht des Königl. Lust=Schlosses Pilnitz (neue Ausgabe)

Abb. 32: Schlesien, Nr. 4: Ansicht der Gallerie in Warmbrunn

Anmerkung: Das ursprüngliche Blatt der *Akademie* trug den zweisprachigen Titel *Prospect der Chur Sachsischen Festung Sonnenstein* ... bzw. *Vuë de la Forteresse Electorale du Soñenstein* ...

1 *Veduta di Pirna ed Fortezza Sonnenstein.*
Ansicht von Pirna und der Festung Sonnenstein.
Vué de Pirna et du Fort Sonnenstein.
Titel in Kopfleiste: PROSPECT VON PIRNA.
Anmerkung: Dieser vereinfachte Neustich ersetzte vermutlich die vorangehende Ansicht der Festung Sonnenstein. Darauf lässt zumindest die Vergabe derselben Blattnummer schließen.

2 *Veduta del Castello Pillnitz | in Sassonia.*
Ansicht von dem Lust=Schloss Pillnitz | in Sachsen.
Vue du Chateau Pillnitz | en Saxe.
Titel in Kopfleiste: PROSPECT VON PILLNITZ.
Anmerkung: Das ursprüngliche Blatt der *Akademie* trug den zweisprachigen Titel *Prospect von dem Königl. Lust=Schloss Pillnitz* ... bzw. *Vuë du Chateau Royal de Pillnitz* ...

2 *Veduta del Castello Reale di Pilnitz.*
Ansicht des Königl. Lust=Schlosses Pilnitz.
Vue du Château de Pilnitz.
Titel in Kopfleiste PROSPECT VON PILNITZ.
Anmerkung: Dieser vereinfachte Neustich ersetzte vermutlich die vorangehende Ansicht von Schloss Pillnitz. Darauf lässt die Vergabe derselben Blattnummer schließen.

3 *Veduta della Casa prencipescha | in Woerlitz.*
Ansicht des Fürstlichen Hauses | zu Wörlitz.
Vue du Palais du prince | a Woerlitz.
Titel in Kopfleiste: PROSPECT VON WÖRLITZ.

4 *Veduta della Fortezza Königstein | in Sassonia.*
Ansicht der Bergfestung Königstein | in Sachsen.
Vué de la Forteresse du Königstein | en Saxe.
Titel in Kopfleiste: PROSPECT VON KÖNIGSTEIN.

Anmerkung: Das ursprüngliche Blatt der *Akademie* trug den zweisprachigen Titel *Prospect der Chursächsischen Berg-Vestung Königstein* ... bzw. *Vuë de la forteresse du Königstein en Saxe* ...

Schlesien

Hirschberg, Warmbrunn

Von allen Guckastenblättern *Carmines* lassen sich die vorliegenden beiden Ansichten von Hirschberg und Warmbrunn am schwierigsten zu einer Vierergruppe ergänzen, zumal beide die Blattnummer 4 tragen. Möglicherweise gibt es hierzu zwei weitere Blätter, die entweder ebenfalls Motive aus dem Badeort Warmbrunn oder aber andere Orte in Schlesien zeigen. Solche Vermutungen müssen zum derzeitigen Kenntnisstand jedoch rein spekulativ bleiben.

4 *Veduta di Warmbruñ appresso Hirschberg.*
Ansicht von Warmbruñ bey Hirschberg.
Vue de Warmbruñ près Hirschberg.
Titel in Kopfleiste PROSPECT VON HIRSCHBERG.

4 *Veduta della Galleria in Warmbrunn appresso Hirschberg in Silesia.*
Ansicht der Gallerie in Warmbrunn bey Hirschberg in Schlesien.
Vue de la Gallerie a Warmbrunn près d'Hirschberg en Silesie.
Titel in Kopfleiste PROSPECT VON WARMBRUNN.

Schweiz

Basel, Bern, Genf, Luzern, Neuchâtel, Solothurn, Zürich
Insgesamt vermutlich acht Blätter, bestehend aus zwei Serien à vier Blätter, durchnummeriert jeweils 1 bis 4. In der Kopfleiste ist jeweils der Name der gezeigten Stadt genannt.

Carmine verwendete für diese Ansichtenfolge Druckplatten der *Akademie*. Er entfernte die Angabe *Collection des Prospects* (links oben) sowie die Nennung der Zeichner (*Nicolas Pérignon, Emanuel Büchel* oder *Johann Ul-*

Abb. 33: Schweiz, Nr. 1: Ansicht von der Stadt Basel

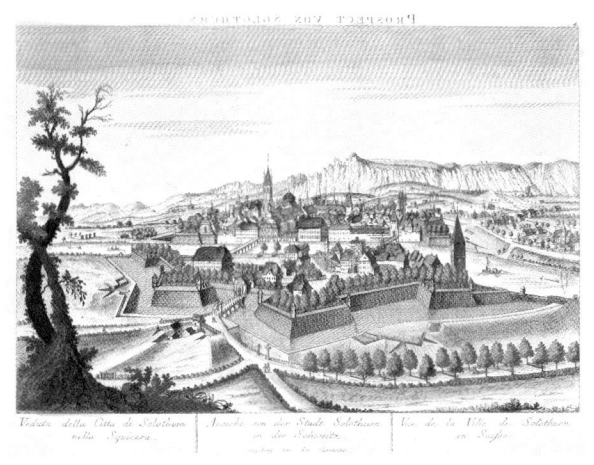

Abb. 34: Schweiz, Nr. 4: Ansicht von der Stadt Solothurn

rich *Schellenberg*; links unten) und des Stechers (*Balthasar Friedrich Leizel*; rechts unten). Die Adresse der *Akademie* ersetzte er durch seine eigene. Bei der Ansicht von Zürich diente das Akademie-Blatt jedoch nur als Vorlage.

1 *Veduta della Citta di Basilea | nella Squicera.*
Ansicht von der Stadt Basel | in der Schweitz.
Vué de la Ville de Basle | en Suisse.
Titel in Kopfleiste: PROSPECT VON BASEL.
Anmerkung: Das ursprüngliche Blatt der *Akademie* trug den Kopfleistentitel VUË DE L'EGLISE CATHEDRALE ET DU PONT DU RHIN DE BASLE. Der zweisprachige Titel in der Fußleiste lautete *Prospect des Großen Münsters und der Rheinbrücke zu Basel.* bzw. *Vuë de l'Eglise Cathedrale et du Pont du Rhin de Basle.*

1 Blatt bisher nicht bekannt. Seine Existenz wird jedoch vermutet.

2 *Veduta della Citta di Zürico | nella Squicera*
Ansicht von der Stadt Zürch | in der Schweitz.
Vue de la Ville de Zürch | en Suisse.
Titel in Kopfleiste: PROSPECT VON ZÜRCH.
Anmerkung: *Carmine* verwendete als Vorlage für diesen Nachstich das *Akademie*-Blatt mit dem Kopfleistentitel VUE DE LA VILLE DE ZÜRCH. Er aktualisierte dabei einige architektonische Details; so ergänzte er die beiden 1781 bis 1787 aufgesetzten Turmabschlüsse des Großmünsters, wenngleich er hierfür keine verlässliche Quelle gehabt zu haben scheint, da er sie mit spitzer anstatt mit runder Haube darstellte. Möglicherweise erschien vor diesem Neustich schon eine Zürich-Ansicht *Carmines*, die von der Kupferplatte der *Akademie* gedruckt wurde.

2 Nach einer nicht mehr verifizierbaren Notiz von W. Seitz zeigt das Blatt die Stadt Bern.

3 *Veduta della Citta di Lucern | nella Squicera.*
Ansicht von der Stadt Lucern | in der Schweitz.
Vue de la Ville de Lucerne | en Suisse.
Titel in Kopfleiste nicht bekannt.
Anmerkung: Das ursprüngliche Blatt der *Akademie* trug den Kopftitel LUCERNE DU CÔTE DE L'ORIENT. Der zweisprachige Titel in der Fußleiste lautet LUCERN, | Von der Morgen Seiten bzw. LUCERNE, | Du Côté de L'Orient.

3 *Veduta della Citta di Genevera | nella Squicera.*
Ansicht von der Stadt Genff | in der Schweitz.
Vué de la Ville de Geneve | en Suisse.
Titel in Kopfleiste: PROSPECT VON GENFF.
Anmerkung: Das ursprüngliche Blatt der *Akademie* trug den Kopfleistentitel VUË DE GENEVE. Der zweisprachige Titel in der Fußleiste lautete *Prospect von der Stadt Genff | von der Rhone Seiten anzu sehen.* bzw. *Vuë de Geneve | du Côté de la Chute du Rhone.*

4 *Veduta della Citta di Neuschatel | nella Squicera.*
Ansicht von der Stadt Neuschatel | in der Schweitz.
Vué de la Ville de Neuschatel | en Suisse.
Titel in Kopfleiste: PROSPECT VON NEUSCHATEL.
Anmerkung: Das ursprüngliche Blatt der *Akademie* trug den Kopfleistentitel VUË DE LA VILLE ET DI LAC DE NEUCHATEL. Der zweisprachige Titel in der Fußleiste lautete *Prospect von der Stadt Neuschattel nebst dem See wie beede auf dem kleinen Spazierwege anzusehen.* bzw. *Vuë de la Ville et di Lac de Neuchatel prise de la petite promenade.*

4 *Veduta della Citta di Solothurn | nella Squicera.*
Ansicht von der Stadt Solothurn | in der Schweitz.
Vue de la Ville de Solothurn | en Suisse.
Titel in Kopfleiste: PROSPECT VON SOLOTHURN.
Anmerkung: Das ursprüngliche Blatt der *Akademie* trug den Kopfleistentitel VUE DE LA VILLE DE SOLEURE DU CÔTE DU MIDI. Der zweisprachige Titel in der Fußleiste lautete *Prospect der Stadt Solothurn von der Mittags- | Seite.* bzw. *Vue de laVille de Soleure du Côté du | Midi.*

Abb. 35: Brüssel, Nr. 2: Ansicht des Kaiserl. und Königl. Pallastes (Gartenseite)

Abb. 36: Venedig, o. Nr.: Prospect des Untern Theils Vom großen Canal

1 Der vorliegende Beitrag wurde von Michael Ritter verfasst. Ein weitgehend vollständiges Gesamtverzeichnis der Guckkastenblätter Joseph Carmines hätte jedoch nicht vorgelegt werden können ohne die maßgebliche Unterstützung der drei genannten Forscher und Sammler, mit denen sich der Autor über viele Jahre hinweg wiederholt fachlich austauschte. Herrn von Kapff, Herrn von Prittwitz und Herrn Seitz sei für diese entgegenkommende Zusammenarbeit herzlich gedankt.

2 Grundlegend zur Geschichte des Guckkastens: Georg Füsslin u.a.: *Der Guckkasten. Einblick – Durchblick – Ausblick.* Stuttgart 1995. – Friedrich Scheele (Hrsg.): *Rrrr! Ein ander Bild! Guckkastenblätter des 18. Jahrhunderts aus der graphischen Sammlung* (Begleitband zur gleichnamigen Ausstellung im Ostfriesischen Landesmuseum Emden vom 25. Juli bis 19. September 1999). Oldenburg 1999.

3 Grundlegend zu Augsburger Guckkastenblättern: Wolfgang Seitz: *Die Augsburger Guckkasten-Verlage. Eine Reise durch die Städte des 18. Jahrhunderts.* Ausstellung vom 12. Juni bis 12. Juli 1991. (Ausstellungskatalog der Kreissparkasse Augsburg). Augsburg 1991. – Wolfgang Seitz: „Augsburg, capitale della grafica in Germania, come centro di produzione delle vedute ottiche". In: Carlo Alberto Zotti Minici (Hrsg.): *Il Mondo Nuovo. Le meraviglie della visione dal '700 alla nascita del cinema.* Milano 1988, S. 69–75.

4 Sixt von Kapff: *Guckkastenbilder aus dem Augsburger Verlag von Georg Balthasar Probst 1732–1801. Gesamtkatalog.* Weißenhorn 2010. Dieses Werk ist bislang die einzige umfassende bibliographische Dokumentation zu einem Augsburger Verlag von Guckkastenblättern.

5 So sind beispielsweise im zweibändigen Katalog *Konstanz in alten Ansichten* (Konstanz 1987–88) zwar zwei Blätter der Franciscischen Akademie, aber keine Ansicht von Carmine nachgewiesen.

Zwischen Moderne und Romantik

Ansichten von Augsburg um 1800

Anja Schmidt

In der Rahmenerzählung zu seiner Märchensammlung *Phantasus* von 1812 lässt Ludwig Tieck seine Figuren die Doppelgesichtigkeit der zeitgenössischen Städte zum Ausdruck bringen. Einer der geschilderten Freunde erinnert an einen Besuch in Nürnberg und Fürth:

„als wir uns vor vielen Jahren zuerst in Nürnberg trafen, und wie einer deiner ehemaligen Lehrer, der dich dort wieder aufgesucht hatte, und für alles Nützliche, Neue, Fabrikartige sich fantastisch begeistern konnte, dich aus den dunklen Mauern nach Fürth führte, wo er in den Spiegelschleifereien, Knopf-Manufakturen und allen klappernden und rumorenden Gewerben wahrhaft schwelgte, und deine Gleichgültigkeit ebenfalls nicht verstand und dich fast für schlechten Herzens erklärt hätte"

Der Angesprochene weiß noch gut was ihn gestört hatte:

„Dieses Nord-Amerika von Fürth konnte mir freilich neben dem altbürgerlichen, germanischen, kunstvollen Nürnberg nicht gefallen, und wie sehnsüchtig eilte ich nach der geliebten Stadt zurück, in der der theure Dürer gearbeitet hatte [...]; wie gern schweifte ich durch die krummen Gassen, über die Brücken und Plätze, wo künstliche Brunnen, Gebilde aller Art, mich an eine schöne Periode Deutschlands erinnerten"

Sein Freund teilt diese Schwärmerei nicht:

„Allein Fürth war auch bei alle dem mit seinen geputzten Damen, die gedrängt am Jahrmarktsfest durch die Gassen wandelten, nebst dem guten Wirtshause, und der Aussicht aus den Straßen in das Grün an jenem warmen sonnigen Tage nicht so durchaus zu verachten."[1]

Was Tiecks kleine Szene an dem Gegensatz zwischen Nürnberg und Fürth exemplifiziert, war in vielen deutschen Städten am Beginn des 19. Jahrhunderts ähnlich. Die engen altertümlichen Anlagen waren kaum mehr ein angemessenes Umfeld für das aktuelle gesellschaftliche und wirtschaftliche Leben. Sie konnten lediglich als Kulisse für Erinnerungen an einstige Größe und als Symbole einer längst überkommenen Ordnung dienen. Das wahre Leben spielte sich an anderen Stellen, außerhalb der alten Mauern ab. Vor allem drei Aspekte, die in diesem Text anklingen, sind es, die auch für die druckgraphische Stadtansichtenproduktion der Zeit eine wichtige Rolle spielen: die neue wirtschaftliche Potenz, die historische Reminiszenz und die Kommunikationsräume einer offeneren Gesellschaft. Am Beispiel einiger Ansichtenserien, die im ausgehenden 18. und beginnenden 19. Jahrhundert in Augsburg entstanden, lässt sich die wachsende Bedeutung dieser Aspekte verfolgen.

I

Die großen Zeiten des Augsburger Druckwesens waren im 18. Jahrhundert bereits Vergangenheit. In den 20er-Jahren war noch einmal eine künstlerisch bedeutsame Kupferstichserie Augsburger Straßen und Plätze von

Abb. 1: Jacob Christoph Weyermann, Titelblatt zu Seutter, *Prospecte* (1741, hier die im Jahr 1742 aktualisierte Version)

Anja Schmidt

Ecclesia Cathedralis B. Mariæ V. cum trium Regum, & S. Iohañis Templo. Domkirchen, samt H. 3. König. und S. Johann.

Simon Grimm delin et sculp.

Abb. 2: Simon Grimm, Domkirchen, samt H. 3 König und S. Johann, aus: Grimm, *Augstburg* (1682)

Karl Remshart entstanden, die in der Folge mehrfach für die Guckkastenblätter adaptiert wurde.[2] Seitdem gab es jedoch keine ambitionierten Neufassungen der Augsburger Stadtansichten mehr. Zwar waren in der Stadt nach wie vor viele Kupferstecher tätig, doch arbeiteten sie oft als Musterstecher für die florierenden Kattundruckfabriken.[3] Ein typisches Produkt dieses „Verfalls", wie Paul von Stetten 1779 die Situation der Kupferstecher in seiner Heimatstadt beschrieb,[4] war die Ansichtenserie, die 1741 im Verlag von Matthäus Seutter erstmals aufgelegt wurde (Abb. 1).[5] Umfangreicher als alle Vorgänger bestand sie aus 48 Motiven, die jedoch in kleinem Format (14,5 x 13,5 cm) jeweils zu zwölf Bildern auf vier Kupferplatten zusammengefasst waren. Neu war dabei nur wenig. Die meisten Ansichten gingen auf die Blätter von Simon Grimm zurück, der 1682 die erste umfassende Folge mit Ansichten der wichtigsten Augsburger Gebäude geschaffen hatte.[6] Seutters Stecher, Jacob Christoph Weyermann, stauchte die querformatigen Vorlagen von Grimm auf das annähernd quadratische Format seiner Bilder zusammen, was manchmal zu etwas schroffen Perspektiven führte (Abb. 2 und 3). In fünf Fällen griff Weyermann zudem auf die etwas jüngeren Ansichten von Karl Remshart zurück.

Eigene Aufnahmen verwendete Weyermann immer dann, wenn sich die Gebäude inzwischen zu stark verändert hatten, etwa beim Stiftsgebäude von St. Stefan, bei St. Georg oder bei der Bischöflichen Residenz am Fronhof (Abb. 4),[7] oder aber wenn er Plätze zeigen wollte, für die es keine geeigneten Vorlagen gab. Innerhalb der Stadt gehörten dazu die Halle, in der sich ganz aktuell 1741 und 1742 das Reichsvikariat versammelt hatte, die Geschlechter- und Kaufleutestube und der neue Theaterbau der Jesuiten.[8] Vor allem aber erweiterte Weyermann das Repertoire um die vor den Toren gelegenen Friedhöfe und Industrieanlagen. Symptomatisch können zwei eigentümliche Ansichten sein, die er vom Schwibbogen- bzw. Steffingertor aus aufgenommen hatte (Abb. 5 und 6).[9] In beiden Blättern überblickte er die Lechebene und zählte in den Legenden eine Vielzahl an Betrieben auf, die sich hier angesiedelt hatten. Zudem schuf er eine Ansicht des Ablasses, der als Ausgangspunkt der Wasserleitung viele dieser Betriebe erst möglich machte.[10]

Bei der Darstellung der äußeren Stadttore verließ sich Weyermann eigentümlicherweise nicht auf die älteren Vorlagen – lediglich das Rote Tor gestaltete er in enger Anlehnung an Grimm. Seine weiten Bildausschnitte, die mehr von den Befestigungswerken und der Landschaft vor den Toren zeigen, erinnern an die Darstellungen der Augsburger Tore, die Johann Thomas Kraus 1726 gezeichnet hatte.[11] Doch gibt es keine direkte Abhängigkeit zu diesen. Auch bei diesen Ansichten wird Weyermanns Anliegen deutlich, die Bereiche außerhalb der Mauern als Schauplätze städtischen Lebens zu zeigen. Sichtbar ist dies vielleicht am besten an dem Bild mit dem Wertachbrucker Tor (Abb. 7).[12] Wichtig war ihm dort, im Vordergrund die Schlittschuhläufer auf dem zugefrorenen Stadtgraben ins Bild zu setzen.

Zwischen Moderne und Romantik

Abb. 3: Jacob Christoph Weyermann, Dom Kirche zu U. L: Frau, H. Drei Königs Capelle, S. Johannis Pfarrkirche, aus: Seutter, *Prospecte*, Abb. 5 (1741/42)

Abb. 4: Jacob Christoph Weyermann, Bischöffliche Augspurgische Residenz samt dem so genanden Fronhof, aus: Seutter, *Prospecte*, Abb. 16 (1741/42)

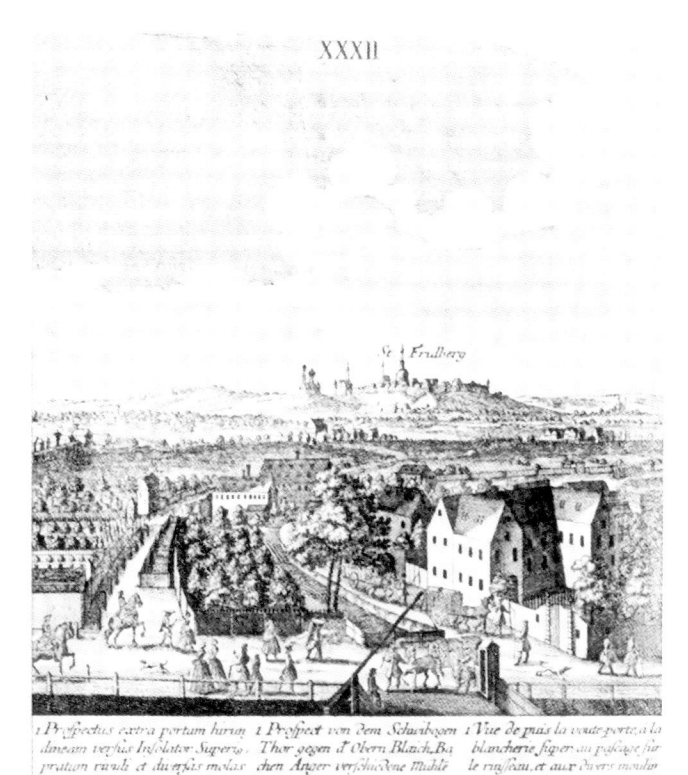

Abb. 5: Jacob Christoph Weyermann, Prospect von dem Schwibogen Thor [...], aus: Seutter, *Prospecte*, Abb. 32 (1741/42)

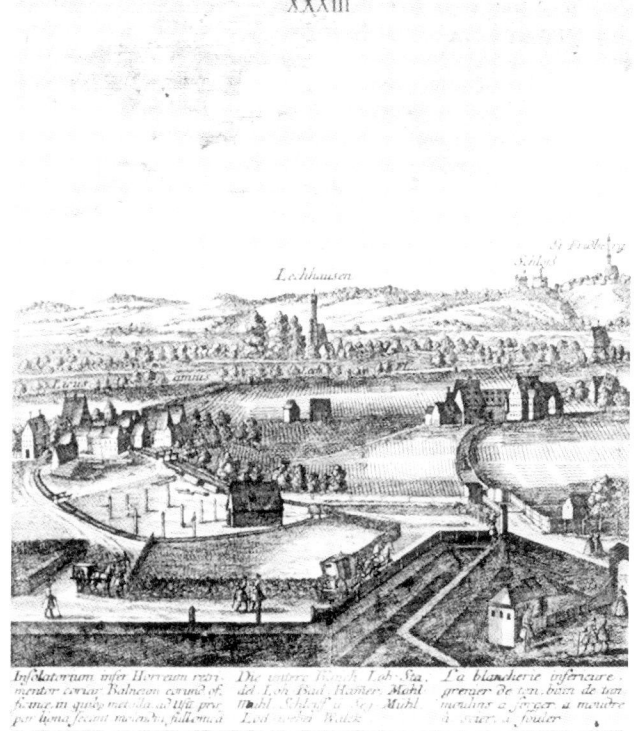

Abb. 6: Jacob Christoph Weyermann, Die untere Blaich [...], aus: Seutter, *Prospecte*, Abb. 33 (1741/42)

Abb. 7: Jacob Christoph Weyermann, Wertachbrucker Thor [...], aus: Seutter, *Prospecte*, Abb. 26 (1741/42)

Abb. 8: Unbekannter Künstler, Titelblatt zu Probst, *Prospect* (1779)

Die Druckplatten von Weyermann und Seutter wurden trotz ihrer wenig originellen Bilder und des kleinen Formats erstaunlich lange verwendet und waren sehr erfolgreich. 1779 gab Johann Michael Probst die Ansichten erneut heraus (Abb. 8).[13] Er überarbeitete die Platten an einigen Stellen. Außer dem Titelblatt gestaltete er auch einige Ansichten neu. Der Schießplatz an der Rosenau und der Schießgraben wurden nun von einem erhöhten Blickpunkt gezeigt, um eine bessere Übersicht der zwischen hohen Bäumen gelegenen Anlagen zu gewähren.[14] Auch die Ansicht des Roten Tors wurde nun, entsprechend der anderen Toransichten, mit einem weiten Blick auf die Vorwerke und Befestigungsanlagen neu gefasst. Bei anderen Torbildern fügte Probst lediglich in den Unterschriften Aktualisierungen ein. Die Ansicht des Einlasses erhielt statt des Hinweises auf seine viel beachtete Funktion als nächtlicher Zugang zur Stadt, nun den lapidaren Kommentar: *„... der nicht mehr gebraucht wird"*. Dafür wurde unter den Bildern des Gögginger und des Jakober Tors vermerkt, dass sie die Aufgabe des nächtlichen Einlasses nun übernommen hatten.[15]

Die auffälligste Veränderung in Probsts Serie aber war der Ersatz der Ansicht des Wirtshauses „Bach" durch die in unmittelbarer Nähe zwischen 1770 und 1772 neu errichtete *„Zitz Fabrik des Herrn von Schüle"*.[16] Der prächtige Industriebau war ein Symbol für die wachsende wirtschaftliche Potenz der Stadt und durfte daher nicht fehlen. Auch wenn dies nur eine kleine Veränderung in dem Ansichtenkonvolut war, macht sie doch deutlich, dass Probst bei der Neuauflage ganz ähnlichen Darstellungsabsichten folgte wie schon Weyermann. Neben den altehrwürdigen Bauten und Institutionen der Reichsstadt waren es vor allem die Grundlagen des neuen ökonomischen Erfolgs, mit deren Abbildung sich die Ansichtenproduzenten einen guten Absatz ihrer Werke sichern wollten.

II

Die inzwischen bereits recht abgenutzten Druckplatten dieser Ansichtenfolge wurden im frühen 19. Jahrhundert noch mindestens ein weiteres Mal verwendet. Fassbar ist diese Neuauflage durch ein Bändchen, das in der Buchhandlung Jenisch und Stange vertrieben wurde (Abb. 9).[17] Der Augsburger Gymnasialprofessor für Geschichte Georg Heinrich Kayser [bzw. Keyser] hatte darin zu jedem Bild eine ausführliche historische Erläuterung verfasst.[18] Das Büchlein kann nicht vor 1817 entstanden sein.[19] Die Platten waren wohl für diese Verwendung auseinander geschnitten worden. Da die Ansichten zum großen Teil fast achtzig Jahre alt waren – bezieht man die Vorlagen von Simon Grimm mit ein, denen sie ja teilweise folgen, sogar weit über einhundert Jahre – wurden zudem einige Aktualisierungen vorgenommen. Diese Neufassungen scheinen allerdings sukzessive erfolgt zu sein, da sich in einigen Fällen verschiedene gedruckte Versionen nachweisen lassen. So existiert ein Abzug des 37. Bildes vom unteren ev. Gottesacker, auf dem vermerkt ist: *„so abgebrochen u. die Grabstein den*

Abb. 9: Unbekannter Künstler, Titelblatt zu Kayser, *Schönheiten* (Überarbeitung ca. 1817 des Titelblattes zu Probst, *Prospect* von 1779)

Abb. 10: Jacob Christoph Weyermann, Der Untere Evangelische Gottes Acker, aus: Kayser, *Schönheiten* (Überarbeitung ca. 1817 von Seutter, *Prospecte*, Abb. 37 von 1741/42)

Erben zugefallen" (Abb. 10).[20] Dieses Bild fand jedoch keine Aufnahme in das Kaysersche Bändchen, sondern wurde dort durch die Darstellung des Breyvogel'schen Bades ersetzt.[21] Auch eine Fassung der Domansicht ist nachweisbar, auf der zusätzlich vermerkt wurde, dass die Kirchen auf dem Platz davor durch die königlich bayerische Regierung abgebrochen worden waren (Abb. 11 und 12). Der von Kayser schließlich verwendete Abzug zeigt diese Veränderungen nun auch im Bild: Die beiden Kirchenbauten wurden getilgt und der Blick auf das Langhaus des Domes angegeben (Abb. 13).[22] Ebenso sind zwei Veränderungsstufen bei der Darstellung der Schüleschen Fabrik erhalten. Zunächst wurden lediglich in der Legende die Worte ‚Zitz' in ‚Tobak' und ‚Schüle' in ‚Lotzbek' verändert (Abb. 14). Seit 1812 war die Anlage nach längerem Leerstand von dem Tabakfabrikanten Carl Ludwig Lotzbeck wieder in Betrieb genommen worden. In dem Band von Kayser ist dann eine Version zu finden, in der auch das Erscheinungsbild aktualisiert wurde, indem die Seitenflügel nun mit einfachen Walmdächern ausgestattet sind (Abb. 15).[23] Die Traufbekrönung mit Geländern war bereits von dem Vorbesitzer Johann Heinrich Schüle 1794 abgebaut worden.[24]

Abb. 11: Jacob Christoph Weyermann, Dom Kirche zu U.L: Frau, H. Drei Königs Capelle, S. Johannis Pfarrkirche (erste Überarbeitung ca. 1817 von Seutter, *Prospecte*, Abb. 5 von 1741/42)

Abb. 12: Detail aus Abb. 11 mit Zusatz der Legende

Anja Schmidt

Abb. 13: Jacob Christoph Weyermann, Dom Kirche zu U.L: Frau, H. Drei Königs Capelle, S. Johannis Pfarrkirche, aus: Kayser, *Schönheiten* (zweite Überarbeitung ca. 1817 von Seutter, *Prospecte*, Abb. 5 von 1741/42)

Abb. 14: Unbekannter Künstler, Tobak Fabrik des Herrn von Lotzbek (erste Überarbeitung ca. 1817 von Probst, *Prospect*, Abb. 36 von 1779)

Abb. 15: Unbekannter Künstler, Tobak Fabrik des Herrn von Lotzbek, aus: Kayser, *Schönheiten* (zweite Überarbeitung ca. 1817 von Probst, *Prospect*, Abb. 36 von 1779)

Abb. 16: Unbekannter Künstler, Bischöfl. Residenz, aus: Kayser, *Schönheiten*, Abb. 16 (ca. 1817)

Abb. 17: Jacob Christoph Weyermann, Heil. Creuz Tor, aus: Kayser, *Schönheiten* (Überarbeitung ca. 1817 von Seutter, *Prospecte*, Abb. 14 von 1741/42)

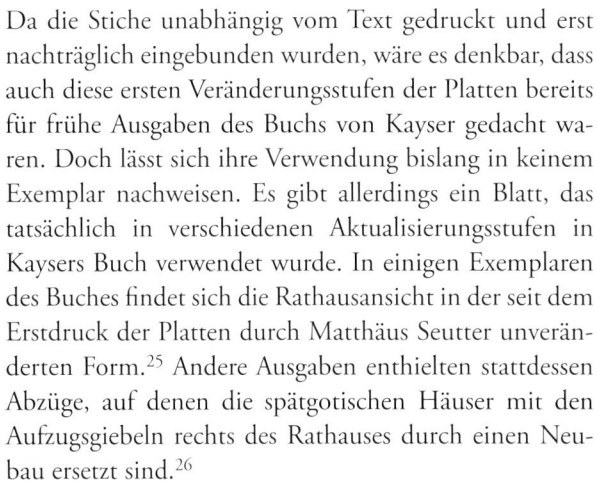

Abb. 18: Unbekannter Künstler, Der Spickel, aus: Kayser, *Schönheiten*, Abb. 50 (ca. 1817)

Da die Stiche unabhängig vom Text gedruckt und erst nachträglich eingebunden wurden, wäre es denkbar, dass auch diese ersten Veränderungsstufen der Platten bereits für frühe Ausgaben des Buchs von Kayser gedacht waren. Doch lässt sich ihre Verwendung bislang in keinem Exemplar nachweisen. Es gibt allerdings ein Blatt, das tatsächlich in verschiedenen Aktualisierungsstufen in Kaysers Buch verwendet wurde. In einigen Exemplaren des Buches findet sich die Rathausansicht in der seit dem Erstdruck der Platten durch Matthäus Seutter unveränderten Form.[25] Andere Ausgaben enthielten stattdessen Abzüge, auf denen die spätgotischen Häuser mit den Aufzugsgiebeln rechts des Rathauses durch einen Neubau ersetzt sind.[26]

Auch wenn sich die komplexe Überarbeitungsgeschichte der Kupferplatten im frühen 19. Jahrhundert nicht bis ins Einzelne rekonstruieren lässt, sind die Veränderungen doch aufschlussreich für die gewandelte Sicht auf die Stadt. Einerseits waren natürlich die Neuerungen von Interesse, die sich durch den Verlust der Selbständigkeit als freie Reichsstadt und die Eingliederung in das Königreich Bayern für Augsburg ergeben hatten. Dafür stehen die überarbeiteten Ansichten des Fronhofs (Abb. 16; vgl. Abb. 4) und der Kaufleute-Stube. In beiden Fällen ist es die überdeutliche Präsentation von bayerischem Militär in den Staffagefiguren, die die neue Zeit augenfällig werden lässt.[27] Sowie die eingefügte Ansicht des „Hall-Thors", die das neu gebaute bayerische Maut- und Zollamt zeigt.[28] Andererseits wurde sowohl durch die Darstellung bereits abgerissener Bauten (Abb. 17)[29] als auch in den Texten die Erinnerung an die Geschichte der Reichsstadt wach gehalten. Die Bauten und Monumente der Stadt waren für Kayser Ausdruck der alten Zeiten, einer vergangenen Größe. Wobei er in seinen Erläuterungen am Ende der ausführlichen historischen Daten die aktuellen Nutzungen und neuen Funktionen der Gebäude meist genau vermerkte. Diese retrospektive Sicht auf die Stadt könnte man durchaus der Wiederverwendung der alten Ansichten zuschreiben; der Autor hätte demnach mit seiner Behandlung der Stadt als historischem Ort eine gute Erklärung für das ökonomische Vorgehen bei den Illustrationen gehabt. Doch scheint eher umgekehrt das Darstellungsinteresse des Autors die Wahl der alten Platten für die Publikation bedingt zu haben. Die vielfachen Eingriffe und die neu hergestellten Ansichten in dem Konvolut zeigen, dass es sich um eine relativ sorgsame Edition und nicht um das schlichte Nachdrucken von Vorhandenem handelte; eine neue Ansichtenfolge herzustellen, hätte kaum weniger Aufwand bedeutet. Gerade die alten Bilder der großen Stadt ins Gedächtnis zu rufen, war ein Anliegen von Kayser. Er wollte die historischen Blätter verwenden, *„damit sie gleichsam eine Geschichte auch für das Auge bleiben"*, wie er in der Vorrede schrieb.[30]

Auch für Kayser wurde die Attraktivität der Stadt vor allem durch die Nutzung der Umgebung geprägt:

Anja Schmidt

Abb. 19: Johann Michael Frey, Schülesche Fabrik (vor 1794)

Abb. 20: Johann Michael Frey, Schülesche Zitz-Fabrik (vor 1794)

Abb. 21: Johann Michael Frey, Das Wertach Bruck Thor (ca. 1795)

Abb. 22: Johann Michael Frey, Siebers Papiermühle (ca. 1795)

„*Augsburg hat vor vielen großen Plätzen den ganz entscheidenden Vorzug voraus, daß es in seiner Umgebung vorzügliche Spaziergänge und Belustigungsplätze darbiethet*" hebt er bei seiner Beschreibung des Spickels, eines beliebten Ausflugsziels, hervor.[31] Die Wichtigkeit dieser Plätze kommt auch in der Bebilderung zum Ausdruck. Neben dem schon erwähnten Blatt mit dem „Hall-Thor" waren es unter den völlig neu geschaffenen Ansichten gerade zwei Ausflugsstätten vor den Toren der Stadt, das Breyvogel'sche Bad und eben der Spickel (Abb. 18), mit denen das Konvolut erweitert wurde.[32]

Fasst man die Beobachtungen an diesem Punkt zusammen, wird deutlich, dass das Interesse an den diversen Einrichtungen außerhalb der Stadtmauern stetig wuchs. Sowohl in der ursprünglichen Serie von Seutter und Weyermann, als auch in der Neuauflage durch Probst war die Berücksichtigung der Handwerks- und Industrieanlagen sowie der Friedhöfe charakteristisch. Bei Kayser kamen noch zwei Ausflugsziele vor der Stadt hinzu. Bei den verschiedenen Versionen dieser Folge standen jedoch nach wie vor die alten innerstädtischen Monumente an erster Stelle und nahmen den weitaus größten Teil der Folge ein.

III

Anders verhält es sich mit einer für Augsburg sehr innovativen Serie, die bereits Mitte der 1790er-Jahre entstanden sein muss.[33] Sie stammt von dem Augsburger Maler und Radierer Johann Michael Frey und umfasst 36 kolorierte Umrissradierungen, die ausschließlich Motive rund um die Mauern von Augsburg zeigen.[34] Unter den Darstellungen fallen zwei Kategorien besonders auf: erstens sind es die Industriebauten, wie etwa die Schülesche Fabrik, die Frey gleich von zwei verschiedenen Seiten abbildet (Abb. 19 und 20), oder die Papiermühle unter dem Lueg ins Land (Abb. 22). Zweitens aber, und das ist die weitaus größere Gruppe, handelt es sich um Ansichten der wichtigsten Ausflugs- und Vergnügungsstätten rund um die Stadt. Darunter sind nun nicht mehr nur die Rosenau und der Schießgraben, sondern das Spektrum erweitert sich über die Siebentische bis zum Deuringer Hof oder den Kobel. Es scheint fast so, als ob Frey mit dieser Serie die gerade erst 1779 neu aufgelegte Folge der Weyermann-Bilder ergänzen wollte. Die stark auf die alten innerstädtischen Bauten ausgerichteten Bilder genügten den Bedürfnissen nach einer aktuellen Vergegenwärtigung des städtischen Lebens nicht mehr. Die alten Institutionen allein konnten die Stadt und die Gesellschaft nicht länger repräsentieren.

Doch nicht nur die Auswahl der Motive von Frey stellt für Augsburg eine Neuerung dar, auch die Gestaltung der Ansichten folgt veränderten Prämissen. Frey wählte in vielen Fällen weite Blickwinkel, die über das eigentliche Motiv hinaus viel von der Landschaft und manchmal weite Ausblicke mit einbeziehen. Exemplarisch lässt sich das etwa an der Ansicht des Wertachbrucker Tors zeigen (Abb. 21), bei der die alte Stadtbefestigung ganz an den Rand gedrängt ist und der Blick weit über das Land bis zur Kirche auf dem Kobel geht. Oder auch bei der Papiermühle am Lueg ins Land, deren Ansicht gerade nicht die tatsächliche Nähe zu den Befestigungsanlagen ins Bild setzt, sondern das alte Gebäude zwischen hohe Bäume und eine weite Aussicht platziert (Abb. 22). Gerade das letztgenannte Blatt erinnert damit recht deutlich an die niederländische Landschaftsmalerei des 17. Jahrhunderts. Diese Anklänge lassen sich zunächst auf die Interessen von Johann Michael Frey zurückführen. Als Maler schuf er eine ganze Reihe von Landschaftsbildern, die sich an niederländischen Vorbildern orientierten, und mit denen er viel Erfolg hatte.[35] Darüber hinaus entspricht diese Betonung der Natur in seinen Ansichten aber natürlich auch der romantischen Kunstauffassung, wie sie etwa in der Bildbeschreibung einer der künstlerischen Programmschriften der Zeit, Ludwig Tiecks Franz Sternbalds Wanderungen von 1798, zum Ausdruck kommt:

„*denke dir eine Waldgegend, die sich im Hintergrunde öffnet und die Durchsicht in eine Wiese läßt, die Sonne steigt herauf und ganz in der Ferne wirst du ein kleines Ländliches Haus gewahr, mit rotem, freundlichem Dache, das gegen das Grün der Büsche und der Wiese lebhaft absticht, so erregt schon diese Einsamkeit ohne alle lebendigen Gestalten eine wehmütige unbegreifliche Empfindung in dir.*"[36]

Für die Romantiker waren Natur und Landschaft allerdings keine wirklichen Zufluchtsorte vor der Modernisierung der Städte, wie man vielleicht denken könnte, sondern lediglich bildliche Allegorien für Gemütszustände und Stimmungen, die sie damit festhalten und vermitteln wollten.[37] Gerade diese Symbolik der Landschaftsdarstellung war es auch, die die Zeitgenossen für die Bilder der alten Niederländer, vor allem für die Werke von Jacob van Ruisdael, einnahm.[38]

Wenn Frey bei seinen Augsburger Ansichten so viel Wert auf die Einbeziehung der Umgebung der Stadt legte, spiegeln sich darin also einerseits zeitgenössische künstlerische Ausdrucksbedürfnisse, denen er aber wohl eher unbewusst gefolgt ist. Andererseits machen die Blätter überdeutlich, wie wichtig das Umland für das Leben der Stadtbewohner geworden war. Die nun erstmals möglichst umfassende Darstellung der Gärten, Vergnügungsstätten und Ausflugsziele zeigt die Orte, an denen man sich traf und an denen geselliger Austausch stattfand.

Zwischen Moderne und Romantik

Abb. 23: Johann Michael Frey, v. Schätzler'scher Garten (ca. 1795)

Abb. 24: Johann Michael Frey, Prinz v. Oranien (ca. 1795)

Dazu gehörten die Gartenhäuser der reichen Familien genauso wie die Gasthäuser an den Ausfallstraßen oder die Waldwirtschaften. Frey betont diese kommunikative Funktion zusätzlich durch seine Staffagefiguren, die nicht selten wie ein Kommentar zu dem jeweiligen Platz wirken. So spricht in dem Bild des Schaezlerschen Gartenhauses ein elegantes Paar, das einen Besuch abstatten will, an der Tür vor (Abb. 23). Vor dem Gasthaus zum Prinz von Oranien begegnet ein Herr einer Dame mit zwei Kindern in einer höflichen Begrüßung (Abb. 24). Es ist also weniger ein romantisches Naturgefühl der Zeit, das die neuartigen Ansichten dokumentieren. Vielmehr sind es ganz handfeste soziale Veränderungen, die sich in der Gestaltung der Blätter niederschlagen. Die alte ständische Ordnung der Reichstadt, die sich vorrangig in ihren Schauplätzen, wie Rathaus, Klöstern, Zunft- und Gewerbehäusern widerspiegelte, hatte um 1800 stark an Bedeutung verloren. Die städtische Gesellschaft war offener geworden. Die Menschen begegneten sich über alte Standesgrenzen hinweg auf sozusagen neutralem Boden: außerhalb der alten Stadt, an den öffentlichen Plätzen und Ausflugszielen.

Dieses neue Verständnis von urbanem Leben, das in Freys Blättern erstmals deutlich fassbar wird, bleibt für die Augsburger Ansichtenserien des 19. Jahrhunderts bestimmend. Immer wird den Orten der Umgebung eine besondere Aufmerksamkeit zuteil. Als Beispiel sei hier auf die umfangreichste Stichfolge verwiesen, die zu Augsburg je erschienen ist. Franz Thomas Weber hatte in den Jahren zwischen 1811 und 1821 insgesamt 79 kleinformatige Umrisszeichnungen radiert, die ohne Serientitel erschienen.[39] Neben zwei Gesamtansichten der Stadt sind es gerade einmal 20 Blätter, die Straßenprospekte und einzelne Bauten innerhalb der Stadtmauern zeigen. Den weitaus größten Teil der Serie nehmen Ansichten der Garten- und Landhäuser, der Gasthäuser und viel besuchten Plätze rund um Augsburg ein.

Damit spiegeln die Augsburger Serien um 1800 die sozialen und politischen Umbrüche der Zeit, die als Anfänge der Moderne gelten können, im Kleinen wider. Die Bilder, in denen die Augsburger sich und ihre Lebensstile wieder erkennen konnten, sind schlichte, aber doch deutliche Dokumente für das Entstehen einer offeneren, bürgerlichen Gesellschaft. In der Umkehrung des mittelalterlichen Mottos „Stadtluft macht frei" wurde nun die Öffnung des städtischen Lebens in die Bereiche außerhalb der engen Grenzen der Stadtmauern zum Symbol des Aufbruchs und der Befreiung aus beengenden Strukturen. Die ganz konkrete Entwicklung des Stadtraums konnte damit letztlich zu einer Metapher der Aufklärung werden, so wie auch der Osterspaziergang der Menschen vor die Tore der Stadt in Goethes *Faust* für die beginnende Selbstbestimmung des Individuums steht:

„Denn sie sind selber auferstanden:
Aus niedriger Häuser dumpfen Gemächern,
Aus Handwerks- und Gewerbesbanden,
Aus dem Druck von Giebeln und Dächern,
Aus der Straße quetschender Enge,
Aus der Kirchen ehrwürdiger Nacht
Sind sie alle ans Licht gebracht.
Sieh nur, sieh! Wie behend sich die Menge
Durch die Gärten und Felder zerschlägt,
Wie der Fluß in Breit und Länge
So manchen lustigen Nachen bewegt,
Und, bis zum Sinken überladen,
Entfernt sich dieser letzte Kahn.
Selbst von des Berges fernen Pfaden
Blinken uns farbige Kleider an.
Ich höre schon des Dorfs Getümmel,
Hier ist des Volkes wahrer Himmel,
Zufrieden jauchzet groß und klein:
'Hier bin ich Mensch, hier darf ichs sein!'"

Bibliographie:

Goethe Johann Wolfgang: „Ruisdael als Dichter." In: Morgenblatt für gebildete Stände 3. Mai 1816 = Johann Wolfgang Goethe: *Sämtliche Werke*, Bd. 13. Zürich 1977, S. 670–676.

Grimm Simon: *Augsburg Sambt dero vornembste Kirchen, Statt-Thor, Gebäue und Spring-Brunnen, gezäichnet und inn underschidliche Kupferblättern, vor Augen gestelt durch Simon Grimm, Simons Sohn Erster Theil. Schau-Plaz Augstpurgischer Gebäu, Inn Fünffzig underschidlichen Kupffer-Blättern vorgestellet und in vier Theil abgetheilet durch Simon Grimmen von Augsburg beschrieben von M. Nariciss Rauner*, Augsburg, 1682.

Hagen Bernt von, Angelika Wegener-Hüssen: *Denkmäler in Bayern* Bd. 83:7: *Stadt Augsburg. Ensembles, Baudenkmäler, Archäologische Denkmäler*. München 1994.

Immer Nikolas: „Krisen im Grünen? Zum Funktionswandel der Landschaft beim frühen Ludwig Tieck." In: Markus Bertsch, Reinhard Wegner (Hrsg.): *Landschaft am „Scheidepunkt". Evolutionen einer Gattung in Kunsttheorie, Kunstschaffen und Literatur um 1800*. Göttingen 2010, S. 157–172.

Kayser[Keyser] Georg Heinrich: *Die Schönheiten der Königl. Kreisstadt Augsburg und deren Umgebungen in 49 bildlichen Vorstellungen mit Beschreibung*. Augsburg o. J. (ca. 1817).

Kayser Georg Heinrich: *Augsburg in seiner ehemaligen und gegenwärtigen Lage*. Augsburg 1818.

Kraus Johannes Thomas, Johann Jakob Kleinschmidt: *Prospect der Thore der Statt Augspurg*. Augsburg 1726.

Meusel Johann Georg: „Nachricht von dem Maler und Kupferstecher Hrn. Frey in Augsburg." In: ders., *Miscellaneen artistischen Inhalts* 16. Erfurt 1783, S. 206–208.

Probst Johann Michael: *Prospect der fürnehmsten Gebäude in und außer halb der freyen Reichs-Stadt Augsburg*. Augsburg 1779.

Remshart Karl: *Augsburger Straßen und Plätze*, Augsburg, um 1724.

Schefold Max: *Alte Ansichten aus Bayerisch Schwaben. Katalogband*. Weißenhorn 1985.

Schlegel August Wilhelm: „Die Gemählde." In: *Athenäum* 2 (1799) S. 39–151.

Schlegel Friedrich: *Sämmtliche Werke*, Bd. 6: *Ansichten und Ideen von der christlichen Kunst*. Wien 1823.

Schmidt Anja: *Augsburger Ansichten. Die Darstellung der Stadt in der Druckgraphik des 15. bis. 18. Jahrhunderts*. Augsburg 2000.

Seutter Matthäus: *Prospecte der fürnehmsten öffentlichen Gebäude und Pläze in u: ausserhalb d. Fr. Reichs Stadt Augsprug, wie selbge der Zeit gefunden werden*. Augsburg 1741.

Stetten Paul von: *Kunst-, Gewerb- und Handwerks-Geschichte der Reichsstadt Augsburg, Erster Teil*. Augsburg 1779.

Stetten Paul von: *Kunst-, Gewerb- und Handwerks-Geschichte der Reichs-Stadt Augsburg. Zweiter Teil oder Nachtrag*. Augsburg 1788.

Tieck Ludwig: *Franz Sternbalds Wanderungen*. Neuausgabe Stuttgart 1966.

Tieck Ludwig: *Werke*, Bd. 4. Berlin 1828.

Weber Franz Thomas: „Biographische Mittheilungen über das Leben der Künstler Franz Thomas und Josef Karl Weber von Augsburg. Ein Beitrag zur Künstlergeschichte der Stadt Augsburg." In: *Zeitschrift des Historischen Vereins für Schwaben und Neuburg* 19 (1892), S. 181–197.

---

1 Zitiert nach Ludwig Tieck: *Werke*, Bd. 4. Berlin 1828, S. 11–12.
2 Karl Remshart: *Augsburger Straßen und Plätze*, Augsburg o. J. (um 1724); siehe Anja Schmidt: *Augsburger Ansichten. Die Darstellung der Stadt in der Druckgraphik des 15. bis. 18. Jahrhunderts*. Augsburg 2000, S. 144–148, 200–203.
3 Franz Thomas Weber: „Biographische Mittheilungen über das Leben der Künstler Franz Thomas und Josef Karl Weber von Augsburg. Ein Beitrag zur Künstlergeschichte der Stadt Augsburg." In: *Zeitschrift des Historischen Vereins für Schwaben und Neuburg* 19 (1892), S. 181–182.
4 Paul von Stetten: *Kunst-, Gewerb- und Handwerks-Geschichte der Reichsstadt Augsburg, Erster Teil*. Augsburg 1779, S. 401–402; vgl. Schmidt, *Ansichten*, S. 224–225.
5 Matthäus Seutter: *Prospecte der fürnehmsten öffentlichen Gebäude und Pläze in u: ausserhalb d. Fr. Reichs Stadt Augsprug, wie selbige der Zeit gefunden werden*. Augsburg 1741; Schmidt, *Ansichten*, S. 167–170. Es existieren sowohl Versionen des Titelblattes mit der Jahreszahl MDCCXLI: z. B. Bayerische Staatsbibliothek, Sign. 2 Mapp. 8,4–1, 65–68, als auch mit der Jahreszahl MDCCXLII: z. B. Augsburg, SuStB, 2 Gsk 101–2, 66–69, vgl. Max Schefold: *Alte Ansichten aus Bayerisch Schwaben. Katalogband*. Weißenhorn 1985, S. 188.
6 Simon Grimm: *Augsburg Sambt dero vornembste Kirchen, Statt-Thor, Gebäue und Spring-Brunnen, gezäichnet und inn underschidliche Kupferblättern, vor Augen gestelt durch Simon Grimm, Simons Sohn Erster Theil. Schau-Plaz Augstpurgischer Gebäu, Inn Fünfzig unterschidlichen Kupffer-Blättern vorgestellet und in vier Theil abgetheilet durch Simon Grimmen von Augsburg beschriben von M. Nariciss Rauner*, Augsburg, 1682; siehe dazu Schmidt, *Ansichten*, S. 76–82.
7 Seutter, *Prospecte*, Nr. XI und XVI; Schmidt, *Ansichten*, S. 169 Abb. 167.
8 Seutter, *Prospecte*, Nr. XVIII-XX; Schmidt, *Ansichten*, S. 169–170 Abb. 168.
9 Seutter, *Prospecte*, Nr. XXXII und XXXIII.
10 Seutter, *Prospecte*, Nr. XXXI.
11 Johannes Thomas Kraus, Johann Jakob Kleinschmidt: *Prospect der Thore der Statt Augspurg*. Augsburg 1726; Schefold, *Alte Ansichten*, S. 184.
12 Seutter, *Prospecte*, Nr. XXVI.
13 Johann Michael Probst: *Prospect der fürnehmsten Gebäude in und außer halb der freyen Reichs-Stadt Augsburg*. Augsburg 1779; siehe Schmidt, *Ansichten*, S. 170–171.
14 Probst, *Prospect*, Nr. XXXIV und XXXV.
15 Probst, *Prospect*, Nr. XXVIII, XLIII und XLVII.
16 Probst, *Prospect*, Nr. XXXVI.
17 Georg Heinrich Kayser: *Die Schönheiten der Königl. Kreisstadt Augsburg und deren Umgebungen in 49 bildlichen Vorstellungen mit Beschreibung*. Augsburg o. J.; Schmidt, *Ansichten*, S. 171–172.
18 Von Kayser stammt auch eine Geschichte und Beschreibung von Augsburg, mit der er die Bücher von Paul von Stetten aktualisieren wollte: Georg Heinrich Keyser: *Augsburg in seiner ehemaligen und gegenwärtigen Lage*. Augsburg 1818.
19 Auf S. 29 findet sich im Text zum Heiliggeisthospital der Hinweis auf eine Neuerung vom 10. Oktober 1816. Auf S. 17 wird erwähnt, dass das Stift St. Stefan „*gegenwärtig*" zum Monturmagazin des Bayerischen Militärs umgestaltet wird, was ebenfalls 1816 stattfand; vgl. Bernt von Hagen, Angelika Wegener-Hüssen: *Denkmäler in Bayern* Bd. 83:7: *Stadt Augsburg. Ensembles, Baudenkmäler, Archäologische Denkmäler*. München 1994, S. 432.
20 Es handelt sich um den zwischen St. Stephan und dem Lueg ins Land gelegenen Friedhof um die St. Salvatorkapelle, der wie alle innerstädtischen Friedhöfe nach 1806 aufgelassen werden musste.
21 Kayser, *Schönheiten*, Nr. XXXVII, auf dem Blatt mit XLIX nummeriert.
22 Kayser, *Schönheiten*, Nr. V.
23 Kayser, *Schönheiten*, Nr. XXXVI.
24 Hagen, Wegener-Hüssen, *Denkmäler*, S. 158.
25 z. B. München, Bayerische Staatsbibliothek, 4° Bavar. 1107 m; Augsburg, SuStB, R720, und 4° Aug 742 a.
26 z. B. Augsburg, SuStB, KK 308, und 4°Aug 742.
27 Kayser, *Schönheiten*, Nr. XVI und XIX; siehe Schmidt, *Ansichten*, S. 170–171.
28 Kayser, *Schönheiten*, Nr. XVIII (auf dem Blatt mit XXXVII nummeriert), erbaut 1807/08: Hagen, Wegener-Hüssen, *Denkmäler*, S. 208; Schmidt, *Ansichten*, S. 171.
29 So im Fall des Sigelhauses (Nr. IV), abgerissen 1808, und dem Kreuztor (Nr. XIV).
30 Kayser, *Schönheiten*, S. III: „*Die Darstellungen, welche der Verleger hier dem Publikum übergibt, zeichnen sich durch ihre Treue aus, sie sind vorzüglich dem Fremden, der mit ihnen in der Hand die Straßen und Gegenden Augsburgs durchwandert, vermittels der beygefügten Beschreibung, ein gewiß äußerst willkommenes Geschenk. Solche Eingebohrne, welche noch den früheren Stand der Dinge gesehen, werden vorzüglich bey den Abbildungen, die sie noch an ehemalige Tage erinnern, eine heitere Beschäftigung gewinnen und eine nützliche Vergleichung zwischen der früheren äußeren Gestaltung und den in den jüngsten Tagen nach und nach eingetretenen Verän-*

derungen anstellen können. Es sind deshalb mehrere Abbildungen, die den augenblicklichen Zustand nicht mehr bezeichnen, dennoch gelassen, damit sie gleichsam eine Geschichte für das Auge bleiben."

31 Kayser, *Schönheiten*, S. 61.

32 Zudem wurden in der Ansicht des Ablasses (Nr. XXXI), auch dieser inzwischen ein beliebtes Ausflugsziel, die nach dem Brand vom 25.10.1793 erneuerten Gebäude gezeigt.

33 Schefold, *Alte Ansichten*, S. 189; Schmidt, *Ansichten*, S. 225–226 Abb. 195–196. Weder ein Titel noch die Datierung der Serie sind eindeutig überliefert. In Georg Kaspar Nagler: *Neues allgemeines Künstler-Lexicon*, Bd. IV. München 1837, S. 488, wird die Folge „Gegenden um Augsburg" genannt und als erste unter den Werken Freys aufgeführt. Darauf dürfte die Datierung 1780 durch Matthias Kunze in: *Allgemeines Künstlerlexikon*, Bd. 44: *Franconi –Freyenmuth*. München 2005, S. 513, zurückgehen („Prospecte um Augsburg"). Jedoch wird eine derartige Ansichtenfolge von Frey weder in der Künstlernotiz von Johann Georg Meusel: „Nachricht von dem Maler und Kupferstecher Hrn. Frey in Augsburg." In: ders., *Miscellaneen artistischen Inhalts* 16. Erfurt 1783, S. 206–208, noch in Paul von Stetten: *Kunst-, Gewerb- und Handwerks-Geschichte der Reichs-Stadt Augsburg. Zweiter Teil oder Nachtrag*. Augsburg 1788, S. 211, erwähnt. – Die Entstehungszeit der Serie lässt sich nur durch einzelne Motive eingrenzen: So zeigen die Ansichten der Schüleschen Fabrik (hier Abb. 18) noch die 1794 abgetragenen Geländer auf den Flügelbauten, s. o. Anm. 24. Die Ansicht des Ablasses von Osten stellt die Bauten dar, die 1793 einem Brand zum Opfer fielen, s. o. Anm. 3. Das Blatt mit dem Denkmal bei Göggingen ist 1795 datiert, s. Schefold, *Alte Ansichten*, S. 273 Nr. 43978.

34 Die ursprüngliche Serie (Bildformat ca. 10,3 x 15,6 cm, breiter Rahmen mit Signatur: *J. M. Freÿ d. f.*), hatte keine radierten Bildunterschriften. Die jeweils von Hand eingetragenen Titel der einzelnen Blätter variieren (Schefold, *Alte Ansichten*, S. 189 führt die Blätter daher irrtümlich in verschiedenen Serien mehrfach auf). Nachträglich ergänzte Frey die Serie durch weitere Radierungen (Bildformat ca. 10 x 18 cm). Die mit einfachem Rahmen ausgestatteten Blätter haben nun radierte Titel; z. B. „Insel ohnweit des Lechablass …" = Schefold, *Alte Ansichten*, S. 168 Nr. 42557/42558; „Der Untere Graben" = Schefold, *Alte Ansichten*, S. 128 Nr. 41818. Das letztgenannte Blatt trägt das Datum 1815 und gibt einen Hinweis auf die Entstehungszeit der Ergänzungen.

35 Meusel, *Nachrichten*, S. 208; Stetten, *Kunst-, Gewerb- und Handwerks-Geschichte 2*, S. 211.

36 Zitert nach Ludwig Tieck: *Franz Sternbalds Wanderungen*. Stuttgart 1966, S. 282 Zeile 26–33.

37 Vgl. ebenda S. 258 Zeile 19–25: *„Denn was soll ich mit allen Zweigen und Blättern? Mit dieser genauen Kopie der Gräser und Blumen? Nicht diese Pflanzen, nicht die Berge will ich abschreiben, sondern mein Gemüt, meine Stimmung, die mich gerade in diesem Moment regiert, diese will ich mir selber festhalten und den übrigen Verständigen mitteilen."* Zur Funktion der Landschaft bei Tieck vgl. Nikolas Immer: „Krisen im Grünen? Zum Funktionswandel der Landschaft beim frühen Ludwig Tieck." In: Markus Bertsch, Reinhard Wegner (Hrsg.): *Landschaft am „Scheidepunkt". Evolutionen einer Gattung in Kunsttheorie, Kunstschaffen und Literatur um 1800*. Göttingen 2010, S. 157–172.

38 Vgl. etwa August Wilhelm Schlegel: „Die Gemählde." in: *Athenäum* 2 (1799) S. 60–61; Johann Wolfgang Goethe: „Ruisdael als Dichter." In: Morgenblatt für gebildete Stände 3. Mai 1816 = Johann Wolfgang Goethe: *Sämtliche Werke*, Bd. 13. Zürich 1977, S. 670–676; Friedrich Schlegel: *Sämmtliche Werke*, Bd. 6: *Ansichten und Ideen von der christlichen Kunst*. Wien 1823, S. 100.

39 Weber, *Biografische Mittheilungen*, S. 185; vgl. Schefold, *Alte Ansichten*, S. 190.

Miscellanea

Eine seltene Silbermedaille auf den Nürnberger Andreas Beham (1530–1612) von dem Augsburger Medailleur Balduin Drentwett (1545–1627)[1]

Walter Grasser

Zu den prächtigen Beispielen der bürgerlichen Medaillen der deutschen Renaissance gehören die Gussmedaillen des Augsburger Medailleurs *Balduin Drentwett*. Er wurde 1545 in Friesland geboren und arbeitete in Augsburg von 1572 bis 1619.[2]

Balduin Drentwett ist der Stammvater des bekannten Geschlechtes von Goldschmieden, Wachsbossierern und Ornamentzeichnern dieses Namens. Er starb 1627 in Augsburg.[3] Seine Medailleurstätigkeit wird von der numismatischen Fachwelt in drei große Gruppen bzw. Perioden eingeteilt, und zwar: 1. Gruppe von 1572 bis 1579, 2. Gruppe von 1580 bis 1586 und 3. Gruppe von 1590 bis 1611 (1619).[4]

Zu seinem umfangreichen Werk als Augsburger Medailleur gehört die in die sogenannte Dritte Gruppe fallende – auf 1598 datierbare – Silbermedaille auf den Nürnberger Patrizier *Andreas Beham* (1530–1612).

Diese Gussmedaille mit einem Durchmesser von 37 mm und einem Gewicht von 18 g ist nicht signiert, wie übrigens die meisten Stücke dieser Augsburger Gruppe. Im Fachschrifttum ist bislang lediglich das ovale Porträt auf *Joachim Rieter von Kornburg* 1614 mit „B. D." signiert.[5]

Die Silbermedaille 1598 auf *Andreas Beham* entspricht aber ohne jeden Zweifel allen bekannten Vergleichsstücken aus dieser dritten Schaffensgruppe des Augsburger Medailleurs und Goldschmieds *Balduin Drentwett*. Sie wird in dem gesamten Fachschrifttum diesem Kunsthandwerker zugeordnet.[6]

Balduin Drentwett gilt als der bedeutendste Augsburger Porträt-Medailleur dieser Zeit vor dem Dreißigjährigen Krieg (1618–1648). Er war nachweisbar auch in Baden und für Pfalz-Neuburg tätig. Es gibt sein Bildnis auf einer rautenförmigen Klippe[7] (Abb. 1). Er starb im Alter von 82 Jahren.

Als Schwiegersohn des Rektors des Augsburger Gymnasiums St. Anna, *Sixt Birck*, arbeitete *Balduin Drentwett* besonders häufig für führende Mitglieder der protestantischen Gemeinde. Es bestanden sehr gute Beziehungen zu der ebenfalls protestantischen Reichsstadt Nürnberg.

Insgesamt sind über hundert Porträtmedaillen dieses Künstlers bekannt.[8]

Die silberne Gussmedaille auf den Nürnberger Patrizier *Andreas Beham* (1530–1612) zeigt nun auf der Vorderseite (Abb. 2) das barhäuptige Brustbild von *Andreas Beham* von vorne mit geteiltem Vollbart, Halskrause und Band. Die lateinische Umschrift lautet: ANDREAS. BEHAM. Æ. LXIX A° 1598, also im 69. Lebensjahr.[9]

Die Rückseite (Abb. 3) zeigt den Namenspatron des Porträtierten, den Heiligen Andreas, am Meeresstrand, und im Mittelgrund die Bibelszene (Matth. 14, 24–31) mit Christus, der dem im Wasser versinkenden Petrus zu Hilfe kommt, im Hintergrund ein Segelschiff mit vier Aposteln. Darum die deutsche Inschrift: S. ANDRE. DER. APOST.[EL] IST. ZV. PATRIS[ATR ligiert]. IN. ACHA[HA ligiert]IA. CREVZI. Innerhalb der Schrift ein Kreis. Beiderseits ein profilierter Rand.[10]

Abb. 1: Balduin Drentwett (1545–1627): *Klippe von 1612 mit seinem Selbstbildnis;* Blei, einseitig, 50,5 × 57,5 mm.

Abb. 2: Balduin Drentwett (1545–1627): *Medaille auf den Nürnberger Andreas Beham d. Ä. (1530–1612), Avers mit Brustbild Behams 1598;* Silber, Dm. 37mm.

Abb. 3: Balduin Drentwett: *Medaille auf den Nürnberger Andreas Beham d. Ä., Revers mit Darstellung des Hl. Andreas und dem Wandel Petri auf dem See;* 1598. Silber, Dm. 37 mm.

Abb. 4: Balduin Drentwett: *Medaille auf Wilhelm von Freiberg zu Hohenaschau (1539–1602), Avers;* Umschrift: WILHELM. V. FREIBERG. ZV. HOCHNASCHAV. Æ. 45, undatiert (1608?); Dm. 46,5 mm.

Abb. 5: Balduin Drentwett: *Medaille auf Andreas Beham d. Ä., Avers mit der gleichen Szene, Bodeneinsatz für einen Gedächtnisbecher,* Umschrift: ANDREAS NACH GOTLICHER WAHL – WVRD BERVFT IN DER APOSTEL ZAHL; undatiert (1585). Kupfer, vergoldet, Dm. 70 mm.

Andreas Beham, dessen Geburtsjahr aufgrund der Angabe auf dieser Medaille sicher 1530 war, kann in Augsburg und Nürnberg nachgewiesen werden. Er stammt aus der Nürnberger Glockengießerfamilie. In den Augsburger Steuerakten werden ein *Endres Beham* 1575 und 1583 und unter dem Jahr 1590 gleich zwei Träger dieses Namens aufgeführt.[11]

Bei der auf der Silbermedaille von *Balduin Drentwett* abgebildeten Person handelt es sich um *Andreas Beham den Älteren*, der 1612 starb.[12]

Auf dieselbe Person bezieht sich nach *Georg Habich* auch ein Gedächtnispfennig von 1595. Hiernach, wie auch die Rückseite der Medaille nahelegt, war der Dargestellte ein evangelischer Schulprediger, der mit *Ludwig Rabus* in Verbindung stand. Nach dem Numismatiker *Christoph Andreas von Imhoff* zu schließen, war *Andreas Beham* ein Nürnberger Bürger.[13]

Andreas Beham der Ältere hat seine bedeutende Bibliothek dem Augsburger Kolleg von St. Anna vermacht. Von den 82 in der Staats- und Stadtbibliothek Augsburg erfassten Inkunabeln tragen 46 Wiegendrucke das Exlibris des St.-Anna-Kollegs. Entsprechendes gilt auch für eine Reihe anderer jüngerer Drucke aus dem Besitz *Behams*.[14]

Laut Exlibris auf den vorderen Spiegeln: „*Andreas Beham der Elter Anno Domini 1595*" gelangten die Handschriften von Augsburg nach Nürnberg. Demnach wäre *Andreas Beham der Ältere* 1598 zum Zeitpunkt des Entstehens dieser Silbermedaille tatsächlich in Nürnberg gewesen.[15]

Von dieser seltenen Renaissancemedaille 1598 befinden sich je ein Original in den Staatlichen Münz- und Medaillensammlungen in Berlin und Nürnberg, weitere Exemplare in Privatbesitz. Insgesamt sind also weltweit nur noch wenige Exemplare bekannt.[16]

Der zeitgenössische Henkel des abgebildeten Stückes (Abb. 2 und 3) zeigt deutlich, dass es wie ein „Gnadenpfennig" sichtbar an einer Kette getragen wurde. Deshalb ist auch die Fläche der Vorderseite mit einem Stichel ganz bewusst geglättet worden. Diese Porträtmedaille wurde also wie ein Schmuckstück oder eine Auszeichnung behandelt.[17] Es handelt sich auch insoweit um ein seltenes Originaldokument seiner Zeit – zwei Jahre vor der Jahrhundertwende.

Literatur

Georg Caspar Mezger: *Geschichte der Vereinigten Königlichen Kreis- und Stadt-Bibliothek in Augsburg. Mit einem Verzeichnisse der in der Bibliothek befindlichen Handschriften.* Augsburg 1842.

Handschriftenkataloge der Staats- und Stadtbibliothek Augsburg, beschrieben von Wolf Gehrt u.a., Bd. 1 ff. Wiesbaden 1974 ff.

Helmut Gier: „Das Schicksal der Stifts- und Klosterbibliotheken im Bistum Augsburg in der Zeit der Säkularisation". In: *Die Säkularisation im Bistum Augsburg (1802–1803). Ursachen, Durchführung, Folgen* (Katholische Akademie. Akademie-Publikationen 78). Augsburg 1986, S. 66–94.

Ausst. Kat. *Vierhundertfünfzig Jahre Staats- und Stadtbibliothek Augsburg. Kostbare Handschriften und alte Drucke.* Ausstellung Augsburg 15.5.–21.6.1987. Ausstellung und Katalogredaktion: Helmut Gier. Augsburg 1987.

Helmut Gier: „Die Handschriften der Staats- und Stadtbibliothek Augsburg. Umfang, Geschichte und Erschließung der Bestände". In: *Internationale Handschriftenbearbeitertagung in der Universitätsbibliothek Augsburg vom 10.–12. September 1990.* Augsburg 1990, S. 1–23.

---

1 Bei der Abfassung dieses Aufsatzes wurden mir wertvolle Hinweise von Herrn Matthias Barth von der Staatlichen Münzsammlung München gegeben.

2 Georg Habich: *Die deutschen Medailleure des XVI. Jahrhunderts.* Halle an der Saale 1916, S. 232–239. – Georg Habich: „Studien zur Augsburger Medaillenkunst am Ende des XVI. Jahrhunderts." In: *Archiv für Medaillen- und Plaketten-Kunde* 1 (1913/14), S. 175–199. – Carola Wenzel: *Dictionary of Art*, Bd. 9, London 1996, S. 233 f. – Claudia Däubler-Hauschke: *AKL* 29, München 2001, S. 377. – Manuel Teget-Welz: „Biographien der Medailleure" in: Walter Cupperi, Martin Hirsch, Annette Kranz, Ulrich Pfisterer (Hrsg.): Ausst.-Kat. *Wettstreit in Erz. Porträtmedaillen der deutschen Renaissance.* Ausstellung München 21.11.2013–15.03.2014. München 2013 (im Druck).

3 Leonard Forrer: *Biographical Dictionary of Medallists*, Bd. VIII. London 1930, S. 340–344. – Helmut Seling: *Die Augsburger Gold- und Silberschmiede 1529–1868. Meister, Marken, Werke.* München 2007, S. 121 f., Nr. 887.

4 Habich (wie Anm. 2), S. 232. Kurt Asche: „Zur Geschichte der Augsburger Medailleur- und Goldschmiedefamilie Drentwett." In: *Oldenburger Beiträge zur Münz- und Medaillenkunde. Jubiläumsschrift zum 40jährigen Bestehen des Vereins Oldenburger Münzfreunde Oldenburg* (Schriftenreihe des Vereins Oldenburger Münzfreunde 4). Oldenburg 1999, S. 9–20.

5 Forrer (wie Anm. 3), S. 340.

6 Georg Habich: *Die deutschen Schaumünzen des XVI. Jahrhunderts. Erster Teil: Die deutschen Schaumünzen des XVI. Jahrhunderts, geordnet nach Meistern und Schulen.* Bd. II, 1. München 1932, S. 434, Nr. 3008, Tafel CCLXXXIX, 6. – Forrer (wie Anm. 3), S. 343.

7 Max Bernhart: *Selbstbildnisse deutscher Medailleure.* Halle (Saale) 1938, S. 20 und Tafel 3, Abb. 22. Inschrift an den Seiten: BAL[AL ligiert] || DVINVS || DRENDT || WE[WE ligiert]DT; im Feld: Æ.67 || A°1612.

8 Asche (wie Anm. 4), S. 9–20.

9 Christoph Andreas Imhoff: *Sammlung eines Nürnbergischen Münz-Cabinets welches mit vieler Mühe so vollstaendig, als moeglich, in wenig Jahren zusammengetragen, und sodann auf das genaueste beschrieben worden von Christoph Andreas, dem Vierten, im Hof, von und zu Markt Helmstatt. Ersthen Theils, zwote Abtheilung.* Nürnberg 1782, S. 696, Nr. 7.

10 Ebenda.

11 Habich (wie Anm. 6), S. 434, Nr. 3008.

12 Ebenda.

13 Karl Domanig: *Die deutsche Medaille in kunst- und kulturhistorischer Hinsicht. Nach dem Bestande der Medaillensammlung des Allerhöchsten Kaiserhauses* (Kunsthistorische Sammlungen des Allerhöchsten Kaiserhauses. Medaillensammlung). Wien 1907, S. 120, Nr. 767, Tafel 88. – Habich (wie Anm. 6), S. 434, Nr. 3008. – Imhoff (wie Anm. 9), S. 696, Nr. 7.

14 *Handschriftenkataloge der Staats- und Stadtbibliothek Augsburg*, beschrieben von Wolf Gehrt u. a., Bd. 1ff. Wiesbaden 1974 ff.

15 Zur Geschichte der Bibliothek und des Bestandes der Staats- und Stadtbibliothek Augsburg s. Georg Caspar Mezger: *Geschichte der Vereinigten Königlichen Kreis- und Stadt-Bibliothek in Augsburg. Mit einem Verzeichnisse der in der Bibliothek befindlichen Handschriften.* Augsburg 1842. – Helmut Gier: „Das Schicksal der Stifts- und Klosterbibliotheken im Bistum Augsburg in der Zeit der Säkularisation". In: *Die Säkularisation im Bistum Augsburg (1802–1803). Ursachen, Durchführung, Folgen* (Katholische Akademie. Akademie-Publikationen 78). Augsburg 1986, S. 66–94. – Ausst. Kat. *Vierhundertfünfzig Jahre Staats- und Stadtbibliothek Augsburg. Kostbare Handschriften und alte Drucke.* Ausstellung Augsburg 15.5.–21.6.1987. Ausstellung und Katalogredaktion: Helmut Gier. Augsburg 1987. – Helmut Gier: „Die Handschriften der Staats- und Stadtbibliothek Augsburg. Umfang, Geschichte und Erschließung der Bestände". In: *Internationale Handschriftenbearbeitertagung in der Universitätsbibliothek Augsburg vom 10.–12. September 1990.* Augsburg 1990, S. 1–23.

16 Habich (wie Anm. 6), S. 434, Nr. 3008.

17 S. Lore Börner: *Deutsche Gnadenpfennige. Ein Beitrag zur Porträt- und Kulturgeschichte der Medaille des 16. und 17. Jahrhunderts.* Universität Halle-Wittenberg, Phil. Diss. masch. 1970. – Kurt Regling: „Gnadenpfennige". In: Friedrich von Schrötter (Hrsg.): *Wörterbuch der Münzkunde.* Berlin/Leipzig 1930, Nachdruck Berlin 1970, S. 227. – Lore Börner: *Deutsche Medaillenkleinode des 16. und 17. Jahrhunderts* (Kulturgeschichtliche Miniaturen). Leipzig 1981. – Konrad Klütz: „Gnadenpfennige". In: Ders., *Münznamen und ihre Herkunft. Grundriß einer etymologischen Ordnung der Münznamen.* Wien 2004, S. 97.

Ein „Genievorrat" Augsburger und italienischer Druckgraphik[1]

Alois Epple

Vorbemerkung

In einem Allgäuer Dorfmuseum liegt ein Konvolut von neun Barockstichen. Alle Stiche zeigen starke Gebrauchsspuren, sind eingerissen, teils rückseitig geklebt. Als Klebestreifen dienten in Streifen geschnittene, im 18. Jahrhundert beschriftete oder bemalte Blätter (Abb. 4). Über die Herkunft dieses Konvoluts kann nur spekuliert werden. Der Vorbesitzer dieser Blätter kann seinen Stammbaum auf den Altarbauer Andreas Bergmüller (1661–1748) zurückführen, aus dessen Familie wohl auch der Maler *Andreas Bergmüller*[2] stammt. Letzterer könnte die Stiche verwendet haben. Ein Blatt ist rückseitig beschriftet mit *Dieses gehert mir Johann Hertz von fis*[überklebt] / *Anno 1722 Jahren* (Abb. 4). Ob hier der Augsburger Stecher Johann Daniel Her(t)z ((1693–1754) gemeint ist, geht aus der Beschriftung nicht eindeutig hervor. Denkbar wäre es jedoch auch deshalb, da es von Johann Daniel Her(t)z ein Thesenblatt[3] gibt, welches sich in Komposition und Personen an dem Blatt, welches rückseitig mit „Johann Hertz" beschriftet ist (Abb. 3), orientiert. Nur ein bei den Beschriftungen erwähnter Stecher kam nicht aus Augsburg. Auf jeden Fall deutet alles darauf hin, dass dieses Konvolut zum „Genievorrat" eines süddeutschen Malers oder Stechers gehörte.

Das Konvolut umfasst zwar nur neun Blätter, trotzdem lassen sich einige allgemeine Aussagen ableiten.

Stiche nach italienischen Meistern

Vier Drucke sind seitenverkehrte Stiche nach Gemälden italienischer Barockmaler. Diese standen in der ersten Hälfte des 18. Jahrhunderts in Süddeutschland anscheinend hoch im Kurs[4]. Wer sich aus Kosten- oder Zeitgründen keine Italienreise leisten konnte, orientierte sich auf diese Weise an der italienischen Malerei. Diese Aussage lässt sich auch am Beispiel des Augsburger Malers *Johann Georg Bergmüller* (1688–1762) begründen. Dieser schätzte vor allem die Bilderfindungen des Neapolitaners Sebastiano Conca (1680–1764) und des Römers Carlo Maratta (1625–1713), deren Bilder er teilweise über Stiche von Jakob Frey (1681–1752)[5] kannte.[6]

Stiche von süddeutschen Meistern

Aber auch nach süddeutschen Meistern wurde gern gemalt. Voraussetzung war, dass deren Bilder auch gestochen wurden. Vielleicht dienten solche Stiche bei der Auftragsbesprechung zwischen Maler und Auftraggeber als Diskussionsgrundlage. Dass in diesem Konvolut ein Bergmüllerstich liegt, kommt nicht von ungefähr, waren doch die Stiche dieses Augsburger Meisters als Vorlageblätter besonders beliebt[7]. So konnte in den letzten Jahren bei ca. 170 Gemälden und Fresken die Verwendung von Bergmüller-Stichen durch andere Maler nachgewiesen werden.[8]

Abb. 1: Joseph Sebastian Klauber (1700–1768) und Johann Baptist Klauber (1712–1787) nach Johann Ev. Holzer (1709–1740): *Die Glorie des hl. Benedikt*. Thesenblatt, Kupferstich, 937 x 675 mm (Bild), bez. links unten: „Ioh. Holzer pinxit.", rechts unten: „Phil. Andr. Kilian Reg. Maj. Pol. etc. Chalcogr. Aul. Sculpsit."

Abb. 2: Joseph Sebastian Klauber (1700–1768) und Johann Baptist Klauber (1712–1787) nach Johann Ev. Holzer (1709–1740): *Die Glorie des hl. Benedikt* (wie Abb. 1), Ausschnitt aus einem Thesenblatt, beschnittener und kollagierter Kupferstich, 610 × 467 mm (Blatt), vgl. Abb. 1

Ein „Genievorrat" Augsburger und italienischer Druckgraphik

Abb. 3: Michael Wening (1645–1718) nach Johann Andreas Wolff (1652–1716): *Apotheose der hl. Franz Xaver*
Thesenblatt, verwendet 1722, unter Bildverlust beschnitten und beschädigt, Kupferstich, 692 x 470 mm (Blatt)
bez. unten: „[…]Delinea" re. u. „Michael Wening Sculps. Monachy 1689". Literatur: Entwurfszeichnung erwähnt bei Kuno Schlichtenmaier: *Studien zum Münchner Hofmaler Johann Andreas Wolff (1652–1716) unter besonderer Berücksichtigung seiner Handzeichnungen.* Tübingen 1988, S. 440 Ze 15

Abb. 4: Rückseite von Abb. 3

Ein Bergmüller-Stich

Ein, im Katalog der Bergmüller-Stiche[9] noch nicht erwähnter Stich (Abb. 5) zeigt die heilige Dreifaltigkeit, die heilige Maria mit Kind und zahlreiche, großteils wenig bekannte Heilige, von denen die Fürstpropstei Ellwangen Reliquien besaß. Wie mir Herr Josef H. Biller, der seit 35 Jahren an einem Gesamtkatalog aller Offiziellen Wappenkalender des Heiligen Römischen Reiches arbeitet, mitteilte, ist dies das Kopfblatt eines Stiftskalenders der Fürstpropstei Ellwangen. Es handelt sich dabei um den zweiten Typ des 1642 eingeführten Wappenkalenders, der 1722 von Johann Georg Bergmüller nach eigener Invention (Kopfstück) und einer Invention des Ellwanger Malers, Bildhauers, Stukkators und Kupferstechers Melchior Paulus (unterer Teil) delineiert und von Hieronymus Sperling gestochen wurde. Der nur bis 1770 erschienene Stiftskalender erzielte eine Gesamtauflage von 6529 Exemplaren, von denen sich neben einigen Fragmenten nur noch zwei komplette Exemplare erhalten haben: der hier zum Vergleich abgebildete Jahrgang 1737 (Abb. 6) im Staatsarchiv Nürnberg und der Jahrgang 1742 im Besitz von Graf Adelmann von Adelmannsfelden auf Schloss Hohenstadt.[10]

Eignung der Vorlagenstiche

Überblickt man thematisch, welche Stiche in Süddeutschland besonders häufig Nachmaler fanden, so waren dies in erster Linie Stiche mit marianischen Darstellungen, dem folgten Stiche mit Heiligen und schließlich Stiche zu abstrakten theologischen Themen[11]. Zu den damaligen „Modeheiligen" gehörte der Jesuit Franz Xaver, von dem sich gleich zwei Stiche in diesem Konvolut finden (Abb. 3 und Abb. 9). Das gerade erwähnte Blatt von Johann Georg Bergmüller zeigt hingegen, neben den hll. Benedikt und Vitus, weitere 14 recht unbekannte Heilige. Warum findet sich so ein Blatt in einem „Genievorrat"?

Von den meisten Heiligen gibt es kein Porträt und deshalb lassen sie sich oft nur über ihre Attribute identifizieren. Kaufanreiz für dieses Blatt war nicht welche Heilige hier dargestellt waren, sondern dass es viele waren, welche man dann durch die Hinzufügung eines Attributes individualisieren konnte. So konnte ein anderer Maler die oben links gestochenen heiligen Frauen Euphrosina, Theodora und Domitilla durch Hinzufügung entsprechender Attribute in die „Drei heiligen Madeln" umfunktionieren. Und wenn ein Maler die Martyrerpalmen, welche die Heiligen Quintus und Quartus halten, durch Schlüssel und Schwert ersetzte, hatte er aus den beiden römischen Martyrern die Apostelfürsten Petrus und Paulus gemacht.

Kollage

An einem Thesenblatt, entworfen von *Johann Ev. Holzer* (1709–1740), kann man ein wenig die Arbeitsweise eines Malers, welcher nach anderen Vorlagen „arbeitete", beobachten. Holzers Thesenblatt misst 937 × 675 mm, also gilt Höhe : Breite = 1,388 (Abb. 1). Das „umgearbeitete" Blatt hat die Maße 610 × 467 mm, also das Verhältnis Höhe : Breite = 1,306 (Abb. 2). Anscheinend hatte der Maler, welcher Holzers Blatt verwendete, ein anders proportioniertes Bild zu malen, die Textkartuschen waren entbehrlich und überhaupt lag ihm die Wiedergabe weit ausladender Gewandung nicht. Also verkürzte er Holzers Thesenblatt oben und unten, schnitt fein säuberlich zwei Putten, welche Täfelchen halten, auf denen Szenen aus dem Leben des hl. Benedikt gemalt sind, aus und kollagierte sie in die Gewandung des hl. Benedikts und schließlich klebte er auch noch den dünnen, abgeschnittenen Rahmen um seine Kollage.

Ein „Genievorrat" Augsburger und italienischer Druckgraphik

Abb. 5: Hieronymus Sperling (1695–1777) nach Invention und Delineation von Johann Georg Bergmüller (1688–1762): *Ellwanger Heiligenhimmel mit Dreifaltigkeit und Maria mit Kind*, Kopfstück des 1723 bis 1770 laufenden Stiftskalenders (Abb. 6), Kupferstich, 640 × 540 mm (Blatt), bez. unten links im Bild: „JGB[lig.]ergmiller invent. et del.", unten rechts: „Hieronymus Sperling sculp Aug. Vin [...]"

Abb. 6: Hieronymus Sperling (1695–1777) nach Johann Georg Bergmüller (1688–1762) und Melchior Paulus (1669–1745), Inventor der unteren Platte: *Großer Wappenkalender der Fürstpropstei Ellwangen auf das Jahr 1737*. Kupferstich 1722 in zwei Teilen, 1279 × 60,7–61,1 mm (Bild), 1308 × 649–654 mm (Blatt), bez. neben den oben zitierten Signaturen im Kopfstück (Abb. 5) auch ganz u. li: JGB[lig.]ergmiller del.", unten Mitte: „Melchior Paulus inv.", unten rechts: „Hieronym9 Sperling sculpsit August. Vindel." *Almanach* in schwarz-rotem Typendruck „Ellwang, gedruckt bey Antoni Brunhauer, Hochfürstl. Ellwangischen Buchdruckern."

Abb. 7: nach Johann Wolfgang Baumgartner (1702–1761): *Die Hoffnung des Job*, Kupferstich, 510x700 mm, beschnitten, unten eine Leiste von einem anderen Stich angeklebt, Entwurf Baumgartners im Landesmuseum Stuttgart, Leihgabe im Schloß Meersburg (frdl. Hinweis von Josef Straßer, München)

Abb. 8: Johann Gottfried Saiter (Seutter) (1717–1800) nach Francesco Solimena (1657–1747): *Hl. Maria*, Kupferstich, 520x405 mm, bez. links unten: „F. Solimeno Pinxit", rechts unten: J.G.Saiter Sculpsit

Ein „Genievorrat" Augsburger und italienischer Druckgraphik

Abb. 9: Joseph Sebastian Klauber (1700–1768) und/ oder Johann Baptist Klauber (1712–1787) nach Franz Martin Kuen (1719–1771)[12]: *Tod des hl. Franz Xaver*, Kupferstich, 540 x 460 mm (beschnitten)

Abb. 10: Johann Gottfried Saiter (Seutter) (1717–1800) nach Paolo Veronese (1528–1588): *Die Hochzeit zu Kana*, Kupferstich, 540 x 640 mm (beschnitten), bez. unten: „Ca Tableau est à voir à Venixe, / Dans le Refectoir St. George Majore / peint pars fameux / Paule Calliari de Verone. / dessignè et grave / par Jean Godef: Saiter / à Paris", Veroneses 1562 gemalte, seitenverkehrte Vorlage zu diesem Stich befindet sich heute im Louvre in Paris

Jacopo Robusti detto il Tintoretto
Venetiano
inventi et pinxit

Giov: Benedetto Castiglioni Genovese
inventi et pinxit

Literatur:

Marie Therese Bätschmann: *Jakob Frey (1681–1752) – Kupferstecher und Verleger in Rom.* Selbstverlag, Bern 1997 (zugleich: Dissertation, Universität Basel, 1990).

Emanuel Braun, Wolfgang Meighörner, Melanie Thierbach, Christof Trepesch (Hrsg.): *Johann Evangelist Holzer – Maler des Lichts.* Innsbruck 2010.

Alois Epple: „Aus dem Genievorrat von Johann Herz." In: *Materialien zur Bergmüller-Forschung,* H. 5, 2005, S. 43–46.

Karin Friedlmaier: *Johann Georg Bergmüller – Das druckgraphische Werk.* Marburg 1998.

Bärbel Hamacher: *Entwurf und Ausführung in der süddeutschen Freskomalerei im 18. Jahrhundert.* München 1987.

Ludwig Mangold: *Stukkatoren und Stuckarbeiten in Ellwangen mit besonderer Berücksichtigung des Melchior Paulus.* Hrsg. vom Geschichts- und Altertumsverein Ellwangen. Stuttgart 1938.

Jürgen Rapp: „Die Thesenblätter nach Entwürfen von Johann Evangelist Holzer." In: *Der Schlern,* 83. Jg., H. 11, 2009, S. 82–127.

Hans Ruf: *Schwäbischer Barock.* Weißenhorn 1981.

Bernhard Schemmel (Hrsg.): *Die Graphischen Thesen- und Promotionsblätter in Bamberg.* Bestandskatalog der Staatsbibliothek Bamberg, des Historischen Vereins Bamberg in der Staatsbibliothek Bamberg, des Erzbischöflichen Priesterseminars Bamberg, des Historischen Museums der Stadt Bamberg und auswärtiger Sammlungen sowie von Privatbesitz. Wiesbaden 2001.

---

1 In den *Materialien zur Bergmüller-Forschung,* H. 5, 2005, S. 43–46 stellte ich kurz dieses Konvolut vor. Zwischenzeitlich sind neue Erkenntnisse aufgetreten, welche es gerechtfertigt erscheinen lassen, diese Stiche auch einem größeren Leserkreis bekannt zu geben.

2 Bei diesem Maler handelt es sich wohl um den Sohn des Altarbauers Andreas Bergmüller. Werke von ihm sind von 1718 bis 1758 nachweisbar. Vgl. Ruf, *Schwäbischer Barock,* S. 135–140.

3 Beschrieben und abgebildet in Bernhard Schemmel, *Die Graphischen Thesen- und Promotionsblätter in Bamberg,* S. 96 f.

4 Bärbel Hamacher: *Entwurf und Ausführung in der süddeutschen Freskomalerei,* S. 158–215.

5 Marie Therese Bätschmann: *Jakob Frey.*

6 *Materialien zur Bergmüllerforschung,* H. 5, S. 30–32; H. 6, S. 6–8; H. 8, S. 40–43; H. 9, S. 21; H. 10, S. 7, 21, 24 f.; H. 11, S. 12–20.

7 Bärbel Hamacher: *Entwurf und Ausführung in der süddeutschen Freskomalerei* S. 158–215.

8 *Materialien zur Bergmüllerforschung,* H. 4–H. 11.

9 Karin Friedlmaier: *Johann Georg Bergmüller – Das druckgraphische Werk.*

10 Ludwig Mangold: *Stukkatoren und Stuckarbeiten in Ellwangen,* S. 118.

11 Vgl. meinen Aufsatz: „Aus dem Genievorrat von Johann Herz." In: *Materialien zur Bergmüller-Forschung,* H. 5, 2005, S. 43–46.

12 Bamberg: Danach ist der Stich beschriftet mit M. Kuen pinxit / Klauber Cath. sc. et exc. A.V., S. 328, 329.

Abb. 11: Nach Jacopo Robusti, gen. Tintoretto (1518–1594):
Kreuzigung, Kupferstich, 270 × 407 mm, bez. unten: „Jacopo Robusti detto il Tintoretto / Venetiano / invenit et pinxit"
Ein hier nicht angegebener Stecher fertigte den seitenverkehrten Stich nach Tintorettos berühmtem Bild von 1565 in der Scuola di San Rocco in Venedig

Abb. 12: Giovanni Benedetto Castiglione (1609–1664): *Grablegung Christi,* Kupferstich, 275 × 415 mm
bez. unten: „Giov: Benedetto Castiglioni Genovese / invenit et pinxit"

Ergänzungen zum Werkverzeichnis Johann Stridbeck Vater und Sohn

Josef H. Biller

Im Jahre 1966 veröffentlichte der Verfasser im Rahmen einer Faksimile-Ausgabe der Münchner Ansichtenserie von Johann Stridbeck d. J. ein Werkverzeichnis[1], das inzwischen durch zwölf neu aufgefundene Werke und Einzelblätter ergänzt werden kann.

Es handelt sich dabei einmal um das Emblembuch von Johann Bernhard Coelestin von Rödern mit dem Titel *Meteorologia Philosophico-politica …*, das 1697 bei Anton Nepperschmied in Augsburg erschienen ist und zu dem neben anderen Stechern Stridbeck Stichillustrationen lieferte,[2] dann um das Werk *Navarchia Seligenstadiana …* von Johannes Weinckens, 1714 in Frankfurt am Main erschienen, an dessen Stichillustrationen sich Stridbeck neben dem Würzburger Johann Salver mit wohl fünf Tafeln beteiligt hat, von denen drei signiert sind – das Frontispiz Salvers ist 1707 datiert! –, aus der noch eine große, 33,0 x 79,3 cm (Platte) messende *Gründlich perspektivische Vorstellung … des … Palatij und … Lust Gartens Philipps Ruh …* bei Hanau als Unikat von 1705 überliefert ist,[3] sowie ein kleines Porträt von *Martin Diefenbach* (1661–1709) in der Stadt- und Universitätsbibliothek Frankfurt am Main, schließlich ein derzeit nicht zu lokalisierendes Gedächtnisblatt auf den Tod von *Johann Hector v. Holtzhausen* mit den Wappen der Familie und von 32 Agnaten, das ohne Provenienzangabe in den *Frankfurter Blättern für Familiengeschichte* V/5 (1912), nach S. 76 wiedergegeben ist.

Rarissima sind offensichtlich auch die vier großen Ansichten von Ulm in aufwendigem, von Sébastien Pontault de Beaulieu kopierten Schmuckrahmen aus den vier Himmelsrichtungen *ULM gegen Sud-Osten, … gegen Sud-Westen, … gegen Norden* und *… gegen Nord-Osten*, von denen die ersten drei von Stridbeck junior signiert sind, während auf Letzterem der Name Gabriel Bodenehrs auf Tilgung erscheint. Drei dieser bislang nur im Stadtarchiv Ulm nachweisbaren Blätter finden sich bei Max Schefold: *Alte Ansichten aus Württemberg*. Katalogband, Stuttgart 1957, Nrn. 9733–9735 bzw. 9736 (Variante) nachgewiesen, die Ansicht aus Südwesten ist ihm entgangen. Unter den Nrn. 9726 (Ulm gegen Nordosten) und 9730 (Ulm gegen Norden) sind auch die einzigen überlieferten großen Vorzeichnungen Stridbecks aufgeführt (Privatsammlung Ulm).

Die Verwendung von vier doppelseitigen, rahmenlosen Ansichten in Kombination mit einem Beaulieuschen Schmuckrahmen, die ohne Rahmen auch in Bodenehrs *Europens Pracht und Macht* von 1720 vorkommen,[4] lässt den Verdacht zu, dass auch die anderen 13 in *Pracht und Macht* (Teil I und II) enthaltenen überbreiten und rahmenlosen Veduten für eine solche Staffierung gedacht waren, ein Vorhaben, das wohl auch durch die Flucht Johann Stridbecks 1703/04 nach Frankfurt unausgeführt bleiben musste.[5]

Eine aus Anlass der Rückeroberung durch die Schweden 1700 entstandene *Eigentliche Vorstellung der Schwedischen Stadt Narvae …* ist bislang nur in der Königlichen Bibliothek Stockholm aufgetaucht, hat aber unerklärlicherweise nicht in Bodenehrs Sammelwerk *Europens Pracht und Macht* Verwendung gefunden.

Ebenfalls höchst selten ist die kleine Ausgabe von Hurters Schwabenkarte *Geographica Provinciarum Sveviae Descriptio– Schwaben in LVI. Übereintreffenden Tabellen Vorgestellet*, die 1679 unter dem Verlagsnamen von „Hanns Georg Bodenehr" zusammen mit einem 64 Seiten zählenden Namenregister erschienen und in den Universitätsbibliotheken von München (8° Mapp 78) und Würzburg (G. o. 51) erhalten ist. Ein weiteres Exemplar hat das Antiquariat Interlibrum 1991 für 11000 DM angeboten, aber nicht verkauft.[6] Beim Vergleich mit der 28-teiligen großen Ausgabe,[7] die damals nur aus der Literatur bekannt war und inzwischen in der Württembergischen Landesbibliothek Stuttgart – noch dazu in der Version sowohl mit Johann Stridbecks wie Gabriel Bodenehrs Adresse! – festgestellt werden konnte, erweist sich, dass die Teilkarten der kleinen Edition nur durch hälftigen Abdruck der großen Tafeln erzielt wurden, wobei die jeweils fehlenden seitlichen Begrenzungen gesondert gestochen, abgezogen und nachträglich angeklebt worden sind: Ein äußerst aufwendiges Verfahren für eine (verbilligte?) Kleinausgabe!

Von den 1966 nur aus der Literatur zitierten Werken konnten inzwischen folgende wiederentdeckt werden: Die große Mappe *Territorium Ulmense …* nach der Zeichnung des ulmischen Geometers Johann Christoph Lauterbach[8] ist mit der auf Tilgung eingestochenen Signatur Gabriel Bodenehrs enthalten im Bestand Mapp. XII,

Josef H. Biller

Die außergewöhnliche und bislang unikale Serie von vier Ansichten Ulms könnte aus Anlass des Überfalls von Max Emanuel auf die Freie Reichsstadt Ulm am 8. September 1702 entstanden sein, mit dem der Kurfürst von Bayern den Spanischen Erbfolgekrieg (1702–1714) eröffnete. Unter den Oval-Medaillons erscheint jedoch zweimal Kaiser Karl VI. (1711–1740), so dass zumindest der Druck von drei dieser aufgestochenen Radierungen von jeweils drei

Abb. 1: Ansicht gegen Südosten

Abb. 2: Ansicht gegen Nordosten (Zweitverwendung durch Gabriel Bodenehr)

Ergänzungen zum Werkverzeichnis Johann Stridbeck Vater und Sohn

Platten in einem von Beaulieu kopierten großen Schmuckrahmen nur in der Zeit zwischen 1711 und 1714, dem Todesjahr Stridbecks d. J., erfolgt sein kann, während der vierte Stich mit der auf Tilgung eingestochenen Signatur Bodenehrs (Abb. 2) erst 1716, nach dem Tod Stridbecks d. Ä., oder später erschienen ist. Die im Ulmer Stadtarchiv verwahrten Blätter zeigen die Donaustadt gegen vier Himmelsrichtungen:

Abb. 3: Ansicht gegen Norden

Abb. 4: Ansicht gegen Südwesten

182 m in der Kartensammlung der Bayerischen Staatsbibliothek in München.[9] An selber Stelle fand sich auch die seinerzeit nur durch den Antiquariatskatalog von Karl Seuffer von 1936[10] bekannte *Großquerfolio-Landkarte Die Fürstliche Graffschaft Tyrol ...* (Signatur: 2° Mapp. 12/44) mit der Bezeichnung „Iohann Stridbeck Iunior Excudit". Die darauf angekündigte noch größere Spezialkarte von Tirol in mehreren Teilkarten nach „Her. Igls von Volthurn und Herrn Burglehners im Lande korrigierten Karten" ist bis jetzt noch nicht wieder zum Vorschein gekommen und es besteht Zweifel, ob sie je erschienen ist, da ja der Stecher Ende 1703 bzw. Anfang 1704 von Augsburg nach Frankfurt am Main emigrieren und dadurch dieses Stichwerk, wenn es denn je begonnen worden war, unvollendet liegen lassen musste.

Das in meinem Werkverzeichnis auf S. 46 angeführte Kartenwerk *Frankreich zu bequämen Gebrauch in 32. Geographischen Tabellen ...* mit Verlagsadresse Stridbecks und einem noch von Johann Georg Bodenehr signierten Kupfertitel konnte in der Library of Congress in Washington ausgemacht werden.[11]

Der seinerzeit verschollene *Guida de Passeggieri ... Von ausgpurg Bis venedig*[12] ist glücklicherweise wieder aufgetaucht und inzwischen in die Staatsbibliothek Augsburg gelangt. Dieselbe Bibliothek konnte schließlich auch das bislang nur aus Eberhard David Haubers vager Umschreibung von 1724 – „grosse Charte von der Marggrafschafft Burgau"[13] – mehr verunklärte denn bekannt gemachte Werk erwerben, das 1986 im Antiquariat Reiss & Auvermann in Glashütten im Angebot war. Die wohl 1704 aus aktuellem Anlass ziemlich rasch komponierte Kartenfolge trägt einen für Stridbecks rein kartographische Publikationen ungewöhnlichen Titel: *theatrum des krieges in der marggrafschaft burgau und Angraenzenden Laendern. augspurg, Bey Johann Stridbeck Jüngern.* Sie umfasst einschließlich Titelblatt – einer Teilkarte mit eingedruckter Titelschrift auf interimistisch ausgespartem Ovalfeld! – nur zwölf Tafeln und entpuppt sich bei näherer Prüfung als Auszug aus der 28-teiligen Oberschwabenkarte *alemannia Sive suevia superior Liberata. Von denen Unerträglich harten Bayrisch und Frantzösischen Pressuren, durch den von gott bei Hochstett A.° 1704 den 13 Aug. Verliehenen Gloriosen Sieg erlösete ober schwaben. In tabellen. – augspurg Johann Stridbeck Junior fecit et Excudit Cum Gratia et Privilegio Sacræ Cæsareæ Majestatis.* Diese Landkarte ist nicht identisch mit oben erwähnter Hurters Schwabenkarte, die Hans Georg Bodenehr im Namen Johann Stridbecks d. Ä. 1679 sowohl in 28 wie auch 56 Tabellen verlegt hat, und es ist inkomplett mit nur 24 Tafeln in der Württembergischen Landesbibliothek Stuttgart sowie aus 28 Blättern montiert – und deshalb mangels Titelblatt nur anonym! – im Germanischen Nationalmuseum Nürnberg nachzuweisen.[14]

Das Kartenspiel FÜRTEFFLICHE WELT-BERÜHMTE MÆNNER ...[15] befindet sich auch in einer ungenannten Privatsammlung in den USA und wurde vor einigen Jahren teilweise im Internet anonym gezeigt.

An wichtigster seither erschienener Literatur sei zitiert die ausführliche Bearbeitung der 50 Stridbeckschen Originalzeichnungen in der Handschriftenabteilung der Deutschen Staatsbibliothek Berlin von Renate Schipke: „Eine Reise durch Europa. Erinnerungen in Bildern von Johann Stridbeck dem Jüngeren (Ms. Boruss. 4° 9 a)", in: *Handschriften, Sammlungen, Autographen. Forschungsergebnisse aus der Handschriftenabteilung*, Beiträge aus der Deutschen Staatsbibliothek 8, Berlin 1990, S. 43–80, mit Wiedergabe von 17 Zeichnungen. Die 20 Blätter mit Berliner Motiven sind auch in einer Faksimile-Mappe veröffentlicht worden unter dem Titel *Die Stadt Berlin im Jahre 1690, gezeichnet von Johann Stridbeck dem Jüngeren.* Mit Kommentar von Winfried Löschburg, Leipzig 1981.

An wissenschaftlichen Untersuchungen zu Stridbecks kartographischen Aktivitäten sind erschienen 1976 von Otto Stochdorf (übrigens zeitweise einem Teilnehmer unseres Augsburger Forscherkreises): „Ein Kartenmanuskript aus der Stridbeck-Offizin." In: *Schriften des Vereins für die Geschichte und Naturgeschichte der Baar in Donaueschingen* 31, S. 86–92. Dann eine Kommentierung der Stridbeckschen Karte von Burgau durch unser langjähriges Mitglied Dr. Wolfgang Pfeifer im Rahmen seines Aufsatzes „Die Markgrafschaft Burgau in alten Karten." In: *Jahrbuch des Historischen Vereins Dillingen an der Donau* 106, 2005, S. 187–208. Die daraus gezogenen Erkenntnisse flossen dann ein in seinen Beitrag „Johann Stridbeck d. J. und das Projekt einer Schwabenkarte um 1700." In: *Zeitschrift des Historischen Vereins für Schwaben* 99, 2006, S. 149–163.

Während üblicherweise die topographischen und kartographischen Stiche Stridbecks und seines Nachfolgers Gabriel Bodenehr in den Antiquariatskatalogen nur eine marginale Rolle spielen, hat das Buch- und Kunst-Antiquariat Peter Bierl in Eurasburg diesem Komplex einen großen Teil seines Antiquariatskataloges 151 vom Sommer 2013 *Europa im Umbruch. In Städteansichten, Plänen, Grundrissen und Landkarten schildern Johann Stridbeck, Gabriel Bodenehr und Christoph Weigel die unruhige Epoche von 1690 bis 1720* gewidmet.[16] So sehr den Stridbeck-Forscher diese „Aufwertung" auch freut, ebenso sehr betrübt der Verdacht, dass diesem Massenangebot eine Reihe von original gebundenen Sammelwerken geopfert wurde.

Zu großer Erwartung Anlass gibt die Planung eines eigenen Stridbeck gewidmeten Bandes von Hollsteins *German Engravings*, den Dr. Dieter Beaujean in Berlin, von dem im vorliegenden Band ein Beitrag enthalten ist, in Bearbeitung hat. Mit großer Befriedigung kann der Verfasser konstatieren, dass sich seine Absicht, in einem großangelegten kommentierten Katalog die Summe seiner Beschäftigung mit dem Schaffen Johann Stridbecks und Gabriel Bodenehrs zu ziehen, durch Überlassung seines Forschungsmaterials auf diese veränderte Weise erfüllen wird.[17]

---

1 THEATRUM *Der vornehmsten* KIRCHEN CLÖSTER PALLÆST *u:* GEBEUDE *in Chur F. Residentz Stadt* MÜNCHEN. Bd. 1: Faksimile-Nachdruck, Bd. 2: Textteil mit Erläuterungen zu Johann Stridbecks Kupferstichen von Karl Spengler (S. 5–31) und „Das Leben der Kupferstecher Johann Stridbeck Vater und Sohn" (S. 33–42) sowie „Das Werk der Kupferstecher Johann Stridbeck Vater und Sohn" von Josef H. Biller (S. 43–51). München (Bruckmann) 1966. Im Folgenden kurz „Stridbeck" zitiert.

2 Vgl. Wolfgang Augustyn: „Augsburger Buchillustration im 18. Jahrhundert." In: Helmut Gier und Johannes Janota: *Augsburger Buchdruck und Verlagswesen,* Augsburg 1997, S. 847.

3 Hanau, Historisches Museum.

4 Ulm gegen Südwesten: EPM 180, gegen Südosten EPM 181, gegen Nordosten EPM 182 und gegen Norden EPM 183.

5 Das betrifft die Ansichten in *Pracht und Macht:* Barcelona (12), Belgrad (13), Béthune (15), Cham (32), Tournay (45), Rostock (140), Stralsund (154), Tarragona (166), Temeswar (167) und Wismar (193), alles Orte, die entweder durch den Spanischen Erbfolgekrieg (1701–1714) oder den Nordischen Krieg (1700–1721) sowie durch den Bayerischen Bauernaufstand (1705) ins Zentrum der Aufmerksamkeit rückten. Dass auch Bodenehr noch dieser Verlagsidee anhing beweisen die ähnlich aufgezogenen Ansichten von Gibraltar (32), Nürnberg (70) und Piombino (77) in der Fortsetzung der *Pracht und Macht* von 1729. Zur Datierung der Bodenehrschen Sammelwerke siehe meinen Beitrag: „Barocke Verlagspraxis zwischen Kunst und Kommerz. Zur Entstehungsgeschichte von Gabriel Bodenehrs Sammelwerken *Force d'Europe* und *Europens Pracht und Macht."* In: *Augsburg, die Bilderfabrik Europas. Essays zur Augsburger Druckgraphik der Frühen Neuzeit.* (Schwäbische Geschichtsquellen und Forschungen. Schriftenreihe des Historischen Vereins für Schwaben 21), Augsburg 2001, S. 109–122.

6 Katalog der 30. Stuttgarter Antiquariatsmesse 1991, S. 5.

7 Biller, Stridbeck, S. 47.

8 Biller, Stridbeck, S. 47.

9 Vgl. dazu *Cartographia Bavariae. Bayern im Bild der Karte.* Ausstellungskatalog 44 der Bayerischen Staatsbibliothek, Weißenhorn 1988, S. 392, Kat.-Nr. 5.15 (ohne Abb.). Im Kommentar erfolgt kein Hinweis auf den eigentlichen Urheber des Stichs, Johann Stridbeck d. J., dessen Originalsignatur von Eberhard David Hauber in seinen „Zusätzen Und Verbesserungen" zu *Nützlicher Discurs von dem gegenwärtigen Zustand der Geographie …,* Ulm 1727, mitgeteilt wird.

10 Biller, Stridbeck, S. 47.

11 Signatur: G 1838.S 88.1700 Cage.

12 Biller, Stridbeck, S. 48 f.

13 Biller, Stridbeck, S. 47, rechte Spalte.

14 Kapsel Schwaben, La 1638.

15 Biller, Stridbeck, S. 50.

16 Stridbeck Nrn. 1–219 auf den S. 1–15, Bodenehr Nrn. 220–468 auf den S. 16–28.

17 Als Vorarbeit zu diesem geplanten Gesamtkatalog aller Stridbeckschen Stiche mit allen nachweisbaren Zuständen hat der Verfasser für den 1987 ff geplanten Reprint des seltenen dritten Teils von *Pracht und Macht* neben einem ausführlichen Nachwort auch ein komplettes Verzeichnis der von Stridbeck plagiierten Vorlagen erstellt, dessen aus Zeitdruck nur in einer Urschrift vorhandenes Manuskript nach Scheitern des Projektes beim Verlag Uhl in Unterschneidheim verlorengegangen ist.

Zwei unbekannte Vorzeichnungen von Carl Remshard (1678–1735) für die Folge von 24 Blättern „Augsburger Straßen und Plätze"[1]

Gode Krämer

Zu den Stichausführungen:

Die Kupferstiche tragen die Bezeichnung „Carolus Remshard ad vivum del. et sculpsit."(oder leicht variierend). *Remshard* (1678–1735, nicht 1755) war also gleichzeitig Vorlagengeber und ausführender Kupferstecher.

Offenbar sind die 24 Blätter nicht als zusammenhängende gebundene Ausgabe mit Titel und Nummerierung erschienen. Damit ist der Titel der Folge „Augsburger Straßen und Plätze" nicht ursprünglich. Gebunden werden Blätter dieser Folge – ohne Titelblatt – häufig zusammen mit den Blättern der Folge „Kirchen und Klöster"[2], die ebenfalls auf Vorzeichnungen von *Carl Remshard* basieren. Eine festgelegte Reihenfolge existiert nicht[3] und die Blätter tragen auch unterschiedliche Verlagsadressen.

Blätter dieser Folge mit *Remshards* oben beschriebener Signatur wurden zunächst unter der Verlagsadresse „Jeremias Wolff excud. Aug. Vind." (oder leicht variierend) herausgegeben, erschienen also im Verlag des 1724 verstorbenen *Jeremias Wolff* (1663–1724)[4] Nach Wolffs Tod trugen sie zweierlei Verlagsadressen: „Haered Jer. Wolffy excudit A.V." (oder leicht variierend) und „Johann Frid. Probst Haered. Jer. Wolffy excud. Aug. Vind." (oder leicht variierend).[5] Johann Friedrich Probst fügte der vorhandenen Beschriftung eine Bestellnummer bei z. B. „Reg.1/2 Fol. No. 5."

Spätere Drucke von den originalen Platten erschienen in den Verlagen von: „Georg Balthasar Probst excud. A.V."[6] und in dem der Franciscischen Akademie mit der Adresse"Negotium Acad. Caes. Franc. exc. Aug. Vind."[7](oder leicht variierend) z.T. als Guckkastenbilder, z.T. auch mit einer Nummerierung rechts oben außerhalb der Darstellung.

Zu den Vorzeichnungen:

Sieben signierte Vorzeichnungen wurden 1939 bei Adolf Weinmüller in München versteigert,[8] wobei nur zwei davon – die Nrn. 375 und 376 – als die hier vorgestellten Zeichnungen sicher identifiziert werden können. Neben diesen zwei Vorzeichnungen (Abb. 1 und 2) existiert eine weitere: „Die Frauentorstraße mit dem Frauentor"[9], die von Anja Schmidt veröffentlicht wurde.[10] Interessanterweise weicht, wie Anja Schmidt festgestellt hat, der Stich von der Vorzeichnung ab, weil in der Zeitspanne zwischen der Fertigstellung der Zeichnung und der Ausführung des Stichs ein Gebäude auf der rechten Straßenseite abgerissen und dafür ein neues erbaut wurde. *Remshard* als Stecher reagierte darauf und dokumentierte im Stich die neue Situation.[11]

1. *Zeughaus mit Zeugplatz in Augsburg* (Abb. 1), Feder in Braun und Grau, grau laviert, zweifach in Feder in Braun umrandet, 21,5 x 38,7 cm. Signiert unten rechts unter der Randleiste: „Carl Remshart ad vi: del."[12] Augsburger Privatbesitz

Es ist die in den Maßen übereinstimmende Vorzeichnung zu einem Blatt aus der oben genannten Folge, das neben der lateinischen die deutsche Bezeichnung „*Der Zeug – Plaz samt dem a. Zeug – Hauß. b. Hochgräfliche Fuggerische / Hauß*" trägt (Abb. 1a).[13] Die Vorzeichnung ist gegenüber der Ausführung außerordentlich genau, es gibt nur minimale Abweichungen in den Haltungen der Figuren, z. B. fehlt in der Graphik der eine Hund vorne links. In den Gebäuden ist keinerlei Änderung festzustellen. Allerdings sind im Stich über dem Dachfirst des Zeughauses und auf der Fassade des Fuggerhauses die Buchstaben „a" und „b" gestochen, die sich auf die Angabe in der Beschriftung beziehen. Diese Buchstaben fehlen in der Vorzeichnung.

Dargestellt ist in perspektivisch großartiger Verkürzung ein Blick an der Mauer des Zeughaushofes und der Fassade des Fuggerhauses entlang nach Norden zum Platz vor der Kirche St. Moritz, die selbst nicht zu sehen ist. Links vorne die Mauer um den Hof des Zeughauses, aus dessen Tor gerade von vier Pferden eine gewaltige Kanone herausgezogen wird. Hinten umringt von Soldaten noch ein weiteres Kanonenfuhrwerk. Im Hof zwischen den beiden Gebäudeteilen der Eckturm auf quadratischem Grundriss, wie *Elias Holl* den Gebäudekomplex 1602–1607 erbaut hat. Der bildparallel stehende Hauptflügel mit der prominenten von *Joseph Heintz d. Ä.* entworfenen Fassade und der von *Hans Reichle* 1607 geschaffenen und von *Wolfgang Neidhard*

Gode Krämer

Abb. 1: Carl Remshard: *Zeughaus mit Zeugplatz in Augsburg*, Vorzeichnung zum Stich (Abb. 1a). Feder in Braun und Grau, grau laviert, zweifach in Feder in Braun umrandet, 21,5 × 38,7 cm. Signiert unten rechts unter der Randleiste: „Carl Remshart ad vi: del."

Abb. 1a: Carl Remshard: *Zeughaus mit Zeugplatz in Augsburg*, Kupferstich nach eigener Zeichnung (Abb. 1)

Zwei unbekannte Vorzeichnungen von Carl Remshard (1678–1735)

Abb. 2: Carl Remshard: *Blick vom Perlachplatz durch die heutige Karolinenstraße*. Vorzeichnung zum Stich (Abb. 2a). Feder in Braun und Schwarz, grau laviert, zweifach in Feder in Schwarz umrandet, 23,5 x 40 cm. Signiert unten rechts unter der Randleiste in Feder in Schwarz: „Carl Remshart ad: vi: del:"

Abb. 2a: Carl Remshard: *Blick vom Perlachplatz durch die heutige Karolinenstraße*, Kupferstich nach eigener Zeichnung (Abb. 2)

gegossenen Michaelsgruppe.[14] Gegenüber die Fassade des Fuggerhauses mit zwei Erkern; der dem Betrachter nähere ist mit Fresken geschmückt, die bisher nicht dokumentiert sind.[15] Sie sind allerdings auch weder in der Zeichnung noch im Stich sehr deutlich zu erkennen. In den beiden oberen Reihen scheinen Halbfiguren von Kriegern dargestellt. In der unteren Reihe im Stich ebenfalls, während die Figur im mittleren Feld in der Zeichnung eher eine Frau zu sein scheint. Unten ist das Fuggersche Wappen deutlich zu erkennen. Der hintere Teil der Zeichnung und des Stiches zeigt die Gebäude, die auch schon auf dem Stadtplan von 1626 von *Wolfgang Kilian* zu sehen sind.[16] Eine Detailabbildung aus dem Plan, in dem die Gebäude gut zu erkennen sind, findet sich im Aufsatz von Jürgen Zimmer.[17]

2. *Blick vom Perlachplatz durch die heutige Karolinenstraße*. Feder in Braun und Schwarz, grau laviert, zweifach in Feder in Schwarz umrandet, 23,5 x 40 cm. Signiert unten rechts unter der Randleiste in Feder in Schwarz: „Carl Remshart ad: vi: del:"[18] Augsburger Privatbesitz

Es ist die sehr genaue, in den Maßen etwa übereinstimmende – etwas breitere – Vorzeichnung (Abb. 2) zu einem Blatt aus der oben genannten Folge, das neben der lateinischen die deutsche Bezeichnung *„Prospect der so genandten Mahler = gasse von dem Perlach / hinunter"* trägt (Abb. 2a).[19] Dargestellt ist der Blick aus dem nördlichsten Teil des Augsburger Rathausplatzes nach Norden in die heutige Karolinenstraße, damalige Mahlergasse. Wie bei der Ansicht des Zeugplatzes (Abb. 1) bildet *Remshard* auch hier im Vordergrund bedeutende Monumente Augsburgs ab. Links angeschnitten das Gitter, Teil des Beckens und eine lagernde Allegorie des 1594 von *Hubert Gerhard* geschaffenen Augustus-Brunnens[20], rechts angeschnitten der Unterbau des Perlachturmes. Dahinter rechts der linke Teil des auch in der Beschriftung genannten „Becken-Hauses", also des Zunfthauses der Bäcker, ein Frühwerk von 1602 von *Elias Holl*[21] und gegenüber – bildparallel – der „Neue Bau", ein wohl von *Matthias Kager* entworfenes 1614 von *Elias Holl* erbautes Gebäude, das oben eine Schild mit dem Stadtpyr trägt, um es als ein offiziellen Gebäude zu markieren.[22]

Kutschen und flanierende Bürger bevölkern die meist von spitzgieblingen Häusern gesäumte Straße, wobei die Gestalten im Stich weitgehend denen der Zeichnung entsprechen. Am zweiten Haus auf der linken Straßenseite, das in der Zeichnung merkwürdig hell und leer wirkt, ist im Stich sehr undeutlich ein Fresko angedeutet – wohl „Engel halten eine Marienbild". Hinten rechts am Fuße der Straße ein großer Brunnen. Es ist der „Merkurbrunnen"[23], heute im Original im Maximilianmuseum, in Kopie auf dem Jakobsplatz vor der Fug-

gerei. Hinten scheint ein großes Gebäude mit Eckturm als Querriegel die Straße abzuschließen, die tatsächlich rechts daran vorbei als der „Hohe Weg" weiter führt. Es ist das Imhof-Haus mit dem aus dem Mittelalter stammenden Königsturm.[24] Dahinter ragen die beiden Türme des Augsburger Domes auf, der im Stich – nicht in der Zeichnung – mit der Nummer 1 bezeichnet und in der Beschriftung aufgeführt ist.

---

1 Max Schefold: *Alte Ansichten aus Bayerische Schwaben*. Katalogband, Weißenhorn 1985, S. 184.
2 Schefold (wie Anm. 1), S. 184.
3 Exemplare: Augsburg, Staats- und Stadtbibliothek, Graph. 17/8, 17/8a und 17/8b. – Augsburg, Städtische Kunstsammlungen und Museen, Grafische Sammlung, Inv.-Nr. Be 78.
4 Zu Wolff (1663–1724), s. Wolfgang Seitz: „Studienmaterial zur Verlagsgeschichte des Augsburger Kunstverlages Jeremias Wolff und seiner Nachfolger anhand der Imperial-Quer-Foliogroßen Serie Europäischer Städteansichten der Verlage Wolff und Probst nach Zeichnungen des F. B. Werner, Elias Bäck, I. F. Saur u. a.", Augsburg 1967 (Typoskript). – Werner Schwarz: „Representatio Belli – eine Kupferstichfolge zum Spanischen Erbfolgekrieg." In: *Zeitschrift des Historischen Vereins für Schwaben* 84, 1991, S. 129–184.
5 Johann Friedrich Probst (1721–1781) war der Enkel Jeremias Wolffs, s. Wolfgang Seitz: „The Engraving Trade in Seventeenth and Eighteenth Century Augsburg: a Checklist." In: *Print Quarterly* 3, 1986, S. 123.– Sixt von Kapff und Angelika Steinmetz-Oppelland: „Weitverbreitete Ansichten: Guckkastenbilder aus dem Verlag von Georg Balthasar Probst (1731–1801) in Augsburg. Ein Forschungsbericht." In: *Augsburg, die Bilderfabrik Europas. Essays zur Augsburger Druckgraphik der frühen Neuzeit*, hrsg. von John Roger Paas, Augsburg 2001, S. 201.
6 Georg Balthasar Probst (1731–1801), ein weiterer Enkel Jeremias Wolffs, war ausgebildeter Kupferstecher und 1754 darin Meister. Er erbte nach dem Tod von Johann Balthasar Probst 1750 einen Teil des Verlages, in dem er vor allem Guckkastenbilder herausgab, vgl. Kapff – Steinmetz-Oppelland (wie Anm. 7), S. 201.
7 F. Freude: „Die Kaiserlich Franciscische Akademie in Augsburg." In: *Zeitschrift des Historischen Vereins für Schwaben und Neuburg* 34, 1908, S. 1–132.
8 *Auktionskatalog Adolf Weinmüller*, München, 9./10. März 1939, S. 50 f.: Nr. 372 *„Blick auf das Monument mit dem Pinienzapfen"*. Feder, laviert, 21,5 x 38,5 cm. Prachtvolle Ansicht wie die Folgenden. – Nr. 373 *„Augsburger Ansicht"*. Feder, laviert. Voll signiert. "22 x 39 cm. – Nr. 374 *„Ansicht von Augsburg mit Merkurbrunnen und Fuggerhaus"*. Feder, laviert. Voll signiert, 21,5 x 38,5 cm. Tfl. XXXIII. – Nr. 375 *„Ansicht der Hauptstraße von Augsburg gegen den Dom"*. Feder, laviert. Voll signiert, 29 (sic!) x 38,5 cm. – Nr. 376 *„Blick auf das Zeughaus"*. Feder, laviert. Signiert, 21,5 x 38,5 cm. – Nr. 377 *„Blick auf Perlachturm und Rathaus"*. Feder, laviert. Voll signiert, 21,5 x 38,5 cm. – Nr. 378 *„Straße in Augsburg"*. Ausführlich signiert, 21,5 x 38,5 cm.
9 Feder in Braun, grau laviert über mit Stift und Lineal gezogenen Perspektivlinien, zweifach in Feder in Braun umrandet. 22,2 x 39,5 cm, Augsburg, Kunstsammlungen und Museen, Grafische Sammlung, Inv.-Nr. 9598. Die Zeichnung ist nicht signiert, da sie bis zur Umrandung beschnitten ist und Remshard, wie die beiden anderen Zeichnungen zeigen, seine Signatur unter der Umrandung anbringt. – Max Schefold, (wie Anm. 1), Nr. 41783. – Schefold führt auf S. 149 unter Nr. 42199 eine weitere Zeichnung *Remshards* auf, die unter der Inv.-Nr. 4598 in

der Grafischen Sammlung der Kunstsammlungen und Museen Augsburg liegen soll. Das ist ein Irrtum.

10 Anja Schmidt: *Augsburger Ansichten*. Die Darstellung der Stadt in der Druckgraphik des 15. bis 18. Jahrhunderts. (Schwäbische Geschichtsquellen und Forschungen. Schriftenreihe des Historischen Vereins für Schwaben, Bd. 20), Augsburg 2000, S. 144.

11 S. Schmidt (wie Anm. 10), S. 144. – Simon Grimm bildet das frühere Haus in einem Stich, Blatt 20, der Serie *„Augusta Vindelicorum. Illiusque praecipua Templa. Portae, Aedificia et Cisternae, Sculpturis adumbrata, oculisque oblata a Simon Grimmio....Augsburg Sambt dero vornembste Kirchen, Statt – Thor, Gebäude und Springbrunnen, gezaichnet und inn underschidliche Kupferblättern vor Augen gestelt. durch Simon Grimm, Simons Sohn."* 1681 ab: *„Porta und Turris Mariana. Unser Frauen Thor und Turm"*, Kupferstich, 15,9 x 25 cm, Augsburg, Kunstsammlungen und Museen, Grafische Sammlung, Inv.-Nr. G 10519.

12 Augsburger Privatbesitz. – 1939 bei Adolf Weinmüller (wie Anm. 8), Nr. 376. – Erworben bei E. und R. Kistner, *Meisterzeichnungen / Masterdrawings,* Nürnberg o. J.

13 *„Der Zeug – Plaz samt dem a. Zeug – Haus. b. Hochgräffliche Fuggerische / Haus. ..... Area Armamentarii cum a. Armamentrio. B. Dnn. Comitum Fuggerorum / Palatium. / Carol. Remshart del. Sculps. ... Cum Pr. Sac. Cas. Maj. ... Reg: ½ Fol: No. 5. Johann Frid: Probst, Haered. Ier. Wolffy, excudit A. V."* Kupferstich, und Radierung, 22 x 39 cm, Augsburg, Kunstsammlungen und Museen, Grafische Sammlung, Inv.-Nr. G 710.

14 S. zu Geschichte und Ansichten: Renate Miller-Gruber und Gode Krämer: *400 Jahre Augsburger Zeughaus. Das reichstädtischen Waffenarsenal.* Augsburg, o. J. (2007); – Bernt von Hagen und Angelika Wegener-Hüssen: *Stadt Augsburg. Ensembles, Baudenkmäler, Archäologische Denkmäler* (Denkmäler in Bayern, Bd. VII. 83.) Schwaben, Landkreise und Kreisfreie Städte, München 1994, S. 476 f.

15 Die bisher vollständigste Aufarbeitung der Augsburger Fassadenmalerei von Doris Hascher: *Fassadenmalerei in Augsburg vom 16. bis zum 18. Jahrhundert* (Schwäbische Geschichtsquellen und Forschungen. Schriftenreihe des Historischen Vereins für Schwaben, Bd. 16), Augsburg 1996, berücksichtigt sie nicht.

16 S. zum Kilianplan: Ausstellungskatalog *Welt im Umbruch. Augsburg zwischen Renaissance und Barock,* Bd. 1. Zeughaus. Ausstellung der Stadt Augsburg in Zusammenarbeit mit der Evangelisch- Lutherischen Landeskirche in Bayern anläßlich des 450. Jubiläums der Confessio Augustana unter dem Patronat des International Council of Museums, Augsburg 1980, S. 259, Kat.-Nr. 212.

17 Jürgen Zimmer: „Die Veränderungen im Augsburger Stadtbild zwischen 1530 und 1630." In: *Welt im Umbruch.* Augsburg zwischen Renaissance und Barock. Bd. III: Beiträge. Hrsg. von den Städtischen Kunstsammlungen Augsburg und dem Zentralinstitut für Kunstgeschichte in München, Augsburg 1981, S. 42.

18 Augsburger Privatbesitz. – 1939 bei Adolf Weinmüller (wie Anm. 8) Nr. 375. – Sammlung Friedrich Laemmle, restituiert 13.1.2006. – Erworben im Dorotheum Wien: *Meisterzeichnungen,* 31.3.2006, Nr. 157.

19 *„Prospect der so genandten Mahler = gasse von dem Perlach / hinunter."* Die lateinische Bezeichnung – links der deutschen – lautet: *„Prospectus Plateae Pictorum dictae a Perlaico versus / inferiorem partem."* Die übrigen Beschriftungen: Zwischen den Titelbezeichnungen: „Reg: ½ Fol: No. 4". Darunter von links: „1. Ecclesiae Cathedralis B. V. .... „2. Aedes tribus pistorum. .... 1. Die Dom = Kirche. .... 2. Das Becken Haus." Darunter von links: „Carolus Remshart ad vivum del. et sculp. .... Cum Pr. S. C. Maj. .... Johann Frid. Probst, Heraed. Jer. Wolffy, excud. Aug. V.", Kupferstich und Radierung, 22 x 38 cm, Augsburg, Kunstsammlungen und Museen, Grafische Sammlung, Inv.-Nr. G 709.– Schefold (wie Anm. 1), S. 127, Nr. 41795.

20 Bruno Bushart: „Die Augsburger Brunnen und Denkmale um 1600." In: *Welt im Umbruch,* Bd. III (wie Anm. 17), S. 82.

21 *Elias Holl und das Augsburger Rathaus,* Ausstellungskatalog Augsburg, Regensburg 1985, S. 337, Kat.-Nr. 230.

22 Elias Holl (wie Anm. 21), S. 343, Kat.-Nr. 243. – *Augsburger Stadtlexikon,* Augsburg 1998, S. 682.

23 Bruno Bushart (wie Anm. 20), S. 86.

24 Gabriele von Trauchburg: *Häuser und Gärten Augsburger Patrizier.* Mit einer Einführung von Wolfgang Zorn, München–Berlin 2001, S. 72.

Anhang

Personenregister

Albrecht V., Herzog von Bayern 51
Amling, Karl Gustav ab 118
André, Jean 142
Aperger, Andreas 102, 104–106, 126
Aperger, Veronika 106, 126
Apian, Philipp 29
Artaria, Verlag 174
Attenkofer (Attenkover), Anton 55, 60
Avanzo, Sebastiano 170
Avicenna, Medicus 34

Baeck genannt Heldenmuth, Elias 7, 119, 136, 246
Balzer, Johann Heinrich 158, 160–165, 167, 169
Bátory, Ingrid 124
Baudin, Joseph 196
Bauer, Hermann 124
Bauer, Volker 125
Bauman[n], Jakob 39
Baumann, Karl 121
Baumgartner, Johann Wolfgang 232
Beaulieu de Pontault, Sébastien 237, 239
Beck, Gottfried 167
Beck, Leonhard 38
Beck, Tobias Gabriel 132 f., 136
Beham, Andreas 223–225
Beham, Endres 225
Bella, Stefano della 62, 64, 66
Bergmüller, Andreas 227, 235
Bergmüller, Johann Georg 20, 22 f., 28, 30, 54, 115–117, 119, 121–124, 129–131, 139, 156, 227, 230 f., 235
Berthault, ? 192
Biller, Josef H. 7, 11, 19–21, 23–29, 56 f., 60, 82, 121–125, 155 f., 230, 241
Birck, Sixt 223
Blendinger, Friedrich 115, 124
Bodenehr, Gabriel d. Ä. 8, 16 f., 29, 113, 124, 128, 237–240
Bodenehr, Hans Georg 8, 109, 113, 127 f., 237, 240
Bomberg, deutsches Handelshaus in Venedig 54
Bonaparte, Napoleon 169, 172, 202
Bonavera, Dominicus 60
Boullogne, Louis de 142
Brinhauser, Andreas 119, 129–131
Brunhauer, Anton 231
Bub, Antiquariat 122
Büchel, Emanuel 203
Buchwanger, Registrator 119
Buffa, Antonio Giuseppe 162, 167
Buonaroti, Michelangelo 54, 58
Burgkmair, Hans, Maler 38

Calcar, Jan (Joannis) Stephan (van) 34, 40–45, 47, 58 f.
Campagnolo, Domenico 47
Carmine, Joseph 30, 157–176, 177–205
Carmine, Joseph Anton 176 f.
Caro, Annibale 45, 58 f.
Carolsfeld, Hans Schnorr von 56
Carpi, Berengario da 37 f.
Castiglione Genovese, Giovanni Benedetto 235

Cesio, Carlo 54, 60
Chastelet (Chasteler), Claude Louis 191, 198
Conca, Sebastiano 155, 227
Cortona, Pietro da 54, 60
Cranach, Lucas 54
Crusius, Siegfried Leberecht 60
Curiger, Johann David 150, 152, 154, 156
Cushing, Harvey 39, 56–58, 60
Custos, Dominicus 20, 23, 30, 121

Danoni, Mailänder Handelsunternehmen 54
Daret, Pierre 64
Daziaro, Verlag 174
Decker, Paul 133
Desprez (Despres), Louis Jean 192, 198
Diesel, Matthias 133
Don Carlos, Infant von Spanien 35
Drentwett, Balduin 59, 223–226
Dresler, Adolf 83, 100, 122
Drugulin, Wilhelm Eduard 83, 85, 87, 89, 91, 100, 115, 122, 124
Dryander, Johann (eigentlich Eichmann) 37
Dughet, Gaspard 65
Dürer, Albrecht 8, 51, 54, 207
Dusch, Johann Alois 198

Eder, Joseph 176
Ehinger, Gabriel 81, 91
Engelbrecht, Johann Christian 12
Engelbrecht, Martin 7, 16, 23, 133
Epple, Alois 22, 24, 28, 122, 155 f., 235
Erbach, Euphrosine 106
Erbach, Illuminator 109
Erlacher, Friedrich 105
Estienne, Charles (Carolus Stephanus) 37

Fabricio, Jul. Paolo 39
Falk, Tilman 20, 24, 29, 123
Felsecker, Nürnberger Stecher- und Verlegerfamilie 7
Ferdinand I., röm.-dt. Kaiser 51
Ferdinand, Erzherzog von Tirol 52
Fietta, Dominicus 157 f., 174 f., 177
Finkenzeller, Franz Sebastian 119
Forlí, Francesco Marcantonio da 47
Franck, Johann 81, 83, 89, 91
Franz I., röm.-dt. Kaiser 119 f.
Franz II., röm.-dt. Kaiser 119, 121
Freiberg zu Hohenaschau, Wilhelm 224
Frey, Jakob 227, 235
Frey, Johann Michael 214–218, 220
Friedlmaier, Karin 20, 22 f., 27, 30, 123, 155 f., 235
Friedrich Wilhelm II., König von Preußen 167, 169
Frisch, F. 169
Frobenius (Froben), Ambrosius 60
Frobenius (Froben), Johannes 55
Frommer, Wilhelm 81, 91
Fuchs, Leonhard 38, 57
Funk, David 7
Fürst, Paulus 7, 81

Gabrieli, Gabriel de 139
Galen, Medicus 34–37, 42

Gasser, Achilles Pirminus 48 f., 59
Gasser, Ulrich 59
Gebhardt, Sammler 115, 121
Geminus (Gemini [Lysiensis]), Thomas 39, 57
Glaesemer, Jürgen 69 f., 72, 77, 109–111, 115, 123
Gleich, Franz Xaver Joseph 165–167, 169–171, 173
Goethe, Johann Wolfgang 218, 220
Gradmann, Ludwig 198
Granier, Antiquariat 122
Grasser, Dr. Walter 20–22, 24, 26, 28, 30, 121
Gregor XIII., Papst 124
Gregor XVI., Papst 174
Grimm, Simon d. J. 109, 113, 127, 208, 210, 218 f., 247
Grund, Norbert Joseph Carl 163, 167
Guldenmund, Hans 101
Günther, Matthäus 123
Gutwein, Johann Kaspar 113, 128 f.

Habich, Georg 225 f.
Haffner II., Melchior 81, 87
Haffner, Melchior 7, 81
Haffner, Johann Christoph 81, 89
Hahn, Catharina 172
Hainhofer, Philipp 67–69, 72
Halm, Peter 110, 115, 123
Hannas, Marx Anton 76, 102–104, 107, 126
Hartung & Hartung, Antiquariat 122
Harzen, Georg Ernst 136
Hebel, Johann Peter 157, 175
Heckenauer, Leonhard d. J. 61, 66
Heinrich VIII., König von England 39
Held, Georg 136
Her(t)z, Johann Daniel 133–135, 137 f., 227
Hertel (Verlag) 31
Herwart, Wolfgang Peter 49
Hippokrates 34
Hisler, Georg 8
Hohmann, Nürnberger Stecher- und Verlegerfamilie 7
Holbein, Hans 54
Holzer, Johann (Evangelist) 22, 28, 30, 116 f., 119, 121–124, 129–131, 227 f., 230, 235
Honold (Hanold), Regina, Ehefrau des Cyriacus Weber 52
Hörmann, Joseph Ignaz 169
Huber, Johann Rudolf d. Ä. 67, 71 f.
Hueber, Josef Anton 119, 131
Hueber, Josef Simon 119, 131

I.C. Monogrammist 76, 103, 107, 126
Imersel, Herr von, schwäbischer Adeliger 59
Imhoff, Christoph Andreas von 225 f.

Jedlitschka, Armin, Antiquariat 122
Josef I., röm.-dt. Kaiser 113
Josef II., röm.-dt. Kaiser 119–121

Kaiserlich Franciscische Akademie 177, 246
Karl V., röm.-dt. Kaiser 35, 39
Karl VI., röm.-dt. Kaiser 113, 118, 120, 238
Karl VII., röm.-dt. Kaiser (als Karl Albrecht Kurfürst von Bayern) 119 f.

Karrer, Jakob, hingerichteter Verbrecher 57, 82
Kauffer, Jonas 106, 109, 112 f., 126 f.
Kauffer, Jonas, Witwe 127
Kauffman (Kaufmann), ? 191 f.
Kayser (bzw. Keyser), Georg Heinrich 210–213, 216, 218–220
Kertschmeier, Johann Anton 112, 128 f.
Kieser, Eberhard 31
Kilian, Bartholomäus 20, 29
Kilian, Georg Christoph 8, 133, 136
Kilian, Philipp 61, 66
Kilian, Wolfgang 20, 23, 29, 105, 107, 121, 126, 246 f.
Kirchpeuler, Familie in Augsburger 48
Klauber, Anton 167
Klauber, Franz Josef 131
Klauber, Johann Baptist 227
Klauber, Joseph Sebastian 227 f., 233
Klauber, Josef Xaver 119, 130 f.
Kleiner, Salomon 110, 123, 133, 136
Koenig-Warthausen, von 121
Kolb, Anna Maria Francisca 160
König, Johann 67–74, 77
König, Ludwig, Buchhändler und Verleger in Basel 55
Koppmayer, Jakob 60, 79–100, 112 f., 127 f.
Kornburg, Joachim Rieter von 223
Kraus, Gustav 20
Kraus, Johann Thomas 208, 218 f.
Küsell, Elias 108 f., 123, 126 f.
Küsell, Matthäus 76, 110, 112, 114, 121, 126–129
Küsell, Melchior 20, 23, 30

Labhart, Johann Michael 113, 117–119, 125, 129
Lampert, Samuel W., Mediziner 56
Lang, Andreas 170
Lang, Georg 170
Langenmantel, Octavian 111, 115
Langenmantel, Sybilla, Augsburger Patrizierin 52
Langlois, Nicolas 64
Lauterbach, Johann Christoph 237
Leblond, Jean 64
Leizel (Leizelt), Balthasar Friedrich 194, 196, 198, 204
Leonardo da Vinci 38, 57
Leopold I., röm.-dt. Kaiser 110 f., 113
Leopold II., röm.-dt. Kaiser 119, 121, 166, 169
Leopold, Johann Christian 7, 12
Leopold, Joseph Friedrich 7, 12
Lepautre, Jean 62, 64, 66
Leveling, Heinrich Palmatius von, Mediziner in Ingolstadt 55 f., 60
Lint, Johanna de 167
Lotter, Johann Jakob, Drucker und Verleger in Augsburg 55
Ludwig I., König von Bayern 56

Mack, Aloys 142
Mackall, Leonard Leopold, Medizinhistoriker 56
Macrolios, Aegidius, Buchdrucker in Köln 57
Maecenas, C. Cilnius, Dichter 51
Maillinger, Josef 91, 100, 121
Maratta, Carlo 139, 155, 227
Marcolini, Francesco, Maler 47
Marianus, Joseph 162 f., 165, 167, 169

Mariette, Pierre 64
Maschenbaur (Maschenbauer), Andreas, Drucker und Verleger in Augsburg 44–46, 53–55, 60
Maximilian I. von Bayern 38, 68, 72
Mayer, Joseph Aloys 123
McKittrick, Bruce, Antiquariat 122
Meissner, Daniel 35
Menzel, Adolph von 12 f.
Merian, Matthäus 12, 15, 69
Metta, Mathias 113, 128
Meuschel, Konrad, Antiquariat 122
Mignard, Pierre 61 f., 64
Molinari, Pietro Dette 162
Müller, Johann 61

Nabholz, Johann Christoph 202
Negker, Jost (Jobst) de, Formschneider, Bilddrucker und Verleger in Augsburg 36, 38–40, 48, 57
Nepperschmied, Anton 237

Occo, Adolph (II.), Stadtmedicus in Augsburg 49 f.
Occo, Adolph (III.) Medicus in Augsburg 49 f., 58 f.
Oporinus, Johannes (eigentlich Johannes Herbst), Drucker und Verleger in Basel 37, 48, 54 f., 57 f.
Ostertag, Henrich Jonas 118
Ottens, Josua 167, 169

Paracelsus (eigentlich Theophrastus Bombastus von Hohenheim) 37 f., 57
Pasqualini, Verlag 174
Paul III., Papst 39
Paulus, Melchior 230 f., 235
Peltzer, Rudolf Arthur, Kunsthistoriker 33, 56, 59
Perelle, Adam 64, 66
Perelle, Gabrielle 64–66
Perelle, Natalis 64
Perignon, Nicolas 203
Petrarca-Meisters, Maler 38
Pfeffel, Johann Andreas 2, 116, 133
Philipp II., König von Spanien 35, 72
Pirkheimer, Willibald, Humanist 51
Platter (Plater), Felix, Medicus in Basel 54, 60
Poilly, François de 64–66
Poilly, Nicolas 61, 66
Pollaiuolo, Antonio da, Maler 54
Prange, Peter 110, 115, 123, 136, 138
Preißler, Johann Daniel, Drucker und Verleger in Nürnberg 60
Probst, Georg Balthasar 7, 23, 177 f., 205, 243, 246
Probst, Johann Balthasar und Erben 7, 133
Probst, Johann Friedrich 160 f., 243, 246 f.
Probst, Johann Michael 210–212, 216, 219
Probst, Stefan 109, 113
Pronk, Cornelius 198

Rabus, Ludwig 225
Raffael 54
Rapp, Jürgen 22, 27 f., 30, 110, 115, 118, 123–125, 235
Ratjen, Wolfgang 116
Rehlinger, Bernhard 103
Reichel (Reichle), Hans, Bildhauer 52

Reichel (Reichlin, Reichle), Paul, Bildhauer 33, 50, 52 f., 56, 59
Rembold, Hans Caspar 104 f.
Remondini, Verlag 157 f., 160, 164, 175
Remshart, Karl 208, 219, 243–247
Ricci, Marco 65
Riegel, Christoph 7, 12
Rieger, Johann, Maler 54, 145
Rosenthal, Ludwig 122
Roth, Hans 121
Roth, Moritz, Medizinhistoriker 56–60
Roth-Scholtz, Friedrich 136
Rubens, Peter Paul 139
Rudolph, Christian Friedrich 148, 150
Ruisdael, Jacob van 216, 218, 220
Rummel, Johann Georg 152, 154
Rungendas, Georg Philipp, Maler 54
Ryff (Reiff, Rifius), Walter Hermann, Medicus 37

Saiter, Johann Gottfried 232 f.
Salver, Johann 237
Sandrart, Joachim von 54, 60, 67
Sansovino (Jacopo Tatti), Maler 45, 47, 59
Schäuffelin, Hans, Maler 38
Schedler, Clara, Mutter des Cyriacus Weber 51
Schefold, Max 12, 17, 25, 31, 123 f., 219 f., 237, 246 f.
Schellenberg, Johann Ulrich 204
Schibel, Balthasar 102
Schleißner, Isaak Jakob 119
Schmidt, Albrecht 79
Schnell, Emanuel 61, 66
Schultes, Christian 109
Schultes, Hans d. J. 105 f.
Schut, Pieter Hendricksz. 17, 23
Seitz, Wolfgang 6–9, 11 f., 15–29, 66, 99, 121, 133, 136, 175, 177, 188, 190, 204 f., 246
Seutter, Matthäus 207–213, 216, 219, 232 f.
Signorelli, Luca, Maler 54
Sing, Johann Kaspar 118
Solimena, Francesco 232
Späth, Georg Friedrich Wilhelm 119, 131
Sperling, Hieronymus 15–117, 119, 125, 129–131, 139 f., 230 f.
Stapf, Johann Ulrich 61–66
Stayner (Steiner), Heinrich, Verleger in Augsburg 38
Steißlinger, Abraham 119, 122
Stenglin (Stengel), Lukas, Medicus in Augsburg 49
Stetten, David II von 102 f.
Stetten, Paul von 136, 142, 146, 155 f., 208, 219 f.
Stettler, Wilhelm 69, 72, 77
Steudner, Johann Philipp 81
Stopius, Nicolaus, Handelsmann 54
Stridbeck, Johann d. Ä. 237–241
Stridbeck, Johann d. J. 7, 15 f., 19, 22 f., 29, 113 f., 124
Sturm, Leonhard Christoph 133
Swertner, Johannes 198, 201

Tesaro & Co., Verlag 170
Tessari, Santo 157, 164 f., 167, 170, 174
Thelott, Johann Andreas 110
Tieck, Ludwig 207, 216, 218–220
Tintoretto 235
Tizian-Atelier 47
Tizian-Bottega 47

Tizian-Umkreis 47
Torinus, Albanus (eigentlich Alban Thorer), Rektor der Universität Basel 37

Unselt, Johannes 61
Utzschneider, Simon 108 f., 112 f., 126 f.

Varnier, Hans, Buchdrucker in Ulm 57
Vasari, Giorgio, Kunsttheoretiker, Architekt, Maler 40, 47, 58
Vecellio, Tiziano 40, 45
Veronese, Paolo 69, 233
Vesalius, Andreas (eigentlich Andreas Witinck) 33–60
Vischer, Cornelis 17
Visscher, Nicolaes 8, 23, 25, 29, 139
Vitalis, Bernhardus, Drucker und Verleger in Venedig 40
Voss, Jan de, Medailleur 59

Wangner, Jakob 153 f.
Warncke, J. 123
Weber, Cyriacus d. Ä. Medicus in Memmingen 51
Weber, Cyriacus, Medicus in Landsberg am Lech 33 f., 48, 50–53, 56, 59
Weber, Franz Thomas 218–220
Weber, Johann Baptist, Jurist, Leiter der Wiener Reichshofkanzlei 51, 59
Weiditz, Christoph, Medailleur 50, 59
Weigel, Christoph 240
Weiß, Leonhard 111, 115
Welser, David d.Ä. 103 f.
Welser, Leonhard, Patrizier und Handelsherr in Augsburg 49
Welser, Philippine, Patrizierin aus Augsburg 52
Wening, Michael 15, 19, 29, 229
Werner, Friedrich Bernhard 7–13, 17, 23, 28 f.
Werner, Joseph d. J. 66–75, 77, 109–112, 115 f., 123, 127–129
Weyermann, Jacob Christoph 207–213, 216
Widenmann, Johann 112, 127 f.
Wiegand, Willy, Typograph 56, 58, 60
Will, Johann Martin 165
Winckler, Georg Gottfried 198
Winsløer, Peter Jakob, Mediziner 55
Winterberg, Arno, Antiquariat 122
Wirth, Tabakfabrikant 171
Wolf, Peter und Erben 7
Wolff, Jeremias und Erben 7, 25, 132–138, 148, 150, 243, 246
Wolfgang, Andreas Matthäus 118
Wölfle, R., Antiquariat 30, 122
Woltter, Johann Anton von, Mediziner 55 f., 60

Zanna, Vincenz 157, 167, 174
Zapf, Georg Wilhelm 102, 123
Zeller, Michael, Antiquariat 122
Zisska & Kistner, Antiquariat 122
Zorn, Wolfgang 115, 124, 247

Ortsregister

Amsterdam 17, 72, 167, 168, 169, 170, 174, 178, 180, 183, 184, 185
Antol (Slowakei) 19
Antwerpen 38, 56, 121
Aschaffenburg 21, 31
Attenkofen 60
Augsburg 6–8, 10–13, 15–31, 33f., 36, 38–40, 44–62, 64–72, 76f., 79, 81–83, 85, 91, 99–125, 133, 136, 139f., 142, 145f., 148, 154–158, 160–178, 180f., 183–185, 191, 205, 207f., 210, 213, 216, 218–220, 223, 225–227, 237, 240f., 234f., 246
Babócsa (Babotscha) 87
Bad Honnef 122
Bad Schwartau 10
Bamberg 83, 99, 101, 121f., 235
Banská Stiavnica (Schemnitz) 19
Barcelona 241
Basel 34, 36–38, 40f., 46, 48, 54–59, 67, 71f., 77, 101, 121, 184, 203f., 235
Bassano del Grappa 157
Belgrad (Griechisch Weißenburg) 91, 241
Berchtesgaden 12
Berlin 2, 10–12, 56f., 60, 66, 71, 77, 83, 87, 89, 99, 121, 125, 138, 146, 155f., 182f., 185f., 219, 225f., 240, 247
Bern 67–69, 72, 77, 101, 110, 184, 203f., 234
Berzence (Presnitz) 87
Béthune 241
Bielefeld 122
Bologna 37f., 51, 59f.
Bor (Haid) 8
Bratislava (Preßburg) 19f., 27, 89
Bregenz 101
Bremen-Lesum 10
Breslau 11f., 19, 23, 26, 31
Brünn 174
Brüssel 33–35, 39, 48, 56, 59, 170, 178, 180, 183, 186, 204
Budapest (Ofen) 26, 31, 85, 87, 89, 99, 100
Burgau 240
Burgfarrnbach 115
Calamata (Kalamata) 89
Cannobio 158, 175
Castello Tesino 157
Cham 241
Cinte Tesino 157
Coburg 83, 87, 91, 99f., 121
Constantinopel (Istanbul) 7, 85
Coron (Koroni) 87
Dillingen 121, 240
Dresden 183, 186f.
Eichstätt 118, 122, 124f.
Eisenach 12
Ellwangen 142, 230f., 235
Esseck (Osijek) 85, 89
Esslingen 8, 10, 18

Esztergom (Gran) 19, 87, 99
Euganeische Hügel 45, 49
Falkenberg (Schlesien) 11, 13, 169
Frankfurt am Main 19, 21, 25f., 31, 57f., 69, 79, 83, 91, 99, 101, 114, 125, 237, 240
Freiburg 20, 38, 71, 174, 176
Fürth 115, 121, 123, 207
Gaggers 154
Gebweiler (Elsass) 57
Genf 170, 174, 184, 203f.
Gent 178f., 182f., 187
Genua 188
Gibraltar 241
Gran (Esztergom) 19, 87, 99
Grevenar 87
Grevesmühlen 10
Griechisch Weißenburg (Belgrad) 91, 241
Groß-Strehlitz 11
Haarlem 183, 198, 201
Haid (Bor) 8
Hamburg 7–10, 12f., 16, 21, 28f., 136, 138
Heidelberg 122, 176
Hirschberg (Schlesien; Jelenia Góra) 11, 184, 203
Hohenheim 183, 188f.
Hohenstadt 230
Ingolstadt 19, 25, 29, 51, 55f., 59f.
Innsbruck 52, 235
Isphahan 183, 201
Istanbul (Constantinopel) 7, 85
Jaromêr 8
Jerusalem 35
Kalamata (Calamata) 89
Kalkar 40, 58
Kaufbeuren 52
Köln 38, 57, 100f., 138, 178, 183, 189
Königstein 184, 202, 203
Konstanz 101, 174, 176, 178, 205
Koroni (Coron) 87
Krakau 10–12, 21, 26
Kriegshaber 158, 175, 177
Landsberg am Lech 33f., 48, 50–53, 56, 59
Landshut 51, 56
Leipzig 11f., 23, 27, 55–58, 60, 79, 100, 122–124, 136, 167, 175, 226, 240
Lepanto 89
Lindau 59, 101, 121f., 145
Livorno 180, 183, 189
London 39, 56f., 61, 64, 66, 87, 91, 99, 116, 121, 177f., 180, 183, 190, 199, 225
Löwen 34–36, 56
Lübeck 10, 178, 183, 190
Lüneburg 7f., 11–13, 18f., 21, 23, 25–27, 31
Luxemburg (Lützelburg) 87, 91
Luzern 184, 203
Lysá nad Labem 158
Mährisch Schönberg (Šumperk) 19–21, 27, 31

Mailand 54, 180, 183, 190f.
Mainz 9, 19, 21, 25f., 79, 91, 99, 155f., 169
Mainz-Drais 21, 31
Malta 183, 191f.
Marburg 11, 38, 57, 155, 235
Markt Wailtingen 81
Martín (Slowakei) 19, 27
Medina 89
Memmingen 51
Meran 154
Messina 179, 183, 197f.
Middelburg 183, 198
Mies (Stříbro) 8
Mohács 89
Moskau 174, 177f., 183, 201f.
Mühlheim/Ruhr 10
München 6, 9, 11, 13, 15f., 18, 20f., 23, 25–31, 34, 51, 53, 56–60, 72, 83, 87, 89, 91, 99f., 109f., 116, 121–124, 136, 155f., 158, 175f., 218–220, 225, 232, 235, 237, 240f., 243, 246f.
Narva 237
Neapel 40, 58, 183, 192
Neu Bydžow (Bydžov) 8
Neuburg an der Donau 11f.
Neuhäusel (Nové Zámky) 87, 91
Neuchâtel 184, 203f.
Neu-Navarino (Pylos) 89
Neutra (Nitra) 19, 27
Nimburg (Nymburk) 8
Nógrád (Novigrad) 87
Nové Zámky (Neuhäusel) 87, 91
Novigrad (Nógrád) 87
Nürnberg 7, 10–12, 39, 51, 54, 60, 66f., 72, 79, 81, 83, 85, 91, 99–101, 115, 133, 136, 157, 207, 223–225, 230, 240f., 247
Oberammergau 170, 176
Oberndorf 91
Ochsenhausen 142, 155
Ofen (Budapest) 26, 31, 85, 87, 89, 99, 100
Olmütz (Olomouc) 19, 26f.
Oppeln 11, 13
Osijek (Esseck) 85, 89
Ottobeuren 28f., 115
Padua 34–36, 40, 45, 49, 54
Paris 34, 37, 39, 61f., 64, 66f., 69, 83, 85, 87, 89, 99f., 110, 157, 167, 177, 180, 183, 192, 233
Patrasso (Patras) 89
Pest (Budapest) 87
Petrovaradin (Peterwardein) 91
Philadelphia 122
Pieve Tesino 157, 162, 164, 167, 177
Pillnitz 184, 201–203
Pilsen (Plzeň) 8
Piombino 241
Pirna 184, 202f.
Prag (Praha) 8, 11f., 19, 23, 26f., 66, 69, 158, 160–165, 167, 169, 175, 180, 183, 193, 200
Presnitz (Berzence) 87

Preßburg (Bratislava) 19f., 27, 89
Pylos (Neu-Navarino) 89
Ravensburg 101
Regensburg 12, 18, 20, 26, 48, 72, 101, 247
Rom 22, 54, 65, 68–70, 72, 77, 178, 180, 183, 193–195, 235
Rostock 241
Rotterdam 183, 197f., 200
Salzburg 10–13, 20, 23, 29, 66, 116, 155, 183, 194f.
Sankt Petersburg 157, 174, 178, 201
Schemnitz (Banská Stiavnica) 19
Schiras 183, 201
Schongau 52, 56
Schweinfurt 101
Solothurn 101, 184, 203f.
Spanien 35, 133f.
St. Pölten 11
Stockholm 81, 83, 183, 195f., 237
Stralsund 241
Straßburg 38, 57, 60, 79, 81, 83, 101
Stříbro (Mies) 8
Stuttgart 25, 31, 66, 72, 85, 99, 122, 157, 175, 188, 205, 219f., 232, 235, 237, 240f.
Šumperk (Mährisch Schönberg) 19–21, 27, 31
Tarent 183, 197, 198
Tarragona 241
Temeswar 241
Tournay 241
Traffiume 158, 173, 175
Troppau (Opava) 19
Türkheim 121f.
Tyrnau (Trnava) 19, 27
Ulm 31, 57, 89, 99, 101, 162, 175, 237–241
Vác (Waitzen) 87
Vaduz 116
Venedig (Venixe, Venetia) 34–40, 47, 53–56, 65, 67f., 89, 91, 175, 183, 189, 196, 199, 204, 233, 235, 240
Waitzen (Vác) 87
Warmbrunn 184, 202f.
Warthausen 121
Weißenhorn 7, 11, 19f., 23, 27–29, 51, 56, 59, 122, 155, 205, 219, 235, 241, 246
Wesel 34
Wien 2, 16, 21, 25–27, 31, 51, 56, 66, 72, 81, 110, 121, 133, 138, 159, 163, 167, 174, 176, 183, 196f., 219f., 226, 247
Wismar 241
Wittenberg 11, 226
Wörlitz 184, 202f.
Würzburg 8, 11–13, 21, 27, 31, 101, 122
Zakynthos (Zantos) 35
Zenta 81, 91
Zug 101
Zürich 13, 72, 101, 178, 184, 203f., 218, 220

Verzeichnis der Autoren

Dr. Dieter Beaujean
Kunsthistoriker, Verantwortlicher compiler von Hollstein German, Katalogautor, Gutachter und Publizist
Jüterboger Straße 7
10965 Berlin
+49(0)30/6 92 63 55
D.Beaujean@gmx.de | Dieter@Hollstein.com

Josef H. Biller
Verlagslektor a.D., Graphikforscher und Publizist, Forschungsunternehmen: Catalogue raisonné der offiziellen Wappenwandkalender des Heiligen Römischen Reichs 1516–1803
Ismaninger Straße 78/1,
81675 München
+49(0)89/9 65 9 43
josef.h.biller@gmx.de

Dr. Dagmar Dietrich
Kunsthistorikerin, Konservatorin am Bayerischen Landesamt für Denkmalpflege a.D.
Deisenhofener Straße 44
81539 München
+49(0)89/6 92 95 16
dietrichdagmar@gmx.net

Dr. Alois Epple
Oberstudienrat a.D
Krautgartenstraße 17
86842 Türkheim
+49(0)82/4 56 68
AloisEpple@gmx.de

Maria-Luise Hopp-Gantner
Kunsthändlerin
Würmstraße 7
82319 Starnberg-Percha
+49(0)8151/1 56 90
hopp-gantner@t-online.de

Dr. Walter Grasser
Rechtsanwalt, Stadtdirektor a.D.
Leiter des Rechtsamts der Stadt München a.D.
Liebigstraße 10b/IV
80538 München
Tel/Fax +49(0)89/228 55 39

Dr. Sixt von Kapff
Jurist
Gustav-Freytag-Straße 20
81925 München
+49(0)89/98 47 07
drsvkapff@web.de

Dr. Gode Krämer
Kunsthistoriker
Goethestraße 1 F
86161 Augsburg
+49(0)821/55 15 58
gode.kraemer@t-online.de

Prof. Dr. John Roger Paas
Kunsthistoriker, Professor an der Carleton University, Northfield, Minnesota
rpaas@carleton.edu

Dr. Peter Prange
Kunsthistoriker
Linprunstraße 35
80335 München
peterprange@gmx.de

Dr. Joachim von Prittwitz
Rechtsanwalt
Franz-Joseph-Straße 15
80801 München
+49(0)89/3 83 96 90
joachim@prittwitz.de

Michael Ritter
Historiker, Redakteur im Bayerischen Landesverein für Heimatpflege eV
Ludwigstraße 23
80539 München
+49(0)89/28 66 29 14
michael.ritter@heimat-bayern.de (Büro)
michael_ritter@online.de

Dr. Anja Schmidt
Kunsthistorikerin, Archivleiterin am Architekturmuseum der Technischen Universität München
Arcisstraße 21
80333 München
+49(0)89/28 92 83 52
a.schmidt@lrz.tum.de
Freilassinger Straße 18
D-81825 München
+49(0)89/43 60 76 75
dr.anja.schmidt@web.de

Bildnachweis

Die Ziffern beziehen sich auf die Abbildungs- bzw. Tafel-Nummern

Dedikation
Amadou Seitz, München

In memoriam Dr. Angelika Marsch
Anton H. Konrad, Weißenhorn

Der Augsburger Forscherkreis
Archiv des Verfassers: 2–5
Amadou Seitz, München: 1
Thomas Schwarz, München: 6–7

Beitrag Dietrich: Vesalius
Archiv der Verfasserin: 2–4, 6–10, 12, 14, 16, 19, 20, 22, 23, 26
Augsburg, Staatsbibliothek: 5, 11, 13, 15, 17, 18, 21, 28–29
Landsberg, Thorsten Jordan: 25, 27
München, Staatl. Münzsammlung (Nicolai Kästner): 24

Beitrag Beaujean: Stapf
Berlin, Kunsthandel Dr. Markus Naß: 2–7
Los Angeles, Getty Research Inst.: 1
Paris, Bibliothèque Nationale de France: 8, 9

Beitrag Krämer: Miniaturen
Augsburg, Privatbesitz: 1a, Tafel I
Augsburg, Kunstsammlungen und Museen: Tafel V
Augsburg, Staatsbibliothek: Tafel VI
Berlin, Staatl. Museen Preußischer Kulturbesitz, Kupferstichkabinett: 1b
Countess Spencer: Tafel III
München, Bayerische Verwaltung der staatl. Schlösser, Gärten und Seen: Tafel II
New York, Sotheby's: Tafel IV

Beitrag Paas: Koppmayer
Amberg, Provinzialbibliothek: 36
Augsburg, Kunstsammlungen und Museen: 41
Augsburg, Staatsbibliothek: 1, 4, 5, 7, 10
Austin, Harry Ransom Center, University of Texas: 25
Berlin, Kupferstichkabinett: 6
Berlin, Staatsbibliothek Preußischer Kulturbesitz: 26, 33, 34
Budapest, Nationalmuseum: 17, 22, 27, 35
Budapest, Stadtmuseum: 23, 31
Coburg, Kunstsammlungen der Veste: 19, 45
Eferding, Schloß: 11
Erlangen, Universitätsbibliothek: 3
London, British Library: 24
Luxembourg, Nationalbibliothek: 18
Mainz, Eh. Sammlung Klaus Stopp: 43
München, Bayerische Staatsbibliothek: 21, 29
Münster, Westfälisches Landesmuseum: 8, 13
Nürnberg, Germanisches Nationalmuseum: 12, 15, 47
Stuttgart, Staatl. Graphische Sammlung: 14
Washington, Library of Congress: 30, 32, 37, 40, 42, 44
Wien, Albertina: 38

Wien, Bibliothek des Kunsthistorischen Museums: 20
Wien, Heeresgeschichtliches Museum: 28
Wien, Österreichische Nationalbibliothek, Porträtsammlung: 9
Wolfenbüttel, Herzog-Anton-Ulrich-Bibliothek 2, 16, 39

Beitrag Biller: Ratskalender
Augsburg, Staatsbibliothek: 1–5, 7–10, 12, 13a–g, Tafel V–VI
München, Sammlung Wolfgang Ratjen: 11
München, Staatl. Graphische Sammlung: 6

Beitrag Prange: Jeremias Wolff
Archiv des Verfassers: 1, 2
Berlin, Galerie Gerda Bassenge: 4
Hamburger Kunsthalle (Christoph Irrgang): 3

Beitrag Epple: Bergmüllerfresken
Augsburg, Kunstsammlungen und Museen: 1–5, 7–9, 11–13, 17, 18
Augsburg, Staatsbibliothek: 6, 34–54
Friedberg, Markus Binapfl: 33
Köln, Kunst- und Museumsbibliothek: 24–28, 31
Marburg, Bildarchiv Foto Marburg: 55
Privatsammlung: 10
Wien, Graphische Sammlung Albertina: 22
Würzburg, Martin-von-Wagner-Museum: 14–16, 19–21, 29, 30, 32

Beitrag Ritter: Carmine
Archiv des Verfassers: 1–3, 5, 6, 8, 9, 11, 12
Berlin, Staatsbibliothek Preußischer Kulturbesitz: 10
Bern, Schweizerische Nationalbibliothek: 7
Privatbesitz: 4

Beitrag Ritter u.a.: Guckkastenblätter
München, Sammlung Joachim von Prittwitz: 1–32, Tafeln VII–XIV

Beitrag Schmidt: Ansichten
Aufnahmen der Verfasserin: 1–21, 23, 24
Helmut Gier und Johannes Janota (Hrsg.): Augsburger Buchdruck und Verlagswesen. Wiesbaden 1997, S. 87, Abb. 6: 22

Beitrag Grasser: Silbermedaillen
Archiv des Verfassers: 2, 4
München, Staatl. Münzsammlung: 1, 3, 5
Beitrag Epple: Genievorrat
Augsburg, Staatsbibliothek: 1
Nürnberg, Staatsarchiv: 6
Wiggensbach, Heimatmuseum: 2–5, 7–12

Beitrag Biller: Stridbeck
Ulm, Stadtarchiv: 1–4

Beitrag Krämer: Vorzeichnungen
Augsburg, Kunstsammlung und Museen: 2a–2b
Augsburg, Privatbesitz: 1–2